감정노동

감정노동

感情勞動 노동은 emotional
우리의 감정을 labor
어떻게 상품으로 만드는가

새로운 세계를
상상하는 책
이매진

The Managed Heart: Commercialization of Human Feeling
by Arlie Russell Hochschild
ⓒ 2003 The Regents of the University of California
Published by arrangement with University of California Press

Korean translation copyright ⓒ 2009 by Imagine Books.
This Korean edition published by arrangement with University of California Press through Korea Copyright Center, Seoul.

이 책의 한국어판 저작권은 **한국저작권센터(KCC)**를 통해 저작권자와 독점 계약을 맺은 **이매진**에 있습니다. 저작권법에 따라 한국 안에서 보호를 받는 저작물이므로 무단 전재와 복제를 할 수 없습니다.

이매진 컨텍스트 23
감정노동
노동은 우리의 감정을 어떻게 상품으로 만드는가

●지은이 앨리 러셀 혹실드 ●옮긴이 이가람 ●펴낸곳 이매진 ●펴낸이 정철수 ●편집 기인선 최예원 ●디자인 오혜진 ●마케팅 김둘미
●처음 찍은 날 2009년 12월 18일 ●여섯 번째 찍은 날 2011년 7월 14일 ●등록 2003년 5월 14일 제313-2003-0183호 ●주소 서울시 마포구 합정동 370-33 3층 ●전화 02-3141-1917 ●팩스 02-3141-0917 ●이메일 imaginepub@naver.com ●블로그 blog.naver.com/imaginepub ●ISBN 978-89-93985-17-7 (93300)

●이매진이 저작권자와 독점 계약을 맺어 출간한 책입니다. 무단 전재와 복제를 할 수 없습니다.
●값은 뒤표지에 있습니다.

● 일러두기
1. 인명과 지명은 관례로 굳어진 것을 빼면 외래어 표기법을 따랐다.
2. 낯선 외래어가 처음 나올 때 원어를 함께 써 넣었다.
3. 단행본, 정기간행물, 신문에는 겹꺾쇠(《 》)를, 논문, 영화, 연극, 노래, 그림, 오페라 등에는 홑꺾쇠(〈 〉)를 썼다.
4. 원서에서 강조한 부분은 굵은 글씨체로 표시했다.
5. 본문 중 저자가 덧붙인 설명은 '[ ]'로 표시하고, 옮긴이 주는 ' — 옮긴이'로 표시했다.

서문

사람들이 감정을 어떻게 관리하는가에 관한 관심은 부모님이 외무부에서 일하시는 동안 시작되었다. 열두 살이던 나는, 많은 손님들 사이로 땅콩 접시를 나르면서 손님들의 미소를 올려다보고는 했다. 외교관들이 짓는 미소를 밑에서 보면 눈높이에서 바라볼 때하고 달라 보이기도 한다. 나중에 부모님은 다양한 몸짓이 갖는 의미를 해석해 주셨다. 나는 불가리아 사절이 보일 듯 말 듯하게 웃는 것이나 중국 영사가 눈길을 피하는 것, 프랑스의 경제 각료가 오랫동안 악수를 하는 것은 그저 개인적인 메시지가 아니라 소피아에서 워싱턴, 북경에서 파리, 파리에서 워싱턴으로 전하려고 하는 메시지를 담고 있다는 사실을 알게 되었다. 나는 내가 땅콩을 사람에게 건넨 것인지 아니면 연기자에게 건넨 것인지 궁금해졌다. 어디까지 그 사람의 본모습이고 어디부터 연기였을까? 어떻게 한 개인이 연기를 하게 되는가?

몇 해 뒤 버클리에서 대학원 과정을 공부하는 동안 나는 C. 라이트 밀스C. Wright Mills의 글, 그중에서도 《화이트칼라White Collar》에 등장하는 '거대한 매장The Great Salesroom'이라는 장에 열광했다. 지금 생각해보면 계속 가지고 있던 질문에 관한 답을 찾으려고 그 부분을 읽고 또 읽었던 것 같다. 밀스는 사람들이 재화나 서비스를 파는 과정에서 '인간성을 팔면서' 심각한 자기소외의 과정에 참여하고 있다고 주장했다. 이것은 발전된 자본주의 체계 속의 노동자들에게 점점 보편적인 이야기가 되고 있다. 이 주장에도 진실이 담겨 있지만, 무언가 빠져 있다. 밀스는 인간성을 팔려면 개인이 인간성을 가져야만 한다고 생각했던 것 같다. 그렇지만 근육을 가지고 있다고 해서 운동선수가 아닌 것처럼, 인간성을 가지고 있다고 해서 외교관이 될 수는 없다. 밀스의 주장에는 판매 행위에 개입되어 있는 적극적인 감정노동에 관한 인식이 빠져 있었다. 내가 보기에는 이 노동이 뚜렷하게 유형화되어 있지만 보이지는 않는 감정 체계, 즉 '감정노동'이라는 개인적인 행위와 사회적인 '감정 법칙', 그리고 사적 생활과 공적 생활에서 사람들 사이에 일어나는 다양한 교환으로 구성된 체계의 한 부분일 것 같았다. 나는 외교관들이 구사하는 감정 언어를 좀더 전반적으로 이해하고 싶었다.

연구를 하다 보니 곧 어빙 고프만Erving Goffman의 연구에 관심이 갔다. 고프만은 우리가 다른 사람들에게 어떻게 보여야 하느냐에 관한 법칙을 무의식적으로 따르면서 외모를 통제하기 위해 어떻게 노력하는지 날카롭게 분석했다. 그러나 고프만의 연구에서도 빠진 부분이 있었다. 한 사람이 어떻게 감정을 좇아 행동하거나 행동하지 않을까, 또는 감정을 느끼는 것 자체를 멈출까? 나는 우리가 무엇에 따라 행동하는지를 찾고 싶었다. 그래서 나는 자아가 보내는 메신저, 우리가 보고 있는 것과 보기를 기대하는 것 사이의 연관성을 즉시 알려주고 우리가 그것에 대해 어떻게 해야겠다는 느낌을 갖는지를 말해주는 존재인 감정 기능을 탐구해 보기로 했다. 전문가들을 위해 부록 A에서 설명한 것처럼, 나는 지크문트 프로이트가 불안의 감정에만 사용한 '신호 기능'을 모든 감정으로 확대했다. 많은 감정들이 우리가 어떤 소식이나 사건을 능동적으로 받아들이는 데 활용하는 숨겨진 희망, 두려움, 기대를 알려주는 신호가 된다. 사적 차원의 감정 관리가 사회적으로 조직되고 임금을 위한 감정노동으로 변형될 때 손상되는 것이 이 신호 기능이다.

이런 질문과 생각은 밖으로 나가 승무원과 추심원, 여성 노동자들과 남성 노동자들이 일하는 동안 그 사람들의 시각을 속속들이 꿰뚫어 보려고 노력하면서 발전되었다. 더 많은 이야기를 들을수록 노동자들이 어떻게 일터의 감정 법칙을 교묘하게 피하면서 자아의식을 보호하려고 노력하는지, 어떻게 감정적인 희생을 '올바른' 감정을 표면적으로 표현하는 것으로 제한하면서도 '거짓' 또는 기계가 된 것 같은 느낌 때문에 괴로워하는지를 알게 되었다. 또한 상업적인 체계가 사적인 감정 교환에 더 깊이 개입할수록, 감정을 주고받는 사람들은 비인격적이지 않은 감정을 받아들이려고 비인격적인 감정의 가치를 깎아내려야 하는 부차적인 노동을 더 하게 된다는 것도 알게 되었다. 나는 이 모든 과정이 이제는 내 눈높이에서 보게 되는 미소를 해석하는 데 도움이 됐다고 생각한다.

A. R. H.

감사의 글

이 책을 쓰는 데 도움을 주신 분들께 감사드린다. 막연하기만 하던 초고에 애정 어린 조언을 보탠 제프리 클레인과 주디 클레인, 나와 함께 생각을 펼치는 것을 도와준 토드 기틀린, 앤 마청이 보낸 지지와 붉은 잉크로 한 줄 한 줄 놀랄 만큼 적어 준 첨삭, 수년 간 개인적 우정과 지적 생활 사이를 쉽게 엮어 가는 기쁨을 보여준 앤 스위들러에게 감사한다. 쏟아진 레모네이드를 걸레로 닦을 때나 동물원에서 아이의 신발 끈을 묶으면서도, 여러 해 동안 내 생각을 살피고 그 안에서 빠진 부분을 지적하던 마이크 로진에게도 감사의 뜻을 전한다. 한때는 스승이었고 이제는 오랜 친구가 된 닐 스멜서는 초고를 본 뒤 엄청난 도움이 된 20쪽의 평을 써 주었다. 러스티 시몬즈의 빠른 도움과 메타 스펜서의 아이디어와 심술쟁이를 다루는 기술에도 감사를 표한다. 초창기 연구 조교를 맡아준 조안 코스텔로와 제즈라 카엔, 그 뒤 나를 도와준 스티브 헤즐러와 레이첼 볼버그에게도 감사한다. 신경 써서 타이핑을 한 팻 패브리지오, 프란시스코 메디나, 새미 리에게도 감사한다.

사랑스런 동생 폴 러셀은 이런저런 방식으로 감정에 관해 많이 가르쳐주었다. 폴의 친절함과 깊이 있는 지적 도움은 마음 깊이 간직하고 있다. 나는 같은 가족의 테두리 안에서 자라면서 감정에 관해 관심을 가진 두 사람이 그렇게 많은 차이들을 놓고 이야기할 수 있다는 사실에 끊임없이 놀랐다. 그러면서도 동생의 생각에서 참 많이 배웠다. 그중 일부는 이 책의 부록에 열거된 폴의 연구 논문에서 찾아볼 수 있다. 또한 아론 치코럴과 릴리안 루빈에게도 감사한다. 내가 끝내지도 않고 끝났다고 생각하고 있을 때 원고를 수정하도록 나를 채찍질한 사람들이다. 진 탱크에 관해서는 무슨 말을 할까? 진이 한 편집은 눈이 부셨다. 단 한 가지 아쉬운 것은 진이 제안한 "맞지 않을 뿐인" 관찰과 인용에 관한 부록을 빼야만 했던 일이다.

시간과 경험, 회의, 집까지 내어 준 많은 승무원과 추심원들에게 큰 빚을 진 기분이다. 좋은 뜻이라고 믿고 나를 자기들의 세계에 들어갈 수 있게 한 델타 항공의 관계자들에게도 감사하고 싶다. 특히 델타 승무원 연수센터의 총책임자인 메어리 루스 랄프 씨에게 고마움을 전하고 싶다. 본인이야 내 글에 동의하지 않을 수도 있지만, 이 책은 메어리와 메어리가 교육한 사람들에게 경의를 표하는 의미로 쓴 것이다. 벳시 그래함이 허락한 늦은 밤의 녹취와 내게 소개한 친구들, 여전히 내 옷장 바닥을 빛내고 있는 세 박스나 되는 노트와 추억들에도 특별한 감사를 보낸다.

가장 많은 신세를 진 것은 남편 애덤이다. 항공사 발권 카운터 뒤에서 나와 함께 직원들을 대상으로 붙여 놓은 회사의 알림글을 읽는 데 전념했고, 끊임없이 내 이야기를 듣고, 매번 원고를 쓸 때마다 글을 다듬었다. 나는 애덤이 한 논평 중에서도 초고 한 귀퉁이에 '두드러진 모순을 가리는 가리개'라는 부분 옆에 그려 넣은 그림이 가장 좋았다. 그 그림에는 유령(모순)과 짚으로 된 언덕(두드러진)이 있었다. 이 언덕 위에 있는 유령 사이를 항해하는 작은 물체에는 '두드라진'이라는 라벨이 붙어 있었다. 그 문장은 사라졌지만, 책장을 부유하는 '두드라진'의 이미지와 사랑과 웃음은 여전히 나와 함께 있다. 열한 살짜리 아들 데이빗도 타이프로 친 문서를 거의 다 읽고 한 군데 이상의 시원찮은 문장에

"미안, 엄마. 외계어는 못 알아듣겠어"라고 표시를 했다. 두 사람 모두 정말 사랑하고, 고맙다. 그리고 다음 번에 나를 도와줄 가브리엘에게도 미리 감사를 보낸다.

<u>룻과 프랜시스에게 이 책을 바칩니다.</u>

차례

서문 5
감사의 글 8

1부 개인적인 삶

01 마음을 다스리는 사람들 17
감정 체계의 개인적인 면과 공적인 면 24 | 무엇을 그리고 어떻게 28 | 감정의 개인적 활용과 상업적 이용 33
02 감정이라는 실마리 41
감정은 예방 전략에 약하다 45 | 감정이라는 실마리 46
03 감정 관리하기 55
표면 행위 57 | 내면 행위 59 | 일상생활에서 하는 내면 행위 64 | 조직 속에서 하는 감정 관리 72 | 감정에 관한 도구적 거리 78
04 감정 법칙 81
상황에 맞지 않는 감정 89 | 오해 관계와 부적절한 감정 95
05 감정을 존중하기 ― 베풂의 교환 105
마음에서 우러나는 인사를 하는 방법 110

2부 공적 삶의 영역

06 감정 관리 ― 개인 전용에서 상업용으로 121
연기를 하라는 요구의 뒷면 123 | 연기가 공급되는 지점의 뒷면 ― 선택 128 | 공동의 감정노동 150 | 공급원의 뒷면 ― 감독 152 | 변형을 달성하기 154 | 실패한 변형 158 | 모순에 대응하기 164 | 감정노동과 재정의된 자아 170

07 앞면과 뒷면 사이 — 직업과 감정노동　177

추심원　178 | 직업과 감정노동　189 | 사회 계층과 감정노동　197 | 가족 — 변형을 위한 훈련 장소　200

08 젠더, 지위 그리고 감정　207

감정 관리자, 여성　209 | 일터의 여성　217 | 일터의 지위 보호막　221 | 성적 정체성에서 소외되기　229

09 진정성 찾기　234

감정노동의 인간적 비용　235 | 문화의 대응　239 | 거짓 자아　244

출간 20주년 기념 개정 증보판 후기　251

부록

A. 감정 모델 — 다윈에서 고프만까지　263
B. 감정에 이름 붙이기　288
C. 직업과 감정노동　298
D. 지위형 통제 체계와 인격형 통제 체계　304

옮긴이의 글　305
주　309
참고문헌　329
찾아보기　357

1부
개인적인 삶

마음을 다스리는 사람들 ● 01

이제는 자신의 직업에서 '자유롭게 행동할' 수 있던 영역, 독특한 개성이 발휘되던 영역마저도 관리해야 한다. 그 영역은 이제 재화의 분배를 위해 눈치껏 사람들에게 아첨하는 도구가 되어 버렸다. ― C. 라이트 밀스

《자본론Das Capital》 중 '노동일The Working Day'이라는 제목의 장에서 칼 마르크스Karl Marx는, 1863년 영국 아동고용위원회에 제출된 증언을 인용하고 있다. 벽지 만드는 공장에서 일하는 어느 아이의 어머니는 이런 증언을 했다.

 "일곱 살짜리 애를 업고서 눈길을 헤쳐 가며 공장에 데려가고, 데려오고 했어요. 아이는 하루 열여섯 시간씩 일했죠. 애가 기계 옆에 서서 일하는 동안 제가 꿇어앉아 음식을 떠먹인 적도 많았어요. 아이가 기계 곁을 떠날 수도 없었고, 그렇다고 기계를 멈출 수도 없었으니까요."

 이 아이는, 증기기관에 석탄과 물을 공급하듯 일하는 동안 식사를 공급받는 '노동의 도구'[1]였다. 마르크스는 공장 소유주가 인간을 도구로 이용하면서 얻는 이익을 고려할 때 도구가 된 인간이 하루에 몇 시간 동안 일하는 게 적당한지, 노동의 대가로 얼마만큼 보수를 받는 게 정당한지 묻는다. 뿐만 아니라 마르크스는 좀더 근본적이라고 생각한 문제, 즉 '노동의 도구'로서 인간이 잃는 것이 무엇인가 하는 문제에 집중했다.

 《자본론》이 출간된 지 117년이 지난 뒤 미국에서는, 델타 항공Delta Airlines 승무원 연수센터의 강당에서 스무 살이 된 어느 승무원 연수생이 122명의 다른

연수생과 함께 앉아 조종사의 강의를 듣고 있었다. 그때 미국의 기준으로 보나 여성의 직업에 매겨지는 기준으로 볼 때도 이 승무원은 최고의 직장에 안착한 셈이었다. 보수도 좋은 편인데다 연봉 인상도 보장되어 있고, 의료보험과 상해 보험도 제공되고, 근무 시간도 괜찮았다.*

내 옆에 앉은 이 젊은 승무원 연수생은 노트에 '미소가 중요하다. 미소를 잊지 말 것'이라고 적었다. 앞에 서 있는 강연자가 말한 내용이었다. 남자 승무원 특유의 머리 모양을 한 50대 초반의 이 중년 조종사는 남부 특유의 사투리로 이렇게 말했다.

"여러분, 근무할 때는 진심을 담아 **웃어야** 합니다. 미소는 여러분의 가장 큰 **자산**입니다. 나가서 그 자산을 활용하세요. 웃으세요. **진심을 담아서** 웃는 겁니다. 진심으로 **활짝 웃으세요**."

이 조종사는 미소를 **승무원**의 자산이라고 말했다. 그러나 내 옆에 앉아 있는 사람 같은 신참들이 연수 과정을 거치는 동안, 한 사람이 짓는 미소의 가치는 회사 방침을 드러내도록 다듬어진다. 승객들에게 이 항공사의 비행기는 사고가 나지 않는다는 신뢰감과 시간을 지킨다는 믿음을 주고, 항공사를 이용해 준 것에 감사하는 마음과 다시금 이용해 달라는 바람을 담는 미소가 되는 것이다. 연수 담당자들은 연수생들의 미소가 '전문적'으로 보일 수 있게끔 태도와 시선의 위치, 감정의 리듬 등을 훈련시킨다. 이렇게 전문적으로 웃는 태도가 한 번 몸에 깊게 배고 나면, 일과가 끝난 뒤에도 벗어나기가 쉽지만은 않다. 월드 항공World Airways의 한 1년차 승무원은 이런 말을 했다.

"가끔씩 완전히 파김치가 된 채로 긴 비행을 끝낸 뒤인데도 정작 제대로 쉬지 못할 때가 있어요. 괜히 많이 웃고, 재잘거리고 친구들한테 전화를 걸죠.

---

* 특별히 남자 승무원에 관한 부분이라는 언급이 없는 경우 '승무원'은 일반적으로 여성 승무원을 가리키는 것으로 하자. 매번 여승무원/남승무원을 구별해 불러야 하는 불편을 피하고 싶기 때문이다.

비행하는 동안 '밝은 모습'을 유지하려고 만든 인위적인 명랑함에서 쉽게 벗어나지 못하는 것 같아요. 일에 좀더 적응하면서 이런 상태에서 조금 더 잘 벗어날 수 있었으면 좋겠어요."

PSA 항공사의 광고 문구에는 이런 구절이 있다.

"우리의 미소는 그냥 그려놓은 것이 아닙니다."

이 항공사에서는, 자사 승무원들의 미소는 월급을 받기 때문에 웃어 보이는 것 같은 사람들하고 다르게 인간적이라고 광고한다. PSA 항공사 소속 비행기들의 앞코 부분에는 웃는 입 모양이 그려져 있다. 항공사의 비행기와 승무원이 서로 광고를 하는 셈이다. 이 항공사가 하는 라디오 광고는 미소와 서비스뿐 아니라 진정으로 행복하고 편안한 여행을 약속한다. 이 광고를 그저 서비스를 제공하겠다는 것으로 볼 수도 있다. 그러나 달리 보자면 이 광고는 노동자를 자신의 미소에서 소외시키는 한편 고객들에게는 이 직업적인 행위가 계산된 것임을 확신하게 만든다. 미소를 짓는 사람과 그 미소를 받는 사람들 사이에 광고와 연수 과정, 직업의식과 돈이 개입된 상황에서, 유니폼을 입고 있는 사람들에게 자발적 상냥함이 존재한다고 상상하기란 쉽지 않다. 기업에서는 마음에서 우러나는 상냥함도 광고하고 있기 때문이다.

얼핏 보기에는 공장 노동에 시달리는 19세기의 어린이와 20세기의 승무원을 둘러싼 환경의 차이는 아주 큰 것 같다. 그 어린이의 어머니, 마르크스, 아동고용위원회 사람들, 어쩌면 벽지 공장 사장이 보기에도, 또한 그때의 독자들이 보기에 분명 그 어린이는 그때의 잔혹한 상황을 대변하는 희생자였다. 우리는 그 어린이가 정신적으로 온전하지 못한 채로 피로, 굶주림, 지루함만을 느꼈을 것이라고 상상하게 된다. 반면 승무원은 여기저기 여행을 다니는 상류층의 자유를 즐길 수도 있고, 다른 사람에게 서비스를 베푸는 즐거움을 만끽하기도 한다. 승무원은 따분하고 보수도 좋지 않은 다른 직업을 가진 사람들에게는 부러움의 대상이다.

그러나 이 둘의 차이를 자세히 살펴보면 생각지 못한 공통점에 이르게 된다. 겉보기에는 이 두 경우의 노동이 실제로 무엇을 생산했는지를 알아내는 방식에 차이가 있다. 벽지 공장의 노동자는 어떻게 자신이 일을 끝냈음을 알 수 있었을까? 벽지 두루마리 수를 세어 보면 된다. 이 경우는 상품이 생산된 것이다. 그렇다면 승무원은 자신이 일을 끝냈는지를 어떻게 알 수 있을까? 서비스가 제공되고 고객이 만족한 모습을 보이면 일이 끝난 것이다. 승무원의 경우에는 **서비스를 제공할 때의 감정 상태도 서비스의 한 부분이다.** 벽지를 생산하는 데에서는 벽지를 만드는 사람이 벽지를 좋아하느냐 좋아하지 않느냐 하는 문제가 중요하지 않지만 말이다. '일을 좋아하는 것'처럼 보이는 것도 승무원이라는 직업의 일부가 된다. 그리고 실제로 그 일을 좋아하고 고객을 대하는 것을 즐겁게 생각하려고 노력하는 태도가 그 승무원에게 도움이 된다.

사람을 다루는 데에서 생산물에 해당하는 것은 그 사람의 마음 상태다. 다른 분야의 기업들과 마찬가지로, 항공사도 직원들이 제공하는 서비스의 품질에 따라 업계 순위가 결정된다. 매년 발간되는 《루카스 가이드Lucas Guide》에서 이런 순위를 제공하고 있다. 이 책은 미국의 각 공항과 동네에서 판매되고 있고 신문에도 실릴 뿐 아니라, 회사의 경영 지침에 인용되어 승무원들을 교육하고 감독하는 사람들에게도 그 내용이 전달된다. 이 책이 소비자들에게 영향을 미치기 때문에, 항공사에서는 이 책을 참고해서 승무원들의 성공적인 직무 수행을 평가하는 기준을 설정하기도 한다. 1980년에 《루카스 가이드》에서는 미국과 캐나다, 그리고 미국과 영국 사이를 정기적으로 오가는 14개 항공사 중에서 델타 항공을 '서비스 부문 최우수 회사'로 선정했다. 이 책에서는 델타 항공에 관해 이렇게 언급하고 있다.

[기내에서 음료가 제공되는 동안] 승무원들은 미소를 지을 뿐 아니라 '더 필요하신 건 없으십니까?' 하는 등 관심 어린 질문을 건넨다. 기내 분위기도 예의 있는 사람

들이 모여 있다는 느낌을 풍긴다. 승객들도 예의 있게 승무원들을 대하기 때문이다. ……평가단이 한두 번 일부러 까탈을 부리며 승무원들을 시험해 보았지만, 여승무원들은 화를 내는 법이 없었고, 비행이 끝나고도 여전히 환한 얼굴로 일렬로 늘어서서 승객들에게 작별 인사를 건넸다.

[승객들은] 억지웃음이나 강요에 따른 미소를 금방 구별한다. 사람들은 비행을 **즐기려고** 항공기에 올라탄다. 승객 중 한 명은 '즐겁기 때문에' 다음에 비행기 탈 일이 있으면 델타 항공을 이용하겠다고 말했다. 이것이야말로 승객들이 보일 수 있는 바람직한 반응일 것이다.[2]

벽지 공장에서 소년이 하는 일은 정신과 팔, 정신과 손가락, 정신과 어깨를 함께 움직여야 하는 일이다. 우리는 이것을 간단히 '육체노동physical labor'이라고 한다. 항공기 승무원은 기내 복도 사이로 무거운 기내식 카트를 끄는 동안에는 육체노동을 하고, 비상착륙이나 비상 탈출에 대비하거나 실제로 그런 상황이 발생하는 경우에는 '정신노동mental labor'을 해야 한다. 그렇지만 이런 육체노동과 정신노동을 하는 과정에서 승무원들은 또 하나의 노동을 수행한다. 나는 이것을 '**감정노동**emotional labor'*이라고 부른다. 감정노동은 사람으로 하여금 다른 사람들의 기분을 좋게 하려고 자신의 감정을 고무시키거나 억제하게 한다. 승무원들의 경우, 승객들이 즐겁고 안전한 곳에서 충분한 배려를 받고 있다는 느낌을 받게 해야 하는 것이다. 이런 노동은 정신과 기분이 잘 조절되어야 하고, 경우에 따라서는 각자의 개성을 구성하는 본질이라고 여기는 부분까지도 다 내어 주어야 할 상황이 생기기도 한다.

＊나는 사람들이 개인의 기분을 다스려 얼굴 표정이나 신체 표현을 통해 외부에 드러내 보이는 것을 의미하는 말로 감정노동(emotional labor, emotion work)이라는 용어를 사용했다. 감정노동은 임금을 받고 판매되기 때문에 교환가치(exchange value)를 갖는다고 할 수 있다. 이것과 비슷하지만 개별적인 맥락에서 사용가치(use value)를 갖는 경우를 지칭할 때는 '감정 관리(emotion management)'라는 용어를 사용하겠다.

육체노동과 감정노동 사이에는 차이도 있지만, 일을 하면서 발생하는 손실 면에서는 유사성도 존재한다. 노동자가 어떤 일을 하는 동안 **사용되는** 자아의 한 부분, 신체 또는 정신의 한 부분에 대한 주도권을 잃고 소외될 수 있다는 것이다. 공장에서 일하는 소년의 팔은 벽지를 생산하는 데 사용되는 기계의 일부와 같은 기능을 한다. 그 소년의 팔을 하나의 도구로 여기는 고용주는 그 팔의 일하는 속도와 동작에 자신이 통제권을 행사하려고 한다. 이 상황에서 이 소년의 팔과 정신 사이에는 어떤 관계가 있을까? 어떤 의미에서건 그 팔이 소년 **자신의 소유**라고 볼 수 있을까?[3]

이 문제는 워낙 오랫동안 논의되었고, 항공 승무원들과 비교한 것에서도 알 수 있듯 여전히 우리 주변에 존재하는 쟁점이다. 상품을 생산하는 사회에서 그 상품들에게서 소외될 수 있다면, 서비스를 생산하는 사회에서도 그 서비스에게서 소외될 수 있는 법이다. 가장 날카로운 통찰력을 보인 사회학자 중 한 사람인 C. 라이트 밀스가 1956년 다음과 같은 글을 쓰면서 의도한 바도 바로 이 점이었다.

"우리는 현대 미국 사회를 좀더 심리학적인 면에서 정의할 필요가 있다. 오늘날 우리에게 중요한 문제들은 심리적인 것들이기 때문이다."[4]

승무원이 일과를 끝내고 나면 자신이 일하는 동안 만들어낸 '인위적 명랑함'의 감정은 어떻게 되는가? 일할 동안의 명랑함은 **스스로 느낀** 것이었을까? 회사에서는 승무원의 신체적 행위(음식 접시를 어떻게 다루는가 등등)뿐만 아니라 그 승무원의 기분과 그 기분이 '편안해 보이는 미소'에 드러나는 방식에도 권리를 행사하려고 한다. 내가 이야기를 나누어 본 승무원들은 자신의 미소가 마음에서 **우러나는** 것이 아니라 자신에게 **요구되는** 것이라고 주장하는 경우가 많았다. 승무원의 미소는 화장, 유니폼, 기내에 흐르는 음악과 편안한 느낌을 주려는 은은한 색상의 비행기 장식, 기내에서 제공되는 음료의 연장선상에 있는 것으로 여겨진다. 이런 것들이 합쳐져서 승객들의 기분을 좌우하게 된 것이다.

승무원들의 노동이 생산하는 최종 상품은 벽지 두루마리처럼 미소를 몇 번 지었느냐 하는 것을 기준으로 헤아리는 것이 아니다. 승무원에게 미소는 **일의 한 부분**이다. 자아와 기분을 잘 조정해 남들이 보기에 일이 힘들지 않아 보이게 해야 한다. 남들이 볼 때 미소를 짓는 일이 힘들다는 게 티가 난다면, 그 승무원은 업무를 잘 하지 못하는 것이다. 비슷한 맥락에서, 자신의 피로감이나 짜증을 감추는 것도 승무원 업무의 일부다. 승무원이 서비스를 제공하는 동안 피로감이나 짜증을 드러내게 되면, 생산물(승객의 만족)의 질이 떨어지기 때문이다.* 피로감이나 짜증을 잠시 동안이라도 한 번에 떨칠 수 있다면 이런 감정들을 감추는 것이 쉽기 때문에, 승무원들은 이 감정들을 떨치려는 노력으로 감정노동을 하게 된다.

이렇게 비슷한 점이 없는 두 직업을 비교하는 이유는 현대의 산업 노동에서는 조립 공정에서 일하는 노동자가 예전만큼 큰 상징적 의미를 갖지 못하기 때문이다. 지금은 공장에서 조립 작업을 하는 노동자가 전체 노동자의 6퍼센트도 되지 않는다. 이제는 다른 유형의 노동(고객에게 직접 또는 간접적으로 서비스를 전달하는 노동)이 더 중요해지고 있다. 승무원은 이런 유형의 노동을 설명하는 데 적절한 모델이다. 물론 서비스 직종은 예나 지금이나 늘 있었다. 새로운 점은 오늘날에는 이런 서비스업이 사람들과 맺는 관계 속에서 설계되어 위부터 철저히 관리된다는 것이다. 항공 승무원이라는 직업이 나쁘지 않고 여러 모로 다른 서비스 직종보다 더 낫기는 하지만, 이 직업은 승무원들이 자신의 감정노

---

* 일반 상품과 마찬가지로, 감정노동이 필요한 서비스는 수요와 공급의 법칙을 따른다. 최근 이런 노동에 대한 수요는 증가했지만 공급은 빠르게 감소했다. 1970년대부터 항공 산업은 눈부시게 발전했지만, 노동자들은 태업을 벌였다. 이 태업은 항공사 업무가 그동안 얼마나 많은 감정노동을 요구했는지를 보여주었다. 정상적인 근무 조건 속에서 행복해 보이는 노동자들마저도 이름 없는 노동 속에 얼마나 많은 것을 희생해야 했는지 생각하게 하는 계기였다. 항공 산업의 비약적 발전으로 많은 서비스 노동자들은 자신의 일에 열중하면서도 그 일에서 자신을 보호하려고 많은 대가를 치러야 한다는 모순을 인식하게 됐다.

동에 관한 사회적인 관리·감독에 취약한 상태에서 자신의 노동을 마음대로 제어하지 못하게 만든다. 그러므로 승무원이 갖는 문제점들은 다른 서비스 직종에서 발생할 수 있는 문제들의 지표가 될 수 있다.

감정노동은 잠재적으로 좋은 것이다. 어느 누구도 무뚝뚝한 웨이트리스나 투덜대는 은행 직원, 또는 자신에게 심부름을 시킬까 봐 눈길을 피하는 승무원을 좋아하지 않을 것이다. 친절을 직업으로 삼는 서비스업 종사자들이 제대로 친절을 베풀지 않는 경우는 사실 아주 흔하다. 이런 모습들은 사람들이 서로 친절하고 공손하게 대하는 것이 얼마나 어려운 일인지를 보여준다. 이제 우리는 '친절하게 대하기'라는 사회적 전제가 무엇으로 구성되어 있는지, 이 사회적 전제가 서비스업 종사자들에게 무엇을 요구하는지 묻는 질문으로 돌아왔다. 감정노동을 제대로 하지 못하는 사람들을 보면서 우리는 근본적인 질문을 던지는 것이다. '감정노동이란 무엇인가? 감정을 관리하려고 우리는 무엇을 하는가? 감정이라는 것은 대체 무엇인가? 사생활이나 직업에서 감정을 관리하는 데 따르는 손실과 이익은 무엇인가?'

감정 체계의 개인적인 면과 공적인 면

이 질문들의 답을 찾아가는 과정은 노동, 표현, 감정이라는, 나뉘어 있지만 모두 동등하게 의미를 지니는 세 가지 담론으로 이어진다.

노동에 관해 이야기하는 사람들은 오늘날 일자리들이 대개 사물보다는 사람을 다루는 능력을 요구하고, 대인관계의 기술을 더 요구하는 한편 기계를 다루는 기술의 필요성은 줄고 있다고 주장한다. 《탈산업사회의 도래The Coming of Post-Industrial Society》(1973)에서 다니엘 벨Daniel Bell은 서비스 분야가 발전하면서 인간 사이의 '소통communication'과 '대면encounter', 그리고 이 과정에서 일어나는

'개인이 자아를 변화시키거나 변화를 거부하는 식의 대응'이 오늘날 직업적 관계의 중심축이 되었다고 주장한다.* 벨은 '오늘날 노동자들이 기계와 교류하는 것이 아니라 사람들과 이야기한다는 것이야말로 탈산업사회의 노동을 이야기할 때 중요한 사실'이라고 말한다. 해리 브래버맨Harry Braverman 같은 노동 비평가들은 경제 각 분야의 지속적 세분화를 집어낸다. 예전에는 한 사람의 기술자가 자부심을 가지고 완성하던 복잡한 작업이 간단하고 반복적인 공정으로 나뉘면서, 각 작업은 원래 일보다 따분하고 보수도 적어졌다. 노동은 단순해지고 사람들은 노동자를 얕보게 되었다. 그렇지만 노동의 예찬론자든 비평가든 '사람을 상대하는 직업'이 그 일을 수행하는 사람들에게 **실제로 요구하는** 것이 무엇인지에 관해서는 자세히 조사하거나 사회심리학의 시각에서 검토하지 않는다. 이런 직업의 실질적 성격을 연구하지 않는 것이다. 몇몇은 감정노동에서 정확히 어떤 부분이 단순화되었는지도 모르고 있다.

두 번째 담론은 사람에게 더 밀접하게 관련되어 있고 노동의 전반적인 조직에서는 조금 더 동떨어져 있다. 이 사람들의 관심은 감정의 표현이다. 어빙 고프만Erving Goffman은 카드 게임을 할 때나 엘리베이터를 탈 때, 길에서, 또는 어느 정신병원의 저녁 식탁에서 벌어지는 면대면 상호작용face-to-face interaction에 적용되는 사소한 규칙들을 소개한 적이 있다. 고프만은 사소한 규칙과 그런 규칙을 위반하는 행위, 그 행위에 따른 작은 처벌들이 쌓여 '작업'이라는 큰 단위가 되는 과정을 보여줌으로써 작은 일이라도 하찮은 것으로 치부하지 말라는 경고를 한다. 그렇지만 고프만의 논점은 왜 항공사들이 승무원들에게 미소를 짓도록 훈련시키는지, 감정적인 톤이 어떻게 관리되는지, 감정노동과 회사의

---

* 벨은 대중교통과 공공시설, 무역과 배송, 회계, 보험, 전문 서비스와 비즈니스 서비스, 여가 활동의 수요에 따라 창출된 직업(오락과 여행 관련 직종), 공동체를 위한 각종 서비스(보건, 교육, 정부 업무)에 관계된 직업들을 서비스 직종으로 분류하고 있다. 이런 서비스 직종에 전부 고도의 감정 관리가 필요한 것은 아니다.

이익이 궁극적으로 어떻게 연관되어 있는지를 설명하지는 못한다. 다시 말해 이 담론만 가지고는 '표현 작업'이 더 큰 맥락에서 어떤 의미를 갖는지 살펴보기 어렵다는 것이다.

세 번째 담론은 미국 사회과학의 조용한 귀퉁이에서 생겨나고 있다. 이 담론은 오래 전부터 논의되어 온 '감정이란 무엇이며 우리가 그것을 어떻게 관리할 수 있는가'에 관해 이야기한다. 이 질문에 관해 여러 이론가들이 제시한 답은 부록 A에 제시되어 있다. 내가 이 질문의 답을 찾으려고 노력한 내용은 이 책의 2장과 3장에 가장 잘 나와 있다. 이 두 장은 이 책 전체의 기본이 되는 장이다.

감정노동의 본질을 파헤치고, 감정노동을 하려면 무엇이 필요하며 그것이 사람들에게 어떤 영향을 주는지 알기 위해 나는 세 가지 담론의 각 요소를 모두 활용했다. 경제사에서 어떤 사건은 인간 감정의 세세한 측면과 그런 감정의 관리에 주의를 기울이지 않고서는 완전히 이해할 수 없다. 인간 감정의 세부적인 측면이야말로 많은 사람들이 삶을 유지하기 위해 수행하는 일에서 중요한 요소이기 때문이다.

이렇듯 다양한 전통들이 어우러져 있기 때문에, 이 책에서 다루는 내용은 다양한 독자들에게 각기 다른 방식으로 다가갈 것이다. 아마도 이 책은 현장에서 일을 하고 있는 사람들, 예를 들면 항공 승무원과 가장 관련이 많을 것이다. 그러나 우리들 대부분은 다른 사람들의 감정과 우리 자신의 감정을 어느 정도 관리해야 하는 직업에 종사하고 있다. 이런 측면에서 우리는 모두 부분적으로 항공 승무원이라고 볼 수 있다. 자기 회사를 '유쾌하고 신뢰할 수 있는' 곳으로 보이게 하고 자신의 상사가 '활기에 넘치시는 분'으로 보일 수 있게 사무실 분위기를 명랑하게 만드는 비서, '즐거운 식사 분위기'를 만들어내는 웨이트리스나 웨이터, 고객들이 환영받고 있다고 느끼게 만드는 여행 가이드나 호텔 데스크의 직원, 고객들이 스스로 보살핌을 받고 있다고 느낄 수 있도록 염려하는 마음을 담은 눈길을 건네는 사회복지사, '잘 나가는 제품'이라는 확신을 주는 영업사원, 보고 있으면 두려움을 느끼게 되는 추심원, 유족들의 심정을 잘 이해해준다는 느낌을 주는 장의사, 사람들로 하여금 포근하다는 느낌과 공평한 대우를 받고 있다는 느낌을 동시에 갖게 하는 목사 등. 이런 사람들도 모두 어떤 식으로든 **감정노동**을 해야 하는 상황에 맞닥트릴 수밖에 없다.

감정노동에서는 직업 유형에서 흔히 사용되던 구분 방식을 따르지 않는다. 오늘날 미국 노동자를 기준으로 3분의 1 정도는 꽤 높은 수준의 감정노동이 필요한 직업을 가지고 있다. 더욱이, 일하고 있는 **여성**의 절반 정도는 감정노동이 필요한 직업에 종사하고 있다(이 책의 8장과 부록 C를 참고). 그래서 이 연구는 여성과 특히 관련이 있고, 아마도 여성의 경험을 더 많이 다루게 될 것이다. 여성들은 전통적으로 사생활에서도 감정노동에 남성보다 능숙했기 때문에, 시장에서도 남성보다는 여성이 더 많은 감정노동을 했고, 감정노동에 따르는 개인적인 손실에 관해서도 더 잘 알고 있다.

이 연구는 얼핏 보면 자본주의 사회를 살아가는 노동자들에게만 해당되는 이야기로 비칠 수도 있지만, 사람의 마음을 조종하는 것은 사회주의에서도 낯설지 않은 일이다. 자본주의 사회의 항공사에서 '올해의 승무원'으로 선발된 직원이 그러하듯, 사회주의 국가의 열정적인 '노동 영웅'은 감정을 통제하는 정도의 기준이 된다. 어느 사회에서건 사회가 기능하는 동안 구성원의 감정노동을 효과적으로 이용하게 마련이다. 우리는 극장이나 심리 치료, 또는 우리가 선망하는 다른 집단의 생활에서 감정이 어떻게 이용되는지는 잘 생각하지 않는다. 어느 사회든 상류층이 하류층을 **착취**하는 문제에 대해 이야기할 때 비로소 우리는 도덕적인 관심을 갖게 된다. 어떤 사회이든 사회 체계 속에서 돈, 권위, 지위, 명예, 행복 등 많은 종류의 이득을 실제로 어떻게 배분하느냐에 따라 착취는 다르게 진행된다. 따라서 감정노동으로 무엇을 잃느냐는 질문을 불러일으키는 것은 감정노동 자체가 아니라 감정노동에 관한 보상 체계다.

무엇을 그리고 어떻게

감정 체계의 개인적인 면과 공적인 면을 묘사하고 그것이 어떻게 작용하는지를 보여주려고 나는 감정 체계의 여러 부분에 대한 경험적 자료를 추출했다. 예를 들어 간호사나 변호사, 외판원 등을 연구했다면 더 많은 부분의 자료도 모을 수 있었을 것이라는 아쉬움이 남지만, 이런 노력은 앞으로 진행될 것이라고 믿는다. 이미 수집한 자료에 대해서도 더 깊은 분석을 할 수도 있었을 것이다. 그렇지만 이 프로젝트에서는 표본 수를 늘리는 접근 방식이 가장 효과적일 것이라고 판단했다. 일반적 차원의 연구가 더 많이 시작되기 전에, 이전에는 놀라울 정도로 전혀 주목을 끌지 못하던 대상 자체에 관한 생각부터 하고 넘어가야 한다고 봤기 때문이다. 이 분야에 관한 연구의 초기 단계라는 면에서, 나는 그동안 확보한 자료들을 활용해 문제점을 찾아 관련된 설명과 논평을 하는 것이 앞으로 연구를 잘 진행할 수 있는 가장 좋은 방법이라고 생각했고, 그렇게 하려고 애썼다.

이 책의 논의는 크게 세 가지 연구 자료에 기반하고 있다. 첫째는 성별과 사회적 계급이 다른 사람들이 어떻게 감정을 경험하고 관리하는지 설명하는 연구 자료다. 나는 캘리포니아대학교 버클리 캠퍼스에서 수업을 듣는 수강생 261명에게 설문지를 돌렸다.[5] 이 책의 1부에 나오는 내용 중 꽤 많은 부분이 이 설문에 학생들이 응답한 내용에 관련된 것이다. 나는 학생들에게 두 개의 설문을 제시했다. "당신에게 의미가 있는 실제 상황 중에서, 깊은 감정 개입을 경험한 순간을 기술하십시오"와 "당신에게 의미가 있는 실제 상황 중에서, 감정에 맞추기 위해 상황을 변화시켰거나 상황에 맞도록 당신의 감정을 변화시킨 적이 있다면 최대한 구체적으로 기술하십시오"가 그것이다. 나는 조교 두 명과 함께 이 학생들의 응답을 분석해 감정노동에 관한 인식 정도를 알아보았다.[6] 낚시꾼들이 그렇듯 나도 무엇을 건질 수 있을까 가늠하려고 설문을 던진 것이지만, 그러면서도 내가 잡으려고 하는 것을 예의주시하고 있었다. 이 경우

내가 잡고 싶은 것은 사람들이 감정에 관해 이야기하면서 자신의 **의지**를 드러내는 표현이었다. 응답자들은 감정에 **작용하는** 행동에 관해 이야기했다. 어떤 것을 좋아하려고 **노력한다**거나 **정을 뗀다**, 감사하려고 또는 우울해지지 않으려고 **애쓴다**, 화를 **참는다**, 슬픔을 **느끼도록 내버려둔다**는 식의, 즉 감정의 제어에 관한 이야기였다. 3장에 나오는 감정노동의 개념에 관한 부분은 이런 초기 작업을 기초로 진행됐다.

개인적인 선호를 통제하는 것은 복잡하게 얽혀 있는 개인의 감정 체계에 관여하는 것을 의미한다. 이런 감정 체계의 요소들이 시장에 나와서 인간 노동의 한 부분으로 판매되면, 이것은 표준화된 사회적 형태로 나타나게 된다. 이런 사회적 형태 속에서 감정에 관한 개인의 기여도는 더 낮아지고, 그 결과에 관련된 책임도 줄어든다. 그러나 이것은 동시에 나 자신과 맺는 관계나 타인과 연관된 부분도 줄어드는 것으로 볼 수 있다. 이런 이유 때문에 소외가 발생할 여지가 더욱 많은 것이다.

직업 시장에서 감정노동은 두 가지 경로를 통해 추적했다. 나는 우선 항공 승무원의 세계를 파헤쳤다. 진입 지점으로 델타 항공을 선택한 이유는 몇 가지가 있다. 이 항공사는 다른 회사에 비교해 서비스에 더 중점을 두고 있다. 이 항공사의 승무원 연수 프로그램은 아마도 항공업계에서 가장 우수할 것이다. 이 항공사의 서비스 수준은 무척 높다는 평가를 받고 있고, 승무원 노동조합이 없다. 이런 이유 때문에 회사가 요구하는 조건은 다른 항공사보다 높은 반면 노동자들의 요구는 낮다. 따라서 델타 항공은 모든 승무원들에게 많은 요구를 하고 있다. 공적 생활에서 진행되는 감정노동에 더욱 까다로운 기준을 제시하고 있는 것이다.

승무원의 사례에 초점을 맞추는 것은 감정노동에 관한 요구가 어디까지 확대될 수 있는지 보여주고 싶기 때문이다. 이 작업을 마무리하고 나면 다른 직종에서 감정노동의 요구를 측정할 기준을 마련할 수 있을 것이다. 항공업계 안에서도, 오늘날 감정노동은 1950년대 중반에 비교해 그 경계가 훨씬 모호해졌다. 그때는 비행기도 지금보다 훨씬 작았고 고객층도 한정돼 있었으며, 승객 대비 승무원의 비율도 낮았다. 내가 말하려고 하는 것은 감정노동이 일반적인 시장에 적용되면, 그것이 하나의 상품처럼 움직인다는 사실이다. 그렇게 되면, 업계의 경쟁에 따라 감정노동에 관한 요구가 커졌다 작아졌다 한다. 가장 좋은 훈련 시설을 갖추고 있으면서 노동조합도 없는 이 항공사를 집중 조명함으로써, 우리는 훈련에 따른 감정 관리라는 '상품'의 수요가 높은 이 시대를 가늠할 수 있을 것이다.

 정보 수집은 다양한 방식으로 진행됐다. 우선 나는 사람들을 관찰했다. 미국 애틀랜타 주에 있는 델타 연수센터의 최고 책임자는 50대의 상냥한 여성으로, 수업 과정을 참관할 수 있게 해 주었다. 나는 신입 승무원들이 항공기 객실 모형 안에서 고객을 대하는 법과 식사 서비스를 배우는 과정을 관찰했다. 조금씩 친해지면서 연수 담당자들은 끈기 있게 자신들의 업무에 관해 설명해 주었다. 그 사람들은 업무 시간이 아닐 때에도 내게 친절했다. 그중 한 명은 나를 자기 집에 초대해 저녁을 차려 주었고, 다른 사람들도 몇 번이고 나를 점심에 초대했다. 셀 수 없이 많은 아침, 점심, 저녁을 함께 먹고, 공항버스를 타고 함께 이동하면서 나는 신입 연수를 받고 있는 신참 승무원들하고 많은 이야기를 나누었다. 그리고 업무상 필수 과정인 정기 연수에 참가한 기존 승무원들하고도 이야기를 나누었다.

 나는 델타 항공의 부사장부터 시작해서 인사, 채용, 연수, 매출, 광고 부서를 아울러 임원 20명과 인터뷰를 했다. 또한 7명의 중간 관리자들과 집단 면접group interview을 실시했다. 델타 항공과 그 승무원들을 홍보해야 할 임무를 띠고 있는 광고 대리인 4명하고도 인터뷰를 했고, 지난 수십 년 동안 델타 항공이 만든 광고를 담은 마이크로필름도 살펴보았다. 마지막으로 나를 '상대'할 책임을 맡고 있던 홍보 담당자 두 명도 인터뷰했다.

델타 항공에 관한 연구를 보충하기 위해 나는 샌프란시스코에 본부를 두고 있는 팬아메리칸 항공Pan American Airways(줄여서 팬암으로 표기하기도 함 — 옮긴이)의 승무원 채용 과정을 견학했다(델타 항공은 승무원 채용 과정을 관찰하고 싶다는 요청을 정중하게 거절했다). 나는 응시자들이 개별 면접과 집단 면접을 치르는 과정을 살펴봤고, 채용 담당자들이 누구를 합격시킬지 의논하는 과정을 지켜보았다. 또한 샌프란시스코 지역의 항공 승무원 30명과 각각 짧게는 세 시간에서 길게는 다섯 시간에 걸친 자유 응답형 인터뷰open-ended interview를 했다. 인터뷰 대상자 중 25명은 여성이었고, 5명은 남성이었다. 팬암, TWA, 월드 항공World Airways, 유나이티드 항공United Airlines, 아메리칸 항공, 델타 항공 등에서 일하는 사람들이었다. 인터뷰 대상자의 평균 연령은 35세이고, 40퍼센트는 기혼자였다. 한 여성은 승무원 1년차였고, 한 남자 승무원은 22년째 근무하는 중이었다. 인터뷰 대상자들은 평균 11년 근무했다.[7]

연구 대상으로 항공 승무원을 선택한 것은 직업에 미치는 젠더gender(사회적 의미의 성 — 옮긴이) 관계를 이해하려는 관점(이 내용은 5장에서 다루기로 한다)에서 볼 때 세 가지 장점이 있다. 첫째, 항공 승무원은 고급 직종이 아니다. 의사, 변호사, 학자 등 전문직 여성에 관한 연구는 많이 진행되어 왔지만, 비서나 웨이트리스, 공장 노동자 등에 관한 연구는 놀랄 만큼 적다. 항공 승무원은 이 두 직업군의 중간쯤에 위치한다고 볼 수 있다. 둘째, 승무원처럼 '동일한' 일을 하는 남성과 여성의 경험을 비교할 수 있는 직업을 찾기 어렵다. 비서를 대상으로 하면 거의 여성만 연구하게 된다. 조종사에 관한 연구는 거의 남성만을 대상으로 해야 한다. 남자 의사와 여자 의사, 남자 변호사와 여자 변호사는 전문 분야와 고객층이 다른 경우가 많다. 그러나 항공 승무원의 경우 남성 승무원은 여성 승무원과 같은 공간에서 똑같은 업무를 수행한다. 따라서 승무원의 업무 경험에서 남녀 차이가 나타난다면 그것은 성차에 따른 것일 가능성이 많다. 셋째, 많은 연구에서 노동자로서 여성이 겪는 문제는 그 직업에서 여성이 소수이기 때문에 겪는 문제와 얽혀 있다. 그러나 최소한 승무원의 경우는 그 반대다. 남성 승무원은 전체 승무원의 15퍼센트밖에 되지 않는다. 승무원의 세계에서는 남성이 소수자인 것이다. 게다가 소수자가 된다는 것은 보통 개인에게 불리한 요소로 작용하는 경우가 많지만, 남성 항공 승무원의 경우에는 그런 원리가 작용하지 않는 것으로 보인다.

　나는 항공 승무원의 업무에 관해 조금 다른 견해를 갖고 있는 사람들도 인터뷰했다. 그중에는 꺼림칙해 하는 노조원들을 상대로 자신들이 아메리칸 항공에 제시한 계약 내용을 받아들이라고 설득 중인 노동조합 관계자 다섯 명도 있었고, 50명 정도의 승무원을 치료한 경력 10년차의 성性 문제 치료 전문가도 있었다. 나는 승객에게 일어날 수 있는 '문제'에 대처하기 위한 적극성 훈련 과정도 관찰했다. 또한 그 밖에 곁가지로 진행된 대화들(팬암 항공기에서 만난 클리퍼 클럽Clipper Club 회원과 나눈 대화와 홍콩행 비행기를 기다리는 조종사 두 명과 나눈 대화)에 대해서도 살펴보고, 가이드를 따라 팬암 소속 항공기를 둘러본 일, 델타 항공의 조리실에서 두 시간 정도를 보내는 동안 청바지를 입은 승무원이 더러워진 접시를 내려놓으며 로스쿨이나 가야겠다고 말하는 것을 들은 일 등에 관해서도 이야기할 것이다.

　나는 감정노동이 노동시장 속으로 들어오게 된 다른 경로도 추적해보았다. 항공 승무원들이 고객의 지위를 격상시키면서 친절함을 앞세워 기업 매출을 늘리기 위해 감정노동을 하고 있는 동안, 회사를 대신해 다른 차원의 감정노동을 하는 경우도 있다. 때에 따라 불신과 노여움을 앞세워 고객의 지위를 일부러 깎아내리는 추심원이 대표적인 경우다. 나는 델타 항공의 재무 담당 최고 관리자를 비롯해, 추심 업무에 관련된 직원 다섯 명을 인터뷰했다. 재무 담당 최고 관리자의 사무실은 청구서를 분류하는 수많은 여직원들을 감독할 수 있는 곳이었다.

　자본주의의 양날을 상징하는 승무원과 추심원은 직업에 따른 업무 수행에서 감정을 어떻게 다루어야 하느냐 하는 문제에 관련된 요구의 두 극단을 보여준다. 이 책에서 다루는 논의는 대부분 승무원 세계에서 끌어왔다. 상대적으로 추심원에 관해서 충분히 연구하지 못했지만, 추심원 인터뷰를 통해 분명 감정노동의 원리가 전혀 다른 직업의 전혀 다른 감정에도 똑같이 적용되고 있다는 것을 알 수 있다.

이 세 가지 자료를 바탕으로, 나는 감정 체계에 관한 세 개의 샘플을 뽑았다. 학생들의 개인적 상황에 관한 묘사에서 도출된 첫 번째 샘플은 감정 체계의 개인적인 면을 보여준다. 승무원 세계의 자료를 통해 추출한 두 번째 샘플은 감정 체계의 공적인 면 중에서도 밝은 부분에 관해 이야기하고 있다. 추심원의 경우에서 나온 세 번째 샘플은 공적 요소의 이면을 보여준다. 이 책은 경험적 보고서도 아니고, 그렇게 단순하지도 않다. 이 책은 그런 보고서들의 **저변에** 무엇이 있는지 알 수 있는 정보를 제공한다. 다시 말해, 사회가 감정을 어떻게 이용하느냐 하는 문제에 관련된 논의들을 풀어 나가는 것이다. 이 책의 목적은 일종의 새로운 방향을 제시함으로써 독자들에게 새로운 시각을 제시하는 것이다. 소설이나 다른 책에서 인용한 몇몇 경우(이런 경우는 주를 통해 밝히겠다)를 뺀 인용구는 모두 실제 인물과 나눈 대화에서 뽑은 내용이다.

감정의 개인적 활용과 상업적 이용

잔인한 영국의 벽지 공장에서 일하던 19세기의 어느 어린이와 좋은 보수를 받으며 일하는 20세기 미국의 항공 승무원 사이에는 공통점이 있다. 일터에서 살아남기 위해 정신적으로 자기 자신을 자신이 하고 있는 일에서 분리해야 한다는 점이다. 공장에서 일하는 아이는 자신의 신체와 육체노동에서, 승무원은 자신의 감정과 감정노동에서 자기 자신을 스스로 떼어내야 한다. 마르크스를 비롯한 많은 학자들이 공장 노동자의 이야기를 다루어 왔다. 나는 일을 하기 위해 치러야 하는 대가가 무엇인지 좀더 잘 알아보려고 승무원들의 이야기를 하려고 한다. 그 전에 자신의 감정과 그 관리에서 소외되면 우리 자신에게도 언제든 일어날 수 있는 상황에 관해 이야기해 보려고 한다.

인간에게는 '느낌'이라는 것이 있다. 그렇지만 느낌feeling이라는 것이 무엇인가? 나는 느낌feeling 또는 감정emotion을 청각이나 시각 같은 하나의 감각으로 정의하겠다. 일반적으로 우리는 신체적으로 느껴지는 지각이 우리가 알고 있거나 상상하는 것들과 어우러질 때 감정을 경험하게 된다.[8] 청각과 마찬가지로, 감정도 정보와 상호작용한다. 프로이트가 불안에 관해 언급했듯, 감정 역시 '신호 기능signal function'을 가지고 있다. 우리는 감정을 바탕으로 세계를 보는 관점을 발견하게 된다.

사람들은 종종 어떤 감정을 느끼려고 **애쓴다**고 말한다. 하지만 그게 어떻게 가능할까? 나는 감정이 우리 '안에' 내재되어 있는 것이 아니며, 통제를 위한 행위들에서 자유롭지도 못하다고 생각한다. 어떤 감정을 '유지하려는' 행위나 무언가를 느끼려고 '애쓰는' 행위는 모두 우리가 유지하려고 하는, 또는 관리하려고 하는 그것을 다른 형태의 감정 그 자체로 만드는 과정일 것이다. 감정을 관리하는 과정에서, 사람이 감정을 만들어내는 것이다.

사정이 이렇다면, 우리가 내재적이라고 여기던 감정들은 언제나 사회적 형태로 만들어져 이용되었다는 말이 된다. 왜 젊은이들이 분노에 차서 자발적으로 전쟁에 나가고, 왕이나 이슬람 지도자, 축구팀 등이 행진하면 군중들이 열광하며 주변을 에워싼 채 따라가겠는가. 시장이 아닌 상황에서도 사회는 언제나 개인에게 감정을 관리할 것을 요구했을 수도 있다. 파티에 초대된 손님은 초대한 사람에게 예의를 갖춰 명랑한 모습을 보여야 하고, 장례식에 간 조문객은 적당히 슬퍼 보여야 한다. 각자가 그 순간에 적합한 공동선에 함께 기여하기 위해 자신의 감정을 바치는 셈이다. 영어에는 '집단에 기여하기 위한 감정'을 나타내는 적절한 개념이 없기 때문에(상대적으로 더 집단 중심적인 호피Hopi족 인디언의 문화에서는 이것을 아로파arofa라고 부른다), 설명을 위해 선물 교환의 개념을 차용하겠다.9 화를 삭이는 것, 감사를 새기는 것, 질투를 억누르는 것은 부모 자식, 부부, 친구, 연인 사이에 주고받는 일종의 선물 같은 것이다. 이 책에서는 이런 감정의 형태를 밝히고, 어떻게 이런 감정들이 만들어지고 교환되는지 알아보기 위해 그것의 복잡한 구성을 풀어 볼 생각이다.

무엇이 감정을 관리하기 위한 행위를 사회적으로 반복되게 만들었을까? 나는 사람이 어떤 감정을 느끼려고 애쓸 때 잠재적인 감정 법칙들이 적용된다고 생각한다. 이 부분은 이 책 4장의 주제이기도 하다. 사람들은 "저 사람의 행동에 내가 이렇게 화를 내면 안 돼"라거나 "이미 동의한 일이니까 나는 질투할 자격이 없어" 같은 말을 한다. 감정을 관리하기 위한 행위들은 단순한 개인적 차원의 것이 아니다. 그것은 감정 법칙에 따라 상호 교환의 방식으로 사용되고 있다. 감정 법칙은 감정적인 대화 상황에서 감정의 흐름이 적절하게 오고 있는지 가늠하는 기준으로 사용된다. 감정 법칙을 통해 우리는 각자의 관계와 배역에서 '적당한' 선이 어디인지 구별할 수 있다. 이런 통제 행위가 오가는 사이에 우리는 서로 예의를 갖추게 된다. 그 속에서 예의를 표시하는 것이 적당할 때도 있고, 때에 따라서는 지나칠 때도 있고, 모자랄 때도 있으며, 예의를 표하는 일을 가볍게 여기는 경우도 생기고, 어느 선까지 예의를 표해야 하는지를 알게 되기도 하고, 예의를 갖추는 척하거나, 자신이 타인에게 감정적으로 적당하다고 생각하는 선이 어디인지 알게 되기도 한다. 5장에서도 이야기하겠지만, 이런 식으로 우리는 예의를 지키려고 애쓴다.

개인들의 삶 속에서 맺어지는 관계들 중에는 권력과 권위가 불평등하게 배분되는 경우가 있기 때문에, 감정 관리를 위한 행위도 불평등할 수 있다. 순간순간 일어나는 무수한 감정 관리 행위들이 모여 **관계** 또는 **배역**이라는 개념을 구성한다. 프랑스의 신인상주의 화가 쇠라Georges Pierre Seurat의 그림을 구성하는 작은 점들처럼, 감정 관리의 미시적인 행위들은 오랜 시간 동안 반복과 변화를 거쳐 형태를 갖춘 움직임을 구성하게 된다. 이 중 일부는 불평등을, 다른 일부는 평등을 드러낸다.

그렇다면 감정 관리가 노동으로 판매되면 어떻게 될까? 감정 법칙이 겉으로 보이는 행동에 관한 법칙과 마찬가지로 개인 사이의 타협이 아니라 회사 지침에 따라 정해진다면? 사회적으로 교환되던 것들이 개인적 삶의 영역에서 그랬듯 변화하거나 어느 선에서 마무리될 수 있는 가능성을 지니지 못하고, 형식적으로 고착되어 빠져나갈 수 없는 상태가 된다면?

한 사람이 상대에 관한 감정을 표현하는 방식이 내재적인 불평등을 드러낸다면 어떻게 되겠는가? 비행기를 타는 승객들은 웃지 않겠다고 마음먹을 수도 있겠지만, 항공 승무원들은 의무적으로 미소를 지어야 할 뿐 아니라, 그 미소 뒤에 따뜻함까지 배어나게 노력해야 한다. 다시 말해, 우리가 감정을 사용하던 개인적인 방식이 **변형**transmutation된다면 어떻겠는가?

때때로 전혀 연관성이 없을 것 같은 사건들을 하나의 연결된 흐름으로 묶기 위해 조금 거창한 단어가 필요할 때가 있다. 이 경우에는 '변형'이 그런 단어에 해당한다. 감정 체계의 '변형'을 이야기하는 것은, 파티를 즐기려고 노력하는 것 같은 개인적 차원의 행위와 고객을 위해 좋은 기분을 끌어올리는 것 같은 공적 차원의 행위 사이에 연결 고리가 있다는 뜻이다. 나는 어떤 사람에게 정을 떼려고 애쓰는 개인적 행위(헤어질 때가 된 연인들이 많이 하는)와 채무자에 공감하는 마음을 억누르는 추심원의 공적 행위 사이에 존재하는 관계를 밝히려고 한다. '감정 체계의 변형'이라는 거창한 개념을 통해 나는, 오늘날 대규모 조직과 사회공학, 이윤 추구의 동기에 감정을 지배당하는 사이에, 우리가 의식하지도 못한 채 감정에 관해 무엇을 하고 있는지를 알리려고 한다.

사람들이 무엇을 원하고 기대하는지 또는 무엇을 느껴야 한다고 생각하는지 감을 잡아 보려고 애쓰는 것은 감정 그 자체만큼이나 별로 새로울 것이 없다. 감정 법칙을 따르거나 벗어나는 것도 별로 새로운 것은 아니다. 조직화된 사회에서, 법칙이 눈에 보이는 행동에만 적용된 적은 한 번도 없을 것이다. 마음이 '먼저 움직이지' 못하게 막기 위한 금지禁止들이 오랫동안 존재하고 있던 것을 보면, '마음의 죄'는 오래 전부터 인식되어 왔다. 성경에서 말하는 '네 이웃의 아내를 탐하지 말라'는 말은 단순히 그런 행동을 하지 말라는 것뿐 아니라 그런 마음도 먹지 말라는 뜻이다. 요즘 새로워진 것이라면, 점점 많은 사람들이 그동안 개인적인 목적에 따라 감정을 자유자재로 다루던 본능적 능력에 관련해서 의도적이고 적극적으로 감정에 관해 도구적 거리를 두고 있다는 점과, 대기업이 개인의 이런 거리 두기를 구성하고 조종한다는 것이다.

개인적 차원에서 감정을 활용하던 방식이 이렇게 변형되는 현실은 남녀는 물론 다양한 사회 계급에게 전혀 다른 방식으로 영향을 미치고 있다. 이 문제에 관해서는 7장과 8장에서 다룰 것이다. 전통적으로 감정 관리에 관해서는 여성이 더 잘 알 뿐만 아니라 경제적 지원을 얻기 위한 수단으로 이것을 더 자주 활용하는 것도 여성이라고 알려져 왔다. 특히 상류층과 중간 계급에 속하는 종속적인 여성들은 다른 사람이 크리스마스 선물을 풀어 볼 때 기쁨을 표시한다거나, 생일날 깜짝 놀란 모습을 보이거나, 부엌에서 쥐를 보고 소스라치게 놀라는 등 여러 사회적 상황 속에서 감정적인 표현을 도맡았다(또는 도맡아야 한다고 생각했다). 이렇게 잘 통제된 표현과 그런 표현을 잘 하기 위해 필요한 감정노동의 기술을 여성만 가지고 있었던 것은 아니다. 그렇지만 여성들의 경우와 달리, 이런 일을 잘 하는 남성은 다른 남성들과 약간 다른 사람으로 여겨졌다. 감정에 관한 **개인적 차원**의 관습 속에서 통용되던 이 '여성스러운' 세상살이 방식은 공적 영역으로 나오게 되면서 '이익과 손실'이라는 새로운 맥락과 연결이 된다.

이것과 비슷하게 감정노동은 각 사회 계급에 각기 다른 방식으로 영향을 미친다. 젠더 관점에서 상대적으로 적은 보상을 받던 여성이 감정노동에 좀더 특화된 집단이었다면, 계급 관점에서 감정노동의 많은 부분을 요구하는 집단은 중간 계급과 상층 계급이라고 볼 수 있다. 또한 감정노동이 필요한 직종에서 일하는 부모들은 자녀들에게 감정 관리의 중요성을 가르치고, 아마 미래에 갖게 될 직업에서 필요하게 될 감정 관리의 기술을 배울 수 있도록 자녀들을 준비시킬 것이다.

일반적으로 하층 계급과 노동자계급은 사물에 관련된 일을 하는 반면, 중간 계급과 상층 계급의 사람들은 사람을 다루는 일을 많이 한다. 남성보다는 여성이 사람을 다루는 직업에 종사하는 경우가 많다. 따라서 감정이 사회적 또는 상업적으로 활용될 때 성에 따른 차이와 계급에 따른 차이가 함께 나타나는 것이다. 이것이 사회적인 특징이다.

감정노동은 개인적인 특징도 있다. 감정노동에는 잃는 것이 생기게 마련이다. 감정노동은 우리가 감정에 귀 기울이는 정도에 영향을 주며, 때에 따라서는 감정을 느끼는 능력 자체에도 영향을 미치기 때문이다. 감정을 관리하는 것은 문명화된 삶을 살아가는 데 필수적인 기술이고, 그렇기 때문에 나는 좀더 넓은 의미에서 이 필수적인 이익을 얻기 위해 손실을 감수하는 것도 아깝지 않겠다고 생각한다. 프로이트도 《문명 속의 불만 Civilization and Its Discontents》에서 성적 본능에 관해 비슷한 논의를 펼친 적이 있다. 성적 본능이 즐거운 것이기 때문에 인간은 장기적 시각에서 성적 본능의 일부만이라도 만족시키는 길을 선택하는 지혜를 발휘한다는 것이다. 그러나 감정을 개인적으로 이용하던 방식이 성공적으로 변형되면, 즉 감정의 주도권을 조직 안에서 직원과 고객 사이의 관계를 담당하는 전문가들에게 넘기게 되면, 우리는 자신의 감정에 귀 기울이는 방식이나 다른 사람들이 우리에 관해 좋건 나쁘건 말하는 것에 관련해서 어느 정도 대가를 치러야 한다. 인간에 관한 이런 일괄 작업의 생산성이 촉진되고 '순수한' 의미의 대인 서비스를 전달하는 것이 힘들어진다면, 노동자들은 감정노동조차 멈추고 대신 얄팍한 겉치레만 보이게 될 것이다. 그렇게 되면 치러야 할 대가도 달라진다. 자기 자신이 가짜라는 느낌이 벌칙처럼 따라오는 것이다. 다시 말해,

변형이 제대로 진행되면, 노동자는 감정이 갖는 신호 기능을 잃을 위험을 감수해야 한다. 반대로 변형이 제대로 진행되지 않으면, 표현이 신호 기능을 발휘하지 못할 위험에 놓인다.

사회적 조건에 따라 감정 관리에 따르는 대가가 증가하기도 한다. 감정 관리에 따르는 비용을 증가시키는 하나의 조건은 사회 현실이 전반적으로 예측 불가능하다는 점이다. 오늘날 보통사람들은 다양한 사회 현실의 사이를 오가면서 수많은 사회적 배역을 경험한다. 이런 현실을 피터 라슬렛Peter Laslett이 《잃어버린 세계The World We Have Lost》(1968)에서 묘사하고 있는 14세기 어느 제빵 도제의 삶에 비교해 살펴보자. 이 도제의 삶은 한 가지 세계관 안에서 한 지역, 한 직업, 한 집에서 한 갈래의 법칙을 따라 시작되었다가 끝나는 삶이다.10 이렇게 한 개인이 놓인 상황이 그 상황을 어떻게 받아들이는 것이 적절한지를 결정하는 요소로 작용한다거나 환경에 따라 언제, 어떻게, 누구에게 어떤 감정을 느낄 것인지가 명백하게 정해지는 경우는 점점 희귀해지고 있다. 결과적으로 현대인들은 '이 상황에서 내가 어떤 감정을 가져야 하는가?'라는 질문에 관해 고민하는 데 정신적으로 더 많은 시간을 쏟고 있다. 묘한 일이지만, 라슬렛의 제빵 도제에게 더 적합할 것 같은 두 번째 조건은 오늘날 더 현대적이고 유동적인 시대에도 살아남았다. 우리는 아직도 자기 자신에게 '내가 누구인가'를 묻는 것 같다. 마치 이 질문이 근사한 답 한 줄을 제시할 것처럼 말이다. 비록 견고하고 예측할 수 있는 자아를 존재하게 하는 삶의 조건들은 오래 전에 사라졌지만, 우리는 여전히 그런 자아를 찾아 헤맨다.

이 두 가지 조건이 존재하더라도, 사람들은 자기 자리를 찾기 위해, 또는 최소한 어떤 사건이 터졌을 때 자신의 반응을 살피기 위해 감정을 돌아보게 된다. 즉 외부에 명백한 지침이 없는 상태에서, 감정이 갖는 신호 기능은 더욱 중요해지고, 인간의 관리된 마음managed heart이 상업적으로 왜곡되는 것은 인간으로서 가장 중요한 것을 대가로 치르는 셈이다.

어쩌면 마음을 흘러가는 대로 내버려두자는 움직임이 점점 확대되고 있다는 데에서 이런 문제들의 해답을 찾아볼 수도 있겠다. 이런 움직임은 '자연스러움' 또는 자생적인 것을 향한 추구와 연결되어 더욱 큰 미덕으로 여겨지고 있다. 역설적이게도 루소J. Rousseau가 제시한, 다른 속셈 없이 '자연스럽게' 웃는 사람들, 그러니까 고결한 야만인Noble Savage에 해당하는 사람들은 웨이터나 호텔 지배인, 승무원 같은 직업에는 어울리지 않는다고 한다. 이렇게 보면 '자연스러운 감정'을 존중받는다는 것은 도리어 오늘날의 문화가 정확히 그 반대의 행동 방식, 즉 감정에 관한 도구적 거리를 유지할 것을 요구하고 있다는 사실을 드러내는 것일 수도 있다. 그렇기 때문에 자발적인 감정은 흔치 않은 귀한 것이라도 되는 듯 여겨진다. 사람들은 그것 자체를 미덕으로 받든다. 이것을 두고 '내부 자원'을 보존하라는 요구 또는 아직 기업이 손을 뻗지 못한 분야를 보호하고 '영원히 손을 타지 않게' 유지해야 한다는 요구를 보여주는 사례라고 해도 과언은 아닐 것이다.

자연스러운 것을 찬양하는 목소리가 높아지면서 사람을 로봇에 빗댄 농담도 나타났다. 로봇을 소재로 하는 농담은 사람다움, 다시 말해 감정을 가지고 있는 것과 사회경제적 기계의 부속품이 되다시피 한 현실 사이의 긴장감을 웃음의 소재로 한다. 영화 〈스타워즈Star Wars〉에 나오는 작은 로봇 R2-D2의 매력은 그 로봇이 아주 인간적으로 보인다는 데 있다. 이런 영화는 우리에게 친숙한 것들을 뒤집어 보게 한다. 영화관을 나서면 우리는 매일 로봇과 다를 것 없는 정도의 감정만을 보이는 사람들을 만나게 된다. 그렇게 모호해진 경계가 웃음을 불러오는 것이다.

자연스러운 것을 찬양하는 분위기와 로봇에 관한 농담이 늘어난다는 건, 조지 오웰George Orwell의 《1984》에 나오는 세상이 감정의 영역에 등장했다는 것을 시사한다. 웃음과 개인적으로 빠져나갈 구멍이 필요하다는 생각을 남긴 채 말이다.

감정이라는 실마리 ● 02

> 서로 비밀리에 타인을 도구로 이용하려고 애쓰는 사이 사람은 서로 소외되고, 시간이 흐르면서 하나의 완벽한 순환이 일어난다. 사람은 자기 자신을 도구로 이용하게 되고, 자기 자신에게도 소외된다. — C. 라이트 밀스

델타 승무원 연수센터에서 지내던 어느 날, 한 강사가 자아 찾기Self-Awareness 강의를 기다리고 있는 스물다섯 명의 얼굴을 훑어보고 있었다. 해마다 열리는 이 강의는 미국 연방항공국Federal Aviation Administration에서 의무로 시행하게 하는 응급 상황 대처 훈련에 맞춰 회사가 실시하는 것이다. 강사는 이렇게 운을 뗐다.

"이 강의는 사고 과정, 행동, 감정에 관한 것입니다. 저는 이 사실을 믿고 있습니다. 믿지 않는다면 여기서 여러분 앞에 이렇게 서서 열정을 가지고 강의할 수가 없겠죠."

강사가 하고 싶은 말의 요지는 이것이었다.

"저는 정직한 사람이기 때문에, 여러분 앞에서 이렇다고 말하면서 다른 생각을 할 수가 없습니다. 제가 진정성과 열정을 가지고 강의를 한다는 것이 오늘 여러분께 말씀드릴 감정 관리의 기술이 갖는 가치를 입증하는 자료라고 여기시기 바랍니다."

그렇다고는 해도, 그 여자 강사가 스스로 말했듯 진정성 자체가 확보된 것도 바로 그런 감정 관리의 기술 덕이었다. 그렇기 때문에 수강생들은 거울로 둘러싸인 이 방 안에서, 신입 연수 동안에는 거의 다루지 않았지만 정기 연수에

서는 중심 주제로 다루는 주제에 관해 듣고 있었다. 이날 강의의 주제는 바로 스트레스와 스트레스를 일으키는 주요 원인인 불쾌한 고객을 향한 분노였다.

"화가 나면 어떻게 됩니까?"

강사가 마치 어느 시골 교회 목사가 성도들에게 대답을 요구하는 것 같은 태도로 수강생들에게 질문을 던졌다. 몸이 긴장한다, 심장이 뛴다, 숨이 가빠지고 산소가 부족해진다, 아드레날린 분비가 증가한다는 등의 답이 쏟아졌다.

"화가 나면 여러분은 어떻게 합니까?"

강사가 이렇게 묻자, 욕을 한다, 승객을 한 대 때리고 싶어진다, 양동이에 대고 소리를 지른다, 운다, 먹는다, 담배를 피운다, 혼잣말을 한다는 등 여러 대답이 돌아왔다. 뒤의 두 가지 대답을 뺀 나머지 대답은 승객의 기분을 나쁘게 해서 회사 매출이 줄어들 위험이 있기 때문에, 강사는 불쾌한 고객을 상대로 솔직하지만 긍정적으로 다시 생각해 볼 수 있는 방법을 이야기해 보라고 유도했다. 끊임없는 관심을 요구하는 승객은 '비행 공포증의 피해자'라고 생각할 수 있다. 술에 취한 승객은 '그냥 아이 같은 것' 쯤으로 여기면 된다고 한다. 이어서 승객 때문에 화를 내는 직원이 동료들의 공감을 잘 얻지 못하는 이유에 관한 설명도 이어졌다.

"여러분은 화난 사람 앞에서 어떻게 분노를 누그러트리세요?"

강사가 수강생들에게 물었다. 그러고는 자문자답하듯 이야기를 이어갔다.

저는 그럴 때 그분들의 삶에 뭔가 커다란 상처가 있을 것이라고 여깁니다. 한번은 제 앞에서 불평을 쏟아내면서 갖은 욕을 하고, 이름이 뭐냐고 따지면서 회사에 신고할 거라며 협박을 하시는 화난 고객 한 분을 상대한 적이 있었습니다. 알고 보니 그때 그 고객은 막 아들이 죽었다는 소식을 들은 순간이었죠. 그 일이 있은 뒤로 화를 내는 고객들을 만날 때면 저는 그분을 떠올립니다. 다른 사람 처지에서 왜 그분들이 화가 났을까 생각하다 보면, 자신이 화가 났는지 어쨌는지는 관심이 가지 않게 마련입니다. 그럼 화가 나지 않습니다.

이런 예방 차원의 전략에도 불구하고 화가 난다면, 숨을 깊게 들이쉬고 혼잣말을 하면서 '집에 가면 안 볼 사람이다'라고 되뇌는 것이 감정을 다스리는 방법으로 제시되었다. 승무원들은 이런 방법들을 사용함으로써 욕을 하거나, 누군가를 때리거나, 울거나 담배를 피울 일을 줄여 나간다.

강사는 승무원의 화를 **돋운** 일이 무엇인지에 관해서는 중요하게 다루지 않았다. 관련된 이야기가 잠깐 나왔지만, ("어이! 이리 와 봐!"라고 말하는 승객 등) 몇 가지 예만 들고 지나갔을 뿐이다. 강의의 초점은 그것보다는 직원의 대응과 '분노 경감'을 통해 고객에게 화가 난 채로 대응하지 않는 방법 쪽에 맞춰져 있었다.

강의를 시작한 지 10분 정도 지났을까, 뒤쪽 줄에 앉아 있던 한 승무원이 책장을 펼치지 않은 노트에 대고 검지를 빠르게 딱딱거리기 시작했다. 강연자를 쳐다보지도 않았고, 간간이 방향을 바꾸어 가며 다리를 꼬았다. 그러더니 탁자 위에 팔꿈치를 올리고는 자기 왼쪽에 있는 다른 두 승무원 쪽으로 몸을 돌려 작지 않은 소리로 속삭였다.

"완전 열 받는데!"

정기 연수는 승무원들이 해마다 참가해야 하는 과정이다. 이 연수에 참가하지 않고서 불이익을 받지 않은 승무원이 몇 명 없다는 사실은 수업이 시작하기 직전 승무원들과 10분 정도 이야기를 나누는 중에 알게 된 사실이다. 승무원들은 이 강의가 열릴 때면 어느 도시에 있든지 이곳으로 와서 강의를 들어야 한다. 왕복 교통편은 회사에서 제공하지만, 연수가 끝난 뒤 집으로 가는 비행기의 좌석은 승객의 편의를 이유로 빼앗기는 경우가 종종 있다. 승무원들 사이에는 이런 사실이 잘 알려져 있어 때때로 화를 내기도 한다. 노발대발하던 어느 승무원은 이렇게 말했다.

"지난번에는 정기 연수가 끝나고 이틀이 지나서야 집에 갔다니까. **이것** 하나 때문에 말이야."

웅성거리는 소리를 들었는지 강사는 누구 한 사람을 콕 집지는 않은 채로 이렇게 말했다.

요즘 많은 승무원 여러분들이 정기 연수 때문에 오락가락해야 하니까 언짢아하시지요. 여기까지 오는 게 귀찮고 돌아가는 것은 더 귀찮은 일이니까요. 어떤 분들은 그것 때문에 저한테까지 화를 내기도 하십니다. 그러면 일이 그렇게 된 게 제 탓도 아니고 저 역시 이 강의를 위해 정성을 쏟는 처지이기 때문에 저도 화가 납니다. 그렇지만 그러다 보면 화를 내는 것도 지겨워집니다. 여러분은 혹시 화를 내는 게 지겨워진 적 있나요? 한번은 수강생 한 명이 뒤쪽에 앉아서는 제가 강의하는 내내 코를 골면서 잔 적도 있습니다. 하지만 제가 그때 어떻게 했는지 아세요? 저는 스스로 '저분은 입술이 도톰하네. 도톰한 입술을 가진 사람은 정이 많아. 난 항상 그렇게 믿어 왔는걸.' 이렇게 생각했답니다. 그렇게 생각하고 나니 그다지 화가 나지는 않았죠.

이 강사는 수강생들에게 회사에서 준 비행기 표를 이용하는 문제는 정기 연수의 전반적인 계획과 마찬가지로 자신과 무관하다는 사실을 상기시키는 한편, 자신을 승무원의 처지에 놓고 자신의 청중을 화난 승객의 처지에 놓음으로써 자신이 어떻게 **자신의** 분노를 삭였는지 보여주고 싶었던 것이다. 실제로 이 여자 강사는 수강생들의 분노도 다스렸다. 뒷자리에서 낄낄대던 사람들과 손가락을 딱딱 두드리던 사람 모두 잠잠해졌다. 화낼 수 있는 권리는 그렇게 흐지부지 사라졌다. 그 뒤 수강생들은 흐트러짐 없는 자세로 앉아서 이따금 의견을 내기도 하고, 몇몇 사람은 농담으로 분위기를 풀기도 했다. 탄탄대로가 된 분위기 속에서 강사의 열정도 다시 살아났다.

감정은 예방 전략에 약하다

어떻게 한 회사 또는 다른 조직이 한 개인을 상냥하게 일하게 하는 한편 그 과정에서 생기는 자극과 대응 사이의 상황에도 관여할 수 있는지 살펴보려면, 감정이 무엇인지 다시 생각해보는 게 가장 좋을 것이다. 많은 이론가들은 날씨가 추우면 추위를 느끼듯 감정은 외부 자극에 따라 유도되는 생물학적 현상이라고 여겼다. 또한 감정(심리학자 폴 에크만Paul Ekman은 이것을 '생물학적 대응 증후군'이라고 불렀다)이 작용하면, 개인은 수동적으로 그런 감정을 경험한다고 생각했다. 찰스 다윈Charles Darwin, 윌리엄 제임스William James의 연구와 프로이트의 초기 연구도 이런 '유기체적organismic' 개념과 많은 부분에서 맥락을 같이하고 있다.* 그러나 내가 볼 때 이런 시각에는 한계가 있다. 감정을 이 정도로만 인식한다면, 그 많은 승무원들이 정기 연수에 참가해 감정을 고무하거나 다스리라고 배운 방법들, 감정을 실제로 **변화시킬** 수 있는 그 방법들은 무슨 소용이란 말인가?

그동안 이어져 온 생물학적 설명에 굴하지 않은 채 우리가 감정이라는 것에 관해, 주어진 방식에 따라 내부의 감각에 귀 기울임으로써 또는 환경을 정의하거나 감정 자체를 다스림으로써 **만들** 수 있는 것으로 여긴다면, 우리는 감정이 얼마나 유동적이면서 재구성하는 기술에 따라 쉽게 바뀔 수 있는지 더욱 명확하게 알 수 있다. 감정을 다스리는 행위 자체도 감정의 한 부분으로 볼 수 있다. 그렇지만 유기체론자들이 하는 주장처럼 감정을 통제하거나 표현하는 것이 감정과 **별개**라고 여긴다면 이 개념은 혼란스러워진다. 유기체론자들은 감정이 '본능에 따라 추동되는' 과정을 설명하려고 하기 때문에, 사람들이 감정을 어떤 식으로 평가하고, 이름을 붙이고, 다스리느냐 하는 문제는 회피한다(이

---

*이 장에 등장하는 이론가들의 시각은 부록 A에 요약되어 있다.

문제에 관해서는 부록 A와 부록 B에 나와 있다). 나 같은 '상호작용' 이론가들은 문화가 우리가 감정을 이야기할 때 강조하는 부분에 영향을 미치면서 감정에 작용할 수 있다고 본다. 부록 A에 정리되어 있는 유기체론적 전통과 상호작용론적 전통을 바탕으로 봤을 때, 나는 감정이 유기체론자들의 생각보다 문화적 영향을 받을 가능성이 크다고 생각하지만, 상호작용론자들이 생각한 것보다는 실재성을 띤다고 본다. 부록 A의 끝부분에 언급하고 있듯, 감정은 상상의 행위에 관한 적응이 실체를 띠고 나타나는 것이다(이 부분은 다윈의 이론에 기반한 것이다). 그렇기 때문에 감정은 신호 기능을 갖는다. 안팎의 사건에 직면할 때 우리가 어디에 서야 할지 알려주는 것이다(이것은 프로이트의 전통에서 출발한 논의다). 마지막으로 그 감정이 '신호'로서 두드러지는지 아닌지는 문화적으로 당연하게 여겨지던 세상을 보는 방식과 세상에 관해 기대하는 방식을 전제로 한다. 감정을 명명하는 방식은 부록 A와 부록 B에서 다루고 있다. 이 책에 나오는 논의를 감정에 관한 전혀 다른 논의와 관련지어 생각해볼 수도 있겠지만, 감정에 관한 내 관점 중 일부는 이 책에서 다루고 있는 연구와 별개로 발전된 부분도 있다. 또한 사회 조직이 '사생활'에 관한 노동자의 권리는 명확히 존중하면서도 개인의 감정사에 얼마나 깊이 개입할 수 있는지 설명하는 데에는 지금의 관점이 가장 알맞다고 생각한다.

감정이라는 실마리

자발적으로 형성된 감정은 좋고 나쁨을 결정하는 실마리로 작용한다. 감정은 우리가 보거나, 기억해내거나 공상하는 것들의 **자기 타당성** self-relevance에 관한 근거들을 걸러낸다. 우리가 상처받았다, 무시당했다, 칭찬을 받았다, 또는 격려를 받았다고 느끼는 정확한 지점은 매번 다르다. 한 승무원은 자신이 '분노'를 느끼는 경계를 이렇게 말하고 있다.

어떤 사람이 저를 '웨이트리스'라고 부른다면 싫을 거예요. 저는 웨이트리스가 아니라 승무원이니까요. 하지만 가끔씩 사람들이 뭐라고 불러야 할지 모르는 경우가 있다는 것도 알고 있기 때문에 그렇게 신경 쓰지는 않아요. 그렇지만 누군가 좀 그런 느낌으로 저를 "자기야!"라든지 "어이, 아가씨!" 하는 식으로 부르면 무시당하는 것 같아요. 비상시에 자기들의 그 알량한 목숨을 제가 구한다는 것도 모르냐고요. 누가 저한테 이년 저년 하는 소리가 들리면 정말 화가 나요. 게다가 웬 술 먹은 사람이 다리 사이로 손이라도 집어넣을 때는, 어휴, 진짜!

이 승무원이 보기에 회사에서 규정하는 화낼 만한 상황의 기준은 자신의 기준과 달랐다.

회사에서는 "참 유감이고 썩 좋은 상황이 아닌 건 사실입니다만, 사람 대하는 직업이 다 그렇지 않습니까" 하고 말하겠죠. 한번은 웬 여자가 저한테 뜨거운 커피를 끼얹은 적도 있었는데, 그런 상황에서 회사가 제 편을 들었을 것 같으세요? 편지라도 써줬을까요? 옷이라도 한 벌 가져다줬을까요? 하! 천만에요. 혹시라도 외부에 나쁜 평이 돌까 봐 안 된다더군요. 회사에서는 그런 일에 흥분하지 말라더군요. 이 일이 힘든 원체 힘든 일이고, 그런 무시를 대범하게 넘기는 것도 일의 일부라고요. 글쎄요. 죄송하지만, 이건 엄연한 폭력이고, 제가 그걸 감내해야 할 이유는 없죠.

이 승무원은 관리자의 이해(더 많은 승객을 만족시키는 것)와 노동자의 이해(기본적인 권리와 만족스러운 노동 환경을 보장받는 것) 사이의 차이 때문에 어느 정도의 '무시'에 어느 선까지 화를 내는 게 허용되느냐 하는 질문에 관해 다른 생각을 갖게 된다고 보았다. 분노는 행동의 전조가 될 수 있다는 점에서, 분노에 관해 회사가 어떤 태도를 취하느냐 하는 것은 실질적인 문제다.

자아 찾기에 관한 정기 연수 과정에서 이런 이해의 충돌 문제가 절묘하게 유야무야 넘어간 것도 아마 그런 이유 때문일 것이다. 스트레스를 줄이고 좀더 즐겁게 일할 수 있는 방법을 다룬 강의 속에는 화낼 만한 일이 무엇이냐에 관한 기업 중심의 시각이 녹아들어 있었다. 그런 일이란 그렇게 많지 않다는 게 기업의 생각이지만 말이다. 예방 차원에서 분노를 피하는 여러 방법이 소개됐지만, 정작 이 분노에서 가장 많이 보호받는 당사자가 누구인지, 즉 노동자인지 회사인지 하는 문제는 확실하지 않다.

보거나 듣는 것과 마찬가지로 감정이 세상을 이해하는 하나의 방식이라는 명제는 강사와 연수생 모두 받아들이고 있었다. 감정은 현실을 시험하는 방법이다. 프로이트가 《억압, 증후 그리고 불안Inhibitions, Symptoms, and Anxiety》(1926)에서 지적했듯, 불안에는 신호 기능이 있다. 그것은 우리가 분노가 최고조에 다다를까 봐 두려워할 때처럼 내부에서 위험에 관한 신호를 보내거나, 어떤 사람의 무시하는 언사가 손쉽게 견딜 수 없을 정도의 모욕으로 다가올 때처럼 외부의 위험에 관한 신호를 보내기도 한다.*

사실 모든 감정은 신호를 보내는 기능을 한다. 그러나 모든 감정이 위험에 관한 신호를 보내는 것은 아니다. 모든 감정은 '너'를 바라보는 '나'에게 신호를 보낸다. 우리가 사물을 보면서 돌아다니는 동안 무의식적으로 적용하는 관점에 관해서도 신호를 보낸다. 감정은 내부적 관점에 신호를 보낸다. 그렇기 때문에 감정을 바꾸는 데 도움이 되는 기술을 제시하는 것은 감정이 신호를 보내는 기능에 개입하는 것이다. 이런 행위는 직원이 스트레스를 받지 않으면서 승객을 좀더 만족하게 만드는 것을 목적으로 한다.

---

* 강간 예방에 관한 한 연구를 보면 강간 피해자와 그렇지 않은 집단 사이에는 위험 상황에서 '느낌을 믿는 정도'에서 차이가 난다고 한다. 피해자들은 두려움을 느끼더라도 대수롭지 않게 여기는 경향이 있는 반면 피해를 당하지 않은 집단은 그런 느낌을 받으면 그 자리를 피한다는 것이다(Queens Bench Foundation 1976).

이 간단한 원리는, 감정은 판단을 흐리고 사람들을 비합리적으로 행동하게 만들기 때문에 감정을 앞세우는 것은 위험하다는 믿음을 적용하려고 할 때마다 모호해진다. 이 말은 감정을 억제하는 방법은 모두 자동으로 좋은 것이라는 뜻이 된다. 물론 두려움에 휩싸인 사람은 실수를 저지를 수도 있고, 자기 자신을 제대로 돌아보지 못할 수도 있고, (흔히 말하듯) 생각하는 것조차 힘들 수도 있다. 그러나 감정이 전혀 없는 사람에게는 경보 체계도 없고, 보이는 것, 기억, 꿈꾸는 것의 자기 타당성을 검증할 만한 기준도 없다. 느낌이 없는 사람이 불 속에 손을 집어넣는 것처럼, 감정이 없는 사람은 자신이 원하는 것을 알기가 힘들어진다. 자기 이익self-interest의 관점에서 보면 이것은 합리적이지 못한 상태다. 사실, 감정은 '합리적 사고'를 위한 잠재적 통로다.* 게다가 감정은 우리에게 세상을 바라보는 방식을 알려줄 수도 있다.**

감정은 보는 사람의 태도를 결정한다. 또한 무의식중에 작용하기 쉬운 관점인 대비comparison를 도드라지게 한다. '키가 커 보인다'는 말은 '내가 바닥에 누워서 보니 네 키가 커 보인다'는 뜻일 수도 있다. '경외심이 든다'는 말은 '내가 한 행동이나 내가 할 수 있다고 생각한 것들에 비추어 볼 때, 그 사람 참 대단하다'는 뜻일 수 있다. 경외심, 사랑, 분노, 질투는 상황에 직면한 자아에 관해 말해준다. 감정을 돌아보는 것은 '내가 어디 있는가'를 돌아보는 것이다.[1]

---

* 때에 따라서는 일어난 일을 잘못 해석하고, 거기에서 비롯된 잘못된 느낌에 기반해 잘못된 결론을 내리게 될 수도 있다(우리는 이것을 신경증이라고 부른다). 이런 현상은 '나는 내가 특정 행동을 거절로 받아들이는 경향을 가지고 있다는 것을 알고 있다'고 말하는 것처럼, 감정과 추론의 습관을 교정하는 과정을 통해 바로잡을 수 있다. 그러나 감정은 비록 자주 조정해야 한다고 해도 어떤 특정한 관점이 활발하게 유지되고 있다는 것을 알려주는 중요한 실마리다.

** 흑인은 순종과 체념에 찬 '현실주의'보다는 분개와 분노를 통해 빈민가의 빈곤 현상을 더욱 정확하고 '합리적으로' 볼 수 있을 것이다. 그 흑인은 경찰의 피 묻은 곤봉, 지주의 캐딜락 자동차, 취업 알선소의 백인이 짓는 표정에서 느낄 수 있는 거부감 등에 명확하게 초점을 맞출 것이다. 분노해 보지 않은 사람에게 이런 이미지들은 산에 있는 바위나 먼 전경의 일부처럼 하찮은 것이 되어 버린다. 마찬가지로, 시종일관 성마르던 사람도 사랑에 빠지면 갑자기 행복한 사람의 눈으로 세상을 바라보게 될 수 있는 것이다.

《랜덤하우스 영어사전》에 따르면, '**객관적**objective'이라는 단어는 '개인의 감정에서 자유로운' 상태를 뜻한다. 그러나 역설적이게도 외부의 '객관적인' 세계에 관한 판단을 내리려면 감정이 필요하다. 감정을 단서로 삼은 뒤에 그것을 수정하는 것이 객관성을 확보하는 가장 좋은 방법일 것이다. 듣는 것이나 보는 것과 마찬가지로, 느낌도 무엇이 진짜일까 하는 감을 잡는 데 유용한 단서를 제공한다. 다른 사람이 드러내는 감정은 그 사람의 관점을 반영하거나 그 사람이 어떻게 행동할 것인지 알려주는 단서를 제공할 수 있기 때문에 특히 관심을 갖게 되기 마련이다.

공적 생활에서 감정을 표현하는 것은 뉴스거리를 만드는 경우가 많다. 예를 들어, 어느 TV 스포츠 뉴스 진행자가 이런 말을 했다. "테니스는 수익성을 갖춘 종목으로 살아남으려고 노력해 왔습니다. 이제는 그 단계를 넘어섰습니다. 여성 테니스팀도 마찬가지입니다. 여자 선수들은 정말 진지하게 경기에 임합니다. 네트볼을 치면 불같이 화를 냅니다. 남자 선수들보다 더 화를 내기도 하죠."2 이 진행자는 어느 여자 테니스 선수가 공을 놓치고(그것을 네트볼이라고 부른다) 얼굴이 벌게진 채로 발을 구르면서 라켓으로 네트를 치는 모습을 본 것이다. 그 사람은 그 장면을 보고 여자 선수가 '정말로 이기고 싶었다'고 생각했다. 경기에서 이기고 싶어하는 그 여자 선수는 '진지한' 선수, 즉 '프로'다. 그 선수가 프로로서 테니스 경기에 자신의 직업적 명성과 경제적 미래가 걸려 있다고 여겼을 것이라고 볼 수도 있다. 게다가 짧지만 강하게 화를 표출함으로써 경기장을 둘러싼 정적을 깬 방식으로 미루어 진행자는 그 선수가 정말 승리를 원했다, 그만큼 '진지했다'고 추론한 것이다. 또한 진행자는 그 선수가 네트볼을 치기 직전까지 무엇을 원하고 어떤 기대를 했는지, '실책'이라는 방금 벌어진 현실이 어떤 느낌일지 추측했다. 진행자는 **공**을 보면서 **그 선수의** 심정이 어떨까 미루어 짐작하려고 했던 것이다. 정말 이기고 싶은 상황에서 나온 실책에는 화가 날 것이다.

진행자의 말과 어조에서 시청자들은 **그 사람의** 관점을 추측할 수 있었을 것이다. 진행자는 여자 선수의 분노를 일반적인 프로 선수들이 사물을 보고 느끼고 행동하는 방식과 여성들이 보통 행동하는 방식에 관한 기존의 기대와 연결해서 평가했다. 여자 프로 테니스 선수들이 실책을 저지를 때 아마추어 선수들과 다르게 겸연쩍은 미소를 짓지 않는다는 말을 하고 싶었던 것이다. 그 진행자는 여자 프로 선수들이 전문 선수라는 자신의 **배역에 적합한** 감정 상태를 보이고 있다고 말했다. 사실 그 선수들의 모습은 이제 막 프로 세계에 진입한 처지에서는 지나칠 정도였다. "남자 선수들보다도 **더 화를 냅니다**"라는 언급을 통해 시청자들은 그 진행자의 정신세계 속에 여성의 존재가 어떻게 각인되어 있는지 알 수 있다.

다른 사람이 감정을 드러내는 방식을 보고 그 사람이 지닌 관점을 추측하는 것과 같은 맥락에서, 우리는 평소에 일어나는 일들에 우리가 어떤 느낌을 갖는지 생각하면서 우리가 정말 어떤 사람인지 판단한다. 예를 들어 어느 19살짜리 청년이 한 말을 살펴보자.

오랫동안 친구로 지낸 한 여자 친구와 함께 파티를 열기로 했습니다. 시간이 다가올수록, 그 애를 좋아하기는 하지만 그런 행동[함께 파티를 주최하는 것] 때문에 [다른 사람들한테] 걔와 뭔 관계가 있는 것으로 보이고 싶지는 않다는 느낌이 점점 더 확실해졌습니다. ……친구에게 그런 이야기를 해 보려고도 했지만 그때마다 실패했고, 처음에는 누구나 이해할 만한 방식으로 일을 처리하겠다고, 그런 시선들을 견디겠다고 마음먹었습니다. 그렇지만 파티 하루 전날, 저는 도저히 그렇게 못하겠다는 것을 알았기 때문에 파티를 취소했습니다. 제 친구는 저를 이해하지 못한 채로 굉장히 난처한 상황에 몰렸습니다. ……아무리 애를 써도 그런 제가 부끄럽지 않습니다. 그때는 다행이라는 생각밖에 들지 않았고, 그건 아직도 그렇습니다. ……제가 이기적으로 행동한 건 맞지만, 분명히 충분히 생각하고 한 행동이 없습니다. 전 **우정을 지키는 것이 제 자신만큼 중요하지는 않다고 생각하니까요**.

이 청년은 자신이 안도감을 느꼈으며, **스스로 죄책감이나 부끄러움을 느끼지 않는다는 말로** 긴 이야기를 끝냈다(또 이런 말도 했다. "전 제 자신이 감당할 수 없는 의무를 지게 되는 상황 앞에서도 제 자신에게 떳떳할 수 있는 사람이라는 것을 보여준 셈입니다. 죄책감은 견딜 수 있습니다. 부끄러움을 느껴 보려고 노력했다는 사실만으로도 충분합니다").

앞에서 말한 스포츠 뉴스 진행자와 이 청년의 경우, 감정을 신호로 받아들였다. 이 사람들과 마찬가지로 관찰자나 행위자들에게 감정은 그 밑에 감춰진 진실에 관한 단서다. 이런 진실은 파헤치거나 추론해야 하는 것, 어떤 상황에 직면한 개인에 관한 진실이다. 스포츠 뉴스 진행자는 여자 테니스 선수의 분노를 그 선수가 테니스 경기를 얼마나 진지한 것으로 받아들이는지 알려주는 단서로 받아들였다. 친구 앞에서 한 발 뒤로 물러선 청년은, 자신이 안도감을 느끼고 죄책감을 느끼지 못한다는 사실을 자신의 '오랜 우정'이 그렇게까지 중요한 것은 아니었다는 사실을 알려주는 단서로 받아들였다.

감정은 진실의 단서를 제공하기도 하지만, 직업뿐 아니라 사적인 생활에서도 두 가지 측면에서 갈등을 일으키기도 한다. 그중 첫째는 감정의 단서와 그 단서를 해석하는 방법 사이에서 나타나는 갈등이다. 사람은 감정을 감추거나, 실제로 느끼지 않는 감정을 느끼는 척하는 등의 표면 행위를 할 수 있다. 그러나 감정 그 자체는 감춰지기는 할지언정 변화하지는 않는다. 두 번째 갈등은 네트볼을 치는 것과 그 행위의 결과 얻은 좌절감, 누군가를 거절하는 것과 죄책감, 화난 승객이 이름을 부르는 것과 그 행위를 보고 화를 내는 반응 등 자극과 그것에 따른 반응 사이에 나타나는 좀더 근본적인 관계에서 발생한다. 이런 상황에서는 다른 사람들을 속이는 만큼 자신을 속이는 내면 행위를 통해 감정이 단서로서 지니는 기능이 약해지기도 한다. 표면 행위에서 우리는 우리가 진정으로 어떤 느낌을 갖는지 감추고 다른 사람을 속이지만, 우리 자신을 속이지는 않는다. 이런 행동은 외교관과 연기자들이 가장 잘 하고, 아주 어린 아이들이 가장 못한다(그게 아이들의 매력이다).

내면 행위를 하는 것은 가장하는 것 자체를 불필요하게 만듦으로써 그 일을 쉽게 만든다. 델타 항공의 경우, 내면 행위의 기술은 사회공학social engineering의 원칙과 연관되어 있다. 승무원이 자신을 무시하는 승객 앞에서 화를 억누를 수 있을까? 델타 항공은 그 방법을 가르칠 수 있다. 그 여자 승무원이 누가 봐도 친근한 성격으로 승무원이 되기 위한 관문을 통과했다면 말이다. 그 승무원은 다르게 생각하기 위해 열심히 노력하지 않고 감정을 있는 그대로 느끼는 것이 어떤 것인지에 관한 감각을 한동안 잃게 될 수도 있다. 내면에서 연기를 함으로써 감정 생산의 조종간을 틀어쥐는 과정을 통해 그 승무원은 스스로 달라진다.

내면 행위는 그런 척만 하는 것보다 더 설득력이 크다. 정기 연수에 참여한 강사도 이것을 잘 알고 있다. 사람을 상대해야 하는 직업에서, 영악한 고용주들은 노동자를 상대로 '그저 덧입힌' 웃음을 보이는 게 아니라 진정성을 가지라고 요구한다. 1980년 가을에 진행된 토요타Toyota의 광고를 총괄한 그렉 스나젤Gregg Snazelle은 카피라이터 지망생들을 상대로 하는 수업에서 첫 시간마다 '언제나 정직하라'고 가르친다.[3]

노동자들은 더 많은 사회공학이 행동과 감정에 영향을 미칠수록, 행동과 감정을 누가 관장하는지(나 자신인가 아니면 회사가 하는 말인가?)가 점점 모호해진다는 사실을 더욱 잘 살펴야 한다. 소비자들은 사회공학에 관해 더 많이 의식하게 되면 될수록 그 사람의 진짜 감정에서 나오는 행동과 회사 정책에 따른 행동을 구별하기 위해 더욱 노력하자. 우리는 회사가 감정의 신호 기능을 가로채고 있다는 이 실제적인 사실을 알고 있다. 그렇다면 일상적인 방법으로 그것을 보상받자. 노동자로서, 또한 소비자로서 감정에 관한 사회공학을 바로잡기 위해 노력하는 것이다.* 진심에서 우러나는 것처럼 보이는 감정 표현 전반에서 상업성을 띤 감정 표현을 구별하기 위해 애써야 한다. 미소를 받아들이되 사회공학이 그 안에 집어넣은 것을 거른 뒤 정말 우리만을 위한 것으로 보이는 것만을 취하자. '친절한 게 저 사람 직업이다'라고 말하거나, '자기 상품을 팔려면 그렇게 믿어야 한다'고 말하자.

　최종적으로는, 등 뒤에서 누가 뭐라고 하건 누가 눈앞에서 웃건 관계없이 우리 고유의 소유물로 남게 될 내면의 보석인 '참된 자아'에 관한 생각을 채워 가는 것이다. 이 '참된 자아'를 더욱 내면화하고, 누구도 건드릴 수 없게 만들자. 회사의 손아귀에 놀아나던 감정을 지닌 기계로 살던 자신에 대한 믿음을 버리고 나면, 우리는 '진짜' 우리가 누구인지 알기 위해 남은 것에 눈을 돌리게 된다. 그렇게 벌거벗은 상태에서 드러나는 인간적인 성격을 따라, 상업적인 요소에서 우리를 보호할 보호막을 입게 될 것이다.

---

* 사람들이 진실성이 없을 것이라고 생각하는 것은 산업 분야에만 해당되는 이야기가 아니다. 정치부 기자들은 끊임없이 공무원이나 정치인이 어떤 감정을 갖는 것으로 보이고 싶어하는지를 드러낼 뿐 아니라, 그 사람들이 얼마나 성공적으로 그 감정을 전달하는지 보도한다. 이 책은 독자들이 최소한 이 정도는 밝혀 달라고 요구할 것이라는 생각을 하고서 썼다.

감정 관리하기 ● 03

친절이라는 가면을 항상 쓰고 있는 사람은, 결국 친절의 표현을 가장할 필요도 없이 자신의 성미를 친근하게 만들 힘을 갖게 되고, 마침내 그 친절한 성미가 그 사람을 지배하게 된다. 그 사람은 자비로운 사람이 된다. — 니체

상술과 업무 자체의 원칙들이 개인의 '진짜' 본성이 되지 않는 한, '진정성'은 일에 해가 된다. — C. 라이트 밀스

우리는 모두 어느 정도 연기를 하면서 산다. 이 행위는 두 가지 방식으로 진행된다. 첫 번째 방식의 행위에서 우리는 겉으로 드러나는 모습을 바꾸려고 한다. 어빙 고프만이 관찰한 사람들의 경우처럼, 그런 행위는 일부러 코웃음을 치거나, 어깨를 으쓱해 보이거나 한숨을 감추는 등의 신체 표현에서 나타난다. 이것이 표면 행위surface acting다.[1] 또 다른 방식은 내면 행위deep acting다. 여기서 감정 표현은 감정 자체를 조작한 데 따르는 자연스러운 결과다. 행위자는 행복하거나 슬퍼 **보이려고** 노력하기보다는, 러시아의 연출가 스타니슬라프스키Constantin Stanislavski가 강조한 것처럼 스스로 만든 진짜 감정을 자연스럽게 드러낸다. 스타니슬라프스키는 자신의 경험을 바탕으로 이런 말을 했다.

어느 날 저녁 친구 집에서 열린 파티에서 우리는 별별 특이한 짓들을 하고 있었다. 친구들은 농담삼아 나를 수술하기로 했다. 곧 탁자가 들어왔다. 하나는 수술대로 쓸 것이고, 다른 하나는 아마도 수술 도구를 놓는 탁자인 것 같았다. 탁자 위에 천을 깔고, 반창고와 대야, 크고 작은 그릇도 가져왔다.

'집도의'들은 하얀 가운을 입고 나는 환자복을 입었다. 친구들은 나를 수술대

위에 눕히고는 반창고로 눈을 가렸다. 의사 역을 맡은 친구들이 너무 열심이라 거슬릴 정도였다. 친구들은 마치 내가 절망적인 상황에 놓인 환자라도 되는 양 모든 행동을 최대한 신중하게 했다. 내 머리 속에는 갑자기 이런 생각이 번개처럼 스쳤다. '이 녀석들이 내 배를 정말 가르면 어떻게 하지?'

이따금씩 큰 대야에서 장례식 종을 울리는 것 같은 소리가 났다.

'시작하자.'

누군가 속삭였다.

누군가 내 오른쪽 팔목을 세게 잡았다. 조금 아픈가 싶더니 날카로운 것이 세 번 찌르는 느낌이 들었다. 나는 떨고만 있었다. 친구들은 뭔가 거칠고 따끔거리는 것으로 내 팔목을 문질렀다. 그러고 난 뒤 그 자리에는 반창고가 붙고, 집도의에게 무언가를 건네는 소리가 들렸다.

오랜 시간 동안 정적이 흐른 뒤, 마침내 친구들이 큰 소리를 내어 말하고 웃으며 나를 축하해주었다. 눈에 붙은 반창고를 떼자, 신생아처럼 거즈에 칭칭 감긴 오른팔이 왼쪽 팔에 안긴 모양으로 팔짱이 끼워져 있었다. 손등에는 유치하고 우스꽝스러운 얼굴이 그려져 있었다.[2]

여기서 말하는 '환자'는 '수술'에 겁을 먹은 것처럼 연기한 게 아니다. 다른 사람들을 속이려고 한 것이 아니다. 그 환자는 정말 겁을 먹었다. 내면 행위를 통해 스스로 겁을 먹도록 조작된 것이다. 내면 행위나 표면 행위 모두 감정은 자발적으로, 또는 자연적으로 분출되는 것이 아니다. 두 경우 모두 행위자는 감정에 개입하는 법을 배웠다. 내부적으로 감정을 만들거나 감정을 외형적으로 표출하는 방식으로 말이다.

표면 행위에서 내 얼굴 표정이나 몸동작의 느낌은 '겉치레'다. 그것은 '내 일부분'이 아니다. 내면 행위에서는 의식적인 정신 작용, 예를 들어 어느 키 큰 의사가 나를 내려다보고 있다는 상상을 하려는 노력 같은 것이 내가 떠올리는 감정을 '나 자신'의 일부가 되지 못하게 만든다. 그러므로 어떤 쪽이건 행위자는 행위를 하는 데 필요한 것을 자신의 중심부에서 하고 있는 생각과 분리시키게 된다.

그렇지만 '나'와 내가 짓는 표정 사이의, 또는 '나'와 내 감정 사이의 단절을 소외로 볼 수 있느냐 없느냐 하는 문제는 외부 맥락outer context이라는 또 다른 요소에 따라 달라진다. 연극계에서는 무대 위에서 기억과 감정이라는 자원을 최대한 활용하는 것이 존경받을 만한 기술이다. 개인의 삶에서도 그 정도는 덜하더라도 이 두 자원을 활용함으로써 이익을 얻을 수 있다. 그렇지만 손익계산을 따지는 세계에 들어섰을 때나 회사가 감정노동에 드는 심리적 비용을 인정하지 않을 때, 우리는 충분히 유용할 수도 있었을 '나'와 내 표정, 내 감정 사이의 단절을 잠재적인 소외로 보게 된다.

표면 행위

표면 행위를 통해 햄릿Hamlet이나 오필리어Ophelia의 감정을 보여주기 위해, 배우는 외면적인 몸동작을 만들어내는 무수히 많은 근육을 움직인다. 이 직업의 주요 도구는 정신이 아닌 몸이다. 배우의 몸은 **관객**의 정신에서 열정을 끌어내지만, 배우는 감정이 있는 체 **연기**를 하고 있을 뿐이다. 메소드 연기 Method acting(극중 인물과 배우의 동일시를 통한 극사실주의 연기법 – 옮긴이)라는 색다른 종류의 연기법을 창시한 스타니슬라프스키는 표면 행위를 깔보면서 이렇게 말하고 있다.

[한 배우가 연기하던 상황이다.] 한 위대한 장군이 우연히 아무 할 일도 없이 홀로 집에 앉아 있는 자신을 발견했다. 지겨워진 장군은 집안의 모든 의자로 열을 맞춰 마치 행진 중인 군인들처럼 보이게 만들었다. 그러고 나서 탁자 위에 있는 모든 것들을 멋들어지게 쌓아올렸다. 그런 다음 자신이 쌓은 업무 관련 서류 더미를

보고 깜짝 놀라는 표정을 지었다. 장군은 읽지도 않고 편지에 서명을 하고, 하품을 하고, 기지개를 켠 뒤 그 바보 같은 짓을 처음부터 되풀이했다.

연기하는 내내 [그 배우는] 괴상할 정도로 또박또박하게 독백을 쏟아냈다. 고위직에 있는 사람들의 고결함과 그렇지 못한 사람들의 지독한 무식에 관한 독백이었다. 배우는 아무 생동감이나 깊이를 불어넣지 못하는 그 장면의 무대장치를 가리키면서 차갑고 인간미 없는 말투로 독백을 했다. 어느 부분에서는 또박또박하게 대사를 처리하고, 다른 부분에서는 포즈나 몸동작, 연기를 과장하거나, 성격 중 특정한 부분을 강조하기도 했다. 그러는 동안 자신이 의미를 잘 전달하고 있는지 살피기 위해 곁눈질로 관객을 살폈다.[3]

이런 것, 이 대목에서는 눈썹을 치켜 올리고, 저 대목에서는 입술을 앙다무는 것이 표면 행위다. 배우는 정말 제국을 살던 사람의 시각에서 보는 세계를 경험한 것은 아니지만, 그렇게 보이기 위한 일을 하고 있다. 이 배우는 무엇을 생각하고 있을까? 주의를 끌려고 줄을 맞춰 세우라고 지시받은 의자가 아니라, 자신의 표면에서 가장 가까운 거울이 되는 관객이다.

스타니슬라프스키는 표면 행위의 한계를 이렇게 말하고 있다.

(코퀄린Coquelin 학교 스타일의) 이런 방식은 아름답기는 해도 깊은 맛이 떨어진다. 진정으로 강력하다기보다는 즉각적인 효과만 노리고 있다. 극의 내용보다 형식이 더 관심을 끈다. 정신보다는 청각과 시각을 움직인다. 결과적으로 감동을 주기보다는 즐거움을 제공하는 측면이 더 크다. 이런 식의 기술은 큰 인상을 받을 수는 있다. 그렇지만 이런 방식의 연기는 영혼을 따뜻하게 하거나 그 안으로 깊이 스며들지 못한다. 그 효과는 날카롭기는 해도 지속적이지는 않다. 관객의 신뢰보다는 놀라움만 일깨우게 된다. 이런 연기법의 경계 안에 담을 수 있는 것은 놀랄 정도의 극적 미학이나 회화적인 비애감을 통해 얻을 수 있는 것만으로 한정된다. 그러나

인간 감정의 섬세하고 깊은 측면은 이런 기술로 표현할 수 없는 것이다. 그런 부분들에는 형체를 가지고 관객의 눈앞에 드러나는 바로 그 순간의 자연스러운 감정이 필요하다. 본성 자체와 직접적으로 함께 움직여야 하는 것이다.[4]

내면 행위

내면 행위를 하는 방식에는 두 가지가 있다. 하나는 직접적으로 감정을 움직이는 방식이고, 다른 하나는 훈련된 상상력을 간접적으로 이용하는 방법이다.[5] 이 중 두 번째 방법이 진정한 의미의 메소드 연기다. 그러나 어느 쪽이든 열정을 연기하는 것은 그 삶을 살아보는 데서 나온다는 것이 스타니슬라프스키의 주장이다.

사람들은 감정에 어떻게 대처하느냐 하는 것에 관한 이야기만큼이나 어떤 감정을 갖기 위해 자신들이 하는 **노력**에 관해 많이 이야기한다(그런 노력이 실패하더라도 말이다).[6] 학생들에게 깊은 감정을 느낀 일에 관해 묘사하라는 단순한 질문을 던졌을 때, '스스로 마음을 가다듬었다, 화를 꾹꾹 눌렀다, 실망하지 않으려고 매우 애썼다, 즐거운 시간을 보내야 한다고 나 자신을 다그쳤다, 감사하는 마음을 긁어모았다, 그 여자를 향한 사랑을 접었다, 우울한 기분에서 나 자신을 건져냈다' 등 다양한 대답이 쏟아졌다.* 다양한 경험을 담은 이야기 속에는 감정을 일깨우려는 의지, 감정을 억누르려는 의지, '결국 그 일에 관해 그냥 맘껏 슬퍼하기로 했어요' 같은 말에서 나타나듯 어떤 식으로건 감정을 용인하려는 의지 등 의지에 관한 흥미로운 표현이 자주 나타났다.[7]

---

* 각 사례에서 응답자들은 감정에 가해진 행위를 인식하고 있다는 것을 알 수 있다. 다른 예에서는 '나 자신이 자부심으로 가득 채워진 느낌이었다', '뱃속이 저 혼자 요동치기 시작했다'처럼 감정에 대한 수동적 거리감을 반영하고 있다.

때에 따라서는 장례식에서 슬픔을 느끼려고 하는 것처럼 사회적인 관습만 작용할 때도 있었다. 그러나 어떤 경우에는 고통을 피하려고 하는 필사적인 내적 욕구가 작용했다. 허버트 골드Herbert Gold는 이제 더는 곁에 없는 아내를 사랑하는 마음을 갖지 않으려던 한 남자의 노력을 이렇게 묘사하고 있다.

> 사랑과 씨름했고, 슬픔과 싸우고, 분노와 싸웠다. 이 감정들은 모두 연결되어 있었다. 감동을 받거나 어떤 풍경을 보거나 아내의 향기가 날 때, 아내를 떠올리게 하는 것을 보거나 향기를 맡을 때, 함께 살던 예전 집을 보거나 함께 먹던 음식을 먹을 때, 함께 걷던 길을 걸을 때마다 '이러지 말자. 생각하지 말자'고 다짐했다. 우선 자신과 하는 그런 싸움에서 아내를 지우는 데 성공했다. ……사랑하는 마음이 사라졌다. 분노도 사라졌다. 아내는 신문에 난 부고처럼 잠깐씩 떠오르는 존재가 되었다. 아내를 완전히 잊은 것은 아니지만 조금씩 잊어가고 있다. '이러지 말자, 하지 말자, 하지 말자.' 그 사람은 한밤중에 자신에게 이렇게 되뇐다. '생각하지 말자.' 그리고 나서 자신이 바라는 다른 꿈을 꾼다.[8]

이것은 말 안 듣는 말에게 ('워워, 이랴' 하는 식으로) 명령하는 것과 비슷하다. 감정이 들을 수 있는 것처럼 감정을 타이르려고 시도하는 것이다.* 가끔 감정이 그런 명령을 알아듣기도 한다. 그러나 이런 명령은 신호를 회피하거나 감정을 자아내는 것을 피하기 위한 능력에만 초점을 맞추고 있다.[9] 광경이나 소리, 냄새에 힘을 싣는 상상을 만들어내는 근원 자체를 움직이지는 않는다.

---

* 이런 시도는 또한 감정을 느끼려는 **열망**을 전제로 한다. 사랑과 씨름하던 이 남자는 아내가 그렇게 봤을 것이라고 생각하는 대로 아내를 느끼고 싶어했다. 자신이 아내에게 잊힌 존재라면, 자신에게도 아내가 잊힌 존재이기를 바랐다. 12세기 프랑스의 궁정 연애 커플이나 록 음악을 좋아하는 미국의 14살짜리 소년이었다면 짝사랑이라도 그 상태로 유지하려고 했을 것이다. 내면 행위는 우리가 느끼려고 하는 감정이 내포하고 있는 사회적인 이야기와 연관되어 있다.

상상을 다시 훈련하는 좀더 심층적인 작업을 하지 않는 것이다.

궁극적으로 감정을 직접적으로 자극하는 것은 감정이 어떻게 작용하는지 충분히 고려하는 방식이 아니기 때문에, 스타니슬라프스키는 배우들에게 그렇게 하지 말라고 조언한다. '어떤 상황에서도 무대에서는 감정만을 끌어올리기 위해 그 자리에서 무언가를 연출해서는 안 된다. ……절대로 질투를 하거나 사랑을 나누거나 고통을 나누는 감정만 살리려고 하지 말라. 그런 감정들은 그 이전에 일어난 일의 결과다. 여러분이 무엇을 할 수 있는지 생각하기 전에 그 일부터 생각하라. 그 결과로 감정은 스스로 생겨날 것이다.'10

감정을 직접 자극하는 것에 관한 스타니슬라프스키의 대안은 메소드 연기다. 이것은 단순히 몸이나 즉각적으로 건드릴 수 있는 감정이 아닌, 잠재의식subconscious 또는 반의식semiconscious 상태에서 나타나는 상상의 세계 전체를 귀중한 자원으로 인식하는 것이다.*

스타니슬라프스키의 손을 거쳤다면 아내를 향한 사랑을 없애려고 고군분투하던 남자는 약간 다른 방식을 취했을 것이다. 우선 그 남자는 '감정 기억emotion memory'을 이용했을 것이다. 그러고는 전 아내의 생각 없음과 잔인함에 화를 낸 순간들을 기억해냈을 것이다. 모든 상황들을 다 끌어와서 그중 가장 크게 화가 난 경험에 초점을 맞출 것이다. 어쩌면 아내가 자기 생일을 잊어 버렸을 수도 있고, 기억하려는 노력도 안 하고 나중에도 미안한 마음을 갖지 않았을

---

*스타니슬라프스키는 《배우 수업(An Actor Prepares)》에서 확연한 갈등 상황 한 가지를 지적한다. '우리는 영감에 따라 무언가를 창조한다고 여긴다. 우리에게 영감을 주는 것은 잠재의식뿐이다. 그렇지만 우리가 의식을 통해서만 이 잠재의식을 사용할 수 있다는 것은 분명하다. 의식은 잠재의식을 죽이는 것인데도 말이다'(Stanislavski 1965, 13쪽). 이 문제의 해답은 간접적인 방법이다. 잠재의식은 유도되는 것이다. 스타니슬라프스키는 이렇게 말하고 있다. '배우가 준비를 하는 목적은 잠재의식의 경계를 넘는 것이다. ……경계를 넘기 전까지 우리는 '진짜 같은 느낌'을 갖지만, 경계를 넘은 뒤에는 '감정의 진정성'을 갖게 된다. 의식의 범주에서 우리가 상상하는 범위는 제한되어 있다는 점에서 단순하다. 그러나 잠재의식의 세계에서는 좀더 큰 상상을 하게 된다. 이런 상상 속에서는 매번 다른 방식의 창조적 과정이 반복되어 나타난다'(Stanislavski 1965, 267쪽).

수도 있다. 그런 다음 그 사람은 '만약에'라는 가정을 사용해 자기 자신에게 '이것이 그 여자의 실제 모습이라면 나는 어떤 느낌이 들까?'라고 물어볼 것이다. 아내를 사랑하지 않으려고 자신을 다그치는 대신 자신의 생일이 잊힌 그 잔인한 사건을 생생하게 떠올리며 '만약'이라는 질문을 계속 유지할 것이다. 그렇게 되면 그 사람은 자연스럽게 사랑에서 빠져나오는 것이 아니다. 내면 행위를 통해 적극적으로 자신을 사랑이라는 감정에서 빼내는 것이다.

전문 배우는 이런 과정을 좀더 예술적인 목적을 위해 끌어갈 것이다. 배우의 목표는 '감정 기억'(감정을 불러일으키는 기억)을 많이 쌓는 것이 되어야 한다. 따라서 스타니슬라프스키는 배우가 기억하는 방식을 다시 배워야 한다고 설명한다.

> 두 여행객이 높은 파도에 휩쓸려 한 바위섬에 버려졌다. 구조된 뒤 두 사람은 자신의 경험을 이야기했다. 한 사람은 어디에, 어떻게, 왜 갔는지, 어디로 기어올랐다가 어디로 내려갔는지, 어디로 뛰어올랐다가 뛰어내렸는지 작은 행동 하나하나를 모두 기억해냈다. 다른 사람은 장소에 관한 기억이 전혀 없었다. 자신이 느낀 감정만을 기억했다. 기쁨과 걱정, 두려움, 희망, 의심 그리고 마침내 공황에 이르기까지 감정이 하나하나 쏟아져 나왔다.11

감정 기억을 충분히 저장하기 위해서는, 경험들을 감정을 중심으로 기억해야 한다. 그렇지만 감정을 중심으로 경험을 기억하려면 일단 나중에 그 감정을 사용하겠다는 생각을 가지고 그런 식의 경험을 해야 한다.* 그래서 감정 기억을

---

* 마음은 감정을 다시 사용하게 하는 자석 같은 구실을 한다. 스타니슬라프스키는 배우들에게 이렇게 조언한다. '사람들 앞에서 무시를 당했다고 생각해보라. 뺨을 맞아서 그 생각을 할 때마다 뺨이 화끈거린다고 하자. 그 내부적 충격은 너무 커서 이 잔인한 경험의 자세한 상황은 기억에서 다 지워질 정도였다. 그렇지만 별것 아닌 일 하나가 순간적으로 이렇게 무시당한 기억을 되살아나게 하고, 그 느낌은 더욱 폭력성이 강화된 상태로 다시

인식하는 것은 사물처럼 필요에 따라 꺼내어 쓸 수 있는 속성을 지니는 기억과 거기에 따른 경험 자체를 함께 인식하게 되는 것이다. 그때 느끼건, 떠올리건, 나중에 행동하는 도중에 다시 느끼게 되건, 감정은 대상이다. 추구할 가치가 있는 귀중한 것이라 하더라도, 어쨌거나 대상일 뿐이다.

어떤 감정은 기억에 남을 만한 사건과 여러 모로 연관이 되어 있다는 면에서 다른 감정에 견줘 더 귀하다. 기차를 타는 일이 무서운 사람은 어린 시절 높은 곳에서 떨어진 기억이나 악몽을 떠올릴 것이다. 예를 들어 스타니슬라프스키는 전차에 치여 죽은 늙은 거지를 본 기억을 떠올렸지만, 그 사건의 기억은 행위자로서 자신에게는 또 다른 감정 기억보다 그 가치가 덜하다고 말했다.

> 오래 전의 일이었다. 나는 죽은 원숭이에 기댄 채 길가에 앉아 있는 이탈리아 남자와 마주쳤다. 그 사람은 흐느끼면서 죽은 동물의 입에 오렌지 껍질을 밀어 넣으려 하고 있었다. 거지의 죽음보다는 그 장면이 내 감정에 더 많은 영향을 준 것 같다. 그 장면이 내 기억에 더 깊이 박혔다. 내가 거지의 객사를 무대에 올려야만 한다면, 나는 그 비극 자체보다는 이탈리아 남자와 죽은 원숭이를 본 광경에 관한 기억에서 파생된 감정 자원을 찾아다닐 것이다.[12]

그러나 감정 기억만으로는 부족하다. 마음에 그려진 이미지처럼 기억도 **지금 관점에서 현실적으로 보여야**만 한다. 행위자는 상상 속에서 벌어진 일이 **실제로 지금 일어나고 있다고 믿어야** 한다. 그러기 위해서 행위자는 '마치 그런 것 같은 상황', 즉 가정을 만든다. 아이가 놀이를 할 때와 마찬가지로 일상적인

떠오를 것이다. 뺨은 붉어지고 얼굴도 창백해지고, 심장도 뛸 것이다. 그렇게 날카롭고 쉽게 되살아나는 감정 자원으로 가지고 있다면, 무대로 그 감정을 가져와서 실제 생활에서 그런 충격적인 인상을 남긴 경험과 비슷한 장면을 연기하는 것이 쉽게 느껴질 것이다. 그러려면 다른 특별한 기술은 없어도 된다. 본성이 여러분을 도와 줄 것이기 때문이다'(1965, 176쪽).

현실 검증reality testing을 적극적으로 확장하고 가공의 상황을 진짜로 보이게 만드는 것이다. 많은 경우 행위자는 환상 **전반**에 관한 근거 없는 믿음만을 조작할 수 있기 때문에 이런 믿음을 좀더 믿기 쉽고 튼튼한 세부적인 믿음으로 하나하나 나눈다. '**만약** 내가 끔찍한 폭풍우에 휘말렸다면'이라는 가정은 '**만약** 내 눈썹도 젖고, 내 구두도 물에 다 젖었다면'이라는 가정으로 세분화된다. 커다란 '**만약**'은 여러 개의 더욱 작은 가정들로 나뉘게 된다.13

물리적인 무대에 장치(쭉 뻗은 말갈기로 만든 의자, 벽에 기대어 놓은 채찍)를 하는 것은 배우가 **만약**의 상황에 몰입하는 것을 돕기 위한 것이다. 이런 장치의 목적은 표면 행위에서 그렇듯 관객에게 영향을 주는 데 있는 것이 아니라, 내면 행위를 하는 사람이 **만약**의 상황이 실제로 벌어지고 있다고 믿게 돕는 데 있다.

일상생활에서 하는 내면 행위

우리는 무대 밖이라 하더라도 일상생활에서 자신이 연기하고 있는 배역에 관한 감정을 나타낸다. 또한 우리가 느껴야 하거나 느끼고 싶어하는 감정을 만들어내는 과정에서, 식탁이나 회사에 있는 화장실 거울을 소품삼아 내면 행위와 감정 기억, '사실인 것 같은' 느낌을 활용하기도 한다. 우리는 보통 이 사실에 관해 별로 생각하지 않고, 여기에 개입되는 일시적인 행동에 특별히 이름을 붙이지도 않는다. 감정이 상황에 맞지 않을 때, 그리고 그것이 문제라고 여길 때에만 우리 내부에 있는 상상의 거울에 관심을 돌려 우리가 어느 위치에 있는지 또 어떤 행동을 해야 되는지 묻는다.

예를 들어 가까운 친구가 신경쇠약으로 괴로워하고 있다는 갑작스러운 소식을 전해들은 이 청년의 반응을 보자.

놀라긴 했지만 무슨 이유 때문인지 제 감정이 그 소식에 적절할 정도의 반응은 아니라는 생각이 들었습니다. 제 룸메이트가 저보다 더 충격을 받은 것 같더군요. 저는 그 소식에 더 동요해야 한다고 생각했습니다. 이런 생각을 하던 중 저는 그 정도의 감정만 느끼는 것이 수백 마일 떨어진 병원에 있는 친구와 저 사이에 놓인 공간적 거리 때문일 수도 있다는 사실을 깨달았습니다. 저는 그리고 나서 친구의 상태를 생각해보려고 애썼습니다. ……그리고 친구가 눈앞에 있는 것처럼 어떤 상태일 것이다 싶은 모습을 그려 보기 시작했습니다.

청년은 자신의 반응이 생각보다 덜하다는 사실을 감지하고서, 친구의 모습을 시각화하려고 노력했다. 아마도 회색 환자복을 입고 무표정한 간호사들의 손에 이끌려 전기 충격실로 끌려가는 모습이었을 것이다. 마음속에 그런 생생한 그림을 그리고 나자, 자신이 살면서 개인적으로 겪은 사소한 좌절의 순간들을 떠올린 뒤 거기에서 우러나는 슬픔과 동정심을 느꼈을 것이다. 관객도 무대도 없이 완벽히 혼자만 있는 상황에다 이런 과정을 전혀 어떤 행위로 생각하지 않은 상태에서, 이 청년은 내면 행위를 통해 친구에게 감정적으로 존중을 보낼 수 있었다.

우리는 때때로 어떤 느낌을 갖고 싶어서 애를 쓰기도 하고, 또 어떤 때에는 갖고 싶지 않은 감정을 막거나 약화시키려고 애를 쓴다. 좋아하는 감정을 억누르려고 노력한 경험을 이야기하는 어느 젊은 여자의 말을 들어보자.

지난여름 한 남자와 자주 만나게 되었고, 아주 강하게 끌렸습니다. 그렇지만 그 사람이 여자가 자기를 너무 진지하게 생각한다는 이유로 1년 전에 여친을 찬 적이 있다는 걸 알고 있었기 때문에 전 제 감정을 드러내는 게 두려웠습니다. 저도 상처받게 될까 두려웠기 때문에, 제 감정을 바꾸려고 노력했습니다. **저는 그 남자한테 신경 쓰지 말자고 혼잣말을 했습니다.** 하지만 그 효과는 그렇게 오래 가지 않았습니다. 마음을 잡으려고 전 **그 남자의 나쁜 면을 떠올리는 데 집중하거나**, 그 남자는 내가 이러는 데 신경도 안 쓰고 있다고 나 자신을 타일렀습니다. 말하자면 감정을 단련시키는 것이었습니다. 많은 노력이 필요했고, 그 사람에 관해 거슬리는 것이라면 무엇이든 그 생각만 해야 했기 때문에 기분도 좋지 않았습니다.

이 여자는 이 과정에서 우연히 내면 행위의 기술을 발견했다. '그 남자의 나쁜 면을 떠올리는 데 집중하는 것'은 자기 자신이 있는 그대로 반응할 수 있는 세계를 만드는 것이다. 이 여자는 스스로 '저는 그때, 만약 그 남자가 자기에게만 열중하는 사람이라면 나쁜 사람이고, 나쁜 사람이라면 전 그 사람을 좋아하지 않겠다고 생각했어요'라고 말한다. 가상 '수술'을 받던 때의 스타니슬라프스키처럼, 이 여자는 믿음과 의심 사이에서 머뭇거리면서도 어떻게든 자기 감정이 알려주는 내부적 징표를 따르려고 애썼다. 자기가 좋아하는 사람의 '단점'을 볼 것인가 말 것인가 하는 문제를 두고 흔들린 것이다. 그러나 그 여자가 좋아하는 사람을 향한 마음을 다잡으려고 노력한 것이 그 남자가 자기 마음에 응답해주기를 기다리는 것보다 더 나은 결과를 가져올 수도 있다. 그러므로 어떤 면에서는 그 여자가 생각하는 것처럼, 단기적으로 자신의 감정을 억제한 것이 두 사람의 사랑의 미래를 위한 희생이었을 수도 있다.

우리는 개인적인 무대 장치를 가지고 각자의 무대를 꾸민다. 이 장치들은 우리가 상상하는 것을 믿는 데 꽤 도움을 주기는 하지만 관객들에게는 그렇게 큰 영향을 미치지 않는다. 많은 경우 무대 장치만큼이나 중요한 구실을 하는 것은 함께 출연하는 배우들, 즉 우리의 감정을 바람직한 방향으로 자극하는 친구들이나 아는 사람들이다. 따라서 한 남자를 좋아하지 않으려고 노력한 이 젊은 여자는 그리스 비극에 나오는 조연 배우들처럼 자기를 받쳐 주는 친구들을 활용했다. '전 그 남자에 관한 험담만 했어요. 그런 말을 들은 친구들은 그 사람이 아주 나쁜 사람이라고 믿었고, 그 덕에 저도 그 남자를 싫어하는 마음이

더 강해졌어요.'

　　무대의 배경이 감정을 결정하는 데에서 놀랄 만큼 강력한 결정 요소가 되는 경우도 있다. 한 여자가 자기보다 마흔 살은 더 먹은 목사를 향한 이중적인 감정을 묘사한 내용을 살펴보자. '전 그 사람을 좋아하고 전체 상황에 제 자신을 맞춰보려고 노력하기 시작했습니다. 함께 있는 동안에는 그 사람을 좋아했지만, 집에 오면 일기장에 그 사람을 견디는 게 얼마나 힘든지 쓰곤 했습니다. 저는 계속 감정을 바꾸었습니다.' 찻잔 두 개가 놓인 응접실 한가운데에서 목사를 마주하는 동안 그 여자가 느낀 감정은 그 배경을 떠나는 순간 사라졌다. 집에 와서 일기장을 펴면 그 여자는 자신에게 한탄을 늘어놓는 사람을 좋아하려고 노력함으로써 그 사람을 즐겁게 해주어야 한다는 의무감에서 자유로워졌다. 그곳에서 그 여자는 다른 종류의 의무감을 느꼈다. 일기장에 솔직한 이야기를 써야 한다는 것이다. 차를 마실 때와 일기를 쓸 때 그 여자가 진짜라고 느끼는 감정은 다르다. 마치 목사를 향한 자신의 호감이 '진짜'라는 지위를 얻거나 잃는 것이 맥락에 따라 달라지는 것처럼, 무엇이 진짜인가에 관한 그 여자의 느낌은 무대 배경에 따라 혼란스러울 정도로 달라지는 것 같다.

　　때때로 감정의 진실함은 시간이 가면서 흔들리기도 한다. 사랑에 의심이 한번 깃들면, 이야기는 달라진다. 사랑에 빠지는 것이 점점 상대방에게 그것이 진짜 사랑이라고 설득하는 작업처럼 보이게 되는 것이다. 가톨릭 학교에 다니고 있는 열아홉 살짜리 대학생은 이런 기억을 털어놓았다.

　　우리 둘 다 가까운 남녀 관계를 필요로 하고 있었고 둘만 있을 시간이 워낙 많았기 때문에(우리는 옆집에 살았고 때는 여름이었으니까요), 저는 우리가 서로 사랑한다고 스스로 설득한 거라고 생각해요. 그 남자와 하는 잠자리를 어떻게든 '옳은 일'로 만들거나 정당화하려면 스스로 그 남자를 사랑한다고 설득해야만 했어요. 제가 그걸 정말로 원한 적은 한 번도 없었거든요. 결국 우리는 동거를 하게 되었어요. 아마 서로 '사랑한다'고 믿었기 때문이었겠죠. 그렇지만 사실 그것은, 우리 둘 다 받아들이고 싶어하지는 않았지만 다른 이유들 때문에 내린 결정이었죠. 그 남자를 사랑하는 척하는 것은 남들이 모르는 신경쇠약을 앓는 것 같았어요.

상대 앞에서, 그리고 자기 스스로 그 상대방을 사랑하는 척하는 이 이중의 위장은 자기반성과 자발적 감정에 두 가지 장벽을 쳤다. 먼저, 그 여자는 정반대의 증거들을 앞에 두고도 스스로 깊고 강하면서도 아주 연약한 사랑에 빠져 있다고 느끼기 위해 노력했다. 다음으로 그 여자는 귀찮음이나 지루함, 떠나고 싶은 마음을 느끼지 않으려고 애썼다. 감정을 조정하려는 이런 노력, 어떤 감정은 의식하고 어떤 감정은 무의식 속으로 제한하려는 노력, 매일 반복되는 내부 저항에 맞서려는 노력을 통해 그 여자는 현실 검증을 억누르려고 했다. 그 여자는 자신의 연인에 관한 환상을 키우면서도 그 환상이 진실인지에 관해서는 의심했다. 이런 노력이 그 여자를 '남들이 모르는 신경쇠약'으로 이끈 것이다.

극장에서 배우가 만들어내는 환상은, 배우와 관객이 모두 그것은 환상이라는 사실을 미리 알고 있다. 현실에서 우리는 이런 환상에 더욱 자주 참여한다. 우리는 스스로 그런 환상을 취하고, 그 지점에서 환상은 우리가 일반적으로 사물을 인식하는 감각과 충돌한다. 삶에서 환상은 미묘하고, 변화무쌍하며, 확실히 정의하기 힘든 것이고, 우리의 정신에 훨씬 중요한 작용을 한다.

이 문제에 관련된 다른 측면은 이미 깨진 환상을 가지고 살면서도 그 환상을 유지하려고 하는 경우다. 환상의 존재가 명확하게 정의되면, 그것은 거짓말이 된다. 그렇게 되면 그 환상을 유지하려는 작업은 자신에게 거짓말을 하는 것으로 재정의되고, 따라서 개인은 자기 자신에게 거짓말쟁이라는 오명을 씌우게 된다. 이 딜레마는 두 아이의 엄마이기도 한 어느 절망적인 가정주부의 경우에 잘 나타나 있다.

전 [결혼에] 갇혔다는 느낌을, 내가 스스로 계속 남편과 함께 있고 싶어하는 것이라는 느낌으로 바꾸려고 필사적으로 노력하고 있습니다. 그런 노력이 가끔은 성공을 거두지만, 때에 따라서는 그렇지 않다는 것도 알고 있습니다. **그것은 제가 제 자신에게 거짓말을 해야만 하고, 거짓말을 하고 있다는 사실도 알고 있었다는 뜻입니다.** 제 자신을 썩 좋아하지 않는다는 말입니다. 저는 이런 제가 약간 마조히즘 성향이 있는 건 아닐까 궁금해지기도 합니다. 전 아이들과 남편의 미래에 책임감을 느끼고 있고, 오래된 '자기희생 증후군'도 있습니다. 전 제가 무엇을 하고 있는지 알고 있습니다. 다만 얼마나 오래 버틸지 모르는 거죠.

무대에서 메소드 연기를 하는 여배우는 자신을 속이려고 애쓴다. 더욱 자발적이고, 거짓말의 세부적인 내용이 풍부해질수록 더 유리하다. 아무도 그 여배우가 **정말** 오필리어**라고** 생각하지도 않고, 심지어 그런 척을 하려고 한다는 생각조차 안 한다. 이 여배우는 오필리어의 현실 또는 자기 자신의 개인적인 삶에서 비슷한 부분을 차용하고 있는 것이다. 그 여배우는 자기 자신을 속이기 위해, 관객들이 받아들일 환상을 만들기 위해 노력하고 있다. 일상생활에도 환상이 있지만, 그것을 어떻게 정의할 것인가 하는 문제는 역사적으로 언제나 불분명했다. 이 문제에는 지속적인 관심은 물론 계속되는 질문과 검증이 필요하다. 연기에서 환상은 환상으로 시작한다. 일상생활에서도 그런 정의는 항상 가능하지만 그렇게 확실한 것은 아니다. 무대 위에서 커튼이 닫히면 환상은 환상인 채로 끝난다. 무대 밖에서도 환상은 끝나겠지만, 그 끝은 우리가 지시하거나 우리가 원할 때 마무리되는 것이 아닌데다 우리를 놀라게 하는 경우가 많다. 무대 위에서 빚어지는 환상은 미덕이다. 그러나 실제 생활에서 자기 자신에게 거짓말을 한다는 것은 인간의 나약함이나 나쁜 신용도를 드러내는 상징이다. 자기 자신을 속여왔다는 것을 알게 되는 것은 다른 사람을 속여왔다는 것을 알게 되는 것보다 더 심난한 일이다.

왜냐하면 전문 배우들에게 환상은 직업적 배역과 관련되어 있을 때라야 의미를 갖지만, 일상생활에서 환상은 살아 있는 사람들에 관련된 의미를 갖게 되기 때문이다. 사적인 삶에서 환상을 깨닫게 되면, 우리는 자신에 관해서 그동안 가져오던 생각에 관해 다른 관계를 취한다. 우리는 무엇이 진짜인지 판단하는 우리의 감각을 믿지 않게 된다. 그것은 감정을 통해 알게 되기 때문이다. 감정이 우리를 속였다면, 그것은 선하고 믿을 만한 '참된' 자아라고 할 수 없다. 달리 말하자면, 우리는 현실을 왜곡하고 진실을 거부하거나 억누르고 있다는 것을 깨달을 수 있지만, 우리 안의 이 무의식적인 과정에 관해 비평하면서 그런 과정이 있는데도 무슨 일이 일어나고 있는지 알기 위해서는 관찰 자아observing ego에 의존한다는 것이다.

동시에, 일상생활은 우리에게 내면 행위를 할 것을 명확하게 요구한다. 우리는 우리가 느끼고 싶은 게 무엇인지, 그 감정을 이끌어내기 위해 무엇을 해야 하는지 곰곰이 생각해보아야 한다. 예를 들어 자신이 두려워하던 무감정 상태에 직면한 이 청년의 노력에 관해 생각해보자.

전 고등학교 때 잘 나가는 미식축구 하프백 선수였습니다. [하지만 졸업반이 된 저는] 경기가 시작되기 전 아드레날린이 끓어오르는 느낌이 오지 않았습니다. 한마디로 '흥'이 안 났습니다. 그때 겪고 있던, 그리고 지금도 겪고 있는 감정적인 문제 때문이었죠. 그전까지는 항상 모범생이었는데 성적도 떨어지고 있었습니다. 예전의 저는 경기에 열광하면서 감정적이고 집중적으로 경기에 나간 선수였기 때문에, 이런 현실은 굉장히 화가 나는 것이었습니다. 코치들도 열심히 하고 '욕심'도 있는 선수로 인정하는, '유망주'였거든요. 제 자신을 '끌어올릴' 수 있는 것은 무엇이든 했습니다. 겉으로 열광적인 모습으로 보이려고 애썼고, 상대 선수들을 향해 겁을 먹어보려고도 했습니다. 몸속에 아드레날린을 흐르게 하려고 별 짓을 다했습니다. 경기가 시작되기 전에는 긴장되고 집중하고 있는 것처럼 보이려고 애썼습니다. 최소한 코치들이 눈치 채지 못하게 하려고요. ……사실, 전 거의 지루하고 어떤 것에 대해서도 '흥이 나지' 않는 상태였는데 말입니다. 한번은 경기 전에 관중석에 앉아 사촌이 경기하는 모습이나 구경하는 처지라면 좋겠다고 생각한 기억도 있습니다.

이 청년은 실재감이 빠져나가는 것을 느낀 것이다. 청년은 '그저 다' 지루하고 '진짜' 흥이 나지 않았다는 사실을 분명히 하고 있었다. 이기고 싶은 느낌을 가져야 한다고 생각한 것이나 그렇게 느끼고 싶어한 것도 이 청년에게는 현실이었다. 또한 청년은 지나고 나서 보니 자신이 코치들에게 '유망주'로 보이기 위한 노력(표면 행위)과 스스로 상대 선수들을 두려워하려고 한 노력(내면 행위)을 했다고 생각하고 있었다.

과거를 돌아보는 경우에, 우리는 '무슨 일이 일어났나'에 관한 두 가지 이해 사이를 오락가락하게 된다. 그중 하나는 우리의 감정이 진실 되고 자발적인 것이었다고 본다. 다른 쪽에서는 감정이 진실 되고 자발적인 것처럼 보이지만 사실은 은밀하게 조작되었다고 이해한다. 어느 것이 궁극적으로 더 맞는 설명인지 아리송한 상황에서 우리는 현재의 감정에 관한 질문을 던지게 된다. '내가 지금 연기를 하고 있는 것일까? 그런지 어떻게 알지?' 연극이 갖는 근본적인 매력은 무대가 우리를 위해 그 질문의 답을 내려준다는 것이다. 우리는 누가 연기를 하고 있는지 분명히 알게 된다.

요약하자면, 연극과 삶을 구별하는 것은 환상이 아니다. 둘 다 환상을 가지고 있고, 환상을 필요로 하고, 환상을 사용한다. 이 두 가지를 구별하는 것은 환상에 명예가 따르는가, 환상이 환상이라는 사실을 아는 것이 쉬운가, 감정을 만드는 데 환상을 사용했을 때 나타나는 결과가 무엇인가 하는 것이다. 연극에서 환상은 커튼이 내려가는 순간 사라지고, 관객들도 그렇다는 것을 알고 있다. 개인의 삶에서 환상이 사라지는 데 따르는 결과는 예측할 수 없으며 치명적일 수도 있다. 사랑이 끝나고, 청혼을 거절당하고, 정신병원 침대가 하나 더 채워질지도 모를 일이다.

조직 속에서 하는 감정 관리

직업 배우는 극에서 자신의 배역에 관한 것만큼이나 무대가 어떻게 구성되고, 소품들을 어떻게 고르고 다른 배역이 어떤 위치를 잡는지에 관해서도 참견할 수 있는 권리가 어느 정도 있다. 이것은 사적인 삶에서도 마찬가지다. 두 경우 모두 그 사람이 행위의 **중심**이다.

그러나 조직이 개입되면 그 밖의 다른 요소가 작용하는데, 이것은 조직 안에서 행위의 다양한 요소가 개인에서 분리되어 제도적인 기제를 통해 대치되기 때문이다. 감정 관리라는 행위의 주체는 조직 차원으로 옮겨간다. 제도적 법칙과 관습에 따라 배치된 많은 사람들과 사물이 이 행위를 함께 성취한다. 회사, 감옥, 학교, 교회 등 상상할 수 있는 어떤 조직이든 감독자의 기능을 상정하고 감독자에 관한 행위자의 관계를 바꾸어놓는다. 이런 사회 조직에 관계된 사람들은, 자신들이 원하는 감정을 일으킬 만한 환상을 노동자들에게 심어놓고, 노동자가 '**마치 그런 것 같은 느낌**'을 사용하도록 하는 것과 노동자의 감정 기억에 한계를 설정하면서 자신들이 옳은 일을 하고 있다고 믿는다. 이것은 노동자들 자신이 원하는 대로 보거나 생각하면서, 조직에서 인정하는 방식대로 감정을 보이기만(표면 행위) 하라고 요구하는 것이 아니다. 그 정도였다면 단순하고 또 크지 않은 일이 될 수도 있었을 것이다. 그러나 그렇지 않았다. 몇몇 조직에서는 내면 행위의 기술 측면에서 아주 교묘한 방법을 썼다. 상상하는 방법을 제안함으로써 감정을 만드는 방법을 제시하고 있는 것이다.

농부가 말이 앞만 보도록 눈가리개를 씌우는 것처럼, 사회 조직은 우리가 감정을 느끼는 방식을 통제한다.* 그렇게 하는 방법 중에는 노동자 처지에서

할 수 있는 생각들을 미리 예측해 조치를 취하는 것도 있다. 예를 들어 대학 부속병원에서는 처음으로 해부를 하는 의대생들을 위한 조치를 취한다. 시신의 눈을 보고 있으면 사랑하던 사람이나 자기 자신을 떠올리게 될 수도 있다. 칼로 이 장기를 냉정하게 해부하는 것을 보면 학생들은 기절하거나, 겁에 질려 달아나거나 당장 그 자리에서 의학 공부를 그만두기도 한다. 하지만 그런 경우는 아주 드물다. 의대생의 수련 과정을 다룬 연구에서 리프와 폭스는 이렇게 보고하고 있다.

> 티끌 하나 없이 밝은 수술실 분위기와, 수련생들이 진지하고 전문적인 행동을 요구받고 있다는 사실 덕분에 죽음에 관해 극도로 객관적이고 냉정한 자세를 갖는 것이 정당화되는 동시에 좀더 쉬워진다. 시신의 일부분, 특히 얼굴과 생식기 부분은 천으로 덮여 있고, 사람의 개인적 특질과 아주 강하게 연결되어 있는 부분인 손은 절대 해부하지 않는다. 주요 장기를 적출하고 나면, 수련생들이 조직에 이르기까지 해부를 하고 있는 것이 인간이라는 생각을 하지 않게 시신을 방 밖으로 옮긴다. 시체 해부자의 솜씨 있는 손길과 기술, 전문적인 자세는 이 과정을 더 멋있고 냉혹해 보이게 만들고, 그 결과 지적 흥미가 증가하면서 이 모든 과정에 감정적이기보다는 과학적으로 접근할 수 있게 된다. 학생들은 해부에 관해 이야기하기를 꺼려하는 것 같고, 이야기를 하더라도 인간미 없이 덤덤한 투로 한다. 결과적으로 실험실에서 하는 해부에서는 유머가 만연하고 효과적인 감정 조절 장치가

＊우리는 보통 개인적인 통제를 할 수 없을 때 사회 제도가 개입한다고 생각한다. 자신의 감정을 통제하지 못하는 사람은 정신병원이나 아동 보호소 또는 감옥으로 가게 된다. 그렇지만 이 문제를 이런 식으로 바라보게 되면, 개인이 감정을 통제하는 데 실패했다는 것은 그 이전에 제도적으로 그 감정을 형성하는 과정이 잘못되었다는 것을 알려주는 신호인 경우가 많다는 사실을 간과하게 된다. 우리는 대신 시설에 갇힌 사람들의 부모에게 교회, 학교, 가족의 영향력 중 어떤 부분이 결여됐느냐고 물어볼 수 있을 것이다. 그 부모들도 아마 자신의 자녀가 감정 관리를 적절히 잘 하게 하려고 애썼을 것이다.

되는 반면, 해부실에서는 유머를 찾아볼 수 없다. 그것은 아마도 시체가 죽은 지 얼마 안 돼서 [유머가] 너무 무감각한 것으로 보이기 때문일 것이다.[14]

시체의 얼굴과 생식기를 가리고 손을 해부하지 않는 것, 시신을 치우고 빨리 움직이며 하얀 가운을 입고 틀에 박힌 이야기를 하는 것은 질서를 위협하는 인간적인 감정을 통제하기 위해 만들어진 관습이다.*

사회 제도는 무대를 배열한다. 그것은 우리가 사물을 보는 방식과 우리가 그것에 따라 어떤 느낌을 갖게 될지 유도한다. 주요 기관마다 어디에나 있는 홀, 특히 사람들이 누군가를 기다리는 공간 근처에 관해 생각해보자. 병원이나 학교, 기업에서 우리는 완벽한 믿음의 대상이 되는 사람의 사진이나 유화가 줄지어 장식된 모습을 볼 수 있다. 어느 정신과의 대기실에 걸린 그림에 관한 앨런 윌리스Allen Wheelis의 다음 묘사를 보자.

사람들은 다리를 꼰 모습에서 휴식과 평안을 찾고 싶어한다. ……모든 것이 통제되어 있다. 곧게 편 어깨는 **지위**와 존엄을 이야기하고 있다. 무슨 일이 벌어지든 두려울 것 없는 이 남자는 자신의 가치와 능력에 대한 확신을 조용히 드러내고 있다. 눈에 띄게 왼쪽으로 돌아간 고개는 누군가 자신을 부르고 있다는 것을 나타낸다. 물론 수백 명이 이 남자의 관심을 받고 싶어할 것이다. 이 남자는 집중해서 책을 읽다가 무엇 때문에 방해를 받은 모습이다. 그렇다면 남자는 무슨 책을 읽고 있었나? 《플레이보이Playboy》? 《펜트하우스Penthouse》? 아니면 흥미로운 기사가 실

---

* 과학에 관련된 논의와 마찬가지로 과학적인 글쓰기에도 얼굴과 생식기를 가리는 것과 비슷한 기능이 있다. 이것은 감정에 관한 제도적 통제가 확장된 형태다. 수동태 문형을 지나치게 사용하고, '나'라는 주어를 피하고 라틴어로 된 용어를 선호하며, 명확한 개념보다는 모호한 개념을 선호하는 것들은 독자가 글의 주제에서 일정한 거리를 두고 감정적 요소를 제한하게 하려는 관습들이다. 연구자들은 과학적으로 보이기 위해 감정적 개입을 금지하는 관례를 따르고 있다. 그런 '딱딱한' 글쓰기에는 목적이 있다.

린 신문? 아니다. 뭔가 심오한 것을 읽던 중이다. 제목은 보이지 않지만 아주 중요한 책이라는 것을 알 수 있다. 보통은 오슬러가 쓴 《의학의 원리와 실제Principles and Practice of Medicine》 같은 책이리라. 어디까지 읽었는지 표시하는 손가락은? 아주 집중해서 열심히 책을 읽었는지 이미 절반이나 봤다. 다른 손은 너무나 가볍고 우아하게 책 위에 살포시 얹혀 있다. 이것은 지성과 경험, 전문성을 보여준다. 그림 속 남자는 저자가 대체 무슨 말을 하는 것인지 알려고 애쓰면서 머리를 긁적긁적 긁지 않는다. ······언제든 진료실 문을 두드릴 때마다 남자는 이런 모습으로 버튼다운 셔츠와 막 다린 재킷을 완벽하게 차려 입고, 그런 무거운 책에 깊이 빠져들어 있을 것이다.15

이 전문가의 사무실은 물론 쾌적하지만 인간미는 느껴지지 않는 장식으로 채워져 있을 것이고, 너무 정신없거나 화려하지는 않겠지만 그렇다고 아주 차갑거나 썰렁하지도 않은 느낌일 것이다. 사무실은 의사나 변호사, 은행가가 보여야 하는 직업적인 따뜻함의 정도를 정확히 반영해야 한다. 가정은 회사와 정교하게 분리되어 있고, 개인의 취향은 직업적 전문성과 구별된다. 이 무대의 배경은 결국 우리가 제공받는 서비스가 많은 돈을 지불할 만한 가치가 있는 것이라는 신뢰를 주기 위한 것이다.

항공사에서는 낮 시간대에 방영되는 TV 시리즈에 나오는 거실을 본떠 '무대 장치'를 만드는 것 같다. 흘러나오는 음악, TV와 영화를 볼 수 있는 스크린, 웃으며 음료를 건네는 승무원들은 모두 '내 집 같은 편안함을 느끼게' 계산된 것들이다. 델타 항공을 예로 들면, 연수를 받는 승무원들은 특정한 유형의 승객일 경우 탑승을 금지하라고 교육받는다. 예를 들어 '얼굴에 심한 상처가 있는' 사람들 말이다. 강사는 이렇게 말했다. "다른 승객들이 신문 기사에서 본 적 있는 비행기 사고를 떠올리게 될 수도 있으니까요." 그렇다면 '얼굴에 심한 상처가 있는 사람'은 좋은 소품이 되지 못할 운명인 것이다. 그런 사람들은 돈을 지불하는 다른 승객들의 감정 기억에 잘못된 영향을 미칠 수 있다.*

소품보다 영향력 있는 연출자가 더 중요할 때도 있다. 회사는 '무대 연출가'에게 고용된 '배우'의 내면 행위를 지도할 권한을 준다. 좋은 사무실이나 관련 분야의 학위를 등에 업은 이 연출가들이 하는 제안은 상대적으로 낮은 지위의 사람들에게는 명령으로 들리는 경우가 많다.

연출가의 구실은 단순하고 직접적이다. 이 사실은 앨버트 코헨Albert Cohen이 임상 치료사가 되려고 훈련받고 있는 대학생들이 정서적으로 문제가 있는 아이들을 위한 캠프에 참가한 사례를 살펴본 연구에서도 나타난다. 스태프로 참가한 이 학생들은 처음에는 정서 장애가 있는 아이들의 거친 행동을 어떻게 받아들이고 어떻게 생각해야 하는지 알지 못했다. 그러나 선배 상담가들은 아이들을 어떻게 바라봐야 하는지 조언만 하면서 한발 뒤로 물러나 있었다. '학생들이 알아야 할 것은, 이 아이들이 거칠고 박탈당하기만 하는 환경과 어느 정도 연관되어 나타나며 자기 자신도 통제하지 못하는 충동의 희생자라는 사실과, 어른들의 세계를 싫어하는 이 아이들이 가지고 있는 적대적이라는 이미지를 깨기 위해 이 아이들에게 한없는 친절과 너그러움을 베풀어야 한다는 사실이었다.'16

학생들은 또한 아이들을 적절히 **받아들이는** 법을 배웠다. '임상 치료사는 절대로 화를 내거나 벌을 주겠다는 반응을 보이면 안 된다. 때에 따라서는 자해하거나 자기들끼리 때리는 것을 막으려고 아이를 제지하거나 따로 격리해야 할 때가 있더라도 말이다. 전반적으로, 스태프들은 따뜻하고 아이들을 사랑하며 언제나 '임상 치료사의 자세'를 유지하는 모습을 보여야 했다.'17 발길질을 하고 소리를 지르고 자신을 무시하는 아이, 한마디로 귀염성이 없는 게 문제인 아이

---

* 1980년 2월 19일에 한 수업에서, 나는 이런 회사 방침에 따른 규제의 근거에 관해 들었다(이 내용은 연수지침에도 나와 있다). 그 근거가 강화되었는지 어떤지는 모를 일이다.

에게 따뜻하게 대하고 사랑을 주는 것은 감정노동이 필요한 일이다. 그 기술은 선배 상담가가 후배 상담가들에게 전수한다. 다른 상황에서는 판사가 법학과 학생에게, 교수가 대학원생에게, 상사가 신임하는 후배에게 전수한다.

이 전문가는 감정 기억을 활용하는 어떤 방식에 관해서는 전적으로 못마땅해 할 수도 있다. 정서장애 아동을 다루는 선배 상담가는 '토미를 보고 있으려니 열세 살 때 돌봐주던 끔찍한 꼬마 녀석이 생각난다. 이 아이가 그 녀석 같다면 나는 결국 이 아이를 싫어하고 말 거야' 같은 생각이 떠오르게 두지 않을 것이다. 대신 '토미는 내가 열네 살 때 돌봐주던 다른 아이하고도 정말 비슷해. 그 아이가 까다롭기는 했지만 난 그 아이를 좋아했으니까, 지금 토미가 뭔가 미심쩍은 듯이 나를 밀어내고 있기는 하지만, 나는 토미도 좋아하게 될 거야' 하는 식으로 토미를 다른 방식으로 바라볼 것이다.

단순히 아이에게 자신이 어떤 느낌인 것처럼 보이는 게 아니라 그 아이를 **겪어보는** 적절한 방법이 이 일의 한 부분이라는 것은 모든 사람들이 이해하고 있었다. 코헨은 이 젊은 보호자들이 그 일을 훌륭히 잘 했다고 쓰고 있다. '나는 아이들이 아무리 동물 같은 행동을 하더라도 자신이 맡은 아이들을 향한 연민과 애정을 **느껴야 한다**는 것을 비롯해서 젊은 학생들이 여러 가지 기대를 멋지게 충족시켰다고 생각한다. 이 대학생들이 이런 식으로 행동하는 것을 배우는 데 걸린 시간은 '내면화 internalization'의 느린 과정을 통한 점진적 학습의 개념으로는 쉽게 설명이 되지 않는다.'[18]

좀더 간접적인 방식에서도 회사라는 사회를 지탱하는 공식적인 법칙들은 관련된 사람들의 감정적 가능성을 제한한다. 예를 들어 정보 접근을 막는 규칙들을 생각해보자. 조금의 서열이라도 있는 회사는 민주주의를 어느 정도 제한하고 있기 때문에 말단 직원들의 질투와 적개심을 억누를 방법을 찾아야만 한다. 많은 경우 이 작업은 비밀에 관한 위계를 강화하는 방식으로 진행된다. 월급을 얼마 주는지를 비밀에 붙이는 관습적 법칙은 특히 주목해야 할 사례다. 말단 직원들은 고위 간부들이 매달 얼마를 받는지 또는 어느 정도 혜택을 누리고 있는지 거의 절대로 알 수가 없다. 또한 조직 안에서 한 개인이 언제 어디로 승진 또는 좌천되는지 결정하는 회의 내용도 비밀에 부쳐진다. 이것은 캘리포니아주립대학교University of California의 어느 교직원이 남긴 메모에서도 알 수 있다. '관련자가 자신에게 불리한 점수를 준 사람을 향해 유감이나 적개심을 품는 일이 없도록 하기 위해, 재임 자격 심사 결과에 관한 서류는 기밀로 다루어야 한다.' 상급자가 중간 관리자와 하급자(메모에 '관련자'로 표기된 사람들)와 분리돼 보호되어야 하는 이런 상황에서 자칫 조그만 실수라도 생기면 난감한 일이 벌어질 수도 있다.19

끝으로, 감정을 고조시키거나 억제하기 위해서 다양한 약물을 사용할 수 있으며, 회사에서도 이런 약물 사용을 꺼리지 않는다. 쟁기가 육체노동을 바꾸어놓았듯, 몇몇 연구에서는 약물이 감정노동을 바꾸어놓았다고 볼 수 있는 사례를 제시한 바 있다. 몇몇 노동자들은 진통제와 신경안정제가 직업상의 스트레스와 지루함을 견딜 수 있게 해준다는 사실을 알았다. 한 예로 AT&T에서 일하는 노동자들은, 사내 보건소의 간호사들이 처방 없이도 진통제와 신경안정제 등을 무료로 나누어준다는 사실을 알게 되었다. 직장에서 '좋은 하루를 보내는' 방법은 여러 가지가 있고, 회사에서도 그중 일부를 지원한다.

감정에 관한 도구적 거리

무대에서 연기하는 배우에게는 감정을 찾아서 표현하는 것이 직업상 가장 중요한 업무다. 스타니슬라프스키는 이런 노력을 값비싼 광물을 찾으려는 시굴자의 노력에 비유한다. 배우는 내면에서 감정을 파내기 위해 애쓰고, 감정을 찾아내면 그것을 마치 금처럼 다룬다. 연극의 맥락에서 이렇게 감정을 사용하는 것은 흥미진진하고 고귀한 일로 여겨진다. 하지만 내면 행위와 표면 행위가 일상적 노동의 일부가 된다면, 월급을 받는 대가로 매일같이 고용주에게 파는 것이 된다면 어떻게 될까? 우리의 감정이 다듬어지지 않은 금처럼 막 다루어진다면?

델타 항공의 경력직 승무원들을 위한 정기 연수 과정을 지켜보는 동안, 나는 모든 종류의 내면 행위와 표면 행위가 등장하는 것을 관찰했다. 이런 모습은 승객을 향한 분노나 적개심을 느끼지 않기 위해 어떤 노력을 하느냐고 묻는 강사에게 연수생들이 대답하는 방식에서도 볼 수 있다.

기분이 정말 좋은 것처럼 연기하다 보면, 가끔씩 정말 그렇게 됩니다. 그 승객은 제가 친절한 사람인 것처럼 저를 대하고, 그러면 저도 더 친절하게 반응하게 되더라고요.[표면 행위]

저는 때때로 일부러 깊은 숨을 들이쉽니다. 목 근육을 풀려고도 하고요.[몸을 활용한 내면 행위]

저는 아마 제 자신에게 이렇게 말을 할 겁니다. '조심하자. 저 사람에게 휘둘리지 말자. 휘둘리지 말자. 휘둘리지 말자.' 그러고 나서 동료한테 이야기하면 동료도 제게 같은 말을 하는 겁니다. 그렇게 시간이 좀 지나면 화난 마음이 사라집니다.[내면 행위, 자기 촉구 self-prompting]

저는 저 사람이 술을 너무 많이 마셨거나 아마 비행을 무서워하는 사람일 거라고 생각하려고 노력합니다. '어린애 같은 사람이려니 하자.' 혼자 이렇게 생각합니다. 정말 그러니까요. 그런 식으로 그 사람을 보면 저한테 소리를 질러도 화가 나지 않습니다. 제게 소리를 지르는 어린아이 같으니까요.[내면 행위, 메소드 연기]

극이나 개인적 맥락, 또는 치료의 맥락에서 진행되는 연기와 달리 회사라는 환경에서 하는 표면 행위나 내면 행위는 개인의 표정과 감정이 자원의 속성을 갖게 만든다. 그러나 이 자원은 드라마에서 그런 것처럼 예술적인 목적으로 사용되거나, 치료에서 그렇듯 자기 발견을 하게 하거나, 일상생활에서 쓰이듯 만족을 추구하기 위해 사용되는 것이 아니다. 이 자원은 돈을 벌기 위해 사용된다. 스타니슬라프스키의 방을 나서서 시장 속에 들어간 행위자는, 정신을 차리고 보니 실제로는 누군가의 조종을 받고 있는 자신을 발견하게 될 것이다.

감정 법칙 ● 04

사람은 서른에 가까워질수록 끊임없는 생명력이 솟아난다. — 게일 쉬히

의사들이 만들어 놓은 규범적 모델에 반하는 경험을 하게 되면, 사람들은 의학적인 규범들로 피할 수 있다고 안심시키는 [게일 쉬히식 표현의] '예측 가능한 위기' 자체 때문에 괴로워지는 것만큼이나 규범에서 멀어지는 것 때문에도 괴로워질 것이다. — 크리스토퍼 래쉬

감정이 행위에 선행하는 형태이기 때문에, 감정에 관한 규약이나 도덕적인 거리를 설정하는 것은 문화가 행위를 통제하기 위한 가장 강력한 도구가 된다.1 감정 법칙feeling rules이라고 부르는 이 규약을 어떻게 인식하는가? 이 장에서는 우리들이 감정 법칙을 구분하는 다양한 방식과, 감정 법칙을 따르지 않고 있다는 것을 발견하는 방식에 관해 살펴보자. 이 방식들은 감정을 느끼는 지속성과 강도, 시간과 장소를 아는 방식을 포함한다. 우리는 이런 개인적 차원의 법칙들이 적용되는 사랑과 미움, 슬픔, 질투의 영역을 살펴볼 것이다.

    이런 노력을 하는 목적은 개인이 가지고 있는 감정 체계의 윤곽을 그리는 데 있다. 이 감정 체계는 3장에서도 살펴보았듯이 감정노동(내면 행위)을 포함하고 있다. 감정 법칙은 감정 교환을 지배하는 자격에 관한 인식과 의무감을 형성함으로써 감정노동의 방향을 제시한다. 이 감정 체계는 많은 경우 감시 없이 개인적 차원에서 형성된다. 그것이 바로 개인 사이의 심층적인 유대에서 필수적인 측면이고, 그런 유대에 관해 이야기할 수 있게 해준다. 또한 부모와 자식으로서, 아내와 남편으로서, 친구로서, 연인으로서 우리가 감정을 형성하기 위해 어떻게 감정에 관여하는지 묘사할 수 있는 방법이다.

감정 법칙이란 무엇일까? 감정 법칙이 존재하는지를 어떻게 알 수 있을까? 감정 법칙은 어떻게 내면 행위에 영향을 줄까? 이 질문들에 관한 답은 '어떻게 느끼느냐'와 '어떻게 느껴야 하나' 사이의 미묘한 차이에 초점을 맞추면 알 수 있을 것이다. 이 지점에서 감정에 관한 기존의 관습을 가장 잘 볼 수 있기 때문이다. 앞으로 이어질, 감정적 불일치emotional deviance의 순간 또는 관습 앞에서 벌거벗은 채로 서 있던 순간을 경험한 사람들에 관한 짧은 묘사들이 현실을 있는 그대로 정확히 전달하는 것은 아니다. 사람들은 고백을 하면서도 자신을 숨기기 때문이다. 그렇지만 이 묘사는 사람들이 자신의 행위와 감정에 대한 관습들을 어떻게 연관지어 인식하는가를 분명하게 보여주는 그림이다. 의식적인 감정노동을 통해 감정노동의 무의식적인 형태가 존재할 가능성을 가늠할 수 있다는 것을 감안하면, 마찬가지로 딱 손에 잡히지는 않더라도 확실히 존재한다고 볼 수 있는 무의식적인 감정 법칙의 가능성에 관해서도 추측해볼 수 있을 것이다.[2]

그렇다면 감정 법칙을 어떻게 알 수 있을까? 우리는 우리 자신이 감정을 어떻게 평가하는지, 다른 사람들이 우리의 감정 표현을 어떻게 평가하는지 살펴보고 우리 자신과 타인들이 용인하는 정도를 통해 감정 법칙을 인식한다.[3] 다양한 사회 집단마다 감정 법칙을 인식하고 그 법칙을 기억하게 하는 나름의 방식이 있을 것이고, 규칙 자체도 그 집단에 따라 달라질 것이다.[4] 전반적으로 볼 때, 나는 여성, 개신교, 중간 계층인 사람들이 남성, 가톨릭, 하층인 사람들에 견줘 감정을 억누르는 습관이 많을 것이라고 예상하고 있다. 문화적으로 남성보다는 여성이 행위보다 감정에 중점을 두는 경우가 많고, 개신교는 중간적 구조로서 교회나 성사, 고해의 도움이 아니라 신과 나누는 내적 대화를 중시한다. 또한 문화 속에서 중간층 직업에 종사하는 사람들은 서비스 직종에서 감정을 관리해야 한다. 이런 상황 안에서 감정 법칙을 인식하는 방식은 그것 자체로 우리가 사회적 풍경 속의 어디에 서 있는지를 반영하게 된다. 사실 사람들이 감정 법칙과 감정노동에 관해 갖는 관심의 정도는 이런 사회적 경계선을 따라 나타나는 경향이 있다.

법칙을 상기시키는 암시는 어떻게 알아볼까? 우리가 행동하고 느끼는 중앙 무대 한구석에 서 있는 주의 깊은 코러스 단원이 우리에게 개인적으로 웅얼거림으로서 알려주듯 스스로 그런 암시를 경험할 수 있다.* 또한 우리가 무엇을 느꼈는지 **말해 달라**는 다른 사람들을 통해 법칙을 상기하게 되기도 한다.5 한 친구가 "왜 우울한 거야? 그렇게 원하던 상을 받게 됐잖아"라고 물을 수도 있다. 그런 친구들은 일반적으로 우리가 자신들이 기대하는 감정을 느낄 때, 상황에 따라 우리의 감정이 명확하게 설명될 때는 조용하다. 설명을 해 달라는 요구는 감정에 관한 관습이 제대로 지켜지지 않고 있으며 이것을 고치기 위해 의식적 차원으로 이 관습을 끌어와야 한다는 것을 말한다. 또는 적어도 그런 관습이 약해서 한번 검토할 필요가 있다는 말이다. 윙크나 빈정거리는 듯한 목소리는 이 '법칙 상기자'의 내면 상태에 변화를 일으킬 수 있다. 이런 제스처를 보인다면 다음과 같은 상위 명제meta-statement가 보태진다. "그건 감정 법칙이니까, 좋아. 하지만 우린 그 정도는 무시하잖아, 안 그래?" 우리는 무시하라는 말을 들음으로써 그 법칙을 떠올린다.

또한 다른 사람들이 우리가 어떻게 느낄까 생각한 뒤 그것에 반응하는 방식을 통해 감정 법칙에 관해 알게 되기도 한다. 의도와 해석하는 방식에 따라 구분하자면, 이런 외부 반응이나 '주장'은 그 직접적인 정도나 강도가 다양하다. 어떤 주장은 강하고 직접적이다. '부끄러운 줄 알아', '자유 결혼open marriage에 동의했으니 당신은 그렇게 질투할 권리가 없어', '내가 네게 한 일을 생각하면 넌 고마워해야지.' 다른 주장은 '에블린의 소식을 듣고 오싹하지 않았어?'처럼,

---

* 어떤 상황에서는 감정 법칙이 있을 리가 없다고 믿기도 한다. 예를 들어 한 아버지는 이런 말을 했다. "제프리가 어릴 때 일인데, 어느 날 아침 끝도 없이 자지러지게 울어댔죠. 아이를 바닥에 던져버리고 싶었습니다. 전 제가 그렇게 화를 냈다는 게 무서웠습니다. 그렇지만 화를 내는 것은 괜찮다고 혼잣말을 했습니다. 그걸 행동에 옮기는 게 나쁜 거라고요."

질문의 형태로 발화發話된다. 이런 질문은 사실 그 의도 또는 해석상으로 보면 주장인 동시에 다른 사람이 무엇을 기대하느냐에 관한 명제로 받아들여진다. '이봐, 이 음악 좋지 않아?' 또는 '정말 굉장한 파티 아닌가?' 같은 질문은 외부 세계가 우리에게 어떤 마음을 갖기를 기대하고 있는지 상기시킨다. 법칙을 상기시키는 단서는 '어때, 아주 만족스럽지, 그럴 줄 알았어'처럼 우리가 느낄 것이라고 생각하는 감정에 관한 사람들의 말에서 드러나듯 속임수 같은 형태를 띠기도 한다.

사회적인 상황에 관한 보편적인 용인이나 제재(부추김, 꾸짖음, 놀림, 잔소리, 피하기)는 종종 감정을 살짝 고치거나 관습에 맞추게 만들기 위한 놀림이나 격려로 작용한다. 감정을 관습에 맞추게 하는 것은 주로 친절하고 상냥한 제스처다. 예를 들어 한 여성은 이런 기억을 떠올렸다. "아버지가 돌아가셨다는 말을 들었을 때 눈물이 나지 않는다는 것을 알았어요. 물론 모든 사람들이 제가 울기를 기대했고, '**울어도 괜찮아**' 등등의 말을 듣는데 그 말이 무슨 뜻인지를 알 것 같은 마음에 눈물이 나더군요."[6]

심리학자들은 '부적합한 정서inappropriate affect'의 개념을 통해 감정 법칙에 관한 많은 논의를 펼쳐왔다. '부적합한 정서'란 **남들이 기대하는** 정서가 나타나지 않는다는 뜻이고, 이것을 통해 학자들은 환자가 어떤 사건에 관해 기대하지 못한 방식으로 반응한다는 사실을 유추해낸다. 환자가 '사건을 특이하게 개념화'하면, 심리학자는 그런 감정을 설명할 만한 것이 있는지 알아보려고 환자의 다른 경험, 그중에서도 특히 어린 시절의 경험을 살펴본다.[7]

이 모든 과정에서 주어진 상황에 감정이 적절한지 그렇지 않은지 판단하는 법칙과 규범이 있다는 것은 당연한 사실로 규정된다.[8] 보통 사람들과 마찬가지로 심리학자들은 적합성을 따지기 위해 문화적 척도를 사용한다. 우리도 심리학자들처럼 이상하게 도드라지는 감정의 근거를 찾아보려고 한다.

그렇지만 심리학자와 사회학자는 주어진 관습에 맞지 않는 감정에 관해 다른 시각을 취한다. 최근 결혼한 어느 여성의 말을 심리학과 사회학에서 어떻게 분석하는지 비교해보면 이 차이를 알아챌 수 있다.

> 제 결혼식은 혼란스럽고, 믿을 수 없고, 제가 상상하던 것하고 전혀 달랐습니다. 불행히도 우리는 결혼식 당일 아침 8시에야 예행연습을 했습니다. 다들 무엇을 해야 하는지 알고 있을 거라고 생각했지만, 그렇지 않았습니다. 전 걱정이 됐습니다. 여동생은 드레스 입는 것을 도와주지도 않고 칭찬을 하지도 않았고요, 제가 부탁할 때까지 탈의실에 있는 사람 어느 누구도 저를 도와주지 않았습니다. 전 우울했습니다. 결혼식 날은 아주 행복해지고 싶었는데 말이죠. 전 결혼식에서 울 수 있다는 걸 상상도 못했습니다. 그날은 한 사람의 인생에서 가장 행복한 날이니까요. 가장 친한 친구들 중 몇몇이 결혼식에 올 수 없을 거라니 믿을 수가 없었습니다. 전 그렇게 제 결혼식 날 벌어질 것이라고는 한 번도 생각해 본 적 없는 사소한 일들을 다 겪으면서 교회로 가려고 길을 나섰습니다. 억장이 무너지는 심정이었죠. 결혼식에 가는 동안 울었습니다. '친구들과 친척들, 선물을 위해 행복해져야지'라고 생각했습니다. 그렇지만 결국 마음속으로는 '이봐, 사람들이 결혼하는 게 아니라 네가 결혼하는 거라고'라고 되뇌고 있었습니다. 긴 복도를 따라 걸으면서 우리는 서로 눈을 바라보았습니다. 저를 향한 그 사람의 사랑이 그 순간 제 모든 것을 바꾸어놓았습니다. 남편의 팔짱을 끼자 마음이 놓였습니다. 긴장은 사라졌습니다. 그때부터 모든 게 아름다웠습니다. 말로 표현할 수 없을 정도였죠.

심리학자는 이 글을 보고 아마 이렇게 반응할 것이다. '글 초반부의 이 젊은 여성은 걱정스러운 것 같다. 걱정에 휩싸인 그 여성은 법칙에 과잉 집중하고 있는 것 같다(이 법칙을 지나치게 중요하게 여기고 있다). 그 여성이 걱정하는 원인은 결혼에 관한 양면 가치에서 찾아볼 수 있을 것이다. 이것은 아마 부모의 결혼식에 관한 어린 시절의 인상이나 결혼의 성적 측면과 관련이 있을

것이다. 확실히 말하기 위해서는 좀더 알아야 한다.'

사회학자는 이 결혼식을 상당히 다른 관점에서 바라볼 것이다. 우선 사회학에서는 결혼 예식을 그 자리에 모인 증인들과 신랑 신부에게 모두 의미 있는 의식으로 본다. 다양한 친척과 친구들이 어디에 앉아 있으며, 각자가 얼마나 개입된 것이냐 같은 문제에 관심을 가질 것이다. 그렇지만 사회학자도 감정과 의식의 외부 사건 사이의 영역(감정 법칙과 감정 관리의 영역)에서 무슨 일이 일어나는지 관심을 갖는다. 신부는 결혼식을 준비하고 치르는 과정에서 환상적이라는 시선을 받고 의기양양한 기분을 경험할 권리와 의무가 자신에게 있다고 여기고 있다. 권리와 의무는 그 신부가 겉으로 기쁨과 광채를 드러내야 한다는 것에도 적용된다.* 어떻게 생각하고, 어떻게 느끼고, 어떻게 보여야 하는가에 관련된 일반적인 법칙에 관해 알고 있는 것들을 바탕으로 이 신부는 자신의 기분을 고쳐시킨다. 그러고는 신부답게 행동한다. 모든 것이 잘 되면, 사건(결혼식)과 그 사건을 받아들이는 적절한 방법(진지하게 생각하는 것), 그 사건에 관한 적절한 느낌(행복한, 의기양양한, 확고해진)이 일치하는 경험을 하게 된다. 그렇게 된다면 이 의례가 제 기능을 한 것이다.

그러나 여기 나온 신부의 경우, 의례는 거의 실패에 가깝다. 자기 자신도 알고 있듯, 아름답다고 느껴야 하지만 사실은 그렇지 않았다. 행복하다고 느껴야 하지만 사실 우울하고 화가 났다. 감정이 '어때야 하는가'는 감정이 '어떤가'와 갈등을 겪는다. '신부가 바라본' 결혼식과 '신부가 느낀' 결혼식에 관한 언급

---

* 이 부분은 표현과 표현 법칙(display rule)의 문제를 제기한다. 또한 감정의 '틀림(wrongness)'과 구별되는 '허위(falseness)'의 문제를 제기한다. 틀리다는 것은 '무엇을 느끼고 생각**하는가**'와 '무엇을 느끼고 생각**해야 하는가**' 사이의 불일치를 의미한다. 허위는 '무엇을 느끼고 생각**하는가**'와 '무엇을 느끼고 생각**하는 것으로 보이는가**' 사이의 불일치를 의미한다. 예를 들어 이 신부는 다른 사람을 속이는 것 같다고 생각하면서도 억지웃음을 띠고 '너무 행복하다'라고 말할 것이다. 결혼식의 표현 법칙 중 하나는 신부가 억지가 아닌 자연스러운 모습으로 보여야 한다는 것이다.

은 한동안 신부가 맡은 실제 배역과 어느 정도 거리가 있었고 결혼식하고도 분리되어 있다. 자신의 결혼식은 어떠할 것이라고 상상하고 꿈꾸던 것들('인생에서 가장 행복한 날')이 이 신부를 개인적인 절망에 몰아넣었다.

　이상적인 감정과 실제 감정 사이의 격차를 견디면서, 이 신부는 자기 자신을 '행복해지도록' 자극하고 있다.＊ 불확실하며 그 순간만을 위한 것이지만, 틀림없이 이 자극은 효과가 있었던 것 같다. 그 신부는 감정노동으로 감정을 이끌어냈다. 아마 자신의 감정이 얼마나 **적절한지** 또는 자신의 사적인 감정 법칙이 공적으로 공유되는 코드와 얼마나 일치하는지에 관해서는 별로 생각하지 않았을 것이다. 그저 그런 느낌이 드는 게 싫었던 것이다. 그 신부는 사적이고 개인적인 이유에서 다른 느낌을 갖고 싶었다. 만약 자신이 감정 법칙을 가지고 있다는 사실을 알고 있었다면, 그 신부는 자기 자신이 그런 감정 법칙을 만들었다고 말했을 것이다. 결국 이것은 **그 신부의** 결혼식이니 말이다. 그렇지만 어떤 면에서 이 의례는 그 신부의 결혼식이 아니었다. 쌀을 던지는 것은 다산을 바라는 중세 의식이고, 하얀색 드레스는 빅토리아 시대에 보태어진 유산이다. 어머니가 아닌 아버지가 딸의 손을 잡고 입장하고 신랑은 그렇게 하지 않는 것은 아버지가 딸을 일종의 노동력으로 여겨 팔던 색슨Saxon족의 전통에서 나왔다(십자군 전쟁이 끝나고 여성의 수가 남성보다 많아진 뒤에야 아버지가 '딸의 손을 잡고' 입장하게 되었다). **그 신부가** 문화적 요소를 차용했고 그런 날 자신이 내적으로 어떤 경험을 해야 한다는 것에 관한 공공의 관념을 차용했다는 면에서, 이 의례는 그 신부의 결혼식이 되는 것이다.9

　감정 관리의 관점을 확실히 알기 위해 우리는 사회생활을 조직하는 다른

＊이 경험에서 (이 단계, 이 경우에) 무엇을 **기대하고**, 무엇을 **바라는가** 하는 문제는 분석적으로 구분할 필요가 있다. 그러나 미국의 중간층의 경우에는 '낙관론적 규범(optimism norm)'이라는 것이 있어서, 다른 계층이나 다른 문화에 견줘 현실적으로 기대하는 것과 이상적이라고 생각하는 것이 가까운 거리에 있다.

두 가지 원리를 무시했다. 그중 하나는 심리학자들이 처음 생각한 개념인 고통 회피pain avoidance다. 이 신부가 자신의 우울함을 떨치려고 애쓴 것은 행복해져야 하는 것이 적합해서 그런 게 아니라 우울함이 가져오는 말 못할 고통을 피하고 싶었기 때문이다. 어빙 고프만을 비롯한 다른 사회학자들이 중요하게 여긴 두 번째 원리는 사회적 활동 무대에서 시도하는 우위 추구advantage seeking다. 신부는 시댁 식구들에게 좋은 인상을 주고, 아직 결혼하지 않은 여자 친구들의 부러움을 사고 예전에 사귀던 사람의 질투를 불러일으키기 위해 행복해지려고 노력한 것일 수도 있다. 원칙적으로 고통을 회피하고 우월한 위치를 차지하려는 것이 감정 관리의 행동 유형을 설명해주기는 하지만, 이 두 가지는 모두 감정 법칙의 맥락 안에서 일어난다는 점을 아는 것이 중요하다.

감정 법칙에 초점을 맞추는 것은 뒤따라 제기되는 질문들에서 그 가치를 찾아볼 수 있다. 예를 들어, 감정 법칙이 변화하면 신부가 결혼식을 받아들이는 방식이 어떻게 바뀌는지 물어볼 수 있다. 이혼율이 높아지고 결혼의 의무 같은 생각이 점점 우연한 것으로 여겨지는 사회에서, 이 신부는 결혼식에 무관심한 듯한 태도를 취하면서 마치 어느 비공식 파티에 온 것처럼 구는 친구들의 행동을 보며 의도하지 않던 감정 법칙을 떠올렸을 수도 있다. 만약 그 신부가 상황의 종교적 엄숙함에 관한 어떤 감정을 지니고 있었다면 스스로 그 감정을 품고 있으려고 했을 것이다. 그리고 사실은 '간지 나는' 친구들이 갖고 있는 감정 법칙을 공유하고 있었다면, 그 신부는 좀더 구식으로 치르는 결혼식에 관해 어느 정도 부끄러움을 표현하려 했을 것이다.

고통 회피와 우위 추구가 감정생활에서 고정적인 원리로 자리잡고 있더라도, 감정 법칙은 변화할 수 있다.

상황에 맞지 않는 감정

얼굴 표정이나 신체 표현으로 감정이 드러나는 방식뿐 아니라 감정 그 자체가 상황에 맞지 않는 경우의 수도 놀랄 만큼 많다. 장례식에서 어떤 느낌을 갖는지 생각해보면서 그중 몇 가지를 추릴 수 있겠다.

결혼식처럼 장례식도 인간관계의 통로를 상징하며, 개인들은 때에 맞는 구실을 하게 된다. 신부가 그렇듯 조문객들도 의식 앞뒤에 걸쳐 맡아야 할 구실이 있다. 그렇지만 식이 진행되는 동안 어떤 감정을 느끼느냐 하는 것에 관한 법칙은 의례 자체나 그 의례를 통해 기리려고 하는 사람을 얼마나 알고 있느냐 하는 것과 연관되어 있다.

장례식에서는 슬픔과 애통함이 자연스럽게 우러나는 것이 이상적이다. 상을 당한 사람들에게 장례식은 죽음의 최종성을 드러내는 동시에 그 사실을 깨닫는 데서 오는 안전감과 평안을 주기 때문이다.[10] 유족들은 이런 것에 관한 반응으로 일반적으로 그곳, 그 시간이 애통함을 느끼고 다른 감정은 느끼지 않을 수 있는 최적의 시간, 최적의 장소라는 생각을 하게 된다. 그렇지만 슬퍼해야 할 사람이 슬퍼하지 않는 경우도 놀랄 만큼 많다.

그중 하나는, 이제 서른한 살이 된 어느 여자가 기억하는 것처럼 슬픔이 느껴지지 않는 것이다.

제가 아홉 살인가 열 살쯤일 때인데, 14개월이던 여동생이 죽었습니다. 제게는 세 살 많은 언니도 있었습니다. 사람들에게 여동생이 죽었다고 이야기하는 동안 제가 중요한 사람이라는 느낌을 받은 기억이 납니다. 전 사람들의 주목을 받는 게 좋았습니다. 장례식 날, 직계 가족들은 하늘하늘한 커튼으로 다른 조문객들과 분리된 방 한쪽 편에 앉아 있었습니다. 랍비가 커튼을 여는 순간 온 가족은 거의 동시에 코를 막았습니다. 저는 그게 우습다는 생각이 들어 웃기 시작했습니다. 우는 것처럼 감췄지만요. [제게 피아노를 가르치러 집으로 오시던] 피아노 선생님이 거울을 왜 가려두었냐고 물으셨을 때(그건 유대교의 전통입니다), 전 태연하게 여동생이 죽었다고 말했고, 그 말을 하자마자 선생님은 놀라서 어머니에게 달려가 애도를 표했습니다. 물론 저도 슬프고 애통해해야 한다는 것을 알고 있었습니다. ……그렇지만 부모님은 제가 [장례식에] 그냥 끌려온 사람처럼 마음을 쏟지 않는다며 크게 화를 내시며 걱정하셨습니다. 전 다시 막내가 됐고, 부모님도 제게 다시 많은 관심을 쏟았고, 죽은 막내 여동생은 아직 이렇다 할 인격조차 형성되지 않던 때였으니 별로 그리워할 게 없었습니다. 지금 돌아보면 그때 상황도 이해가 되지만, 그러면서도 전 아직 제가 뭔가 잘못 돼서 아무렇지 않게 남들 앞에 벌거벗고 나선 것처럼 약간의 죄책감을 느낍니다. 사실 지금은 솔직히 여동생이 있었어도 좋았을 거라는 느낌도 들고요.

이 아이는 많은 사람들에게 영향을 주는 사건에 가까이 있었고 부모의 관심을 **빼앗아가는** 라이벌이 한 명 줄었기 때문에 자신이 더 중요해졌다는 느낌에 행복해했다. 이 경우 여동생이 죽은 사실에 행복함을 느낀 자신에 관해 느끼는 **부끄러움**은 나중에 어른의 눈으로 이 사건을 다시 해석해볼 때에야 느끼게 되는 것이다. 물론 다른 경우에는 감정을 느끼는 것과 그 감정이 명문화되지 않은 관습을 어겼다는 사실을 깨닫는 것 사이에 이 정도의 시간이 필요하지는 않다.

너무 많이 또는 **너무 조금** 애도하는 것, 즉 비통함을 지나치게 통제하거나 반대로 너무 통제하지 않는 것도 감정 법칙을 어기는 것이다. 열아홉 살의 어느 여성은 이런 기억을 갖고 있다.

몇 달 전 할아버지께서 돌아가셨을 때 전 너무 허탈하고 슬펐습니다. 제가 슬퍼한 까닭은 엄마와 할머니 때문이었지만, 제 자신 때문이기도 했습니다. 전 계속 제가 이렇게 허탈해하면 안 된다고 생각했습니다. 전 할아버지와 썩 가깝게 지내지도 않았고, 할아버지를 그렇게 사랑하지도 않았기 때문입니다.

이 젊은 여성은 자신의 감정을 평가하면서 자기가 할아버지를 아주 많이 사랑했을 때 적용될 수 있는 법칙과 '그렇게 많이' 사랑하지 않았을 경우에 적합할 법칙, 이 두 가지 법칙 중 하나를 선택한 것으로 보인다.
우리가 세상을 떠났거나 죽음을 앞두고 있는 사람을 아주 많이 사랑했다고 하더라도, 어떤 종류의 금욕을 어느 선까지 지키는 게 주어진 상황에 적합한 것일까? 백혈병과 홍역으로 입원해 있던 아이가 죽을까 봐 걱정하는 부모의 사례를 통해 두 사회학자가 발견한 것처럼, 이것도 문제가 될 수 있다.

> 병원 의료진은 종종 이 부모를 강한 사람들이라고 했지만, 때에 따라서는 이런 행동이 '냉정함' 또는 진정으로 걱정하지 않고 있는 속내를 반영한 것으로 해석되기도 했다. 이 부모도 자신들에게 그런 감정이 부족하다는 것을 알고 있었고, 자식이 있는 앞에서나 의료진 앞에서 '무너질 수 없기' 때문이라는 말로 설명하곤 했다. 그렇지만 이 부모는 가끔씩 자신들이 더 심각한 느낌을 갖지 않는 것이 혼란스럽고 때에 따라서는 죄책감마저 든다고 말하기도 했다.[11]

보통은 상을 당한 사람들이 죽음 때문에 충격을 받고 놀랄 것이라고 기대한다. 우리는 죽음을 기대해서는, 적어도 확신을 가지고 죽음을 기대해서는 안 되는 것이다. 그렇지만 암, 심장병, 그 밖의 불치병에 걸려 서서히 죽는 경우가 많고, 이런 죽음은 결국에는 전혀 놀랍지 않게 진행된다. 충격을 받거나 놀라지 않는다는 것은 그 사람이 육체적으로 죽기 전이라고 하더라도 사회적으로는 이미 죽은 것으로 여겨질 수 있다는 사실을 보여준다. 이런 경우 가족이나 친척, 친구들은 안도감을 느껴도 괜찮다며 서로 위로한다. 순수한 의미에서 그 사람을 잃는 것을 '너무 일찍부터' 슬퍼했다는 사실을 알기 때문이다.

죽음에 관련된 또 하나의 어울리지 않는 느낌은 죽은 사람이 친척들에게 남긴 노동과 헌신에 분개하는 경우다. 무덤 뒤에서 불만을 품는 것은 상황에 어울리지 않는다. 마흔여덟이 된 어느 여성은 이런 이야기를 했다.

전 제 아버지의 죽음에 애통함과 안도감이 뒤섞인 느낌을 받았습니다. 아버지와 어머니를 돌보기 시작하면서 남편과 10대에 접어든 세 아이를 집에 둔 채로 아파트를 빌려 두 분을 이사하시게 하고, 집안일을 해야 했습니다. 남편과 아이들하고 그렇게 오래 떨어져 지낸 적은 처음이었습니다. 신경이 너무나 예민해졌습니다. 아버지는 낮 시간 아니면 도통 주무시지를 않았는데, 전 밤에만 자는 편이었거든요, 어떤 느낌을 가져야 한다는 생각을 한 적은 별로 없지만 기분이 나빴고, 안도감이 드는 것이 죄스러우면서도 죄송했습니다. 저는 죽은 아버지에게 용서해 달라고 빌고, 제가 약했다는 사실을 받아들이면서 감정을 다스렸습니다.

꽤 많은 경우에 여성이 나이 든 부모를 돌보게 되는데, 그동안 치른 희생에 관해 분노를 느끼고 그것 때문에 부모의 죽음에 관해 양가적인 감정을 느낀다는 사실이 여성에게는 더 큰 부담일 것이다.

감정이 상황에 맞지 않는 것처럼 보이는 또 한 가지 경우는 감정을 나타내는 시간에 달려 있다. 사실 '잘못된 감정misfeeling'을 느끼는 많은 순간들은 개인의 시계와 문화적인 시계 사이의 차이를 드러낸다. 이 시간이 문제가 되면 다른 사람들이 감정을 달갑지 않은 것으로 해석하기도 한다. 어느 중년 여성의 이야기를 들어보자.

남편이 세상을 떠났을 때 전 엄청난 상실감과 비통함을 느껴야 한다고 생각했습니다. 그렇지만 전 그 대신 저 좋은 대로 할 수 있게 됐다는 것과 제 인생에 관한 결정을 내릴 때 남편과 의논하지 않아도 된다는 사실, 그이의 생각과 반대로 하려고 할 때 저한테 화내는 모습을 보거나 감정이 상할 일이 없게 되었다는 사실 덕분에 자유롭다는 느낌을 가지게 됐습니다. 그런 느낌이 든다는 것에 정말로 죄책감을 느꼈지만, 남편에 관한 모든 감정을 외면하고 남편이 흐린 기억 저편에 존재하는 사람인 것처럼 행동하면서 그런 느낌을 이겨냈습니다. 사실 우리가 함께 보낸 11년에 관한 기억은 아주 조금밖에 없습니다. 제가 이렇게 느끼고 있다는 걸 아무에게도 말할 수는 없었지만, 전 새로운 친구를 사귀고 새로운 활동과 경험을 하면서 끊임없이 제 자신을 위한 새로운 인생을 살려고 애썼습니다. **오랜 친구들은 물론 그런 저를 이해하지 못했고, 그런 제 모습을 제가 남편을 사랑하지 않은 증거로 받아들였습니다.**

1년이 넘게 시간이 흐른 뒤, 새로운 곳으로 이사하고 제 자신을 맡길 수 있을 것 같은 좋은 사람을 만나 진지한 관계를 갖기 시작하면서 마침내 남편에 관한 감정과 기억을 받아들일 수 있게 됐습니다. 그러자 전에 느낄 수 없던 슬픔이 느껴졌고, 아이들의 슬픔에도 공감할 수 있었습니다.

때에 따라서는 슬픔이 우러날 수 있도록 억압의 압박을 줄여줄 제대로 된 맥락이 필요하다. 그런 맥락이 빨리 나타나지 않으면 가족과 친구들은 슬픔이 너무 늦게 나타났다는 판단을 내리게 될 것이다. 상을 당한 사람들은 사랑하는 사람의 죽음을 기리는 날에 애도와 우울을 느끼는 '기념일 반응anniversary reaction'을 경험한다. 기념일 반응에 관해 아무것도 모르는 사람들은 갑작스럽게 우울해지는 것이 알 수 없는 일이면서 덜컥 겁이 나기도 한다. 하지만 이런 행동 양식을 알고 있는 사람들은 잠정적으로 그 결과를 기대하고 결국 애통함이 어떤 면에서 '제때' 나타났다고 정의하게 된다. 무엇이 빠르고 늦었느냐 하는 것은 무엇이 너무 지나치고 무엇이 너무 적은 것인가 하는 문제와 마찬가지로 사회적인 일이다.

시간의 속성에는 **공적인** 측면도 있고, 가끔은 사회과학자들 자신이 그

속성을 결정하기도 한다. 로버트 웨이스Robert Weiss는 지역사회 정신보건연구소 Laboratory of Community Psychiatry의 동료들과 함께 '가족을 떠나보낸 사람들을' 위한 세미나'를 개발했다. 웨이스는 이런 글을 썼다.

우리는 상을 당한 사람들 중 많은 사람이 아직도 자기 자신을 슬픔에 젖은 채 즐거워해서는 안 되는 사람들이라고 정의하고 있을 것이라는 생각 때문에 그런 사람들을 위한 파티 계획을 잡지 못하고 망설였다. 그렇지만 놀랍게도 참가자들은 기쁜 마음으로 파티를 즐겼다. 사람들은 열성적으로 파티를 준비했다. 몇몇 여성들은 격식을 갖춘 옷을 입고 나타나기도 했다. 지금 돌이켜보면 이 파티가 그 사람들에게 다시 사회로 돌아올 권리가 있다는 사실을 확인하게 했을 것이라고 생각하는 사람도 있겠지만, 그때 우리는 이 파티가 그런 의미를 가질 것이라고 전혀 생각하지 못했다.12

시간의 문제와 함께 장소의 문제도 있다. 애도하기에 적절한 장소에는 그 표현을 받아줄 준비가 되어 있는 관객들이 있어야 한다. 어떤 사람이 한창 애통함에 빠져 있는 친척 어른들 사이에 둘러싸여 있는 것과 아무것도 모르는 6학년짜리와 함께 있는 것 사이에는 커다란 차이가 있다.

할아버지가 돌아가실 때 전 6학년이었습니다. 누가 불러서 교무실에 가니 어머니가 뉴욕에서 학교로 전화를 거신 겁니다. 전 캘리포니아에 있었습니다. 어머니는 무슨 일이 일어났는지 말씀을 하셨고, 전 그저 '네'라고 대답했습니다. 교실로 돌아온 제게 친구가 무슨 일이 생겼느냐고 물었고, 저는 '별일 아니야'라고 대답했습니다. 사실 제가 얼마나 울면서 무슨 일이 일어났는지 모든 친구들에게 말하고 싶어 했나 하는 기억이 납니다. 그렇지만 6학년짜리 남자 아이는 여자애 같다는 놀림을 받을까 봐 울지 않습니다. 그래서 전 속으로는 너무나 슬퍼서 눈물을 흘리고 있으면서도 겉으로는 아무 일도 없는 척했습니다.

남자는 특히 어떤 감정을 표현하려면 의례적인 용인이 있을 때까지 기다려야 한다. 의식이 벌어지는 상황에서 실제로 눈물을 흘리더라도, 남자는 공개적으로 흐느끼지 않게 절제해야 한다는 느낌을 더 받는다.[13] 그런 면에서, 울더라도 남성에게 부과되는 기준에 따른 존중을 잃지 않는 여성보다는 남성에게 의례가 더 필요할 수 있다.

앞에서 제시한 여러 경우에서 볼 수 있듯, 슬퍼하는 사람의 관점에 따라 장례식이라는 같은 사건도 다르게 경험된다. 각각의 경우 장례식이라는 것이 내적인 감정의 '적당한' 범위와 그것에 따른 외형적 표현을 규정하는 것처럼 보인다. 어떻게 애도를 표하는 것이 이상적인가 하는 문제는 장례 의식의 유형이나 그런 의식에서 드러나는 애통함에 관한 문화적인 이해에 따라 다르다. 그렇기 때문에 보통 모순은 우리가 거의 의식하지 못하는 사회 법칙에 맞춰 개인적 차원에서 다양한 방식으로 그 형태를 바꿀 수 있다.[14] 사람들이 다양한 방식으로 자신이 덜 슬퍼했다고 생각한다는 사실은 제대로 애도를 표하는 것, 문화를 바탕으로 우리가 감정에 부과하고 있는 놀랄 만큼 정확한 기준에 어긋나지 않게 애도를 표하는 것이 얼마나 뛰어난 성취인지를 드러낸다.

오해 관계와 부적절한 감정

결혼하는 신부나 장례식에 참석해 애도하는 사람들은 상황에 딱 맞게 정해진 임무를 수행한다. 그렇지만 더 지속적이고 심층적인 위치에서 감정을 만들어내는 것이야말로 더욱 주목할 만한 일이다. 부모와 자녀, 남편과 아내, 연인이나 가장 친한 친구들 사이에서는 감정 법칙에서 좀더 자유롭고 감정노동을 상대적으로 덜 요구받을 것이라고 기대하게 된다. 그렇지만 현실에서는, 사실 그런 관계들 사이에 존재하는 내재적인 모순을 무난하게 표현하는 비밀스러운 작업이 훨씬 더 중요하다. 유대가 깊을수록 사실 더 많은 감정노동이 진행되지만, 우리는 더욱더 의식을 하지 못한다. 그렇다면 가장 개인적인 유대가 맺어지는 상황에서 감정노동이 가장 강하게 진행될 가능성이 높다. 다른 극단에 서 있는 추심원과 승무원에게서 단순한 연기가 아닌 감정노동을 발견하는 것도 놀라운 일이다. 그렇지만 우리는 실제로 이 사람들에게서 감정노동을 발견하게 된다. 관계가 그렇게 깊은 것이 아니기 때문에 그 사람들의 감정노동은 더욱 쉽게 의식의 표면에 드러나고, 사람들은 그것을 보고 관련된 이야기를 할 수도 있다. 가장 개인적인 유대가 단단히 굳어 있는 상황 아래 어디에서 감정노동이 가장 강하게 나타나는지 추측해보기 위해 여기서는 가장 쉬운 곳부터 살펴보자.

가정은 일의 압박에서 벗어나 개인이 자유로울 수 있는 '안전지대'로 여겨진다. 그러나 가정이 실제로 직장에서 요구되는 감정노동에서 벗어나 쉴 수 있는 피난처가 될 수도 있지만, 암묵적으로 자체적인 감정적 의무를 부과하고 있기도 하다. 그중 자녀에 관한 부모의 감정적 의무가 가장 명확할 것이다. 우리는 사랑은 '자연스러운' 것이라고 말한다. 그 감정의 표현은 문화의 영향을 받으며, 감정이 드러나는 과정은 심리학적으로 설명할 수 있겠지만, 우리는 부모가 갖는 감정 자체를 '자연스럽다'고 받아들인다. 우리는 여기에 아무런 규범적인 보호막이나 감정 법칙이 필요하지 않다고 생각하지만, 본성이 관습의 구실을 하기 때문에 사실 이 과정에도 관습이 필요한 것 같다. 부모의 사랑이 부자연스럽기 때문이 아니라, 그 사랑이 안전감과 관련해 아주 중요하고 때로는 유지하기가 매우 어렵기 때문이다.

부모와 자녀의 관계는 세 가지 측면에서 다른 종류의 밀접한 관계들과 다르다. 먼저, 그 관계 속에서 유대가 유지되는 경우가 많다. 특히 아이가 어릴 때는 부모가 감정적으로 아이를 '분리시켜서는' 안 된다고 생각한다. 둘째, 아이는 초창기에 거의 모든 면에서 부모에 의존하기 때문에 유대가 강하다. 셋째, 이 유대는 보통 친척이나 친구들과 맺는 좀더 넓은 연결망 사이에 깊이 들어가 있다. 부모 자식 사이의 유대와 같은 유대는 둘 사이의 모순을 반영하는 법칙을 가지고 있기 쉽다. 자녀는 부모를 사랑하면서도 미워하고, 부모도 마찬가지다. 그렇지만 각 경우의 문화적인 법칙이 감정이 복합적으로 나타나는 정도를 어느 정도까지 용인할지 결정하게 된다. 이 법칙은 어떤 감정을 가져야 하거나 갖지 말아야 한다 또는 어떤 감정을 가질 권리를 갖거나 갖지 못한다는 식의 도덕 명령으로 의식 속에 들어온다.

부모의 사랑에도 시험이 있다. 어떤 부모는 자녀에게 설명 없이 습관적으로 거짓말을 하거나 화를 내기도 한다. 또한 예를 들어 한 아버지가 자신이 받아야 마땅하다고 생각하는 정도의 사랑이나 공감을 자녀에게서 느끼지 못하는 경우, 아버지라는 자격을 염두에 두지 않은 상태에서 마구 화를 낼 수 있다.

아버지는 2년 전 일을 그만두고 랭글리 포터 정신병원에 입원해 조울증 치료를 받았습니다. 퇴원한 뒤 아버지는 자신이 지난 10년간 우리 뒤에서 잔인한 일도 많이 저지르고, 여러 차례 속이기도 했다고 인정했습니다. 그때 전 제가 과거 어느 때보다도 아버지를 많이 사랑하고 있다는 것을 보여주어야 한다고, 부인과 동료, 친구들, 자녀, 무엇보다도 자기 자신의 존중을 받지 못하게 된 이 가엾은 남자를 용서해야 한다고 생각했습니다. 그렇지만 저는 아버지의 기만과 이제는 갑자기 날카로운 초점의 대상이 된 '우스꽝스러운' 변덕에 화가 났습니다. 전 아버지를 미워하고 싶었기 때문에 아버지를 사랑해야 한다는 의무감과 씨름했습니다. 문제를 걱정하기 전에 제 감정을 먼저 추슬러야 했습니다.

이 아들은 진심으로 아버지를 용서하고 자존감을 느끼고 싶어하는 아버지의 간절한 요구에 부응하고 싶었다. 또한 용서하고 싶은 느낌을 가져야 한다는 의무감도 느꼈다. 그렇지만 속았다는 느낌을 받고 그 사실 때문에 화가 났기 때문에, 자신이 느끼고 싶어하고 느껴야 한다고 생각한 감정을 가질 수 없었다. 그 아들은 아버지의 행동을 '변덕'이라고 볼 수 없었다. 아들은 **그렇다 치는 상태**를 유지할 수도 없고, 아버지의 행동들이 그저 변덕이었다면 자신이 경험했어야 마땅한 사랑을 느끼지도 못했다. 오히려 그런 행동들이 기만으로 느껴졌다. 그리고 자신이 속고 있다는 현실에 화를 냈다. 자신이 아버지에게 품고 있다고 생각하던 감정, 즉 충의와 사랑을 바꾸지는 않았다. 아들은 아버지를 향해 자신이 품고 있던 사랑이 과분한 것이었다고 인식하지는 않았다. 아버지가 자신에게 감정의 측면에서 빚을 지고 있다고 생각하지도 않았다. 오히려 이 법칙은 제자리에 자리를 잡고 있었고, 아버지를 미워하고 싶었기 때문에 '사랑해야 한다는 의무감과 싸웠다.' 아들은 감정 법칙을 바꾸지 않았다. 그것을 어기겠다는 강한 요구에 기반해 행동했다.

이렇듯 사건이 다른 식으로 해석되면 부모와 자녀 사이에 문제를 만들고 마는 경우가 많다. 다음 사례에서 보면, 어머니가 누구나 공감하고 이해할 수 있는 싱글맘의 괴로운 일화라고 생각한 부분이 딸에게는 변명의 여지없이 이기적인 것일 뿐이다. 스무 살의 대학생이 된 딸은 이렇게 말하고 있다.

전 엄마와 단둘이 집에 있었습니다. 엄마는 자기가 너무 불행하다고 생각하면서 우리 가족의 삶을 모두 비극으로 만드는 사람이었습니다. 그 비극 중 하나는 엄마가 우리가 살던 집을 싫어하는 데서 비롯되었습니다. 특히 그날 밤 엄마는 집이 싫어 미칠 지경이 되었습니다. 엄마는 방에서 다 들리도록 울고, 소리를 지르고, 물건을 집어던지면서 아빠와 언니, 그리고 정도는 조금 약했지만 저를 향해 성난 소리를 쏟아냈습니다. 전 엄마가 화내는 것과 제가 상관없다는 사실을 알고 있었습니다. **엄마를 안쓰럽게 여기고 위로해야 한다는 느낌을 받았습니다.** 누군가 엄마를 도울 만한 사람에게 도움을 요청해야 할 것 같았습니다. 그렇지만 그때 전 엄마에게 엄청나게 화가 났습니다. 엄마가 우리 가족을 미워한다면 저도 통으로 같이 미워하기를 바랐고, 엄마가 자기감정을 통제할 수 있건 없건 우리 가족의 삶을 절망적으로 만들지나 말았으면 좋겠다고 바랐습니다. 어떻게 해야 할지 모르고 혼자 울었습니다. 그 상황에서 완전히 벗어나고 싶었죠. 그 상황과 어떻게든 관련되고 싶지 않았습니다.

자식을 속인 아버지처럼, 이 제정신이 아닌 어머니도 사랑을 시험한 것이다. 그 어머니는 사람이 부모를 사랑해야 한다는 법칙을 일시적으로 견딜 수 없게 만든 것 같다. 앞의 아버지는 제정신이 아니었을 뿐 용서하고 사랑할 만할 사람일까? 아니면 기만적이고 용서하거나 사랑할 수 없을까? 이 어머니는 자신을 통제할 수 없어서 도움이 필요한 사람이기는 하지만 근본적으로는 착한 사람일까? 아니면 가족 간의 전쟁에서 동맹을 만들려고 감정적인 공감을 이용하는 잔인하리만치 교묘한 사람일까? 자녀는 어떤 감정을 느껴야 할까? 각 경우에 따른 선택이 어려운 것은 자녀가 두 가지 반응 사이에서 몹시 괴로워하고 있기 때문만이 아니라, 두 가지 중 한쪽 반응을 지지하고 있는 '해야 한다'는 느낌 때문이다. 이런 어려움은 '엄마를 안쓰럽게 여기고 위로해야 된다는 느낌을 받았다'는 딸의 말에서도 드러난다.

화를 다스리거나 진실을 말할 수 없는 무능함, 성적(性的) 동의를 얻어내거나 직업을 유지하지 못하는 무능함은 모두, 어느 정도까지는 무시하거나 용서하려고 노력하겠지만 그것에 관한 비판도 자유로운 인간의 약점이다. 한편 정신적인 발달이 늦은 것은 누구의 잘못도 아닌 문제이지만 우리의 감정을 마찬가지로 곤경에 빠트릴 수 있다. '하나밖에 없는 제 여동생은 심각한 정신지체를 갖고 있습니다. 신체적으로는 거의 정상에 가깝지만 지능이 낮죠. 전 그 아이를 사랑해야 한다고 자주 생각하지만, 그렇지 못합니다. 저로서는 그 아이를 사랑할 수 있는 게 아무것도 없습니다. 그 아이가 제 동생이라는 사실만으로는 충분하지 않습니다. 그런 감정에 관련해 죄책감이 들지만 최소한 제 자신에게 솔직할 수 있다는 사실에 기쁩니다.' 이 사람은 '지능이 낮은' 여동생에게 애정을 느끼지 않는 사실에 죄책감을 느낀다. 솔직해지기 위해서 거부해야만 하는, '느껴야 할 감정'에 직면하고 있는 것이다.

부모와 자녀 사이의 유대와 마찬가지로, 아내와 남편 사이의 유대도 사회적인 구속력과 감정 사이에서 팽팽한 긴장감을 유지한다. 프로이트는 〈성도덕과 현대인의 신경병Modern Sexual Morality and modern Nervousness〉이라는 논문에서 이 문제를 잘 묘사하고 있다.

> 아주 빈번히 관찰되는, 부부 관계의 조건과 결혼에 관한 경험상 남편을 사랑할 만한 이유가 전혀 없기 때문에 남편을 사랑하지 않는다는 여성의 사례를 보자. **그렇지만 그 여자는 그 남자를 사랑하고 싶어한다**. 남편을 사랑하는 것이 결혼 생활의 이상적인 모습이라고 생각하도록 양육됐기 때문이다. 따라서 그 여자는 진실을 드러내고 이상적인 노력을 물거품으로 만들 만한 모든 본능을 억제하려고 한다. 남편을 사랑하고 부드러우며 사려 깊은 아내처럼 행동하기 위해 특히 신경을 쓸 것이다[이것이 내가 강조하려고 하는 부분이다].[15]

'그 남자를 사랑하고 싶어한다'는 것은 문화에 따라 다르게 얽히고설켜 있는 실타래 중 하나다. 어느 부유한 예순 살 노인에게 시집가게 된 열네 살짜리 인도 소녀는 남편을 잘 섬기라는 요구를 받겠지만(남편을 사랑하도록 노력해야 한다는 의무감을 느낄 수도 있다), 내면적으로는 남편을 좋아하지 않을 자유가 좀더 주어진다. 남편을 선택한 것에 관한 책임이 없는 것이다. 한편 자유 교환 시장에서 '사랑에 관한 윤리'는 결혼이라는 경험에 좀더 가혹한 기준을 부과한다. 배우자 사이에 실제 존재하는 감정이 이상적인 상태에 미치지 못한다면, 결혼 제도가 아니라 그 사람이 잘못된 배우자를 선택했다는 사실 자체가 비난을

받게 된다.[16]

남편과 아내 사이 그리고 연인 사이에 성적 질투와 사랑은 보통 함께 나타나는 것으로 여겨진다. 그렇지만 사회학자 킹슬리 데이비스Kingsley Davis는 배우자 사이의 성적 질투는 자연스러운 것이 아니며, 남편과 아내가 상대방을 독점하려는 요구가 질투를 유발하기 위한 불륜으로 이어지는 경우가 많다고 말한다.[17]

어떤 부부는 이런 논리에 따라 일부일처제를 유지하겠다는 동의에서 벗어남으로써 질투할 권리에서 자유로워지려고 애쓰기도 한다. 결혼이라는 틀을 벗어나 누군가와 사랑을 나누는 행위가 불륜이 아니라 '사랑을 공유하는 것'으로 정의되는 것이다. 일부일처제가 오랫동안 감정적인 의무를 표현하는 보편적인 방식이었기 때문에, 그 의무를 표현하는 다른 방식이 더욱 중요하게 여겨진다. 하지만 이런 다른 방식이 실패하면 최소한 한쪽은 거절당한 느낌을 받게 될 수도 있다. 한 젊은 여성이 이야기하는 다음 상황에 관해 생각해보자.

4년쯤 전에 남부에 내려가 살 때 한 무리의 친구들과 어울렸습니다. 우리는 직장이나 학교가 끝난 뒤 거의 매일 저녁을 함께 보냈습니다. 모여서 다양한 종류의 마약을 했고, 우리는 하나이며, 옷, 돈, 음식 등 모든 것을 나누기 위해 최선을 다하겠다는 일종의 철학을 가지고 있었습니다. 전 그중 한 남자와 알고 지내면서 제가 그 남자와 '사랑하고 있다'고 생각했습니다. 그 남자도 제가 자신에게 아주 소중한 사람이라고 말했고요. 어쨌거나, 저와 아주 친하던 한 여자 친구가 어느 순간 제가 모를 것이라고 생각했는지 그 남자와 섹스를 하기 시작했습니다. 그렇지만 전 그 사실을 알고 있었고, 아주 복합적인 감정을 느꼈습니다. 머리로는 제가 그 남자에 관한 어떤 권리도 주장할 수 없고, 아무도 어떤 사람을 소유하려고 해서는 안 된다는 생각이 들었습니다. 저 또한 그것이 제가 상관할 문제가 아니고, 두 사람의 관계가 두 사람과 저 사이의 우정하고 아무 관련이 없다고 믿었습니다. 저도 공유의 가치를 믿고 있었으니까요. **그렇지만 전 너무나 상처받고, 외롭고,**

우울했습니다. 그런 우울함을 떨칠 수가 없었습니다. 그런 모든 감정 끝에 전 제가 어떤 사람을 소유하고 싶어하는 질투의 감정을 느낀다는 사실에 죄책감마저 느꼈습니다. 그렇게 매일 밤 사람들과 어울려 다니며 제 감정을 억누르려고 애썼습니다. 제 자아는 산산조각 났습니다. 두 사람 옆에서는 웃을 수조차 없는 지경에 이르렀습니다. 그래서 마침내 그런 상황에 맞서 그해 여름 동안 새로운 친구와 함께 여행을 떠났습니다. 나중에야 그 상황이 얼마나 어려운 것이었는지를 깨달았고, 제 자신을 추슬러 다시 온전한 느낌을 갖기까지 오랜 시간이 걸렸습니다.

자신이 반反문화적 감정 법칙을 바탕으로 불러일으킨 감정과 그러면서도 경험한 상처와 질투의 감정이 충돌하는 현실이 이 여성에게는 악몽 같았을 것이다. 그렇지만 이런 종류의 갈등과 고통의 근원도 깊이 들어가 보면 사회적 성격을 띤다. 사회 규범을 통해 성적 접촉에 관한 기본 시각이 정교해지고 도덕 규범이 장려되기 때문이다. 질투심이 깃든 행동은 처벌하고 질투심이 없는 상태의 행동은 보상하는 전반적인 체계를 발전시켜 온 사회 제도나 하위문화가 질투를 줄이는 데 어느 정도 성공할 수 있는 이유가 바로 이것이다. 두 사회학자는 어느 공동체의 실험을 보고 이런 평가를 내리고 있다.

버지니아 주의 트윈 오크Twin Oaks에서는 성적 자유가 마을의 규범이고, 질투는 모든 주민의 문제가 된다. 이 공동체를 만든 사람 중 하나인 캣 킨케이드Cat Kincade는 트윈 오크에서 질투를 관리하는 방식을 이렇게 설명한다. '질투에 맞선 우리의 가장 큰 보루는 우리 공동체가 질투를 절대 승인하지 않는다는 것입니다. ……누군가 질투를 느끼거나 표현한다고 해도 집단에서 옹호하지 않습니다. 그 사실만으로도 질투는 놀라울 정도로 많이 사라집니다. ……이곳에 있는 사람들은 대개 나쁜 감정을 용인하지 않습니다. 청도교적 의식을 가지고 사는 사람이 자신이 믿는 것에 근거해 성적 충동을 제어하는 것처럼, 공동체주의적 의식을 지니고

사는 사람은 자신이 지키는 원칙이 무엇인지 상기함으로써 자신을 억누르려는 충동을 제어할 수 있습니다.'18

이 젊은 여성의 친구와 이웃들이 그 사람의 공동체주의적 관점을 강화하는 데 좀더 신경을 쓰고 그 사람의 감정노동을 좀더 가까운 곳에서 지지했다면, 이 이야기는 다른 방향으로 결론이 났을 수도 있다.

신부, 아내 또는 어머니 등 사회적 배역은 부분적으로 사람이 품고 있는 감정을 드러내는 방식이 된다. 그 사람이 맡은 배역은 어떤 감정이 어떤 상황에 적합한지 가르는 기준선을 정하게 된다. 배역이 바뀌면 사건을 받아들이고 해석하는 법칙도 달라진다. 이혼율과 재혼율의 증가, 출산율 감소, 일하는 여성의 증가와 동성애 합법화 증가는 이런 사회적 배역이 바뀌고 있다는 것을 보여주는 외부적 기호가 된다. 여성이 집 밖에서 일을 하는 상황에서, 아내는 **무엇인가**? 아이를 다른 사람이 돌본다면, 부모는 **무엇인가**? 그런 상황에서 아이는 **무엇인가**? 결혼이 쉽게 끝나는 상황에서 연인은 무엇이고 친구는 **무엇인가**? 우리는 문화적으로 적용할 수 있는 다양한 기준 중에서 어떤 기준에 따라 우리 감정이 상황에 얼마나 적합한지를 평가하는가? 빠른 변화의 시대가 불안을 만들어낸다면, 이것은 감정 법칙이란 결국 무엇이냐 하는 불안도 함께 불러일으킨다.＊

불확실성의 시대에는 전문가들이 두드러진다. 상황을 어떻게 봐야 하느냐 하는 문제에 관해 이야기할 수 있는 권위를 가지고 있다는 것은, 우리가 어떤 감정을 가져야 할 것이냐 하는 문제에 관한 권위도 가지고 있는 것이다. 변화하는 사회라는 사막을 건너야만 하는 사람들은 누군가가 자신을 안내해주었으면

＊ 사실 우리는 한 문화 또는 한 배역에 강하게 연결되어 있을 때가 아니라, 한 문화나 배역에서 다른 것으로 옮겨가는 사이에 감정 법칙과 내면 행위의 존재를 가장 쉽게 인식하는 것 같다. 한 직업과 다른 직업 **사이에** 있을 때, 결혼 사이에 있을 때, 또는 한 문화와 다른 문화 사이에 있을 때야말로 우리는 자신이 이전의 감정 법칙과 조화하지 못했다는 것을 쉽게 느낄 수 있다.

하는 요구를 느끼게 되는데, 이런 요구는 근본적인 원칙에 중요성을 더한다. 무엇을 느껴야 하느냐 하는 문제에 있어 사회적으로 하층에 있는 사람들은 보통 상층에 있는 사람들이 자신들에게 길을 알려주기를 기대한다. 권위는 감정 법칙에 관한 어느 정도의 명령을 수반한다. 부모는 아이에게 동네에 새로 들어온 개를 얼마나 무서워해야 하는지 보여줄 수 있다. 영문학 교수는 학생들에게 릴케의 〈두이노의 애가Duino Elegy〉 1편을 읽고 얼마나 강렬한 느낌을 느껴야 하는지 주장할 수 있다. 상사는 '편지 왔습니다, 사장님'이라는 비서의 말에 활기가 적다는 평가를 내릴 수 있다. 감정 법칙을 유지하는 사람들은 주로 권위를 가진 사람들이다.¹⁹ 그렇기 때문에 크리스토퍼 래쉬가 지적하듯, 게일 쉬히 같은 권위자가 우리에게 '사람은 서른에 가까워질수록 끊임없는 생명력이 솟아난다'고 말하면, '끊임없는 생명력'에 관한 규범을 논하는 것이 서른 살이 되는 경험의 일부가 된다. 이것과 비슷하게, 우리가 일을 하면서 어떤 감정을 느껴야 하느냐 하는 문제에 관한 공식적인 견해를 이야기하는 것은 손님을 맞이하고 돈을 추심하는 경험의 일부가 될 수 있다.

감정을 존중하기 — 베풂의 교환 ● 05

기숙학교에 다닐 땐데, 학교에 미스 말론이라고 부르는 기숙 사감이 있었습니다. 그분은 지독한 광신자여서 아이들에게 너희들 부모는 지옥에 갈 거라고 이야기하곤 했죠. 이런 일을 포함해서 여러 가지 이유로 그분은 해고됐습니다. 기숙사의 모든 아이들은 그 이야기를 듣고 울음을 터트렸고 울고불고 난리가 났습니다. 저도 상실감을 느끼면서 슬퍼해야 하는 처지였습니다. 사실 전 무척 기뻐 해방감을 느꼈습니다. 그렇지만 전 다른 아이들처럼 그렇지 않은 척 연기를 했습니다. 남들 모르게 밝은 빛을 쳐다보면서 눈물을 만들어내고, 거기에 어울리는 흐느끼는 소리를 낼 수 있었습니다. 나중에 혼자 운동장에 남았을 땐 좋아서 팔짝팔짝 뛰어다녔습니다. — 어느 여대생

우리는 모두 감정을 느끼기 위해 노력하고, 어떤 감정을 느끼는 척하지만 혼자서만 그렇게 하지는 않는다. 우리는 주로 다른 사람들과 제스처나 감정에 관한 표현을 주고받을 때 그런 행동을 한다. 감정노동과 감정 법칙, 개인 사이의 교환이 함께 일어날 때 개인의 감정 체계가 형성된다. 우리가 서로 허리를 굽혀 인사하는 것은 허리만 숙이는 게 아니라 마음을 담는 것이다. 감정 법칙은 사람 사이에 오고가는 제스처에 어떤 감정이 들어가는지 결정한다. 감정 법칙은 우리 삶에 존재하는 '미스 말론Miss Mallon'을 위해 남들에게 보이도록 눈물을 흘리는 행위나 내면적으로 슬픔을 느끼려는 노력이 가치 있는 일이라고 생각하게 만든다. 밝은 빛을 쳐다보면서 눈물이 반짝이게 만드는 것은 경의를 표한다는 상징이며, 슬픔을 느껴야 한다고 말하는 사람들을 존중하는 방식이다. 좀더 일반적으로 말하자면, 이것은 존중을 표하는 것에 관한 법칙을 존중하는 방식이다.

심리학에서 보는 '인사'에서, 감정 법칙은 교환의 기준선을 제공한다. 교환에는 직선적 교환straight exchange과 즉흥적 교환improvisational exchange이라는 두 유형이 있다. 직선적 교환에서 우리는 단순히 마음에서 우러나는 인사를 하기 위해 필요한 법칙을 사용한다. 이 법칙을 가지고 놀지 않는다. 즉흥적 교환에서는

즉흥 음악과 마찬가지로 하나의 법칙을 상정하고 그것을 이용해 모순과 유머를 만들어낸다. 그렇지만 두 가지 유형에서 모두, 감정을 교환하고 청산하는 일은 감정 법칙의 맥락 안에서 진행된다.

아래에서 피터 블라우Peter Blau가 언급하는 직선적 교환의 사례를 생각해보자. 사회보장국Social Security office에서 일하는 풋내기 직원은 '전문가'인 좀더 노련한 선배에게 조언을 얻으려고 애쓴다. 블라우는 이렇게 말하고 있다.

> 조언을 하는 것은 그 조언을 듣는 일반 직원이 '전문가'에 견줘 자신이 하위에 있다는 사실을 알고 있기 때문에 일어나는 교환으로, 선배 직원은 이 동료를 돕기 위해 자신이 일을 할 시간을 포기하는 대가로 자아를 강화하는 존경을 받게 된다. 두 사람에게 모두 이득이다. 그렇지만 일정한 지점을 넘어서서 선배 직원이 자신의 시간을 더 희생해야 한다면 그것은 초반에 감수해야 하는 것보다 더 큰 희생을 요구하는 것이다. 선배의 일도 지장을 받기 시작하고, 선배가 우월하다는 인정을 받는 것도 처음에 비교하면 보람이 적기 때문이다. 그렇게 되면 이 사람은 자신을 향한 존경과 감사가 더욱 강력하게 표현되지 않는 한 더는 조언을 주려고 하지 않게 된다. 한마디로 값이 오르는 것이다.[1]

조언을 구하는 사람은 조언을 건네는 사람에게 감사한 마음을 품는다. 하지만 감사한 마음을 품는다는 게 무슨 의미인가? 그런 마음을 품는다는 것은 정확히 어떤 감정인가?

어떤 마음을 품는 것으로 보이게 하는 것은 '진심 어린 표현'이다. 고개를 끄덕이거나, 환하게 웃거나, 가볍지만 꾸준히 눈을 맞추거나, '고마워요, 찰리. 정말 고마워요. 얼마나 바쁜지 아는데 말이죠' 같은 말을 하는 것이다. 이런 감정은 얼굴 표정과 단어 선택, 어조 속에서 전달된다.

사람에 따라서는 조언을 건넨 사람에게 진심으로 고마워하는 것처럼 연기만 할 수도 있고, 정말로 고마운 마음이 들어 은으로 갚을 것을 금으로 갚을 수도 있다. 이것과 비슷하게, 조언을 건네는 사람도 '이 정도면 저 사람이 그냥 그런 척하는 게 아니라 진심으로 고마워해야지'라고 생각할 수 있다.

진정성을 주고받는 사람들이 그 진정성이 얼마나 많이 오가야 하느냐 하는 문제에 관한 기대를 공유하고 있는 경우, 제스처가 그 사람이 보여주어야 하는 것보다 지나친지 또는 부족한지 하는 것이 판단의 대상이 된다. 그렇기 때문에 친절을 받은 사람이 기대한 것보다 더 좋은 반응을 보이지 않으면, 친절을 베푼 사람은 '고맙다면서 겨우 이게 다예요?'라고 공개적으로 말할 수도 있다. 또는 그 감사의 표현에 냉정하고 뾰로통하게 응답할 수도 있다. 이것은 그 사람이 그 감사를 거부하며 상대방이 아직도 감정의 빚을 지고 있다고 생각한다는 뜻이다. 궁극적으로 감사를 전하는 사람은 더 많은 것을 제공할 것이다. 이럴 때 친절을 베푼 사람은 더 많은 것을 요구하거나, 자신의 행동을 즐거워서 자발적으로 한 행동이라고 재정의함으로써 감사받고 싶은 자신의 요구를 줄이는 방향 중 한 가지를 택한다. '아니, 내게 고마워할 필요 없어요. 글을 읽으면서 저도 재미있었는걸요.' 이런 말에 들어 있는 진정성과 그 진정성을 유지하기 위해 필요한 노력은 베풂에 덧붙여진 또 하나의 베풂이다. 친절을 베푼 사람이 그저 좋은 사람이기 때문에 그 사람이 베푼 첫 번째 친절을 고마워할 일이 아니라고 보라는 것은, 그 사람이 베푸는 또 하나의 베풂인 것이다.

우리가 진정성을 표현하는 방식이나 정말 거짓 없는 느낌을 갖기 위해 노력하는 과정(그리고 이런 노력을 숨기기 위해 노력하는 과정까지) 중 얼마나 많은 부분을 제대로 된 것으로 보느냐 하는 문제는 상황별로 유대의 깊이에 따라 다르다. 깊은 유대가 없는 상황에서 진행되는 평범한 교환에서는 감정적 채무가 오가는 것도 적고 주고받는 감정의 질이나 행동, 물건들도 적다. 아내와 남편, 연인 또는 가장 친한 친구 사이처럼 좀더 깊은 유대 관계에서는 신세를 갚기 위한 방법이 더 많다. 감정노동은 그중 하나일 뿐이다.

대개의 경우 감사는 따로 생각하거나 노력하지 않아도 자연스럽게 우러난다. 우리는 그것이 힘들어질 때라야 무엇이 진실이었는지 깨닫게 되는 것이다. 감사, 사랑, 화, 죄책감, 그 밖의 다른 감정들을 '신세진 것'과 '되받은 것'으로 나누어 정신적인 장부를 쓰고 있었다는 사실을 깨닫는 것이다. 우리는 보통 이것을 인식하지 못한다. 사실 의식적으로 그런 장부를 기록한다는 생각 자체는 불쾌한 일이다. 그렇지만 '부적절한 감정'을 느끼는 순간을 추적해 보면, 그 이면에는 내가 무엇을 신세졌다거나 또는 베풀었다고 느끼고 있는 것과 관련된 인식이 자리하고 있는 경우가 많다. 많은 경우 감정 법칙은 공유되지 않는다. '잘못된 의사소통'과 오해는 서로 감정적으로 어떤 신세를 지고 있는가 하는 것에 관해 갈등을 불러일으킬 만한 생각으로 요약되곤 한다. 이것은 심리학적으로 봤을 때 달러와 페소 사이의 환율에 만족하지 않는 것과 비슷하다. 남편은 속으로 집안일을 함께 하는 자신에게 지금 아내가 표현하고 있는 감사의 정도보다, 그리고 아내가 같은 일을 할 때 자신이 아내에게 표현하는 감사의 정도보다 더 많은 감사를 받아야 한다고 생각할 수 있다.

직선적 교환에서 초점은 법칙 자체가 아니라 법칙을 따르기 위한 제스처를 취하는 데 있다. 즉흥적 교환은 법칙 자체에 질문을 던지고 법칙을 좌지우지한다. 샌프란시스코 국제공항에서 관찰한 어떤 교환 상황을 살펴보자.

카운터에는 두 명의 항공사 발권 담당 직원이 일하고 있다. 한 명은 숙련된 직원이고, 다른 한 명은 신입이다. 신입 직원은 어려움에 놓여 있었다. 다른 날짜로 더 낮은 가격에 티켓을 새로 발권해야 하고, 이미 결제된 차액은 항공사 카드에 적립해야 하는 상황이다. 업무를 가르쳐줄 만한 경험 많은 직원은 자리에 없다. 신입 직원이 10분 동안 이 티켓을 들고 씨름하는 동안 차례를 기다리는 사람들은 긴 줄을 만들 만큼 늘어났고, 초조하게 자세를 여러 번 바꾸면서 그 직원을 뚫어져라 쳐다보고 있다. 숙련된 직원이 돌아오자, 이 신참은 '선배님을 찾던 중이었습니다. 저를 가르쳐주셔야 하잖아요'라고 말했다. 그러자 다른 직원은 비꼬듯 '어이구, 이거 정말 미안하게 됐구먼. **아주** 유감인 걸!' 하고 대답했다. 그러자 두 사람은 함께 웃었다.

이 숙련된 직원은 신참 직원을 돕지 못했다고 해서 크게 미안해하지 않았다. 하지만 상황에 맞지 않는 게 분명한 이런 감정 때문에 그 사람이 신세를 졌다는 느낌을 갖게 되지는 않는다. 좀더 일반적인 감정 법칙, 즉 '우리 둘 다 이 일을 진지하게 여겨야 한다'는 것이 놀림감이 됐기 때문이다. 숙련된 직원은 '내가 늦게 돌아온 사실에 죄책감을 느끼지 않고 후회하지도 않는다고 해서 개인적으로 섭섭하게 받아들이지는 말게. 이 직업이 지독하기 때문에 우리 둘 다 정말 여기 있고 싶지 않은 처지고, 내가 10분의 휴식을 얼마나 달콤하고 고마워하는지 자네도 알고 있으니 말이야'라는 뜻을 전하고 싶었던 것 같다.

반어법irony은 이렇듯 관점(내 관점과 상대의 관점과 회사의 관점)을 가지고 노는 것으로 구성된다. 그것은 인간의 감정 교환으로 연주하는 재즈 선율이다. 즉흥 연주와 마찬가지로, 어떤 관점을 가지고 놀기 위해서는 기본적으로 다른 관점을 이해하고 상황에 따라 인정해야 한다. 아는 사이에서도 시간이 흐른 뒤에야 유머와 반어법이 나타나는 것은 그때라야 사람들이 자유자재로 다룰 수 있는 깊은 유대가 생겼다고 인정하기 때문이다.

때때로 즉흥적 교환 자체가 관습으로 구체화하기도 한다. 내가 가르친 대학원생 중 한국에서 온 학생 한 명이 환하게 웃는 눈과 입가 가득 미소를 띤 탈 두 개를 선물했다. 그 학생은 그 탈이 한국의 농민들이 특별한 날 지주들과 대면할 때 사용하던 것이라고 했다. 웃는 얼굴 탈을 쓴 채로, 농민들은 지주를 향해 여러 가지 모욕과 따끔한 불평을 마음껏 퍼부을 수 있었다. 탈을 통해 지주를 향한 감정적인 존경을 표하는 동시에 농민들에게는 자기들이 원하는 대로 느끼고 말할 자유를 남겨놓은 것이다.

마음에서 우러나는 인사를 하는 방법

직선적 교환과 즉흥적 교환은 모두 마음의 빚을 갚는 몇 가지 방법을 상정하고 있다. 예를 들어 우리는 때에 따라서는 성공하거나 말거나 그저 단순하게 우리가 느껴야 하는 감정을 꾸미기도 한다. 이미 가지고 있는 진짜 감정을 과장하려고 엄청나게 노력하기도 한다. 어떤 사건을 재구성하려고 애쓰기도 하고, 성공적인 내면 행위로 어떤 순간을 재구성하기 위해 자신을 바치기도 한다. 이런 가능성들을 고려할 때 자발적인 감정이라는 것은 어떤 제스처를 취할지 선택하는 문제가 된다.2

여러 가지 형태로 감정에 보답하지 않는 방법도 있다. 초대를 받아 어느 록음악 파티에 간 한 젊은 여성의 반응을 들어보자.

> 저하고 함께 있던 사람들은 계속 '굉장하지 않니?'라고 말했어요. 마치 제가 이 새로운 느낌이 저를 엄습하는 것 같은 기분이나 뭔가 굉장한 것을 경험하는 것 같은 기분을 느껴야 한다는 듯이요. 사실 전 기분이 별로 좋지 않았고 그런 록음악에 맞춰 춤을 추는 걸 전혀 좋아하지 않았어요. 저는 (조금 뻣뻣한 자세로) 음악을 듣고, 그 음악에 넋을 잃은 척도 하지 않으면서 그 상황을 버텼어요. 도저히 맡을 수 없는 배역을 연기하는 것처럼 너무 이상한 느낌이었어요.

머리를 흔들거나, 발을 구르거나, 손가락으로 드럼을 치는 시늉을 하지 않던 이 젊은 여성은 함께 간 일행 앞에서도 집중한 척하는 연기를 하지 않았다. 실제로 그런 느낌을 가지려고 노력하지 않은 것은 말할 필요도 없었다. 함께 간 친구가 즐거운 시간을 보내지 않고 있다고 자신을 걱정하게 할 위험과 흥을 깨는 사람처럼 보일 수 있는 위험도 감수했다. 게다가 자기 눈앞에 펼쳐지는 광경에서 심적인 거리를 두고 있다는 사실에 관해 아무런 설명도 하지 않았다. 이것이 심리학에서 이야기하는 인사 중 극도의 최저 한계다. 그 여성은 이상적인 것이 무엇인지, 즉 사람들이 자신에게 어느 정도는 반응을 보일 것으로 기대하고 있다는 사실을 알고 있었다.3

감정을 보이지 않는 것은 때로 반대의 감정을 보이는 데까지 이어지기도 한다. 이것은 개인이 자신에게 기대되는 감정을 만들어내거나 심지어 그 감정을 그럴듯하게 표현만 하는 것마저 거부할 뿐 아니라 반대 감정이 드러나는 것을 감추려는 노력도 하지 않는 상태다. 감정 교환이 일어나는 때인 크리스마스에 관한 어느 젊은이의 반응을 살펴보자.

크리스마스 동안 사람들은 행복과 사랑을 느껴야 합니다. 그렇지만 제게 크리스마스는 분노와 괴로움, 침울함의 시간이었습니다. 삶이 저를 가두는 느낌이 들어, 전 미워하는 것으로 대꾸했습니다. 전 크리스마스의 의식 자체뿐 아니라 그 시간과 관련된 가짜 감정들도 모조리 싫어합니다. 크리스마스는 1년 동안 제가 해내지 못한 모든 일들에 관한 분노를 더욱 강하게 느끼게 만듭니다. 새해를 낙관적으로 바라보는 대신 전 계속 환멸을 느끼고 화가 나 있습니다. 대체로 크리스마스 시즌은 제게 카타르시스를 느끼게 하는 게 분명합니다. 1년 중 그때보다 더 제 감정을 분출시키는 때가 없으니까요.

만일 감정을 되갚는 방식에서 '가짜 감정'들에 관한 이 젊은 스크루지 영감의 강한 분노가 록음악 파티에 간 여성의 반응보다 한 단계 아래에 있는 것이라면, 바르 미츠바Bar Mitzvah(유대교에서 13세가 된 남자 아이에게 치르는 성인식 — 옮긴이)에 관한 이 젊은이의 반응은 한 단계 수위가 높다고 볼 수 있다.

열세 살이 된 유대인 남자 아이에게 바르 미츠바는 기쁜 시간이어야 합니다. 제가 기억하는 한 전 그날 그렇게 행복하지 않았습니다. 전 그저 주어진 업무를 수행할 뿐이었습니다. 바르 미츠바를 치르는 제 친구들은 모두 꽤나 행복해했습니다. 그렇지만 저는 뭔가 멍한 상태로 벌어지는 일들에 반응을 한 기억밖에 없습니다. 참여자라기보다는 방관자가 된 느낌이었습니다. 그 상황에 어떻게 대처했느냐고요? 저는 행복함을 느끼지 못하는 게 제 잘못인 것 같아 걱정했던 것 같습니다.

만약 우리가 기뻐하거나 감사하다는 마음을 느끼도록 감정을 관리할 수 없다면, 최소한 다른 사람들이 준 것을 충분히 즐기지 못하는 사실에 죄책감을 느끼도록 감정을 관리할 것이다. 죄책감이나 걱정은 약속어음의 기능을 한다. 죄책감은 내면에서 감정 법칙을 고무시킨다. 그것은 심리적인 빚을 충분히 갚지 못했다는 것을 내적으로 인정하는 것이다. '죄책감을 느껴야 한다'는 것만으로도 죄책감의 방향으로 기울게 되고, 빚진 게 무엇인지 희미하게나마 확인하게 된다.

우리는 보통 예의바르게 행동하고 싶을 때 무언가를 느끼는 척한다는 것을 알고 있다. 겉치레는 타인을 향한 존경의 표현이다. 어느 젊은 여성이 대학 졸업에 관한 느낌을 어떻게 묘사하고 있는지 살펴보자.

부모님과 친구들에게 제 졸업은 정말 굉장한 일이었습니다. 특히 제가 큰딸이었기 때문에 부모님께는 더욱 그랬죠. 그렇지만 전 이런저런 이유로 별로 흥이 나지 않았습니다. 대학에서 좋은 시간을 보내기는 했지만, 전 이제 나갈 준비가 돼 있었고, 제 자신도 그 사실을 알고 있었습니다. 또한 졸업식 예행연습을 몇 번씩 했기 때문에 제게는 본식이 의미가 없었죠. 그렇지만 전 정말 감정적인 듯 연기를 하고 친구들을 껴안으며 울었습니다. 그런 감정을 정말 느껴서 그런 게 아니라는 것을 알고 있었지만요.

끌어안고 우는 것, 감정 표현을 하기 위해 노력하는 것은 이 여성이 부모에게 존경을 표하는 방식이었다.

또한 우리는 모순적인 감정을 드러내지 않으려고 애쓰기도 한다. 예를 들어 이 여성은 남편을 사랑하고 서로 일체감도 느끼지만 남편을 시기하기도 한다.

남편이 여행을 떠날 때마다 사람들은 웃으면서 제게 묻습니다. '신나지 않아요?' 제 남편은 체조 선수고, 작년에는 전국 랭킹에도 들었습니다. 최근에는 일본에 있는 남자체조센터Center for Men's Gymnastics로 갔습니다. 일 때문에 떨어져 있어야 하는 일이 잦았고, 저만 남겨진 듯한 느낌에 전 신나거나 행복하기보다는 우울할 때가 많습니다. 그곳에서 남편은 온갖 신나는 곳을 자유롭게 돌아다니는데 저는 집이나 지키면서 일상적인 일들을 하고 있죠. 남편이 일본에 갈 때 다들 제가 행복해하고 신나야 한다고 생각했지만 정작 전 우울하고 버려진 느낌이었습니다. 저도 제가 신나야 한다고 생각했고, 그래서 때때로 신나고 행복한 것처럼 행동하기도 했습니다. 그렇지만 다른 때에는 아무 이유 없이 울거나 남편에게 시비를 걸었습니다.

자신의 시기심을 외면하려는 노력은 결혼을 유지하기 위해 바치는 제물이었고, 이 제물이 표면 행위로 나타난 경우다.[4]

감정을 가장하는 것은, 우리가 생각하거나 느끼고 있다고 다른 사람이 믿게 만들고 싶어하는 것에 관한 증거를 행동으로 제시하는 것이다. 연기가 형편없다면 다른 사람들은 연기하려는 노력 그 자체를 보게 될 것이다. 이런 노력은 희미하기는 해도 존경의 제스처로 남는다.

끝으로 아주 후하게 감사를 표시하다 보면 그 표현에 따라 실제 우리의 기분과 생각이 다른 사람들이 보고 싶어하는 모습에 어울리게 바뀌기도 한다. 예를 들어 어느 시골의 이탈리아계 가정에서 열아홉 살이 되던 해부터 자기를 노처녀 취급하던 많은 친척들에 둘러싸여 자란 한 여성은 싱글로 맞이하는 서른두 번째 생일을 이렇게 받아들였다.

> 상념에 빠져 하루 종일 시무룩한 채로 보낼 뻔했죠. 아이스크림과 풍선이 있었다면 생일에 관해 제가 어떻게 느꼈을까 하는 생각을 해보려고 애쓰고 있었습니다. 그때 친구들이 와서 제 기운을 되찾게 하려고 애써준 게 정말 고마웠어요. 그런 노력이 효과가 있었죠. 정말 즐거운 시간을 보낼 수 있었습니다.

이것은 후한 감사의 인사였다. 이 경우에는 친구들이 그 여성의 기분이 좋아지게 만들려고 노력할 여지를 준 것이 가장 감사해야 할 부분이었다.

요약하자면, 표현과 감정노동은 우연의 문제가 아니다. 이것들은 여기저기에 개입된다. 보이지 않는 빚을 갚느냐 갚지 않느냐 하는 의미를 갖는 것이다. '부적절한 감정'은 갚아야 할 것을 갚지 않거나 덜 갚은 것으로 해석되기도 하고, 사물을 제대로 보지 않는다는 징후로 해석될 수도 있다. 즐겁지 않던 바르 미츠바나 화를 돋우는 크리스마스, 지루하기만 하던 파티나 아무 의미 없는 것 같은 장례식, 외로움이 느껴지는 성적 접촉, 어머니를 사랑하지 않거나 친구가 그립지 않은 순간, 이 모든 순간들은 모두 적절한 감정을 느끼지 못한 순간, 마음에서 우러나는 인사를 만들어내지 못한 순간들이다.

사람들은 상호작용을 유지하기 위해 심리적 인사 말고도 서로 많은 일들을 한다. 따라서 심리적 인사는 좀더 깊고 관계 속에 스며들어 있는 유대를 표현하는 수단이 되기도 한다. 예를 들어 결혼은 보통 겉으로 드러나 보이는 서비스를 주고받는 과정을 포함한다. 나는 보통 차를 수리하고, 잔디를 깎고, 빨래를 하겠다. 당신은 쇼핑을 하고, 등을 긁어주고, 맛있는 요리를 해 달라는 식이다. 그렇지만 결혼 상대자들은 확실히 좀더 잠재적인 친절을 주고받는다. '내가 살찐 것을 눈감아준다면 사람들이 많이 모인 자리에서 곤혹스러워 하는 것을 너그럽게 넘기겠다. 내 한계를 시험하는 것을 멈추게 도와준다면 모험을 두려워하는 당신이 진정하도록 도와주겠다.' 좀더 잠재적인 교환은 제휴와 그 경계를 맞대고 있다. '당신이 내 끈기가 되어준다면 나는 당신의 온기가 되어주겠다'고 하는 식이다. 유대가 깊을수록 더욱 중요하고 보이지 않는 베풂이 이어지게 되고, 한 사람이 상대가 모자란 부분을 채워주는 경우가 많아진다. 감정적인 베풂을 주고받는 과정을 통해서 그런 보완이 진행된다.

안정적인 관계 속에서 동등한 지위에 있는 사람들 사이에 일어나는 교환은 보통 비슷비슷하다. 우리는 장기적인 안목으로 보면 동등하다고 생각하는 감정들에 관해서 명랑함을 만들어내거나, 관심 있는 척하거나, 원하던 것을 향한 좌절감을 억누르는 것 등 여러 방법으로 보답한다. 시간이 지나면 신세를 진 사람은 빚을 갚거나 상대에게 언젠가 그런 빚을 갚겠다고 약속하는 약속어음을 발행하기도 한다.

그렇지만 한 사람이 상대방보다 높은 지위에 있는 경우에는 낮은 지위에 있는 사람이 더 많이 희생해야 한다는 것을 양쪽 모두 받아들인다. 사실 높은 지위를 가지고 있다는 것은 감정적 보상을 포함해서, 보상에 관한 발언권이 더 세다는 것을 뜻한다. 또한 발언권을 강화해주는 수단에 접근하기도 쉽다. 격려하는 미소, 주의 깊게 듣는 것, 감사하는 마음을 담은 웃음, 지지와 감탄, 염려를 담은 평가 등 하인과 여성의 공경을 담은 행위들이 정상적인 것으로 보이게 되고, 심지어 낮은 지위에 있는 사람들이 보편적으로 관여하는 종류의 감정 교환에 내재된 속성이 아니라 개인의 성격에 끼워 넣어진 것으로 여겨지기도 한다. 그런가 하면 미소나 감사의 웃음 또는 감탄이나 염려의 말을 하지 않는 모습은 남자다움의 표현으로 이해되면서 매력적인 것으로 여겨지게 된다. 상보성相補性은 사람 사이에서 당연한 것으로 여겨지는 감정 표현이나 그것을 유지하기 위한 내면 행위에서 나타나는 불평등을 감추기 위해 자주 쓰이는 가면이다.

감정은 현실의 자기 타당성을 구별해주는 감각이다. 우리는 감정을 통해 우리가 무엇을 원하고 기대했는지, 또는 우리가 어떤 식으로 세상을 인식해야 했는지 추측한다. 감정은 사물에 관한 숨은 관점을 발견하는 방식이다. 특히 자신의 위치를 정할 다른 방법이 잘 정비되어 있지 않을 때 감정은 더욱 중요해진다. 우리는 감정을 사적으로 사용한다. 내면 행위를 통해 감정을 공유하고 교환 속에서 서로 감정을 주고받는다. 상황과 그 상황을 보고 느끼는 적합한 방식, 우리 자신의 진짜 생각과 느낌 등 산산이 흩어질 위험이 있는 것들을 하나로 모으기 위해 계속 노력한다. 감정의 유형과 강도, 지속 시간과 적절한 때와 장소에 관한 법칙은 사회의 지침이자 보이지 않는 인도자의 격려다. 무대와 소품들, 함께 연기하는 동료들의 도움으로 우리는 자유롭게 주고받는 베풂을 내부적으로 모아서 정리하게 된다.

    개인적인 삶에서 우리는 교환의 비율에 관해 자유롭게 의문을 품을 수 있고, 새로운 교환을 시도하는 것도 자유다. 우리가 만족하지 못한다면 떠날 수도 있다. 많은 우정과 결혼이 불평등 때문에 끝이 났다.* 그렇지만 노동이라는 공적 세계에서는, 한마디 쏘아붙이고 싶은 분노는 공상 속에 가두어놓은 채 불평등한 교환을 받아들이고, 무시하고 화내는 고객을 감내하는 것이 개인의 일이 되는 경우가 많다. 고객이 왕인 곳에서 불평등한 교환은 정상적인 일이며, 고객은 처음부터 감정과 표현에 관한 다른 권리를 가지고 있다고 생각한다.

---

* 사적인 젠더 관계에는 좀더 큰 사회에서 맺어진 양성 간의 유력한 합의라는 밑바탕이 있다. 전체적으로 여성을 경시하는 사회에서 평등주의를 주장하는 부부는 감정 교환의 기본적인 차원에서 이미 동등해질 수가 없다. 예를 들어 어느 여성 변호사가 남편만큼 많은 돈을 벌고 존경을 받으면서 일하고 있고 남편도 그런 상황을 받아들인다 하더라도, 그 여성 변호사는 여전히 남편이 진보적인 시각을 가지고 있고 집안일에 동등하게 참여한다는 사실에 자신이 감사해야 한다는 사실을 깨닫게 될 것이다. 그 여성 변호사의 발언권은 남들이 보기에 눈에 띄게 센 것이고, 남편의 발언권은 눈에 띄게 약하다. 시장 상황 속에서 다른 배우자를 만난다면 남편은 가사노동에서 자유로워질 수도 있겠지만 여자는 그렇지 않다. 좀더 큰 사회적 맥락을 고려할 때, 이 여성 변호사는 남편을 잘 만난 것이다. 그 사실에 감사해야 한다는 현실에 화가 나더라도 그 감정을 다스리는 것은 그 여성이 감당해야 할 몫이다.

장부의 원장은 아마도 임금으로 맞추면 될 일이다.

나는 1부에서 평범한 개인의 삶에서 감정 체계가 어떻게 작용하는지 설명하려고 했다. 이제 2부에서는 베풀던 것이 상품commodity이 되고, 감정이 바로 그 상품이 되는 상황에서 무슨 일이 일어나는지 살펴보겠다.

2부
공적 삶의 영역

감정 관리 — 개인 전용에서 상업용으로 ● 06

만약 우리 한 사람 한 사람을 착하고 조용하면서도 로잘린 카터 같은 꾀꼬리 목소리를 가진 남부 미녀들로 만들 수만 있다면, 이 부분은 그 일괄적인 작업에서 빼버리고 싶은 부분이겠죠. — 델타 항공의 어느 승무원

PSA 항공기의 미소는 그저 그려놓은 것이 아닙니다. 그러니 웃으세요. LA에서 샌프란시스코까지. — PSA의 라디오 광고

그 사람들이 그렇게 활짝 웃으면서 승객들을 맞이하는 것을 보더라도 별 뜻이 있어서 그런 거라고 생각하지는 않아요. 그냥 해야 하는 일인 거죠. 그 사람들 일이니까. 그렇지만 승무원이랑 이야기를 해보면……글쎄요……. 아니, 그것도 그 사람들이 해야만 하는 일일 겁니다. — 어느 비행기 승객

관리에 따라 어떤 감정을 느끼고 어떻게 감정을 표현할 것인가에 관한 법칙이 결정되는 상황에서, 직원들이 예우를 받을 권리가 고객들의 권리에 견줘 더 약하고, 내면 행위와 표면 행위가 판매를 위한 노동 형태가 되고, 개인의 공감과 온정을 회사에서 이용하는 상황에서 한 개인이 자신의 감정이나 표정과 관계 맺는 방식은 어떻게 될까? 노력으로 만든 온정이 서비스 노동의 도구가 되는 상황에서, 개인은 감정을 바탕으로 자신에 관해 무엇을 알게 될까? 또한 노동자가 자신의 일에 미소를 쓰는 상황에서, 웃음과 자아 사이에는 어떤 유대 관계가 남게 되는 것인가?

실제로 팔리는 것은 감정의 표현$_{display}$이지만, 장기적인 관점에서 보면 표현도 감정과 일정한 관계를 갖고 있다고 추측하게 된다. 이 사실을 훤히 알고 있는 경영진들이 눈치 챘듯, 감정과 표현을 분리하는 것은 장기적으로 지속하기 어려운 일이다. **감정 부조화**$_{emotive\ dissonance}$의 원리는 인지 부조화$_{cognitive\ dissonance}$의 원리와 비슷한 방식으로 작동한다. 감정과 겉치레의 구분을 장기적으로 유지하다 보면 긴장이 발생한다. 우리는 느껴지는 감정을 바꾸거나 감정에 관해 가장하는 내용을 바꾸는 방식을 통해 이 두 가지 사이의 거리를 좁힘으로

써 이 긴장을 줄이려고 노력한다. 직업에서 표현을 요구하면 보통 변화해야 하는 쪽은 감정이다. 상황 탓에 우리의 생각과 우리가 지어야 하는 표정이 달라져야 하는 시간 동안, 때때로 우리는 감정에서도 소외된다.

승무원의 사례를 살펴보자. 항공업계의 기업 논리는 경쟁과 시장 확대, 광고, 표현의 권리에 관한 높아지는 소비자의 기대, 연기를 하라는 회사의 요구와 여러 가지로 연결되어 있다. 상황에 따라 이 논리가 작용하면 그 결과로 우리가 앞에서 묘사한 개인적 차원의 감정 체계는 성공적으로 변형된다. 감정 교환의 오래된 요소들(감정 법칙, 표면 행위, 내면 행위)은 이제 다른 방식으로 배열된다. 스타니슬라프스키의 **가정**은 무대에서 비행기 객실로 이동하고("마치 객실이 자기 집 거실인 것처럼 행동하라"), 행위자가 감정 기억을 사용하는 방식도 함께 달라진다. 개인적으로 사용하던 방식은 상업적 용도에 그 길을 내준다.

항공업계에서는 1950년대와 1960년대 사이에 주목할 만한 변형이 진행됐다. 그렇지만 6장의 뒷부분에서 살펴볼 몇몇 흐름은 1970년대 초반, 이런 변형을 실패로 이끌었다. 능률을 향상시키고 기업의 요구를 제한할 힘을 가진 노조의 힘이 세지면서 변형은 약화되었다. 서비스 노동자들 사이에는 '태업'이 일어났다. 온정을 만들어내려던 노력은 얼굴에 미소만 띠는 것으로 대체되었다. 진심으로 내면에서 우러나오는 서비스를 제공하고 싶던 사람들도 그렇게 할 수 없다는 것을 알았고, 회사가 개인의 자아에 강요를 하는 것에 계속 저항하던 사람들은 그것에서 자유로울 권리를 느끼게 되었다. 이 직업은 그 통제력을 잃었다. 변형이 성공한 상황에서, 노동자는 감정을 도구로 쓰는 것에 자부심을 느끼도록 요구받았다. 그 자부심이 무너지면서, 노동자는 감정이라는 도구가 과용되고 과소평가되고 있으며, 상처받기 쉽다는 것을 알게 된 것이다.

연기를 하라는 요구의 뒷면

'감정노동 시장'이라는 말은 회사에서 일하는 일반 직원들이 사용하는 표현이 아니다. 고위 경영진들은 비행기를 이용하는 고객층에서 시장 점유율을 높일 방법에 관해 이야기한다. 광고 담당자들은 시장에 접근할 방법을 논의한다. 기내 서비스 담당자는 승무원들이 '긍정적 태도'와 '전문적 서비스'를 갖추게 할 방법을 찾는 동시에 '화를 돋우는 승객에 대처하는 법'에 관해 이야기한다. 그렇지만 이 네 집단의 노력은, 모두 합쳐지면 감정노동을 판매하기 위한 준비 과정이다.

델타 항공의 목표는 이익을 내는 것이다. 이익을 내려면 여객 시장을 두고 경쟁해야 한다. 예를 들어 델타 항공은 전후 시기 동안 이스턴 항공Eastern Airlines과 노선이 겹치면서 시장을 두고 경쟁해왔다(지금 델타 항공의 항로는 이스턴 항공과 80퍼센트가 겹친다).1 항공 교통의 국가적 중요성과 독점의 징후에 관한 인식에 바탕해 1938년 설립된 미국 민간항공위원회Civil Aeronautics Board, CAB는 시장점유율과 가격을 조정할 수 있는 권한이 있다. 이 위원회는 1978년까지 항공권 가격을 균등하게 정했고, 비슷한 항로를 운항하는 비행기를 늘림으로써 경쟁을 심화시켰다. 기업들은 출항 횟수를 늘리고, 좌석을 더 마련하고, 비행시간을 줄이고(경유지를 줄이고), 더 좋은 서비스를 제공하는 것(이 책에서 가장 중요하게 다루는 부분)을 무기로 경쟁했다. 1978년 이후 항공사 관련 규제가 완화되면서 가격 경쟁이 허용되었다.2 그렇지만 1981년 일시적 가격 경쟁 속에서 경쟁력을 갖추지 못한 회사들이 나가 떨어지면서 항공권 가격이 전반적으로 올랐다. 규제가 완화되기 전과 마찬가지로 서비스가 다시금 주력 경쟁 분야가 됐다. 가격 경쟁이 끝나자 서비스 경쟁이 불붙기 시작한 것이다.*

---

*항공사들은 치열한 경쟁을 펼치면서도 서로 협력하고 있다.

항공사 사이에서 서비스가 더욱 중요한 경쟁의 장이 되면서, 더욱 많은 승무원들이 판매를 촉진하기 위한 홍보 활동에 나서라는 요구를 받고 있다. 직원들은 자랑스러운 마음으로 델타 항공을 대표하라는 말을 시도 때도 없이 듣는다. 델타 항공에서 일하는 모든 노동자는 급여 수표와 함께 회장과 대표이사 명의로 보낸 편지를 받았다. 차 범퍼에 델타 항공 스티커를 붙이라는 내용이었다. 델타 조깅 클럽Delta Jogging Club(이 모임에는 델타 항공의 부사장 두 명도 참여하고 있다)은 델타 항공의 첫 번째 민간 비행을 기념하기 위해 텍사스 주 댈러스에서 미시시피 주 잭슨까지 약 662킬로미터를 마라톤으로 달려 많은 언론에 보도되기도 했다. 이런 식으로 거의 모든 직원이 '영업에 뛰어들 것'을 요구받는다.

항공사에서 일하는 모든 노동자 중에서도 승무원은 승객과 가장 많이 접촉하고, 회사를 가장 잘 선전하는 사람이다. 승객은 서비스를 떠올릴 때 수하물 체크인을 도운 직원이나 이착륙로를 안내하는 직원, 기내 청소부, 분실물 보관소 직원이나 공항 구내식당에서 늘어선 닭고기 전채 요리에 소스를 붓던 남자를 떠올리지 않는다. 승객은 승무원을 떠올린다. 어느 델타 항공 관계자는 이렇게 설명했다. "승무원이 일하는 한 시간을 위해서는 기내 서비스 담당, 재무부, 정비부 등 다른 부서에서 10.5시간을 들여 뒷받침을 하게 됩니다. 저희는 승객 한 분의 비행에 모두 합쳐 100시간 정도를 씁니다. 그렇지만 그 승객은 사실 승무원과 나눈 접촉만을 오래 기억합니다."

1930년대부터 1970년대 초반에 걸쳐 경쟁이 늘어나면서, 이 항공사에서도 승객들의 눈에 띄는 사람들이 하는 구실을 늘렸다. 1950년대와 1960년대에 걸쳐 승무원은 항공사 광고의 중심 소재였고 시장 확대의 선봉에 서 있었다.＊

＊ 정부가 항공사를 소유하고 있을 때처럼 한 항공사가 시장을 독점하고 있을 때는 친절한 승무원을 광고에 내세워 승객을 유치하는 경쟁을 할 필요가 없다. 많은 승무원들이 루프트한자(Lufthansa, 독일의 국영 항공사)나

선택할 수 있는 많은 이미지 중 이 항공사가 고른 것은 상냥한 예절과 따뜻한 대인 서비스를 떠올리게 만드는, 아름답고 말쑥하게 차려입은 남부 백인 여성의 이미지였다.*

항공사 광고가 기대감을 높이기 때문에, 이 광고에서는 미묘하게 직무 내용을 다시 쓰고 업무를 재정의한다. 업계 전반으로 보면 전체 운항 비행기 중 10~15퍼센트가 연착하고 있지만, 광고는 예정 시간을 지키겠다는 서비스를 약속한다. 반쯤 비어 있는 비행기 사진은 넓은 공간과 느긋한 서비스를 약속하지만, 이런 경우는 거의 없다(게다가 항공사는 분명 이렇게 되기를 바라지 않는다). 광고에서는 행복한 직원들이 제공하는 서비스를 약속하지만, 업계 능률이 향상되면서 직원들의 업무 만족도는 이미 떨어졌다. 약속과 현실 사이의 모순을 만들어냄으로써, 회사는 모든 분야의 노동자들에게 고객의 기대가 꺾이는 일이 없도록 대처할 것을 강요한다.

광고는 '인간적'이고 한 사람 한 사람에게 맞춘 서비스를 약속한다. 어디에서나 볼 수 있는 미소는 무엇보다도, 그 승무원이 친절하고 도움을 주려는 사람이며 어떤 요구든 들을 준비가 되어 있다는 말을 하고 있다. 그렇지만 여기에 "우리는 당신의 모든 소원이 이루어지도록 치맛자락을 휘날립니다"(콘티넨탈 항공), "저를 날려주세요, 기분이 좋아질 거예요"(내셔널 항공) 같은 카피가 붙으면 이 미소에 성적 의미가 더해진다. 이런 카피는 하늘 위에서는 무슨 일이든 가능하다는 관습적인 환상을 강화한다. 어느 승무원은 이렇게 말했다. "애가

엘알(El Al, 이스라엘의 국영 항공사), 아에로플로트(Aeroflot, 러시아의 국영 항공사) 소속 승무원들은 정말 친절하지 않다고 말했다.
* 1970년대 초반 델타 항공이 차별 금지 소송을 겪은 뒤로 고용되기 시작한 흑인 여성 승무원들은, 왜 조지아 주를 대상으로 하는 지역 광고에 흑인 승무원의 사진이 실리지 않는지 의문을 제기했다. 의문을 제기한 당사자들은 이렇게 결론을 내렸다. "회사에서는 시장을 얻고 싶어하고, 그 시장에 흑인은 포함되어 있지 않는 거죠. 회사는 그것을 따라가는 겁니다." 델타 항공의 주요 건물이 있는 애틀랜타 주의 주민은 흑인이 대다수를 차지하고 있지만, 델타 항공에서 일하는 흑인의 수는 적다.

셋 딸린 유부남이 비행기에 타서는 갑자기 별별 짓을 다 해도 되는 것처럼 굴기도 합니다. 꼭 현실은 땅에 내려놓고, 승무원이 게이샤처럼 자기들 환상을 충족시키기라도 할 것처럼 굴죠. 그런 일이 수없이 일어납니다."

이렇게 성적 의미가 부여된 광고는 승무원들에게 끊임없이 승객을 돕고 승객의 요구에 귀 기울이는 것을 넘어서는 다른 업무를 해야 할 것만 같은 부담을 준다. 승객들의 성적 환상에 대응해야 하는 것이다. 치근거리고 수작을 거는 행동이 '자신은 매력 있고 너는 섹시하다는 표현'인 것처럼 받아들이고 행동해야 하고, 그런 행동을 주제넘다거나 품위 없다고 생각하지 않기 위해 노력해야만 한다. 몇몇은 이런 심리적인 업무를 회사의 계략이라고 생각하는 지경에 이르기도 했다. 한때 여성 인권을 위한 승무원 연합Flight Attendants for Women's Rights에서 활동하기도 한 어느 승무원은 이렇게 말했다. "회사는 기내 분위기에 성적인 무엇이 감돌게 만들고 싶어합니다. 남자가 정말 원하는 것은 **비행에 관한 공포**를 피하는 것이라고 생각하기 때문에 남자들이 그런 식으로 생각을 돌리기를 바라죠. 그래서 회사에서는 성적으로 살짝 흥분시키는 것이 비행에 관한 공포를 떨치는 데 도움이 될 거라고 생각하고 있습니다. 이건 돈 문제입니다. ……승객은 대부분 남성이고, 대기업에서 계약을 따러 왔다갔다하는 사람도 전부 남자니까요."*

한 항공사에서 내보내는 광고에서 하는 약속들은 다른 항공사의 일을 다시 정의하기도 한다. 따라서 델타 항공의 광고가 승무원들의 업무에 성적 의미를 노골적으로 덧씌우는 것을 계속 피하기는 했지만, 이 항공사의 승무원들은 다른 회사의 광고 때문에 만들어진 승무원에 관한 과장된 이미지를 상대해야 한다. 이런 광고들에 성적인 카피가 들어가는 이유에는 경제적인 고려도 있을 것이다.

---

*많은 승무원들이 남성 승객을 조용하고 효율적이며 조심스러운 서비스를 바라는 진짜 사업가와 플레이보이 클럽Playboy Club 같은 분위기를 원하는 '야한 자식'의 두 가지 유형으로 분류했다.

경제적으로 궁지에 몰린 기업들은 시장에서 가장 돈이 많은 고객층인 남성 사업가를 겨냥해 성적으로 호소하려는 경향이 있다. 1979년 항공업계 수입 1위를 기록한 유나이티드 항공은 여성의 미소에 특정 주장을 담은 카피를 연결하지 않았다. 그렇지만 10위의 콘티넨탈 항공과 11위를 기록한 내셔널 항공은 그런 카피를 실었다. 어쨌든, 한 항공사에서 도리스 레싱Doris Lessing이 '쉽게 할 수 있고 죄책감이 없는 섹스'에 관한 환상이라고 부른 이 환상을 부추기게 되면, 결국 이 환상은 일반적인 항공 여행 전체와 연결이 된다.

항공업계가 빠른 속도로 발전하고 노동조합의 압박으로 그동안 미국에 기반을 둔 회사들에서 약속하고 전달하던 내면 행위가 줄어들면서, 1950년대의 미국에서는 최저점을 친 기업 논리가 이제 전세계에서 나타날 징조가 보인다. 《포춘Fortune》은 〈매력에 탄력 받은 항공사An Airline Powered by Charm〉라는, 싱가포르 국제항공Singapore International Airlines에 관한 기사에서 이렇게 쓰고 있다.

> [싱가포르 국제항공의] 광고 캠페인은 여성 승무원을 '싱가포르 아가씨'로 부각시킨다. ……비행하는 동안의 즐거움을 서정시 같은 느낌으로 전달하기 위해, 싱가포르 국제항공에서 내보내는 광고는 대부분 기본적으로 승무원 여러 명의 얼굴 부분을 강조해서 흐릿하게 처리한 사진을 싣는다. TV 광고에서는 어느 가수가 나와 노래를 부른다. '싱가포르 아가씨, 당신이 너무나 아름다워서 나는 여기서 당신과 영원히 밤을 지새우고 싶어요.' [싱가포르 국제항공의 사장이 나와서 이렇게 말한다.] '저희 젊은 직원들은 서구식 교육을 받고 영어를 하면서도 서비스에서는 아시아인의 태도를 유지하고 있습니다.'

현지에서 같은 일을("서비스에서는 아시아인의 태도를 유지하면서") 한다는 것뿐만 아니라 광고에 '(현실에서) 떨어져 있는runaway(이 단어에는 '(남녀가) 눈이 맞다'는 뜻이 있다 — 옮긴이) 이미지를 차용했다는 면에서, 이것을 서비스 분야의 '현지 매장runaway shop'이라고 볼 수도 있겠다.

광고에 나오는 미소가 처음 지니고 있던 성적 느낌과 무관한 의미(특별한 친밀함과 공감)도 승객들의 기대를 부풀게 할 수 있고, 따라서 승객이 실망을 할 권리도 증가시킨다는 사실을 덧붙여야겠다. 평범하게 잘 대하는 것만으로는 이제 충분하지 않다. 결국 승객은 공손한 대우를 바라고 돈을 낸 것 아닌가? 모든 승무원이 잘 알고 있는 것처럼, 감정을 표현하는 기계가 되어버린 자신들이 제 구실을 다하지 못하거나, 또는 더한 경우 맞불을 놓게 되면, 여성 승무원들은 놀랄 만큼의 분노에 직면하게 된다.

연기가 공급되는 지점의 뒷면 — 선택

승무원을 꿈꾸는 지원자는 면접도 보기 전에 이미 이 게임의 규칙을 알고 있다. 그 지원자의 성공은 자기 자신이 어느 정도 그 법칙을 인식하고 진지하게 받아들이기 위한 요령을 지니고 있느냐에 달려 있다. 지원자들에게는 면접에 들어오기 전에 면접 대비 소책자를 읽어보라고 한다. 이 지침서 중 '용모'라는 부분에서는 얼굴 표정은 '진실' 되고 '꾸밈없어야 한다'고 나와 있다. 지원자는 '기품 있으면서도 친절한 미소'를 띠어야 하고, '기민하고 주의 깊으면서도 너무 나서거나 반대로 너무 조용히 있지 않아야' 한다. '친근함'이라는 소제목이 붙은 '습관'에 관한 부분에서는, 합격을 하려면 '활발하지만 헤프지 않아야' 하고, '차분하고 균형 잡힌 열정'을 갖추고 있으며 '활기가 있으면서도 촐싹거리지 않아야' 한다고 제안한다. 지침서는 이렇게 쓰고 있다. "면접관과 눈을 맞추는 것은 진정성과 자신감을 전달할 수 있지만, 너무 지나쳐서는 안 된다. 차가운 눈길을 보내거나 빤히 쳐다보지 않도록 한다." 연수는 합격이 되기 전부터 이미 시작되는 것 같다.

면접관도 회사에서 주는 지침서와 비슷한 조언을 한다. 면접관은 보통 지원자들이 겉치레를 할 것이라고 추측한다. 문제는 겉치레를 하고 있는 지원자를 찾는 것이다. 면접관은 보통 성공을 위한 조언을 하면서 거짓된 모습을 보이는 것이 그렇게 명예로운 것은 아니어도 별 문제 없는 것으로 여겨지고 있다는 듯 덤덤하게 연기에 관해 이야기했다. 어느 면접관은 이렇게 말했다. "저는 꼭 팬암이 아니더라도 이 일을 하려는 많은 사람들에게 조언을 해야 하는 처지였습니다. ……전 사람들에게 회사가 어떤 사람을 뽑고 싶어할 것인가를 상상해보고 면접을 볼 동안 그 사람처럼 되는 것이 합격의 비밀이라고 말하곤 합니다. 자신이 믿는 가치에 관한 장광설이나 고귀하다고 여기는 것에 관한 이야기 같은 것들은 갖다 버리세요. 그런 것들은 일단 취직이 된 다음에 얼마든지 펼쳐 보일 수 있습니다."

보통 입사 지원자는 (몸무게, 외모, 치아 상태, 피부, 표정의 일관성, 나이 등에 관한) 기본적인 선발 과정을 통과하고 나면 '인성검사'가 진행되는 집단 면접을 보게 된다.

팬아메리칸 항공의 면접 시간에 면접관(여성)은 남자 세 명과 여자 세 명, 이렇게 여섯 명의 지원자를 불렀다. 면접관은 여섯 명 전부를 향해 미소를 지어 보이고는 이렇게 말했다.

"제가 여러분의 서류를 검토할 동안 여러분은 옆에 있는 사람을 마주보고 친해지시기 바랍니다. 3분에서 4분을 드리겠습니다. 그러고 면접을 계속 진행하죠."

곧 명랑한 대화 속에서 고개를 끄덕이고, 다양한 자세를 취하고, 웃음소리가 겹쳐졌다. ("정말이요? 제 시누이도 디모인Des Moines에 살아요!" "대단하네요. 어떻게 스쿠버 다이빙을 시작하시게 됐어요?") 면접관이 각 지원자에게 옆에 있는 사람을 마주보라고 말했을 뿐인데, 여성 지원자들은 가장 가까이 있는 남성 지원자에게 다가가 '그 남자의 이야기를 끌어냈다.' (다른 사람의 '이야기를 끌어내는' 기술을 보여주는 것이 과제였기 때문에 다른 때라면 이익으로 작용했을 특징(대화에서 관심의 대상이 되는 것)이 이곳에서는 남성 지원자들에게 불리하게 작용했다.) 3분 뒤 면접관은 서류를 내려놓고 지원자들에게 조용히 하라고 했다. 말이 떨어지자마자 쥐죽은 듯한 적막이 흘렀다. 여섯 명 모두 기대에 찬 눈빛으로 면접관을 바라보았다. 여섯 명의 인성검사 성적은 어떨까?

이 지원자들에게는 활달한 중산층 정도의 사교성을 지녔다는 평가가 내려졌다. 때때로 채용 관련 서적에서는 친근함을 노골적으로 **연기**라고 부른다. 예를 들어 앨리게니 항공Allegheny Airlines에서는 지원자들에게 '합격하기 위해서는 면접이 진행되는 동안 **따뜻한 성품을 드러내야 한다**'고 말한다. 콘티넨탈 항공에서 한 말을 그대로 인용하자면, 이 항공사는 '열의의 정신을 전달할 수 있는 사람을 찾고 있다.' 델타 항공은 그저 '친근한 성품과 높은 덕성을 **갖춘**' 지원자를 찾고 있다.

회사마다 사교성에 관련해서 각각 다른 종류의 이상형을 선호한다. 경험이 많은 직원들은 회사마다 성격이 다르다는 것을 유니폼이나 신발 스타일이 다른 것에 관해 이야기하듯 명확한 사실로 이야기한다. 다들 유나이티드 항공이 아기를 봐 주던 옆집 소녀가 성장한 것 같은 '이웃집 소녀'의 이미지라는 데 의견을 같이한다. 팬암은 상류층의 교양 있고, 약간의 절제된 우아함을 풍긴다. PSA는 가볍고 놀기 좋아하며 섹시한 이미지다. 몇몇 승무원은 자신이 나타내야 하는 성격과 시장에서 회사가 끌어들이고 싶어하는 고객층 사이에 연관 관계가 있다는 사실을 알아차리기도 한다. 유나이티드 항공의 어느 승무원은 이렇게 설명했다. "유나이티드 항공에서는 마 앤 파 케틀Ma and Pa Kettle(1940~50년대 미국에서 상영된 코미디 영화 시리즈의 주인공. 워싱턴 주의 농사꾼 부부로 설정되어 있음 — 옮긴이) 같은 사람들에게 어필하고 싶어합니다. 그래서 백인 아가씨들을 원하죠. 마Ma 같은 미국 아줌마들이 자신을 뚱뚱하다고 느끼게 만들 만큼 예쁜 건 아니지만, 그렇다고 파Pa 아저씨들이 만족하지 못할 정도로 평범하지도 않아야 합니다. 이 시장은 계속 성장하고 있고, 그래서 회사에서는 이 사람들에게 어필하려고 옆집 소녀의 이미지를 이용하는 겁니다. '프렌들리 스카이스Friendly Skies'라고, 아시죠. 여기서는 주부와 아이들에게 할인을 제공합니다. 이미지에 맞지 않는다고 생각하기 때문에 몸매가 풍만한 여성들은 뽑지 않습니다."

면접관들도 자신이 '델타형 인간'이나 '팬암 타입'을 찾고 있다는 사실을 인정했다. 팀을 만들어 일할 수 있는 능력("우리는 추장을 찾는 게 아니라 부족을 구성할 인디언들을 찾는 겁니다")과 사람에 대한 관심, 감수성, 감정 면에서 드러나는 끈기는 일반적으로 갖추어야 할 자질이다. 연수 강사들은 합격자들 중에는 대가족의 일원으로 자신의 일을 사랑하는 아버지 밑에서 자라며 학창 시절 동안 사회봉사를 한 경우가 많다는 연구 결과를 조금 먼 이야기인 것처럼 언급한다. 하지만 채용하는 처지에서는 기본적으로 똑똑하면서도 말도 안 되는 상황에 대처할 수 있는 사람, 긴급 상황에 안전 지시를 내릴 수 있을 뿐 아니라 여자가 하는 명령은 듣지 않으려는 승객도 다룰 수 있는 사람, 근본적으로 다른 사람의 심정에 공감할 줄 알고 회사의 목적을 위해 그런 공감을 이용하고 계속 조작하는 과정에서 멍해지지 않고 버틸 만한 사람을 찾는다. 반면 연수생들은 자신이 모험을 좋아하고 의욕적이기 때문에 뽑혔다고 생각하고 있었다("우리는 그냥 비서가 되는 것만으로는 만족하지 못합니다." 다분히 전형적인 어느 연수생의 말이었다. "멤피스에 있는 제 여자 친구들은 전부 결혼해서 애가 있어요. 친구들은 여기 오다니 제가 정말 자유롭겠다고 생각하고 있죠").

내가 보기에는 이 연수생들이 뽑힌 이유는 이미지를 '나타내는' 방법에 관한 무대 지시를 따를 수 있는 능력 때문이기도 한 것 같았다. 연기를 잘 할 수 있기 때문에 뽑힌 것이다. 연기를 잘 하기 위해 노력한다는 사실을 들키지 않고서도 말이다. 연수생들은 무대 위에서 편안해 보일 수 있어야만 했다.

델타 항공의 연수 과정은 고됐다. 연수생들은 어느 정도 놀라면서도 이 과정을 존중하는 마음을 품고 있었다. 거의 매일 아침 8시 30분부터 오후 4시 30분까지 책상 앞에 앉아 강의를 들었다. 매일 저녁마다 있는 시험에 대비해

공부했고, 주말에는 모의 비행을 나갔다. 또한 매일 아침 수업이 시작하기 전에는 동기들 앞에서 발표를 했다. 어느 날 아침 7시 45분, 나는 델타 승무원 연수센터에서 123번 연수생과 함께 직원 대표의 강연을 듣고 있었다. 이 사람은 경영진들에게 하위직 직원들이 갖고 있는 불만을 대변하고 그 불만에 관한 대답을 직원들에게 다시 보고하는 일을 하고 있었다. 그렇지만 연수 과정에서 그 승무원이 하는 구실은 달랐다. 강연은 회사에 관한 책임감을 다룬 내용이었다.

델타 항공은 승무원의 개인적인 삶에 간섭할 생각이 없습니다. 그렇지만 회사에서는 승무원들이 품행에 관한 델타의 기준을 유지해주기를 원하고 있습니다. 또한 회사에서는 승무원들의 재무 관계를 잘 정리할 것을 첫째로 요구합니다. 급여 통장이 부도나게 하지 말자는 겁니다. 버는 것보다 더 많이 소비하는 일은 없어야 겠습니다. 둘째, 유니폼을 입은 상태로는 술을 마시거나 술집에 가지 마십시오. 비행하기 24시간 전부터는 술을 마시면 안 됩니다. [이 규칙을 어긴다면] 합당한 처벌 조치가 취해질 것입니다. 어쩌면 면직이 될 수도 있습니다. 업무 중에는 뜨개질이나 독서, 낮잠 등 개인적인 취미 활동을 하지 마시기 바랍니다. 선물을 받아서는 안 됩니다. 앉아 있는 동안이라면 흡연은 허용됩니다.

이 강연자가 잠시 말을 멈추자 강의실 안에는 기대에 찬 침묵이 흘렀다. 그 여성 승무원은 마치 그 침묵에 대답이라도 하듯 강의실을 둘러보며 '이상입니다'라고 말을 마쳤다. 연수생 사이에서 안심 섞인 웃음소리가 번졌다. 회사가 자신들의 사생활에 관해 말할 부분은 그것이 **전부**였다.

물론 모든 회사가 이렇게 말한다는 것은 결코 아니다. 연수 과정은 곧 자아의 사적인 영역에 관한 회사의 권리를 다양한 방식으로 주장하게 된다. 회사는 승무원이 언제나 해고의 취약성을 안고 있으며 회사에 의존해야 한다는 의식을 심었다. 신입 사원들은 날마다 자기 자리를 차지하려고 목을 빼고 있는 경쟁자가 얼마든지 있다는 사실을 떠올리게 된다. 나는 한 강사가 "누구든 당신의 자리를 채울 수 있다"고 말하는 것도 들었다. 한 연수생은 이렇게 말했다. "회사에서는 이 자리를 원하는 사람이 5000명은 된다는 점을 강조합니다. 기대에 못 미치면, 퇴출되는 거죠."

없어도 된다는 느낌과 함께, 승무원들은 외부 세계에 직면할 때 자신의 입지가 취약하다는 느낌도 받는다. 신입 사원들은 공항에 머물러야 하고, 4주간 연수를 받는 동안 집에 가거나 기숙사 밖에서 자고 올 수 없다. 동시에 자신들에게는 가정이라는 개념이 직접적인 관계가 없는 곳이라는 사실에 적응해야 한다는 요구를 받게 된다. 앞으로 몇 달 또는 몇 년 동안 이 신입 직원은 어디에 살게 될까? 휴스턴? 댈러스? 뉴올리언스? 시카고? 뉴욕? 어느 조종사는 이런 조언을 했다. "어딘가에 뿌리를 내릴 생각은 하지 마십시오. 연차가 쌓일 때까지는 계속 이사를 다니게 될 겁니다. 같이 사는 룸메이트와 꼭 친하게 지내십시오."

어느 정도 겸손해지고 갈 데도 없어진 이 승무원은 이제 델타 항공과 함께 할 준비를 갖췄다. 델타 항공은 재정적으로 눈부신 성공을 거두었고(사실이다), 직원 처우가 좋다고 잘 알려진 항공사이자(이것도 대부분 사실이다), '한 사람 한 사람에게 다가가기'의 역사를 지닌 회사로 알려졌다. 오리엔테이션에서 한 강연에서는 이 회사가 1920년대에 가족 기업으로 출발했으며, 그때는 창업자인 콜렛 울먼Collett Woolman이 신입 사원 한 사람 한 사람의 가슴에 난초를 꽂아주었다고 전했다. 자랑스러운 마음으로 회사를 대표하는 것이 승무원에게 남겨진 몫이었고, 회사와 자신을 동일시하는 것이 그 일을 더 쉽게 만들었을 것이다.

연수 과정은 회사에 의지하는 편이 안전하다는 느낌을 갖게 하려는 것 같았다. 연수 과정에서는 가끔씩 밑도 끝도 없이 승무원들에게 직원 3만 6000명을 거느린 이 회사가 '가족'처럼 움직인다고 믿게 만들었다. 연수센터의 소장은 50대 정도 된 온화하고 지혜로우며 권위 있게 생긴 여성이었다. 소장은 매일 아침 강당에 모습을 보였다. 소장은 '엄마'였고, 일상적으로 일어나는 문제에 관한 진정한 권위자였다. 소장과 함께 다니던, 소장보다 조금 젊은 남자 상관은 '아빠'처럼 여겨졌다. 다른 사무장들은 연수 과정의 초기에 이 '부모'만큼이나 연수생들을 걱정하는 사람들이라고 소개했다(연수생의 나이는 대개 19세에서 22세다). 어느 강연자는 신입 사원들에게 이런 말도 했다. "사무장은 여러분의 친구입니다. 가서 무슨 이야기든 하셔도 됩니다. 정말 **무엇이든** 말이죠." 연수생들은 몇 개의 소그룹으로 나뉘었다. 123명으로 구성된 한 반(남성은 3명, 흑인은 9명이었다)은 네 개의 소그룹으로 나뉘고, 각 그룹은 나중에 직장에서 맺어야 할 유대 관계의 원형이 될 더욱 긴밀한 연대를 만들어갔다.

엄마와 아빠, 형제, 자매라는 가족의 이미지가 많은 연수생들이 이미 델타 항공이 기업이라는 사실을 알고 있다는 사실 자체를 모호하게 하지는 않았다. 이런 이미지는 기업 규모가 그 정도로 크면서도 델타 항공이 늘 억압적이지 않고 언제든 불평을 이야기할 수 있는, 전통적인 가족 기업의 정신을 유지하기를 바란다는 뜻을 드러내고 있었다. 신입 사원들은 언제든 자신이 다른 사람으로 대체될 수 있고 불안정하다고 느끼면서도 그렇게 이 친절한 새 가족 안에 들어온 것이다. 감사는 충성의 기반을 닦는 법이다.

연수의 목적은 서서히 회사의 요구를 받아들이게 만드는 것이고, 신입 사원들은 자신의 감정과 행동 중 어느 부분이 회사의 통제를 받게 될지를 당연히 궁금해한다. 기내 연수 과정을 총괄하는 한 임원은 신입 사원들의 함축적인 질문에 이렇게 대답했다.

글쎄요, 우리 회사의 규칙은 굉장히 엄격합니다. 술을 지나치게 마시거나 어떤 종류든 마약을 하게 되면 쫓겨납니다. 기숙사 규칙도 있는데, 기숙사에서 잠을 자야 한다는 것입니다. 통금 시간은 없지만, 밤에는 기숙사에 있어야 합니다. 밤새 기숙사에 돌아오지 않을 경우에는 쫓겨나게 됩니다. 승무원에게 적용되는 몸무게 기준도 있습니다. 이 몸무게 기준을 어기는 사람의 경우 계약을 재고하게 됩니다.

또한 시험 점수는 평균 90점이 돼야 합니다. 그렇지 않은 경우에도 계약을 재고하게 됩니다. 우리는 막연한 부분들에도 관여합니다. 판단이 필요한 부분들이죠.

신입 사원들의 시각에서 봤을 때 이 답변은 **회사가** 무엇을 '업무상 통제'로 인식하고 있는지 단적으로 증명하는 것이다. 사실 이 정도의 통제는 체중 검사 등 다른 언급되지 않은 부분에도 따라야 한다는 뜻을 담고 있다. 연수센터 사무실에 있는 저울 근처에서는 "세상에, 저녁에 뭘 먹은 거야" 같은 농담을 들은 사람들의 웃음소리가 들린다. 그렇지만 체중 검사 자체는 일상적인 일로 여겨지고 있었다. 그 검사를 해야 할 필요성에 관한 설명도 없고, 체중 요건을 두고 오랫동안 뜨거운 법정 공방이 있었다는 사실에 관한 언급도 없었다(여태껏 이 문제를 두고 벌어진 다툼에서 대개 노조가 패소했다). 어느 승무원은 "승객 몸무게도 안 재고, 조종사 몸무게도 안 재고, 기내 서비스 담당 임원의 몸무게도 안 잰다. 몸무게를 재는 대상은 우리뿐이다. 우리가 대부분 여성이기 때문에 그런 게 아니라고는 말할 수 없을 것이다"라고 말했다. 이 문제에 관한 논의는 직원의 체중까지 통제하려는 회사의 요구를 약화시킬 수 있을 게 틀림없다. 강사들은 살이 찐 사람에게 무슨 일이 일어나는지 보여주는 사실적인 내용만 늘어놓으며 설명을 했다.

승무원이 최대 허용 체중보다 약 0.5킬로그램이 늘어나면, 그 사실은 개인 파일에 '기록된다.' 3개월 뒤에도 그 승무원이 여전히 0.5킬로그램이 초과한 상태를 유지하고 있을 경우에는 징계서를 받는다. 그 뒤 3개월이 지날 때까지도 변화가 없으면 무급 정직 처분을 받는다. 실제로 몸무게 0.5킬로그램 때문에 해고되는 경우도 있을 수 있다. 물론 교실 밖에서는 비행 전에 음식을 먹지 말라는 둥, 비행이 끝난 뒤 폭식하라는 둥, 시스템을 시험하기 위해 일부러 체중 기준을 아주 약간만 넘겨보라는 둥, 체중이 많이 나가는 이유가 '통뼈'라거나 '큰 가슴' 때문이라고 우겨보라는 둥 많은 이야기들이 오간다(어느 재치 있는 승무원이 가슴 무게만 따로 재야 한다고 우긴 적도 있다는 이야기도 전설로 내려오고 있다). 하지만 공식적으로 체중 검사는 회사 생활의 일과 중 하나일 뿐이었다.

이 회사가 내세우는 가정은 몇 가지 상황에 따라 뒷받침되고 있었다. 1981년에는 승무원뿐 아니라 **어떤** 좋은 직업도 찾기 힘들었다고 한다. 델타 항공의 외모 관리 규정이 과거나 현재의 다른 항공사에 견줘 특별히 엄격하지는 않다는 사실도 한 몫 한다. 델타 항공 승무원들은 팬암 항공의 승무원들이 기억하는 것처럼 거들을 착용하라는 요구를 받거나 '거들 검사'를 받지 않아도 됐다. 한때 유나이티드 항공에 있던 규정처럼 흰색 속옷만 입어야 한다는 언급도 없다. 머리 길이에 관한 규정이 있기는 하지만, 1960년대 일부 항공사에서 사용하던 (가발 속 머리 길이가 규정에 맞는지 알아보는) '가발 검사'에 관한 부분은 없다. 한때 팬암 항공에서 요구한, 유니폼과 똑같은 푸른색 계열의 눈 화장을 해야 한다는 규정도 없다. PSA 승무원들이 아직도 받아야 하는 정기적인 허벅지 두께 측정도 없고, 예전 PSA 승무원들의 일과 중 하나이던 가슴-허리-엉덩이-허벅지의 신체 치수 측정도 없다. 개인 용모를 표준화하기로 알려진 직업이니만큼, 델타 항공의 요구는 정당한 것으로 보일 수도 있다. 사실 회사에서는 "우리 용모 규정이 더 엄격하지 않은 것이 다행"이라고 말할 수도 있다. 더 엄격한 규정 아래에서는, 남들보다 조금 더 살이 쪘다거나 키가 조금 작다거나 키가 너무 크거나 너무 밋밋하다는 평가를 받은 사람들이 더 열심히 일하고 사람들에게 더 친절하게 대함으로써 자신의 신체적 차이를 극복해야 한다는 압박을 느낄 수도 있다. 고참 승무원들은 회사가 의도적으로 공식적인 이상형보다 더 평범한 여성들을 채용해 승무원들을 자극함으로써 스스로 예쁘지 않은 자신의 외모를 '만회하도록' 노력하게 만든다는 생각까지 했다(일반적으로 모두 동의하는 생각은 아니다).

'전문가professional'가 될 필요가 있다고 계속 주장하는 참고 문헌들도 노동자의 신체적 외모를 통제하려는 요구를 뒷받침한다. 원래 뜻으로 보면, 전문직 profession이란 그 구성원을 고용하고 훈련하고 감독할 독점적인 권한을 가지는 직업 집단이다. 역사적으로는 의학, 법학, 학계에 종사하는 사람들만이 이 정의에 들어맞았다. 분명 승무원들은 아직 이 범주에 맞지 않는다. 다른 직업에 종사하는 노동자들과 마찬가지로, 승무원들도 일련의 지식에 통달했고 그 점에 관해 존경을 받고 싶기 때문에 자기 자신을 '전문가'라고 말하는 것이다. 회사에서도 이 지식을 가리키기 위해 '전문가'라는 용어를 이용하지만, 다른 뜻으로도 쓴다. 회사가 보기에 '전문적인' 항공 승무원은 표준화를 위한 규칙들을 완전하게 수용한 사람이다. 그렇기 때문에, 이상적인 외모 규정을 거의 충족한 승무원이 이런 면에서 볼 때 '가장 전문적'인 것이다. 표준화를 명예와 자율성에 관한 주장과 연결함으로써, 회사에서는 대중에게 우리가 **그렇게** 많은 사람들을 상대로 **이만큼의** 외모와 성격을 통제할 수 있다고(이것은 많은 회사들이 얻으려고 하는 강조점selling point이다) 말할 수 있을 것 같다.

다른 극단에서 보자면, 노동자들은 종교나 정치적 신념에 관한 요구에서 자유로웠다. 델타 항공의 어느 경력 직원은 이렇게 말했다. "회사는 제가 스무 살의 로잘린 카터Rosalyn Carter(지미 카터 전 미국 대통령의 부인 — 옮긴이)처럼 보이면 좋겠다고 바라지만, 제가 로잘린처럼 생각하는지 어떤지 관여하지는 않습니다. 전 회사의 어느 누구에게도 영향력을 행사하지 않을 것이고, 그렇기 때문에 제 삶의 철학을 그냥 내버려두는 겁니다. 전 그게 좋습니다."＊

겉으로 드러나는 외모와 내면에 지니고 있는 신념 사이에는 중간 지점, 즉 감정 관리의 지점이 있다. 기내 연수를 총괄하던 어느 임원이 "우리는 막연한

＊ 델타는 공식적으로 '좋은 도덕적 성품'을 강조하고 있고, 몇몇 승무원은 자신들이 알리고 싶지 않은 사실에 관해 쉬쉬하면서 이야기하기도 했다. 승무원들은 유부남과 동거하는 사실을 알리는 게 위험할 것이라는 데 동의했고, 또 누군가는 회사에서 제공하는 의료보험을 통해 낙태 수술비를 내는 위험은 절대 감수하지 않겠다고 말하기도 했다.

부분들에도 관여합니다"라고 이야기한 지점이 바로 이 부분이다. 감정노동을 하라는 회사의 요구는 대개 실제 사례를 통해 은근히 드러났다. 업무에 적합한 마음가짐을 보여주는 살아 있는 본보기로서, 강사들은 긴 시간과 고된 일정을 이겨내고 끊임없는 열의를 보였다. 할로윈 때에는 일부 강사들이 임산부나 심술궂은 승객 또는 취객 분장을 하고 교실을 누벼 웃음을 자아내기도 했다. 이렇게 계속되는 성원을 통해 강사들은 곧 승객들에게 같은 일을 해야 할 사람들의 사기를 높은 상태로 유지시켰다. 이런 노력이 진정성이 있어 보였기 때문에 그 효과가 더욱 컸다.

    연수생들은 말 그대로 수백 개의 규정을 배우고, 네 종류의 비행기마다 다른 안전 장비의 위치를 외우고 승객을 다루는 법에 관한 교육을 받아야만 한다.* 모든 과정이 진행되는 동안 연수생들은 고용 보장과 회사의 이익이 미소 짓는 얼굴에 달려 있다는 사실을 끊임없이 되새기게 되었다. 연수생들은 비행기의 좌석 하나는 "가장 깨지기 쉬운 상품입니다. 우리는 계속 승객들이 다시 찾도록 만들어야만 합니다"라는 이야기를 들었다. 어떻게 하느냐는 무엇을 하느냐 하는 것만큼 중요하다. 미소에 관련해서는 직접적인 호소가 많았다. "미소를 짓기 위해 진정으로 노력해야 합니다." "미소가 여러분의 가장 큰 자산입니다. 그걸 활용하세요." 끈질기게 담배를 피우는 사람, 비행기를 잘못 탄 사람, 아프거나 시시덕거리거나 그 밖의 다른 문제의 소지가 있는 승객을 상대하는 법을 연습하는 동안 강사는 '긴장을 풀고 웃으세요'라고 쓰여 있는 카드를 들고 있었다. 강사들은 '긴장을 풀고 웃는' 훈련을 하는 동안 한쪽에 서서 웃어

---

* 승객 응대에 관련된 연수는 대부분 다양한 상황에서 어떻게 대처할 것인가 하는 내용이었다. 뚱뚱한 승객이 좌석에 맞지 않는다면 어떻게 할까? 옆 좌석 비용의 절반을 더 내게 해야 한다. 안전벨트가 그 사람에게 맞지 않으면 어떻게 할까? 확장용 안전벨트를 가져다준다. 그 사람의 바지에 실수로 커피를 쏟은 경우 어떻게 해야 할까? 다음 비행 때 쓸 수 있는 쿠폰을 주지만, 회사에 책임의 여지를 제공하는 어떤 말이나 행동도 하지 않는다. 1인분의 식사가 부족하다면 어떻게 해야 할까? 가장 먼저 착륙하는 공항에서 사용할 수 있는 식사권을 발급한다.

주면서 학생들의 저항을 피하고 있었다. 실제로 이런 말도 했다. "얼마나 웃어야 할지 믿기 어려울 정도이지만, 그게 현실입니다. 우리는 그걸 알면서도 여전히 계속 웃고 있고, 여러분도 그래야 합니다."

이것 말고도 감정 상태를 조절하라는 실제적인 요구도 있었다. 델타 항공의 연수 프로그램 중 가장 깊은 내면에 관한 요구는 연수생들에게 (자신이 일하는) 비행기 객실이 (일하지 않는 공간인) 집인 것처럼 행동하라는 것이었다. 연수생들은 승객을 **마치 "우리 집 거실에 앉아 있는 개인적인 손님"인 것처럼** 생각하라는 말을 들었다. 스타니슬라프스키가 제안한 대로, 개인적으로 친절을 베풀던 승무원들의 감정 기억을 불러일으켜 써먹는 것이다. 최근 이 과정을 수료한 어느 연수생은 이런 말을 했다.

> 그 새로운 사람이 여러분이 아는 사람과 어디가 닮았는지 생각해보세요. **그 자리에 앉아 있는 사람에게서 여동생의 눈을 보는 겁니다.** 그러면 그 사람들을 위해 뭐라도 해주고 싶어집니다. 저는 객실을 우리 집 거실이라고 생각하곤 합니다. 누군가 [집에서] 뭘 흘리면, 여러분은 그 사람이 누군지 몰라도 닦을 것을 가져다주겠죠. 그걸 좀더 큰 범위, 승무원 한 명당 36명의 승객에 놓고 보면서 **같은 감정을 갖는 겁니다.**

얼핏 보기에는 집과 비행기 객실을 놓고 비유하는 것은 다른 종류의 경험을 한데 묶어 그 둘 사이의 차이를 흐리게 하는 일이다. 두 가지 경우에서 나타나는 공감이 **같은 감정**이라고 가정하기 때문에, 친구를 위하는 친구의 공감을 고객을 위하는 승무원의 마음과 결합할 수 있는 것이다. 연수생들은 노트에 '승객의 시각에 맞추라'고 쓰고 친구의 시각에 맞추는 것과 같은 방식으로 그렇게 할 수 있다고 이해했다. 집과 객실의 유비_{類比}는 직원을 회사에 결속시키기도 한다. 그러면 자연스럽게 자기 가족을 지키는 것과 마찬가지로, 자연스럽게 회사를 대변하게 될 것이다. 비인격적인 관계는 **마치** 그것이 인격적**인 것처럼** 보여야만 한다. 돈을 주고받는 것을 바탕으로 맺어진 관계는 **마치** 그것이 돈에서 자유로운 **것처럼** 보여야만 한다. 이 회사는 직원들이 기본적으로 가지고 있는 공감을 놀라울 정도로 확장하고 활용하면서도, 그러는 동안 직원들의 '개인적인' 삶에 관여하는 것은 아니라는 태도를 견지한다.

집에서 그런 것처럼 승객은 놀림거리가 되지 않도록 보호받는다. 예를 들어 승무원은 승객이 이층 침대인 줄 알고 머리 위에 있는 선반에 올라가려고 하는 것을 보더라도 웃음을 참아야 한다. 또한 승객을 불편하게 만들 수도 있는 특이한 습관을 드러내서도 안 된다. 또한 연수생들은 회사가 한 광고를 진심으로 받아들이고 드러내야 한다. 어느 강의에서 강사가 이렇게 말했다. "플라잉 콜로넬Flying Colonel 승객과 플라잉 오키드Flying Orchid 승객들은 몇 년 동안 한결같이 델타 항공을 이용한 분들입니다. '플라잉 콜로넬'과 '플라잉 오키드'는 이런 승객들이 참여할 수 있는 공간입니다. 특별한 혜택은 없지만 때때로 총회는 갖습니다." 연수생들은 웃음을 터트렸고, 한 학생이 말했다. "바보 같아요." 강사는 이렇게 대답했다. "그런 소리 마세요. 여러분은 승객들에게 그게 정말 큰 혜택이라고 생각하게 만들어야 합니다." 그렇게 부조리가 확장되었다. 연수생들은 이 비밀 속으로 들어왔고, 회사가 승객들이 받아들이기를 원하는 환상을 만드는 것을 도와야 하는 처지가 됐다.

마찬가지 이유로, "마치 그곳이 내 집인 것처럼" 행동하라는 명령은 집과 객실 사이의 가장 중요한 차이를 모호하게 만든다. 집은 안전하다. 집은 추락하지 않는다. 느긋하고 마음 편한 안락함을 전달하면서도, 동시에 이착륙 때에는 "담배를 꺼주십시오! 발목을 잡으세요! 고개를 숙이세요!" 같은 적절한 말로 응급 상황에서 뭐라고 안내해야 하는지를 마음속으로 연습하는 것이 승무원이 해야 할 일이다. 이륙 전에는 안전 장비를 점검한다. 승객들이 탑승하는 동안 각 승무원은 조용히 비상 탈출을 해야 할 경우 도움을 요청할 만한 승객을 점찍어 둔다. 그렇지만 **안락한 가정**의 상태를 유지하기 위해, 승무원은 승객들에게 이런 집 같지 않은 특징은 감추어야 한다. 한 승무원은 생각에 잠겨 이런 말을 했다.

> 저는 아주 정직한 사람이지만, 제 경계심이나 공포가 얼굴에 그대로 드러나서는 안 된다고 배웠습니다. 전 승객들을 굉장히 잘 보호하는 편입니다. 무엇보다도, 전 승객들이 겁에 질리는 것을 원하지 않습니다. 만약 우리가 추락한다거나, 바다에 착륙하게 된다거나, 살아남을 가능성이 희박하다 하더라도, 우리[승무원들]는 정확히 무엇을 해야 할지 잘 알고 있습니다. **전 틀림없이 승객들이 너무 걱정하지 않도록 유도할 수 있을 거라고 생각합니다.** 동료 승무원들도 마찬가지라고 생각합니다. 안내 방송을 하는 동안 목소리가 조금 떨릴 수도 있겠지만, 왠지 승객들에게 최선을 믿게 만들 수 있을 거라는 느낌이 들거든요.

객실의 '안전하고 편안한 분위기'를 용감하게 지키려는 그런 노력이 질서를 유지할 수는 있겠지만, 그 질서는 자신에게 무슨 일이 벌어지는지 알 권리가 있다고 여기는 승객들에게 사실을 숨기는 것을 대가로 해서 가능한 일이다.

많은 승무원들은 '사람과 일하는 것'을 즐거워한다고 말하면서 거실과 기내의 유비가 자신들을 원하는 만큼 친절해질 수 있게 돕는다고 받아들였다. 많은 사람들은 승무원의 제스처가 이런 유비를 통해 긴장에서 벗어나게 만드는 구실을 한다고 지적하기도 했다.

> 일등석으로 주류 카트를 끌고 가는 동안 각기 다른 승객 세 명이 술을 달라고 요청한 적이 있어요. 같은 일이 네 번째로 일어났을 때 바보 같은 웃음이 자연스럽게 터져서 웃어버렸어요. [저자 — 더 말씀해 주시겠어요?] 전문성을 갖춘다는 것의 일부는 탑승한 사람이 편안함을 느끼게 하는 거예요. 승객은 낯선 공간에

있으니까요. 그곳은 제 또 다른 집이죠. 승객들은 저만큼 편안하지 않죠. 전 안주인이에요. 제 일은 승객들이 비행을 즐길 수 있게 만드는 것이죠. 그때는 바보 같은 웃음이 그 구실을 했죠.

다른 사람들은 가끔씩 아무 생각 없는 승객들 때문에 이런 유비가 무너져서 실망한 경험을 이야기했다. 한 승무원은 이 유비를 무색하게 만드는 둔감한 승객들에 관해 묘사했다. 그런 승객들을 '초짜 임원'이라고 불렀다.

초짜 임원은 30대 초반에서 중반 정도예요. 대기업에서 앞길이 창창한, 컴퓨터 전공자들이죠. 그 사람들은 승무원에게 굉장히 인간미 없이 굴어요. 전 음식이 가득 찬 카트를 끌고 그 사람들이 있는 라인으로 가죠. 그 사람들은 잠깐 올려다보고는 다시 눈을 내리깔고 대화를 계속하기 때문에, 대화를 끊을 수밖에 없게 되죠. 사람을 무시하는 거예요. ……무슨 〈스타워즈〉에 나오는 로봇 R2-D2라도 된 것처럼 말이에요. 그 사람들은 그걸 더 좋아할 걸요.

이 승무원은 회사와 자신이 제공하려고 하는 것을 받아들이지 않는 승객을 피하기 위해 가끔씩 동료와 담당 구역을 바꾼다고 말했다. 다른 많은 사람들처럼 이 승무원도 자신이 진심으로 호의적으로 대할 수 있게 승객들이 인간적인 반응을 보이기를 바랐다. 진정성이 중요한 것으로 여겨졌고, '진심에서 우러난' 행동을 하지 않는 승무원을 향한 비난은 널리 퍼졌다. "목소리를 과장되게 꾸미는 승무원과 일한 적이 있어요. 비행기 안에서는 목소리를 한 4옥타브쯤 올리고 거기에 각종 콧소리와 교태를 섞죠(간드러진 목소리로 '커피 더 드릴까요?'라고 따라 했다). 승객들이 겁내는 것도 봤는걸요. 승객들이 원하는 건 진짜 사람이에요. 승객들도 진심 없이 예쁘기만 한 앳된 얼굴에는 진력이 났죠."

연수 강사들과 승무원들은 최대한 거실과 객실을 같다고 생각하려고 노력하지만, 거실과 객실의 유비는 어떤 면에서는 여전히 취약하다. 연수생들은 단순히 매출을 유도할 만한 방식으로 행동하는 것뿐 아니라 '매출을 **생각**'할 것을 강요받는다. 거실과 객실이 같다는 유비를 믿는 사람들에게 판매 증진은 승객의 과실에 따른 실수에 사과하는 것까지 포함하는 여러 가지 행동의 근거가 된다. "승객이 한 잘못이라고 하더라도 그 승객을 비난하지 않는 게 아주 중요합니다. 그런 행동은 효과 만점일 수 있습니다. 1년에 여러 번 델타 항공을 이용하는 사업가를 상상해봅시다. 여러분의 친절에 수백 달러, 어쩌면 수천 달러가 걸려 있습니다. 말싸움에 휘말리지 마십시오. 그럴 가치가 없는 일입니다. 승객이 있어야 우리가 삽니다. 승객이 항상 옳은 건 아니겠지만, 승객은 절대 틀리지 않습니다."

연수를 벗어나서도, '매출을 생각하는 것'은 어떤 행동을 하는 근거가 된다. 팬아메리칸 항공의 샌프란시스코 본부를 둘러보라고 안내를 한 어느 친절한 남자 승무원은 나를 클리퍼 클럽에 데려가 이렇게 설명했다. "이 클럽은 저희에게 중요한 고객인 100만 마일 이용객을 위한 곳입니다. 이곳의 안내원인 젠은 이곳 클리퍼 클럽의 승객들에게 저를 소개합니다. 이 클럽의 회원들은 회사로서는 큰돈이 된다는 것을 알기 때문에, 이 분들은 특별 정보 일지 SIL(Special Information Log)에 들어갑니다. 만약 제가 일등석을 담당하게 되면, 클리퍼 클럽에서 승객들이 무슨 음료를 주문했는지 메모했다가 비행기 안에서 그 음료를 권합니다. 그러면 승객들이 참 좋아하죠." 100만 마일 이용객(아마도 중년쯤 된 백인 남성일 가능성이 높다)의 경우에는 분명 여성과 아동, 노인의 경우보다 제공되는 특별 우대가 더 많다. 어쨌든 저소득 승객들은 분리된 '거실'에서 서비스를 받게 된다.

'매출을 생각하는 것'에는 또 다른 측면도 있다. 쾌활한 훈련 담당 하사관처럼 꾸민 한 강사가 소리를 질렀다. "우리는 언제나 무엇을 합니까?" 한 학생이 "델타를 광고합니다"라고 대답하자, 그 여자 강사는 "아닙니다! 여러분은 여러분 자신을 광고하는 겁니다. 학생도 당신을 광고하고 있지 않나요? 여러분에 관한 권리는 여러분에게 위임되어 있습니다. 우리는 우리 자신을 광고하는 직업에서 일하고 있는 겁니다. 그렇죠? 결국 그런 것 아니겠습니까?"하고 말했다.

이런 식으로 델타 항공은 연수생들을 '따돌리는 것'이 아니라, 스스로 자기 광고를 하고 있다고 생각하게 함으로써 남부식 여자다움을 팔고 있다. 이렇게 하려면 승무원들이 자기 자신을 자영업자라고 생각해야 한다. 그렇지만 델타 항공의 승무원들은 자신이 고정된 월급을 벌기 위해 하는 감정노동을 통해 독립적인 이익을 얻지는 않는다. 자신을 광고하는 것이 아니라, 회사를 광고하는 것이다. 자신을 광고한다는 이런 **생각**은 승무원들이 자신이 일하는 회사를 광고하는 것에만 도움을 줄 뿐이다.

객실과 집을 같은 것으로 여기는 논리는 또 다른 측면에서도 취약하다. 승무원들은 승객을 잠재적인 친구 또는 비슷한 정도의 사람으로 여기고, 좋은 친구에게 하듯 이해심을 발휘하라는 요구를 받는다. 이 **가정**은 비인격적인 관계를 인격화한다. 한편 연수생들은 진짜 우정에서 나타나는 호혜성reciprocity은 **가정**된 친구 관계의 일부가 아니라는 사실을 숙지해야 했다. 승객은 승무원에게서 받은 공감이나 친절을 되돌려줄 의무가 없다. 어느 강사는 이런 말을 했다. "승객이 여러분을 무시하고 있고 여러분은 아무것도 잘못한 것이 없다면, 그 승객이 무시하는 대상이 여러분이 아니라는 것만 기억하세요. 그 승객은 여러분의 유니폼, 델타 항공의 승무원이라는 여러분이 맡은 배역을 무시하는 겁니다. 그걸 인신공격으로 받아들이지 마세요." 집에 온 진짜 친구나 손님과 다르게, 승객은 항공권을 사면서 그런 암묵적인 권리도 함께 샀기 때문에 짜증나는 일이 벌어지면 화를 참지 않을 권리가 있다고 가정하라는 것이다.

항공 승무원들은 승객들이 승무원들을 헷갈려 하거나("서로 너무 닮았어요"), 승무원들이 진짜 사람이라는 생각을 한 적이 없다는 사실을 드러내는 질문을 할 때마다 이런 일방적인 인격화를 상기하게 된다. "승객들은 우리도 음식을 먹는다는 사실을 알면 놀라세요. 우리가 24시간 동안 음식을 먹지 않고도 비행할 수 있다고 생각하죠. 아니면 15시간(저희에게는 업무 시간이 16시간~17시간인 셈이죠)을 비행한 뒤에 홍콩에서 내리면서 물어보세요. '방콕에 가세요?', '델리까지 가요?' 네, 그럼요, 물론이죠. 우리는 전세계를 돌고 수리를 하려고 비행기와 함께 다시 돌아오는 걸요." 승무원의 공감이 상업적인 목적으로 제공되는 것으로 얄팍하게 취급되는 것처럼, 승무원과 공감하려는 승객의 시도도 공공질서를 해치는 옹색한 습관쯤으로 꼬집히기 일쑤다.

일이 어려워질 때, 기내가 혼잡하고 비행기가 연착할 때, 아기가 자지러지게 울고 흡연자들이 시끄럽게 비흡연자들과 말다툼을 할 때, 음식이 떨어지고 에어컨이 고장일 때야말로, 집과 객실을 같은 것으로 보는 논리는, 기내에 흐르는 음악 방송과 카트에 쌓인 주류에 둘러싸인 채, 감정을 억누를 수 있는 인간의 능력을 보여주는 진정한 기념물이 된다.

이런 상황이 되면 승객들은 짜증을 억누르지 않을 특권을 행사한다. 승객은 '분노의 화신'이 된다. 그렇게 되면 예비로 갖고 있던 논리들이 사용되기 시작한다. 신입 사원들은 연수에서 이런 말을 들었다. "기본적으로 승객은 아이 같습니다. 관심을 필요로 하죠. 가끔씩 비행기를 처음 타는 사람들은 정말 안절부절못합니다. 문제를 일으키는 사람들 중 일부는 정말로 그저 여러분의 관심을 끌고 싶은 겁니다." 승객을 아이에 비유하는 논리는 형제 사이의 경쟁심을 언급하는 정도까지 확대된다. "여러분은 승객 중 한 사람만 골라 카드놀이를 할 수 없습니다. 다른 승객들이 질투할 것이기 때문입니다." 다루기 힘든 승객을 '아이 같다'고 생각하면 베풀 수 있는 관용의 폭이 넓어지게 된다. 승객들의 필요가 아이의 필요와 같다면, 그런 필요가 우선되어야 한다. 승무원의 화낼 권리는 그만큼 줄어든다. 승무원은 성인으로서 아이 앞에서 화를 내지 않고 감정을 억누르기 위해 노력해야 한다.

만약 승객을 아이 같다고 비유하는 것이 업무에 필요한 내면 행위를 이끌어내지 못한다면, '분노의 화신'을 다스리기 위한 표면 행위 전략이 이용되기도 한다. 강사들은 승무원에게 "네, 존스 씨. 비행이 지연되고 있는 것이 사실입니다"라고 말할 때처럼 승객의 이름을 '이용'하라고 강조했다. 이렇게 되면 승객은 자신이 그저 아무개가 아니라 적어도 암묵적인 인격적 관계 속에 있다는 생각을 하게 되고, 어느 정도 감정 관리를 해야 한다는 사실을 상기하게 된다. 강사들은 승무원들에게 공감의 언어를 사용하라고 다시 한 번 강조했다. 유나이티드 항공에서 15년을 근무한 어느 고참 항공 승무원은 자신이 겪은 연수 과정에 관해 이런 기억을 갖고 있었다. "무슨 일이 일어나든 승무원은 어떤 느낌이신지 잘 압니다, 라고 말해야 합니다. 짐을 잃어버렸다고요? 어떤 느낌이신지 잘 압니다. 비행기를 갈아타야 하는데 늦으셨다고요? 어떤 느낌이신지 잘 압니다. 기대하던 스테이크가 아니었다고요? 어떤 느낌이신지 잘 압니다." 승무원들은 이런 공감의 표현이 비난하고 화낼 상대를 잘못 골랐다는 느낌을 주는 데 도움이 된다고 말한다.

사고방식은 감정을 이끌어낸다. 내면 행위에서, 사고방식은 말하는 방식에 따라 일부 드러나기도 하고 억제되기도 한다. 객실을 거실과 같은 것으로 보는 논리를 지속하는 방법 중 하나는 업무용 언어company language로 이야기하는 것이다. 회사에서는 조지 오웰식의 애매한 표현법으로 승무원들을 기만하면서, 이윤의 근원이 되는 승객에게 화를 낸다는 생각을 공식적으로 없애버린 것 같다. 관리직 임원들은 공식적인 자리에서 승객을 절대 **꼴 보기 싫다**거나 **난폭하다**고 표현하지 않고, **통제가 안 된다**는 정도로만 표현한다. 이런 용어는 이 승객이 자제력을 잃었거나 자제력 자체를 아예 가지고 있지 않았던 것이 아니라, 어찌하다 보니 그렇게 된 것 같은 느낌을 준다. 자주 사용되는 '잘못 다루어진 승객'이라는 표현도, 길가에서 비행기 객실까지 거미줄처럼 연결된 승무원들 속에서 헤맬 운명에 놓인 누군가가 어느 지점에서 실수를 했다는 것을 암시한다. 비난의 원인을 입 밖으로 내는 것을 피함으로써 승객에게 화낼 권리는 암암리에 논의의 대상 밖으로 사라진다. 언어학적으로 말하자면, 승객은 잘못된 일을 절대 **하지** 않기 때문에 비난받거나 분노의 대상이 될 수 없다.

승객을 다루는 요령에 관한 강의에서, 어느 강사는 자신이 창가 쪽 자리에 앉은 남성에게 식사를 건넨 과정을 설명했다. 복도 쪽 자리에 앉은 여성 너머로 식사가 든 쟁반을 넘겨야 하는 상황이었다. 쟁반을 옮기는 과정에서 그 여자 승객이 남자의 후식을 슬쩍했다. 이 승무원은 정중하게 대응했다. "이 남자 분께 가야 할 후식이 손님 쟁반에 올라간 것 같군요." 이 말은 불미스러운 일이 일어나기는 했지만 어느 누구의 잘못도 아니라는 뜻을 담고 있었다. 사건을 이렇게 함축적으로 재구성하는 것은 원인과 결과에 관한 감각을 무디게 만든다. 행동과 그 대상, 주체와 행동을 분리한다. 승객은 자신이 비난받는다는 느낌을 받지 않고, 승무원은 자신이 누군가를 비난하는 것 같은 느낌을 갖지 않는다. 감정노동은 완성되었지만, 그 자취는 말로 감추어진 것이다.

업무용 언어는 화를 흐트러트리는 것뿐 아니라 두려움을 최소화하려는 목적도 가지고 있다. 팬암의 한 고참 승무원은 이렇게 회상했다.

> 홍콩을 떠나면서 우리는 거의 거꾸로 뒤집힐 뻔했었요. 회사에서는 그걸 '사건' 이라고 부릅니다. 사고가 아니라 그저 우연한 사건이라는 거죠. 기수를 올리고 기체가 거의 뒤집힐 뻔했습니다. 비행기가 거꾸로 뒤집히기 거의 직전에 기장님이 비행기를 제자리로 돌려놓았고 커다란 원을 그리면서 거의 3000피트를 수직으로 떨어지고 나서야 제 항로를 찾았습니다. 바다 위 1500피트 상공에서 비행기는 수평을 찾았습니다. 기수를 내리고 있는데다 물이 다가오는 게 보였기 때문에 우리는 죽을 줄로만 알았죠. 그전에는 한 번도 비행이 무서운 적이 없었는데, 이제 는 난기류를 만나면 오싹해집니다. 다른 사람들만큼 그런 건 아니겠지만요.

사건이라는 용어는 긴장을 누그러뜨린다. 어떻게 '사건'을 두려워할 수 있겠는가? 승무원들이 사용하거나 사용하지 않는 말은 이런 식으로 해서 손님으로 가득 찬 거실에 어울리지 않는 감정을 피하게 도와준다.

마지막으로, 거실과 기내의 유비는 가끔씩 그것이 무너질 수 있다는 사실을 받아들임으로써 유지된다. 경력직 승무원을 위해 매년 열리는 정기 연수에서는, 대부분의 강의가 파티가 끝났거나 시작된 적도 없는 것 같은 느낌이 드는 순간에 관한 것들이다. 초기 연수의 초점은 승객이 느끼는 감정이지만, 정기 연수의 초점은 승무원들이 느끼는 감정에 맞추어져 있었다. 초기 연수에서는 미소와 함께 객실을 거실로 생각하라는 논리에 초점을 맞추었지만, 정기 연수에서는 분노를 피하는 방법에 초점을 맞추었다. 정기 연수에서 어느 강사는 이렇게 설명했다. "어려운 승객을 상대하는 것이 이 직업의 일부입니다. 그것 때문에 가끔 화가 나기도 하죠. 화는 스트레스의 한 요소입니다. 제가 여러분께 화를 내는 문제에 관해 이야기하려는 이유도 이것입니다. 델타 항공을 위해서 이렇게 [화 다스리기를] 하셔야 한다고 말하는 게 아닙니다. 승객을 위해 이렇게 하셔야 한다는 것도 아닙니다. **여러분 자신**을 위해서 드리는 말씀입니다."

연수 초반부터 감정을 통제하는 것은 문제로 인식되었다. 그러나 화를 불러일으키는 원인은 이 문제의 요소로 인식되지 않았다. 전반적인 작업 조건, 즉 승무원의 규모, 흑인과 남성이 제외되다시피 한 것, 성차별에 적응하라는 요구, 승무원들이 겪고 있는 여러 가지 의료 문제에 관한 부족한 조사, 회사 측의 엄격한 반노조 정책 등도 문제가 되지 않았다. 그런 것들은 살면서 바뀌지 않는 사실로 취급되었다. 진지하게 논의되어야 할 단 하나의 문제는 이것이었다. "분노를 어떻게 없앨 것인가?"

처음으로 제시된 전략은 (2장에서 살펴본 대로) **다른** 사람들이 어떻게 생각하고 느끼느냐 하는 데에 집중하라는 것이었다. 그 사람의 행동을 용서할 수 있는 이유를 상상해보는 것이다. 이것이 실패할 경우, "나는 도망갈 수 있다"는 생각으로 한발 뒤로 물러나면 된다. 어느 강사는 이렇게 말했다. "집에 가려면 30분 남았다, 29분 남았다, 28분 남았다 하는 식으로 혼잣말을 하는 겁니다."
승무원들과 강사들은 서로 어떤 방법으로도 화가 완전히 사그라지지 않을 때 가장 덜 공격적인 방식으로 화를 표출하는 방법에 관한 지식을 교환했다. "저는 얼음을 씹으면서 화를 부셔버립니다." "화장실 물을 계속 내려요." "저는 그 사람 커피에 변비약을 넣는다든지 하는 뭔가 못된 짓을 하는 상상을 합니다."* 이런 식으로 어떤 결과를 가져올 만한 방식으로 화를 표현하는 사람에게는 공식적 차원에서 철퇴가 내려질 것이라는 사실을 아는 상태에서, '여자들만의' 반쯤 개인적인 대화를 통해 화내고 불만을 터트릴 권리를 공유했던 것이다.

그렇다 하더라도 화를 터부시하면서 살아야 하는 사람들한테서 우리는 분노를 표출하는 은밀한 방법을 찾을 수 있다. 어느 항공 승무원은 싱긋 웃으면서 이런 말을 했다.

> 한번은 정말 누군가를 보면서 합당한 대우를 해 줘야겠다고 결심한 적이 있어요. 정말 모든 것에 관해 불평하던 여자였죠. 전 가장 예쁜 목소리로 그 여자에게 이렇게 말했습니다. "저희는 고객님을 위해 최선을 다하고 있습니다. 비행이 즐겁지 않으시다니 유감입니다. 저희 서비스에 만족하시지 못한다니 죄송합니다." 그 여자는 음식이 형편없다느니, 승무원들이 나쁘다느니, 자기 자리가 나쁘다느니 하며 계속 떠들었어요. 그러더니 저와 제 흑인 동료에게 소리를 치기 시작했어요. "이 못된 깜둥이 년!"이라고 소리를 질렀죠. 딱 그때였습니다. 전 제 친구에게 저런 여자 때문에 마음 고생하는 것도 시간 낭비니 하지 말라고 말했어요. 그 여자는 제게 블러디 메리Bloody Mary(보드카와 토마토 주스를 섞어 만든 칵테일 — 옮긴이)를 한 잔 더

---

* 분노에 관련된 환상은 대부분 문제를 일으키는 사람의 음식에 무엇을 넣고서 그 사람이 그 음식을 먹는 것을 본다는 식의 강한 언어적 표현으로 나타나는 경향을 보였다. 이런 환상들은 서비스의 흐름을 거스르는 것이지만, 그것 이상으로 발전하지는 않는다. 예를 들어 어느 누구도 승객을 때리는 환상에 관해 이야기하지는 않았다.

갖다 달라고 말했습니다. 음료를 만들어 쟁반에 얹어 가는데, 어떻게 발이 딱 카펫에 걸려 넘어졌죠. 블러디 메리는 그 여자의 하얀 바지 정장에 쏟아졌고요!

이 회사가 대인 서비스를 담당하는 승무원들이 승객들에게 명랑함이 물씬 풍기는 분위기를 제공할 수 있도록 돕기 위해 훌륭한 노력을 하고 있기는 하지만, 자신의 분노를 정화시켜 거짓으로 우대하는 척 위장한 뒤 천부적인 재능으로 그 분노를 전달하는 도피자들도 종종 나온다. 달콤살벌한 복수의 가능성은 여전히 남아 있는 것이다.

공동의 감정노동

객실을 거실에 비유하는 논리에 쏟아지는 냉소를 잠재우고, 다른 현실을 깨닫게 되면서 그런 유비가 무너지는 사태를 막기 위해, 회사는 감정노동의 다른 분야로 눈을 돌린다. 항공 승무원들이 서로 상호작용하는 분야다. 만약 각각의 승무원이 일하는 동안 동료 승무원의 감정에 대처하는 과정에 회사가 영향을 미칠 수 있다면 개인적인 감정 관리에 적합한 지원도 보증할 수 있기 때문에, 이 문제는 회사의 전략적 진입의 관문이 된다.

연수 강사들이 잘 알고 있듯이 항공 승무원들은 전형적으로 둘씩 팀을 짜 일을 하며, 함께 비행하는 다른 모든 승무원들하고도 상당히 긴밀한 관계 속에서 일해야만 한다. 사실 승무원들은 일반적으로 함께 일하는 것이 쉽지 않으면 일 자체가 잘 될 수 없다고 이야기한다. 그 이유는 이 직업이 일부분은 '감정적인 성향'의 로드쇼이고, 그것에 알맞은 성향은 많은 경우 조리실을 오가는 통로에서 통로로 얼음, 접시, 플라스틱 컵을 전달하는 과정에서 이어지는 친근한 대화와 농담에 기대어 유지된다는 데 있다. 사실 버스를 탈 때부터 비행기에 탑승할 때까지, 항공 승무원들은 농담을 주고받음으로써 중요한 관계 노동

relational work을 한다. 사람들의 분위기를 살피고, 긴장을 풀고, 팀이 될 수 있도록 각 개인의 유대를 강화한다. 승무원은 또한 자신의 기분을 좋게 유지하기 위해 농담을 한다. 어느 승무원은 이렇게 말했다. "우리는 농담을 많이 합니다. 농담이 활력을 유지하게 만들어주죠. 그 덕에 더 오래 버티는 겁니다."

집단적으로 진행되는 대화가 승무원의 분위기를 결정하는 것은 아니다. 오히려 그 반대가 사실이다. 일하는 데 필요한 기분이 승무원들이 나누는 대화의 성질을 결정한다. 공동의 기분을 고통스러운 감정에서 떼어놓기 위해, 죽음이나 이혼, 정치, 종교에 관한 진지한 대화는 대개 피한다. 시간이 있을 때는 동료의 사기를 높이는 것이 보통이다. 어느 승무원은 이렇게 말했다. "한 승무원이 '나는 못 생겼어. 내가 승무원으로 뭘 하겠어?'라는 생각으로 우울해하고 있으면, 다른 승무원들은 자신들이 무엇을 하는 건지 꼭 알아서 그런 게 아니더라도 그 동료에게 힘을 북돋워주려고 애씁니다. 다시 기분이 좋아지고 웃을 수 있게 옷깃을 정돈해주죠. 저도 그렇게 해봤고, 누가 그렇게 해주어야 했던 적도 있죠."

팀에 관한 유대감이 한번 형성되면 이 유대는 두 가지 효과를 낼 수 있다. 이 유대는 사기를 진작시켜 서비스를 향상시킬 수 있다. 그렇지만 승객이나 회사를 향한 악의를 나누는 근거지가 될 수도 있다. 아마도 정기 연수에서 강사들이 '나쁜' 사회적 감정 관리를 예로 들면서 피하려고 한 것은 이 두 번째 가능성일 것이다. 어느 강사는 수강생들에게 주의를 주었다. "승객에게 화가 나더라도 열을 식히기 위해 다른 승무원과 조리실 쪽으로 가지는 마세요." 조리실에 있는 또 다른 승무원은 화가 난 승무원을 달래는 대신 그 승무원을 더 화나게 할 수 있다. 또한 화가 난 승무원의 공모자가 될 수도 있다. 그렇게 되면 강사가 말하는 대로 "화가 나서 안달복달하는 사람이 **둘**이 된다."

여기서 전하는 메시지는, 화가 나면 자기를 달랠 팀원에게 가라는 것이다. 그런 감정이 무엇 때문에 일어났느냐 하는 것과 무관하게 분노나 불평의 감정을 지지해주는 것은 서비스는 물론 회사에도 좋지 않다. 그러므로 승무원들이 비공식적으로 자신의 불평이 타당한 것인지 확인하고 열을 식히도록 도와줄 사람을 찾는 과정이 회사의 '주장'이 개입되는 지점이 된다.

공급원의 뒷면 — 감독

회사의 통제선은 누가 누구를 두려워할지를 결정한다. 승무원에게 두려움의 위계는 승객을 통해 간접적으로 작용하고 바로 위에 있는 사무장을 통해 다시 한 번 영향을 미친다.* 이런 말을 한 사람도 있다. "누군지 몰라도 고객 엽서 제도를 발명한 사람은 지금쯤 부사장쯤은 됐을 겁니다." 고객이 보내는 편지에는 커피 온도나 감자 크기, 승무원의 외모에 대한 불평을 늘어놓는 '불편'의 글 또는 서비스를 잘 한 승무원을 칭찬하는 '칭찬'이 담겨 있는데, 이런 편지는 개인 기록에 모아진다. 이 편지들은 본부 사무장의 손을 거쳐 칭찬이나 징계로 돌아온다. 델타 항공의 승무원들은 공식적인 결재 선상(승무원 팀의 선임 승무원, 본부 사무장, 가끔씩 암행을 나오는 본사 파견 사복 감찰관)의 보고서만큼이나 이 편지에 관해서 말이 많았다.

고객의 의견이 경영진과 승무원들에게 전달되는 통로는 비공식적인 것뿐 아니라 공식적인 것도 있다. 회사에서 실시하는 고객 설문조사가 그것이다. 승객은 설문지를 작성해 달라는 요구를 받고, 설문 결과는 편지 형태로 승무원들에게 전달된다. 유나이티드 항공에서 7년을 근무했다는 어느 남성 승무원은 이렇게 말한다.

우리는 우리가 어느 정도로 일을 잘 하고 있는지 듣게 됩니다. 1년에 두 번 고객평

---

* 1980년 현재 델타 항공에는 애틀랜타를 기준으로 29명의 사무장이 2000명의 승무원을 책임지고 있다.

가서를 받습니다. 그 평가서는 유나이티드 항공과 아메리칸 항공, 콘티넨탈, TWA가 어느 정도 경쟁하고 있는지를 보여주죠. 승객들은 승무원 순위도 매깁니다. "진심으로 걱정해주고, 환영받는다는 느낌을 주었다. 의무감에서 나오는 정도를 넘어 말을 걸어주었다. 정신을 바짝 차리고 있으며, 활기차고, 기꺼이 도와주려고 했다. 승객들과 이야기할 때 진실되어 보였다. 객실 분위기를 편안하게 만드는 데 도움을 주었다. 즐겁게 일했다. 승객을 개인적으로 잘 대했다." 유나이티드 항공이 경쟁에서 어느 정도 잘 하고 있는지도 볼 수 있습니다. 우리도 그 경쟁에 참여해야 합니다.

감독은 이런 식으로, 직접적인 방식보다 간접적인 방식으로 진행되는 경우가 더 많다. 이것은 결국 승객이 경영진에게 어떤 의견을 전달할 것인지 알아채는 감에 달려 있다. 경영진은 승무원에게 그 의견을 전달할 것이다(현대 작업장에서 더욱 보편적으로 진행되는 간접적인 '관료적' 통제에 관해서는 에드워즈(Edwards 1979)의 책 6장을 참조할 것).

사무장은 승무원을 감독하는 일보다 더 많은 일을 한다. 델타 항공의 역사 속에서 바로 지금 두려움의 위계는 흔들리고 있으며, 사무장은 델타 가족의 맏딸 행세(더 크기는 하지만 그렇게 많지는 않다)를 해야만 한다. 어느 승무원의 평가에서 드러나듯, 대다수가 여성이고 이동성이 없으며 노동조합에 속해 있지 않은 이 노동자층은 하급 직원들에게 커다란 두려움이나 부러움의 대상이 되지 않는다.

사람들이 그렇게 원하는 일은 아니에요. 어떤 사람들은 그 자리에 갔다가 바로 제자리로 되돌아오기도 합니다. 월급은 조금 더 낫지만 일해야 할 시간은 훨씬 더 많거든요. 그런가 하면 따분한 이야기들을 해야만 합니다. 어느 날은 담당 사무장이 저를 사무실로 부르더군요. 저는 병가로 쓸 수 있는 21일 중 7일을 쓴 상태였습니다. 그 여자는 '이런 말은 참 하고 싶지 않아요. 그렇지만 이건 제가 해야만 하는 말입니다. 당신은 병가를 너무 많이 썼어요'라고 말했습니다. 그 여자는 자기 상관의 이야기도 듣고 제 이야기도 들어야 합니다. 양쪽에서 치이는 거죠. 요즘에 그런 일이 어디 있습니까?

사무장은 감정노동의 공급원을 감시한다. 새는 곳을 막고 잘못된 곳이 있으면 회사에 알린다. 사무장들은 승무원들이 업무를 하는 동안 억누르는 욕구 불만에도 대처해야만 한다. 델타 항공의 어느 본부장은 이렇게 설명했다. "저는 사무장들에게 승무원들이 의견을 말하게 놔두라고 말합니다. 그런 마음을 다 털어버리는 것은 정말 중요합니다. 그렇지 않으면 그걸 승객에게 풀 테니까요." 승무원들이 '긍정적'이고 '전문적'인 태도를 유지하는지 평가하는 사무장도 마찬가지로 그 이면에 노출되어 있다. 예를 들어 어느 승무원은 길고 고생스러운 비행을 마치고 돌아와 자신의 급여 수표가 '잘못 처리되었음'을 알았을 때를 회상했다. 그 승무원은 사무장에게 이렇게 말했다고 한다. "하루 종일 참다가 왔는데 여기 와서는 당신까지 이걸 참으라고요! 승객들이 뭘 하든 참는 건 돈이라도 받지만, 당신의 행동까지 참으라고 월급 받는 건 아니에요. 난 돈을 받아야겠어요. 치과 치료를 받은 지 세 달이나 되었다고요. 내 급여 수표 어디 있어요? **당신이** 찾아내요!" 승무원에게 무대 밖인 곳이 사무장에게는 무대 위인 것이다. 누군가의 이미 통제된 욕구 불만과 화를 통제하는 것은 그 자체로 감정노동이 필요한 일이다.

변형을 달성하기

감정 관리는 어느 정도 실제적인 효과가 있다. 그렇기 때문에 블러디 메리가 '우연히' 하얀 정장에 쏟아지지 않고, 승무원들은 비행기 통로 대신 무대 뒤의 사무실에서 발끈한다. 이것은 마치 연금술이 일어나는 것 같다. 공손함과 일반적인 안정감은 강화되고 감정적인 '공해'는 통제된다. 사람들이 친절하라고 월급을 받는다 하더라도 항상 친절하기는 힘들고, 그 노력이 성공을 거둔다면 그것은 괄목할 만한 성취인 것이다.

이런 성취를 가능하게 하는 것은 감정생활의 세 가지 기본 요소인 감정노동, 감정 법칙, 사회적 교환에 관한 변형이다.

첫째, 감정노동은 이제 사적인 차원의 행위가 아니라 공적 행위로서, 한 사람의 손에서 다른 사람에게 판매되는 것이 된다. 감정노동을 지시하는 사람은 이제 감정노동을 하는 개인이 아니라 돈을 받고 다른 사람을 선발하고 훈련시키며 감독하는 무대 관리자다.

둘째, 감정 법칙은 이제 그저 어떤 사람과 사적으로 협상할 만한 개인적인 재량의 문제가 아니라, 《승무원 업무를 위한 항공사 지침Airline Guide to Stewardess and Steward Careers》,《월드 항공 비행 지침서World Airways Flight Manual》, 연수 프로그램, 각급 사무장들의 담론 속에서 공적으로 정해진다.

셋째, 사회적 교환은 좁은 통로를 통해서만 일어나도록 강요된다. 그 경계를 따라 숨을 곳이 있을 수는 있겠지만, 개인적으로 감정을 채울 곳을 찾기 위한 공간은 훨씬 적다.

사적 생활에서 감정 교환의 전체적인 체계에는 그 사람들의 복지와 만족이 얽힌 표면상의 목적이 있다. 이런 감정 체계가 상업적인 환경 속으로 끼워져 들어가면 감정 체계는 변형된다. 감정 관리를 위한 행위와 그런 행위를 다스리는 법칙, 베풂의 교환 저변으로 이익의 동기가 들어가게 된다. 오늘날 누가 그 이익을 보고, 누가 비용을 감당하는가?

변형은 섬세하게 얻은 것이면서 잠재적으로 중요하고 유익한 성취다. 그렇지만 변형이 잘 된다고 하더라도, '서비스 평가'가 높게 나오고 고객들이 '칭찬' 편지를 많이 쓸 때 지불해야 할 대가가 있다. 노동자들은 업무가 수행되는 **과정**

에 관한 통제권을 포기해야만 한다. 《노동과 독점자본Labor and Monopoly Capital》(1974)에서 해리 브래버맨은 이것이 20세기의 일반적인 흐름이라고 주장한다. 노동과정의 '마음'이 회사의 서열로 올라가면서 업무는 단순 작업이 되고 노동자는 평가 절하된다.³ 브래버맨은 이 이론을 육체노동과 정신노동에 적용하고 있지만, 이것은 감정노동에도 적용된다. 델타 항공을 예로 들면, 이 회사의 서비스 표준화 부서에서는 24명이 '방법 분석가method analysts(시스템을 설계하고 그것의 실행을 감독하며 계획을 짜고 새로운 시스템으로의 변환을 담당하는 사람 — 옮긴이)'로 일하고 있다. 그 사람들의 업무는 여러 가지 대인 업무의 작업 과정을 체계적으로 분류한 43개의 지침서를 업데이트하는 것이다. 항공 기관사가 승객들에게 커피를 제공하던 1920년에는 이런 직업이 없었다. 델타 항공이 똑같은 일을 시키려고 간호사들을 고용한 1930년대에도 마찬가지였다. 첫 번째 승무원이 객실에서 파리를 잡고, 수하물을 나르고 날개 정비까지 돕던 1940년대에도 그랬다. 승무원의 업무는 마케팅과 함께 성장했고, 점점 특성화specialization하고 표준화standardization됐다.

내면 행위의 교훈, 즉 "마치 객실이 자기 집인 것처럼" 그리고 "다루기 힘든 승객에게는 아픈 과거가 있는 것처럼" 행동하는 것은 그 자체로 단순 작업을 새롭게 발전시키는 것이다. '분노의 화신'을 안정시키기 위해 어떤 정신적인 움직임이 필요한가에 관한 생각을 제공하는 원천이 되는 감정노동자의 '마음'은 위계 속에서 그 지위가 높아져서, 이제 이 노동자의 업무는 표준화한 과정을 그대로 이행하는 것으로 제한된다. 훈련을 담당하는 사람들은 기술을 제공하는 과정에서 자신도 모르게 업무를 단순화하는deskilling 시스템에 기여하고 있다. 그 과정에서 제공되는 기술은 **언제 어떻게** 그 기술을 적용할 것이냐에 관한 노동자의 자율적인 통제에서 무언가를 빼내지는 않는다. 연수에서도 이 점이 강조되었다. "업무 중에 일어나는 문제에 어떻게 대처할까 결정하는 것은 여러분에게 달려 있습니다." 그렇지만 이 업무의 전반적인 정의는 예전보다 더 엄격하고, 무엇을 할 것이냐에 관해 노동자가 선택할 수 있는 범위는 크게 줄어들었다. 이 직업의 경계 안에서도 점점 더 많은 세부 업무가 구체적으로 정해진다. 이 승무원이 잡지를 나누어주었는가? 몇 번이나 나누어주었는가? 마찬가지로, 업무가 성취되었느냐 하는 것은 상사를 통해 좀더 명확하게 정해진다. 잡지를 어떻게 나누어주었는가? 미소를 지었는가? **진심 어린** 미소를 지었는가? 연수 강사들이 힘든 일을 쉽게 만들고 여행을 전반적으로 더욱 즐겁게 만들기 위해 열심히 노력한다는 사실은 이런 업무 단순화의 요소를 알기 어렵게 만들 뿐이다. 또한 강사들을 위해 연수 지침서가 준비되어 있고 강사 자신들도 '사실을 그대로 말할' 만큼 완전히 자유롭지 못하다는 사실 또한 업무 단순화가 특성화와 표준화의 결과라는 사실을 보여주고 있다.

    내가 관찰한 승무원들은 대개 이 사실을 깨닫고, 자신들의 직업이 '진짜' 기술을 완전히 익혀야 하는 명예로운 직업이라는 사실을 입증하기를 바라고 있었다. 나는 연수센터의 다음 기수로 법대 졸업생이 온다는 이야기와 치과의사며 사서, 식물학자도 일하고 있다는 이야기를 여러 번 들었다. 동시에 음식을 가져다주는 업무가 강조되는 반면 안전 절차와 구조에 관련된 자신의 기술이 가벼운 것으로 여겨지는 문제(승객들에게 죽음과 위험을 상기시켜서 항공권을 몇 장이나 팔 수 있겠는가?)에 관해 일반적으로 욕구 불만을 표출했다. 한 승무원이 이것을 생생하게 표현했다.

> 저는 제가 하는 일이 조금은 자랑스러워요. 물론 40분 안에 135명이 아침을 다 먹을 수 있도록 하려면 서둘러야 하고 생각할 수 있는 모든 것을 해야겠죠. 그건 135명이 식사 쟁반을 받고, 135명이 최소한 두 가지 종류의 음료수를 받아야 하고, 135개의 쟁반을 모아서 제자리에 갖다놓아야 한다는 뜻이에요. 그럼 한 사람 당 제가 신경 쓸 수 있는 시간이 몇 초쯤 되는지 상상할 수 있으시겠죠. 하지만 상대적으로 비행기가 충돌할 가능성이 높은 때인 비행이 끝날 무렵 마침내 보조석에 앉을 때쯤 제가 어떤 상태가 되는지 아세요? 웬 남자가 자기 좌석에 푹 쓰러진들

신경이나 쓸까요? 그게 제 일이에요.

이렇듯 승객들이 승무원들을 매력적인 웨이트리스 정도로 보기 때문에(회사 광고는 승객들이 승무원들을 이렇게 보도록 장려한다), 승무원들은 낮은 차원의 기술을 요구하는 일을 하는 것으로 **보이는 것**을 보통 거부하면서도 이런 거부감을 극복해야만 한다. 그렇지만 이 두 가지 기능, 즉 구조 작업을 하는 기능과 음식을 내오는 기능이 결합되는 방식과 각 기능에 주어지는 상대적 우위는 일을 하는 승무원들이나 훈련을 담당하는 사람들조차 영향을 미칠 수 있는 부분이 아니다. 이런 것들은 경영진이 결정한다.

실패한 변형

능률 향상을 바라는 업계의 요구가 승무원과 승객 사이에 접촉할 수 있는 시간을 극단적으로 줄인 상황에서, 감정노동을 전달하는 것은 거의 불가능해졌다. 이런 경우 감정노동과 감정 법칙, 사회적 교환의 변형은 실패할 것이다. '내면에서 우러나는'(델타 항공) 미소를 제공한다는 회사의 주장은 이치에 맞지 않는 것이 된다. 객실과 거실이 똑같다는 논리는 공허한 슬로건으로 전락할 것이다. '만약'의 가정을 이어 붙이는 기술은 조각조각 나고, 내면 행위는 확신을 주지 못하는 표면적인 표현으로 대체될 것이다.

이것이 대략 미국 항공업계에 일어났던 일이다. 1960년대에 일한 승무원들은 때로는 향수에 젖어, 때로는 씁쓸하게 '이전'과 '이후'를 이야기했다. '이전' 시기에는 요청받은 일, 그러다 보면 자신들이 **원하게** 되는 일을 할 수 있었다. 팬아메리칸 항공의 22년 된 고참 승무원은 추억에 잠겨 말했다.

옛날에 피스톤 엔진으로 가던 스트라토 크루저Stratocruiser(미국 보잉사에서 출시한 성층권용 비행기 — 옮긴이)가 있을 때는 호놀룰루까지 열 시간이 걸렸어요. 승객 75명에 직원은 셋이었죠. 사교성 좋은 사람이 하나 있어서 승무원을 각자 소개하고 승객들에게도 서로 소개하라고 시키고 그랬어요. ······확성기 같은 건 쓰지도 않았고, 응급 상황 대처 요령 안내도 육성으로 했어요. 인간적인 느낌은 더 있었죠. 비행기에 통로도 하나밖에 없었고 승객이 잘 수 있는 침대도 있었어요. 사람들을 침대에 밀어 넣기도 했죠.

그때는 승객과 이야기를 나눌 시간도 있었다. 비행 사이의 대기 시간도 더 길었다. 기내도 덜 복작거렸고, 지금에 견주면 승객들도 경험이 더 많고 일반적으로 부유했으며, 일도 더 즐거웠다고 한다. 요즘 승무원들이 비행을 묘사하는 내용은 많이 다르다.

요즘은 끝없이 갈 수 있는 커다란 비행기들이 있죠. 그러니까, 우리는 24시간 일해야 하고 [보잉 747기를 기준으로] 375명의 승객을 돌봐야 하는 겁니다. SP 기종 Special Performance plane(일반 비행기보다 항속 거리가 긴 기종 — 옮긴이)은 크기는 더 작지만 연료 공급 없이 15~16시간을 갈 수 있습니다. 예전에는 같은 사람들과 비행했고 승무원 수도 더 적었습니다. 위치는 간간이 비공식적으로 교대했죠. 지금은 다들 보통석에서 일하지 **않으려고** 말싸움을 할 준비를 한 뒤 출근합니다.
　　우리는 객실로 내려가면 눈을 마주치지 않으려고 하면서 통로와 접시에만 시선을 둡니다. 사람들은 보통 뭔가를 요청하기 전에 눈을 맞추려고 기다리는데, 만약 칵테일과 식사를 제공하는 데 2시간 15분이 주어져 있고 그 밖의 요청을 처리하는 데 5분이 걸린다면, 그런 요청들이 쌓일수록 제시간에 서비스를 할 수가 없는 겁니다.

1970년대 초반 승객도 줄고 이윤도 줄면서 항공사들이 '비용 절감' 캠페인을 벌인 일시적 불경기 이후로 황금시대는 끝이 났다.⁴ 회사에서는 더 많은 사람을 태울 수 있고 연료 충전 없이 더 오랜 시간을 비행할 수 있는 비행기를 이용하기 시작했다. 그렇게 되면서 업무 일수가 늘어났고, 연달아 근무해야 하는 날도 늘었다.* 경유지마다 시간대 변경에 적응할 시간도 줄었고, 쉬면서 이 직업의 핵심적인 장점인 개인 여행을 다닐 시간도 줄었다. 비행기와 마찬가지로 승무원도 되도록 길게 사용된다. 팬아메리칸 항공은 1시간 30분이던 포트타임(비행 전후에 제공되는 시간)을 1시간 15분으로 단축했다. 아메리칸 항공의 노조 관계자는 능률 향상에 관한 요구의 결과를 이렇게 묘사했다.

회사에서는 긴급 지시로 우리를 재촉합니다. ……브리핑을 하러 가는 버스 안에서도 지시를 할 정도지요. 비행기에 올라타면, 바로 모든 음식과 필요한 것들의 수량을 세고 승객들을 태우기 시작합니다. 문을 닫고 비행기가 활주로로 전진할 때쯤에야 식사가 20인분 정도 부족한 것을 발견하게 됩니다.

만약 우리가 자동공정 라인에서 일하고 있고 자동차가 라인을 따라 점점 더 빨리 내려온다면 우리는 그걸 능률 향상이라고 부를 겁니다. 그렇지만 회사에서는 비행기에서 같은 승무원에게 더 많은 승객을 할당하고 있습니다. 한 시간 반이 걸리던 주류 서비스와 저녁 서비스를 한 시간 안에 하라고 합니다. ……그리고 우리는 그렇게 합니다. 그러니 왜 우리가 이것을 능률 향상에 관한 요구라고 부르지 않겠습니까?

항공사에 관한 규제가 완화되면서, 항공권 가격이 떨어지고 '할인 고객'은

---

* 회사에서는 '단시간 비행'을 줄이고 '장시간 비행'을 늘리려고 애쓰는 중이다. 장시간 비행에서는 승무원이 예상 일일 할당 비행시간 이상을 일해야 한다. 단시간 비행에서는 일하는 시간이 할당 시간에 못 미친다. 아메리칸 항공처럼 항공 승무원 노조에서 시간외 근무에 대한 일당을 지급받을 권리를 따낸 경우, 회사에서는 그만큼 승무원들이 그 권리를 활용할 수 있는 기회를 줄이려고 한다.

더 늘어났다.* 더 많은 엄마들이 아이들을 데리고 타면서 장난감, 껌 종이, 과자 부스러기 등을 흘리고, 좀더 나이 많은 '겁에 질린 비행 인구'도 늘었으며, 화장실이 어디고, 베개가 어디 있고, 호출 버튼이 어디 있는지 모르는 사람도 늘었고, 돌아다니면서 '아래로' 내려가고 싶어하는 사람들도 늘었다. 사업상 비행기를 타고 왔다갔다한 경험이 많은 사람들은 승무원들에게 기내에서 삶의 질이 나빠졌다고 불평한다. 더 나쁜 경우에는 비행 경험이 적은 '할인' 고객들에 관해 불평을 하고, 그 사람들은 자기들대로 또다시 승무원에게 불평을 터트린다. 유람을 즐기던 공간은 그레이하운드 버스가 되었다.

회사에서는 노조가 요구하는 대로 승무원 대 승객의 비율을 유지하기 위해 승무원 수를 늘릴 수도 있었다. 팬아메리칸 항공의 어느 노조 관계자는 "만약 우리가 지금 10년 전과 같은 비율을 유지하려고 한다면 스무 명의 승무원이 탔어야 하지만, 현재 탑승하는 승무원은 열두 명에서 열네 명입니다"라고 계산했다. 회사가 그렇게 하지 않는 이유 중 하나는 승무원 한 사람당 들어가는 비용이 예전보다 많기 때문이다. 31세가 되거나 결혼을 하면 면직할 수 있다는 규정이 있을 때에는, 승무원이 값싼 노동력을 얻을 수 있는 확실한 공급원이었다. 그렇지만 노동조합에서 이런 규정을 공격하는 데 성공하고 높은 임금을 보장받으면서, 회사에서는 더 적은 수의 승무원에게 훨씬 높은 강도로 일을 시키는 쪽을 선택했다. 몇몇 승무원들은 이런 회사의 논리에 반박하기가 어렵다고 생각하는 반면, 다른 사람들은 왜 이 여성 노동이 그렇게 값싼 초기 비용으로 시작하는지 계속해서 의구심을 갖는다.

1980년대 초반에는 능률 향상에 관한 요구가 봇물 터지듯이 제기됐다. 유나이티드 항공의 객실 서비스 담당 부사장은 이런 상황의 경제적 배경을

---

*1979년 현재 할인가로 판매된 항공권은 델타 항공의 여객 서비스에서 나오는 국내선 전체 수입의 37퍼센트를 차지했다.

설명했다. "유나이티드 항공은 여객 시장에서 낮은 가격과 노동조합에 가입되어 있지 않은 비행기들을 무기로 간접비가 적고 비행기를 임대만 해서 쓰는 다른 기업들, PSA, 퍼시픽 익스프레스Pacific Express, 에어 캘리포니아Air California 같은 회사들과 경쟁해야 합니다." 이렇게 거대해진 경쟁에 맞선 대응으로 유나이티드 항공은 '프렌드십 고속 비행Friendship Express flight'을 시작했다. 그 뒤 겨우 1년 반이 지났을 때 이 비행 프로그램을 이용하는 사람은 이미 유나이티드항공 이용 승객의 23퍼센트를 차지했다.

프렌드십 고속 비행의 경우, 가격은 더 낮고 최소한의 서비스가 제공되며 좌석은 '빽빽하다.' 승무원들이 하루에 천 명의 승객을 감당하는 것은 이상한 일이 아니다. 그라운드 타임ground time(승무원이 지상에서 보낼 수 있는 시간 — 옮긴이)은 최대 20분으로 제한되어 있다. (유나이티드 항공의 한 승무원은 이런 말을 했다. "플로리다 주의 세인트 피터스버그St. Petersburg에는 프렌드십 고속 비행용 비행기를 보내지 않습니다. 그쪽에는 휠체어 이용 승객의 수가 많아 내리는 시간을 맞출 수가 없기 때문이죠.") 그라운드 타임이 이렇게 제한되어 있기 때문에, 승무원들은 세 등급의 여객을 탑승시킬 시간 안에 네 등급의 여행객을 서둘러 탑승시켜야 한다. 비행과 비행 사이에 객실을 청소하거나 용품을 교체할 시간도 없다. "프렌드십 고속 비행에서 10인분의 식사가 부족하게 되면, 그건 그냥 없는 만큼 가는 겁니다. 불평은 승무원이 감수해야죠." 그렇지만 불평에 대처하는 전통적인 방식을 더는 사용할 수가 없다. 실망한 승객들을 대면하더라도 이제 승무원은 그런 승객들에게 무료로 카드를 나누어주거나 음료수를 제공할 수 없다. 불상사에 관한 보상의 주요 형태는 인격적인 서비스가 되어야 한다. 그렇지만 실질적으로는 그럴 시간이 거의 없다.

경기 침체 탓에 유나이티드 항공은 다른 항공사와 마찬가지로 수하물 담당자, 게이트 직원, 발권 직원과 매니저들을 임시 해고했다. 줄이 길어졌다. 불상사가 늘었다. 흥분을 가라앉힐 일도 많아졌고 해야 할 감정노동도 많아졌지만 일할 사람은 줄었다. 능률을 향상하라는 요구가 정점에 이르면서 개인 서비스를 거의 전달할 수 없게 되었다. 오래 전부터 그런 이상 따위는 바라지도 않던 사람들, 항공사 직원뿐 아니라 승객들도 이 시스템에 스트레스를 받고 있다.

그렇지만 경영진은 감정노동을 공급하는 것을 막는 조건들을 늘리면서도 감정노동의 요구에 맞추라는 이 모순적인 정책을 벗어날 방법을 찾지 않는다. 기업들은 경쟁자들이 자신보다 더 많은 개인 서비스를 제공할까 봐 걱정하고, 그렇기 때문에 계속해서 '진심으로 친절한' 서비스를 하라고 직원들을 압박한다. 그렇지만 직원들도 할 수 없이 그 어느 때보다 빠르게 컨베이어 벨트를 돌리고 있는 느낌이다. 일하는 사람들 처지에서 '일을 즐기는' 작업을 하기는 점점 더 어려워진다. 보상은 일 자체에 원래 포함된 것이 아니라 일이 힘들기 때문에 받는 것으로 느껴진다. 팬암 항공에서 13년을 일한 어느 고참 승무원은 이런 말을 했다.

> 어쨌든 회사에서는 우리에게 상대적으로 좋은 보수를 주고 항공권도 무료 아니면 할인된 가격으로 제공했습니다. 연공서열도 있어서 오래 비행할수록 돌아오는 것도 많죠. 휴가와 그라운드 타임도 더 길게 잡을 수 있고 더 즐거워집니다. 우리들 모두 일하는 동안 정말로 행복해하지 않는다는 사실은 아무래도 좋아요. 그게 우리가 비행하는 이유는 아니었으니까요. 우린 돈, 남자, 모험, 여행을 위해 비행을 나갔죠. 그렇지만 비행기에서 일하는 것은 다른 데서 볼 수 있는 집안일과 웨이트리스가 하는 종류의 고역을 다 묶어놓은, 가장 고군분투해야 하고, 가장 보상도 적고, 자신을 소외시키는 일들의 집합체였습니다.

능률을 향상하라는 요구가 있기 전, 대다수 승무원들은 좋은 서비스를 제공하기 위해 필요한 활기 어린 선의善意를 유지했다. 자신이 하는 일의 많은 부분을 자랑스러워했다. 변형을 달성하는 데에도 한몫했다. 능률 향상을 하라는 요구를 받은 뒤, 개인을 상대로 하는 인간적인 접촉을 비인간적인 속도로 하라는 요구를 받게 되면서 승무원들은 감정노동을 줄이고 점차 감정노동에서 분리되었다.

모순에 대응하기

태업slowdown은 산업 현장에서 벌어지는 노동과 경영진 사이의 싸움에 쓰이는 오래된 전략이다. '맞춤형 서비스'를 제공하는 것이 직업인 사람도 태업을 계획할 수 있지만, 필연적으로 다른 방식을 취하게 된다. 상업적인 장소에서 관리 감독하는 사람이 있는 상태에서 업무가 진행되기 때문에, 항의는 의상이나 규정, 일반적인 행동 방식에 반발하는 형태를 띠게 된다. 1970년대에 승무원들이 누적된 분노와 불만을 터트릴 목소리를 내기 위한 독립적인 노동조합*을 결성하면서 많은 항공사에서 이런 종류의 항의가 일어났다.

그 뒤 10년 동안 승무원은 조용히 자신의 신체적 외모를 통제하는 것에 맞서 반대의 요구를 제기해왔다. 예를 들어 몇몇 승무원은 '특정한 신발'을 신었다("아메리칸 항공의 승무원 다섯 명이 슬리퍼를 신고 일을 했는데 사무장님이 아무 말을 하지 않았어요. 그 다음부터는 계속 신었죠"). 다른 사람들은 개인 차원이나 단체로 액세서리를 더 하고 나타나거나 평소의 세 배쯤 덥수룩하게 턱수염을 기르고 오거나 새로 파마를 하거나 화장을 가볍게 하고 출근했다. 이 싸움은 때때로 공식적인 절차를 통해 진행되기도 했다. 회사에서는 규정을 어긴 승무원 명단을 적은 '게시물'을 걸고, 노동조합에서는 불만을 모으고, 회사

---

* 이 노동조합은 임금을 인상하고, 단시간 비행을 늘리고, 보건·안전 규정을 개선하고, 승무원 수를 늘리는 것을 포함한 많은 문제를 두고 싸웠다. 이 책과 직접 관련된 부분으로는, 승무원의 신체와 장식 전반에 관한 회사 규정과 화장, 머리 모양, 속옷, 장신구와 구두 종류까지 규정하는 데 도전장을 던진 것이다.

와 노동조합 사이에 벌이는 협상 등의 절차를 거쳤다. 체중 규정의 경우처럼 논쟁이 법정으로 간 경우도 있다. 다른 경우 조용히 노동자들이 승리한 것으로 받아들여지면 회사의 단속이 이어졌다.

노동자들은 다양한 단계에서 자신의 미소와 표정 전반에 관한 통제권도 다시 찾아오려고 했다. 《웹스터 사전》에 따르면 '미소를 짓다smile'라는 동사의 뜻은 다음과 같다. "기쁨, 즐거움, 애정, 우정, 비꼼, 조롱 등을 드러내는 얼굴 표정을 짓는 것. 입가가 위로 올라가고 눈이 빛나는 특징을 갖는다." 그렇지만 승무원들이 하는 일에서 미소는 개인의 감정을 표현하는 일반적인 기능과 분리되어 다른 기능과 연결되어 있다. 미소는, 회사의 감정을 표현하는 것이다. 회사는 승무원들에게 늘어나는 승객 앞에서 더 많이, '더 진심으로' 웃을 것을 권고한다. 승무원들은 이런 독촉에 태업으로 대응한다. 덜 환하게 웃고 금방 미소를 거두며 눈빛을 반짝이지도 않음으로써 회사의 메시지를 흐린다. 미소를 둘러싼 전쟁이다.

태업을 하는 동안에는 미소를 짓는 데 드는 개인적인 비용에 관해 지나칠 정도로 언급하는 것도 가능해진다. 승무원들은 '웃음 주름'을 걱정한다. 이 주름은 한 개인의 성격을 드러내는 세월의 증거로 여겨지는 게 아니라 직업 때문에 생긴 피해로, 나이의 가치를 낮게 매기는 직업에서 종사하는 동안 생긴 바람직하지 않은 나이의 상징으로 여겨진다.

미소 전쟁에는 대가들도 있고 그 사람들이 전승한 지식도 있다. 나는 반복적으로 미소를 둘러싸고 싸운 한 승무원이 승리한 이야기를 계속 흥미롭게 들었다. 그 이야기는 이런 식이다. 한 젊은 사업가가 승무원에게 물었다. "당신은 왜 미소를 짓지 않죠?" 그 승무원은 카트에 쟁반을 다시 담고 그 남자의 눈을 보면서 말했다. "이렇게 하면 어떨까요. 그쪽이 먼저 미소를 보이면, 저도 웃겠어요." 그 사업가는 미소를 지어 보였다. "좋아요." 승무원이 대답했다. "이제 그 상태로 열다섯 시간을 계세요." 그러고는 가버렸다. 이 여주인공은 이

한 방으로, 표정에 관한 개인의 권리를 주장했을 뿐 아니라 객석에 앉아 있는 사람에게 가면을 씌움으로써 회사 규정에 명시된 자신의 배역을 바꾼 것이다. 광고를 통해 고객이 자신의 미소에 관한 권리를 가지고 있다고 말하는 회사에 도전한 것이다. 이 승객은 물론 광고가 말하는 것 이상을 받았다. 그 승무원의 진짜 감정 표현을 받았으니 말이다.

태업은 '오해하고 있는' 승객들뿐만 아니라 사방에서 저항에 부딪쳤다. 능률을 향상하라는 요구가 있기 전부터 끊이지 않는 미소가 관습적인 것이 됐기 때문에, 이제 와서 미소를 보이지 않는 것은 걱정을 불러일으킨다.* 몇몇 승객들은 단순히 속은 느낌을 받기도 하고 웃지 않는 승무원을 '게으름뱅이'라고 생각하기도 한다. 어떤 승객은 미소를 짓지 않는 것을 화가 났다는 뜻으로 해석한다. 한 승무원은 이렇게 말했다. "제가 웃지 않으면, 승객들은 제가 화가 났다고 생각합니다. 그렇지만 웃지 않는다고 화가 난 건 아니거든요. 저는 그냥 안 웃을 뿐이죠." 이런 승무원들은, 만약 이런 반응을 받아들이는 것이 신경 쓰인다면, 자신들이 화가 난 게 아니라고 승객들을 설득해야 하는 또 다른 과제에 직면한다. 이것은 "저는 다른 사람들만큼이나 좋은 사람이지만, 제 얼굴에서는 당신이 보고 싶어하는 것을 찾지 못하실 겁니다. 다른 방식으로 찾아 보세요"라고 말하려는 것처럼 사려 깊은 **행동들**을 하기 위해 더 열심히 노력해야 한다는 것을 뜻한다.

능률 향상에 관한 회사의 요구와 노동자들의 태업 사이에 나타나는 마찰은 감정노동의 표현을 넘어서는 정도까지 확장된다. 많은 승무원들은 개인적으로 폭발해버린 순간을 기억해냈다. 다음은 그중 세 가지 사례다.

---

*보통 때에도 덜 웃는 사람들은 자신들이 더 자주 웃지 않는다고 해서 차갑거나 불친절한 사람은 아니라고 다른 사람들을 안심시키기 위해 노력해야 했다.

비행 도중 어떤 여자가 제게 침을 뱉었을 때, 이제 참을 만큼 참았다고 생각했던 것 같습니다. 전 노력했습니다. 하느님이 아실 거예요, 전 정말 죽도록 참았습니다. 전 프로그램에 따라 진심으로 사람들에게 친절하게 대했습니다. 그렇지만 효과가 없었죠. 전 회사가 감정 면에서 제게 원하는 바를 거부합니다. 회사에서는 제 감정적인 부분을 일에 바치기를 원합니다. 그러진 않을 겁니다.

제가 확 폭발한 것은 뉴욕에서 마이애미로 가는 비행기 안이었습니다. 그 노선에서는 승객들이 모든 것을 어제 일처럼 여기고 싶어합니다. 계속 카드를 공짜로 달라고 요구하죠. 한 여자 승객은 카드를 공짜로 달라고 이야기하다가 제가 카드가 다 떨어졌다고 이야기하자 투덜거렸습니다. 그러다 마침내 한 좌석 밑에서 카드 한 벌을 찾게 됐고, 전 그걸 주워서 그 여자에게 가져다주었습니다. 그 여자가 가방을 여는데 그 안에는 카드 열다섯 벌이 있었습니다.

저는 어지간한 경우를 다 겪었다고 생각했습니다. 한 여자는 의사가 자기한테 카드놀이를 하라고 처방했다더군요. 어떤 남자는 자기가 렌터카 예약을 해야 하는데 조종실 무선통신을 이용해야겠다며 기장님께 부탁해 달라고 했습니다. 혹시 관장제가 있느냐고 물어보는 여자도 있었고요. 그렇지만 제가 뚜껑이 열린 건 한 여자가 자기 찻잔을 들더니 제 오른팔에 부을 때였습니다. 그냥 그게 다였어요.

감정노동을 수행하기를 거부하는 승무원들은 '로봇이 되어간다'는 말을 듣는다. 그런 승무원들은 내면 행위를 자제하고 표면 행위 정도만 한다. 그리고 감정을 보이는 척한다. 이 거리를 유지하는 사람들은 자신이 이런 식으로 처신해야 할 필요성에 공개적으로 저항한다. "저는 로봇이 아닙니다." 그 말은 "저는 그런 척은 하겠지만 제가 그런 척 연기하고 있다는 사실을 숨기려고 애쓰지는 않겠습니다"라는 뜻이다. 능률 향상에 관한 요구와 태업의 상황 속에서 진심에서 우러나오는 감정이 없다는 사실을 숨기는 것은 이제 더는 필수적인 것으로 간주되지 않는다. 성의 없다는 것은 다 공개되었다.

아메리칸 항공과 팬아메리칸 항공, 유나이티드 항공의 신입 승무원 노동조합은 자신들이 취할 수 있는 최선의 전략이 조합원이 가지고 있는 중요한 안전과 구조 기술을 강조하고 감정노동과 개인 서비스의 문제에는 큰 비중을 두지 않는 것이라고 판단한 것 같다. 반면 회사는 계속해서 경쟁자를 물리치기 위한 열쇠로 서비스를 강조한다. 그렇지만 노동자들이 가로막고 있는 부분과 회사에서 요구하는 부분이 정확한 용어로 언급되는 경우는 거의 없다. 한 승무원은 이렇게 말했다.

> 저는 누가 곧장 앞으로 나와서 자기 윗대가리한테 "전 이 직업에 제 감정을 싣고 싶지 않아요"라고 말할 거라고 생각하지 않습니다. 상사들도 그 사람이 원하지 않는다는 것을 알고 있고, 그 사람도 윗대가리가 무엇을 원하는지 알고 있죠. 그래서 우리는 서로 정말 말하고 싶은 내용은 정말로 전혀 전달하지도 못하는 말만 많이 하고 있습니다. 상사들은 '더 긍정적인 자세'를 말하면서 우리가 더 긍정적으로 행동할 수도 있었다고 지적합니다. 그럼 우린 "글쎄요, 다음번에는 더 잘 할게요"라고 말하지만 혼자서는 "다음번에도 마찬가지로 할 거야"라고 하죠.

회사는 간간이 서비스 규정을 강화한다. "회사가 싸움을 더 인식할수록, 회사에서는 규정을 더 강하게 만들죠. 규정을 더 정확하게 정의합니다. 더 많은 분류와 더 많은 항목들을 만들어내죠. 그리고 감정에 더욱 호소합니다. 그러고 나면 우리는 그 규정을 더 강하게 거부하죠." 어느 고참 승무원의 말이다.

몇몇 승무원들이 단결하지 않고 자신들은 순수하게 진심을 담아 승객을 대하기 위해 더 많이 노력하겠다고 억지를 부리는 것도 어쩔 수 없는 일이다. 누군가는 자신이 죄책감을 느끼는 '약점', 나이, 비만도, 동성애적 성향 등을 보완하기 위해 남의 호감을 사고 싶어한다.* 누군가는 일부 동료에게 복수를 하고 싶어한다. 누구는 회사가 기꺼이 모범 사례로 꼽는 직업적인 '천사'다. 태업 상황 속에서 이런 승무원들은 다른 노동자들의 분노를 사는 '방해꾼'이 된다.

태업에 맞선 대응책의 하나가, 신입 사원의 연령 제한과 교육 조건의 제한을 낮춤으로써 더 값싼 노동력을 찾는 방법을 고려하는 것이라는 이야기가 있다. 또 하나의 대응책으로 팬아메리칸 항공은 아시아계 여성 고용을 늘리는 데 관심을 보였다. 회사 관계자에 따르면, 팬암은 '언어 구사력 때문에' 아시아계 여성을 원한다고 한다. 노동조합원들 말로는 회사에서 아시아계 여성을 원하는 까닭은 순종적이고 또 감정노동을 기꺼이 수행하는 것으로 유명하기 때문이라는 것이다. "회사로서는 우리를 제거하고 사랑스럽고 순종적인 일본 여자들을 기내에 채워 넣는 게 가장 좋을 겁니다. 그렇지만 일단 규정상 회사가 일본으로 갈 수는 없으니까 일본계 여성들을 찾아 나서는 겁니다. 거기서 팬암이 조롱거리가 됩니다. 그런 식으로 저 사람들이 우리보다 훨씬 더 강인하다고 위압하는데 이 여성들이 이용된다는 거죠."

항공업계의 태업에서 특이한 점은 시위가 진행되는 방법과 그 무대다. 만약 어느 극단이 감독이나 의상 디자이너, 극작가를 상대로 시위를 벌였다면 그 시위는 파업의 형태가 됐을 게 거의 확실하다. 모두 연기를 거부하는 것이다. 항공업계에서는 연극이 계속되지만 의상은 점차 다른 것으로 바뀌고, 대사가

---

* 어떤 설명에 따르면, 회사에서는 여성의 나이가 지니는 가치를 평가 절하하는 문화를 이용해서 나이가 많은 여성 승무원들이 더 열심히 일함으로써 나이를 '보완'해야 한다는 의무감을 느끼게 해 왔다. 나이가 많은 여성 항공 승무원을 대놓고 괴롭혔다는 이야기도 있었다. 어느 사무장은 여성 승무원에게 재킷을 벗고 팔을 내놓고 다니라고 했다고 알려졌다. 그 사무장은 그러고 나서 팔뚝이 살이 쪄 '못 봐주겠다'고 말했다고 한다. 비록 당사자는 이 사실 때문에 개인적으로 고민했지만, 다른 항공 승무원과 노동조합 관계자는 이렇게 말했다. "회사에서는 우리가 나이를 개인적인 흠이라고 생각하게 하려고 합니다. 사실 회사에서는 그저 우리에게 연금을 주는 게 싫은 거죠."

조금씩 짧아지고 연기 스타일 자체가 변한다. 입가, 뺨의 근육, 그리고 웃음의 의미를 조절하는 정신적 활동이 바뀌는 것이다.

능률을 향상시키라는 회사의 요구는 노동자들에게 전반적인 스트레스를 주었다. 델타 항공의 한 본부장은 이것을 솔직하게 설명해주었다. "일이 점점 더 어려워진다는 것은 의심의 여지가 없습니다. 아픈 유형도 많아졌고, 상황에 따른 우울증 사례도 더 많이 봅니다. 알코올 중독에 빠졌거나 약물을 하는 사람도 늘었고, 잠을 자거나 휴식을 취하는 데 문제가 있는 사람도 늘었다고 알고 있습니다." 유나이티드 항공의 샌프란시스코 본부장은 이렇게 말했다.

마약이나 알코올 오남용 문제가 증가하고, 장기 결근자가 늘고, 일반적으로 불평이 늘어나기 시작한 때는 승객이 버스 수준으로 증가한 1978년이라고 할 수 있습니다. 가장 문제가 되는 사람들은 젊은 승무원들과 언제 다시 호출을 받게 될지 알 길이 없는 예비 인력입니다. 선임 승무원들은 일등석의 친구와 함께 일하고 프렌드십 고속 비행을 함께 피하도록 스케줄을 짤 수 있으니까요.

스트레스의 구체적 원인은 많다. 그중 명백한 것은 긴 대기 시간, 흐트러진 신체 리듬, 오존 노출, 예측 가능성이 상당히 높은 상황 속에서 지속되는 사회적 접촉 등이다. 그런가 하면 전반적인 업무 경험 속에서 실타래가 꼬여 스트레스의 일반적인 원인이 되기도 한다. 자아와 감정, 자아와 감정 표현 사이의 소외감을 조정하는 과제가 그것이다.

감정노동과 재정의된 자아

먹고 살기 위해 감정노동을 하는 사람은 다른 사람을 향하지 않은 세 가지 어려운 질문에 직면해야만 한다. 이 질문에 하는 대답은 그 사람이 자신의 '자아'를 어떻게 정의하는지 결정할 것이다.

첫 번째 질문은 이것이다. 어떻게 하면 내가 내 직업상의 배역과 회사에 녹아들지 않으면서도 정말 잘 맞는다는 느낌을 가질 수 있을까? 이 질문은 특히 (정체성이 형태를 덜 갖추었기 때문에) 어리고 경험이 적은 노동자들과 (여성들을 향해 남성에게 자신을 맞추라고 요구하는 경우가 그 반대 경우보다 많기 때문에) 여성에게서 두드러진다. 정체성의 혼란을 겪을 위험은 일반적으로 이런 사람들의 경우에 더 크다.

이 문제를 성공적으로 해결하려면, 이 노동자는 자신의 자아를 따르도록 요구하는 상황과 자신의 배역이 자신이 일하는 회사와 맺고 있는 관계를 따르도록 요구하는 상황을 구별하기 위한 일의 기준을 발전시켜야 한다. 그러려면 상황을 '객관화'하는 능력을 발전시켜야 한다. 예를 들어 한 승객이 프렌드십 고속 비행 상품의 결점에 관해 불평하면, 아직 그런 불평을 탈개인화할 줄 모르는 승무원은 그것을 자신의 사적인 부족함에 관한 비판으로 받아들인다. 그런가 하면 이런 승무원은 비행으로 기분이 좋아진 승객이 하는 칭찬을 자신의 특별한 자질이 반영된 결과로 받아들인다. 예를 들어 그런 칭찬을, 조합이 강한 태도를 보임으로써 승객 대 승무원의 비율이 개선됐다는 상징으로 받아들이지 못하는 것이다. 그 승무원은 '진짜' 자아에 쉽게 영향을 미치는 방향으로 사건을 해석한다. 자신의 자아가 크기 때문에 많은 사건이 그 자아에 영향을 미치는 것이다.

모든 회사가 그렇지만 특히 가부장적이고 노동조합이 없는 회사에서는 정책적으로 개인의 만족감을 회사의 번영과 정체성에 관한 인식과 뒤섞으려고 한다. 이런 노력은 대개 얼마간 잘 작동한다. 회사에서 '자연스러운 친절함'을 강조하기 때문에 새로 들어오는 노동자들은 사적 차원의 자아와 공적 차원의 자아, '편안한 나'와 '신경이 곤두선 나'를 구별하기도 힘들고, 자신의 직업을 연기를 해야 하는 일로 정의하기도 어렵다. 어느 선까지는 이 두 자아가 충분히 떨어져 있지도 않다. 이런 노동자들은 마음먹는 대로 어떤 우연한 사건을 개인화하거나 탈개인화할 수 있게 해주는 내면 행위 기술의 레퍼토리를 다양하게 가지고 있지 않다. 이런 적응력이 없으면 일이 잘못되었을 때(그런 일은 종종 일어난다) 이 노동자들은 종종 상처받고, 화를 내고, 스트레스를 받는다.

어느 지점까지 이르면 '진짜' 자아와 '연기된' 자아 사이의 혼란은 중대한 사건을 통해 검증될 것이다. 연속적인 상황들은 모르는 사람들이 가득한 조립 공정에서 왔다갔다하면서 무방비 상태가 된 자아를 강타한다. 한 개인의 자아는 그 자아에 가해지는 요구를 만족시키기에는 너무나 성기게 여기저기로 배분되어 있기 때문에, 이런 시험은 회사의 능률 향상에 관한 요구 탓에 개인 서비스를 전달할 수 없게 되는 경우에 종종 찾아온다. 이 지점에서 공적 자아와 사적 자아를 계속 융화된 상태로 유지하는 것은 점점 더 어려워진다. 자기 보호를 위해 이 두 가지는 강제로 분리된다. 이 승무원은 자신의 미소와 그것을 진실되게 유지하는 감정노동이 정말 자신의 것인지 궁금해한다. 그것이 정말 자신의 일부를 표현하고 있는가? 아니면 회사를 위해 일부러 만들어져서 전달되는 것인가? **자기** 내부의 어디가 '회사를 위해' 일하고 있는가?

이 문제를 풀기 위해 어떤 노동자들은 하나의 자아(보통은 일하지 않는 자아)만이 '진짜' 자아라는 결론을 내린다. 대다수의 사람들은 때에 따라 나름대로 각기 다른 방식으로 나타나는 각각의 자아가 모두 의미 있으며 진짜라고 생각하기로 한다. 자신의 정체성을 이런 식으로 인식하는 사람들은 나이가 많고, 경험이 많으며 결혼한 사람일 가능성이 높고, 혼란을 덜 주는 회사에서 일하는 경향을 보인다. 이런 노동자들은 보통 내면 행위에 더 숙달되어 있고, 두 개의 자아를 구분한다는 생각은 그냥 수용할 수 있는 정도가 아니라 반갑기까지 하다. 그래서 명확하게 정의되고 때로는 기계론적인 방식으로, 감정노동을 사실로 간주하고 이야기한다. "전 준비를 하고, 활발한 기분이 된 뒤, 플러그를 꽂죠." 그런 승무원들은 감정을 자발적이고 자연스럽게 나타나는 것이 아니라, 다스리고 통제하는 법을 배워야 하는 대상이라고 말한다. 이 문제를 자신의 용어로 정리한 어느 승무원은 이렇게 설명했다. "쾌활한 기분으로 일어나면, 그 기분을 동료 승무원과 승객들에게 퍼트리고 다닙니다. 하지만 만약 기분이 좋지 않고 우울한 상태로 잠에서 깬다면, 전 그 기분에서 벗어날 때까지 비행하는 동안 그 감정을 혼자 담아 둡니다. 그 감정을 생각해 봤을 때 기분이 좋으면 바깥으로 나가지만, 기분이 좋지 않으면 그냥 혼자 묻어 둡니다."

그렇지만 첫 번째 문제를 해결한 노동자들은 종종 두 번째 문제가 더욱 날카롭게 다가오는 것을 느끼게 된다. 내면 행위의 기술을 **가지고 있다**고 하더라도 그것을 언제나 사용할 수 있는 것은 아니다. 두 번째 질문은 "어떻게 하면 내가 행동하는 이유가 되는 사람들과 분리된 상태에서 내 능력을 쓸 수 있을까?" 하는 것이다. 많은 승무원들이 비행기 객실을 개인적인 손님으로 가득 찬 거실이라고 생각하지 못한다. 아무리 봐도 요구 사항이 많은 모르는 사람 300명으로 가득 찬 객실일 뿐이다. 그럴 때 마음에서 우러나는 목례를 할 수 있게 만드는 비밀은 표면 행위를 통해 감정을 숨기는 것이다. 많은 승무원들이 내면 행위를 하고 싶어하지만 회사에서 능률 향상을 재촉하는 상황 속에서는 내면 행위를 끌어낼 수 없기 때문에 표면 행위에 의지하게 된다.

이런 이유로, 새로운 문제가 중심에 놓이게 된다. 그 사람이 '사기꾼인가' 하는 문제다. 어떤 노동자가 자신의 일에 진심을 쏟고 싶지만 표정만 나타낼 수 있다면, 그 노동자에게 닥칠 수 있는 위험의 요소는 자기 자신을 '사기꾼'이라고 생각할 수 있다는 데 있다. 승무원 사이에서도 이 단어는 놀라울 만큼 자주 등장한다. 승무원이 다른 사람을 사기꾼이라고 헐뜯는 것을 심심치 않게 들을 수 있었다(예를 들면 "포장도 그런 포장이 없더라니까" 하는 식이다). 그렇지만 노동자들은 자신도 비난의 대상이 될까 봐 두려워하기도 하는 모습이었다. 나는 "내가 사기꾼은 아니지만……"이라는 말로 시작되는 문장을 쉽게 들을 수 있었다. 거짓에 관한 이야기는 진지한 것이었다. 이것이 그저 행동이 잘못된 경우로 여겨지는 것이 아니라 오점에 가까운 그 사람의 도덕적 결함을 드러내는 증거로

받아들여지기 때문이다.[5]

　　여기서 세 번째 질문이 등장한다. "내가 나와 연결되어 있지 않은 사람들을 위해 내면 행위를 하고 있는 거라면, 어떻게 해야 냉소적으로 되지 않으면서도 내 자존감을 **유지할** 수 있을까?" 이런 사람들은 직업을 재정의함으로써 허위와 자존감에 관련한 문제를 풀 수 있다. 비록 어떤 사람들은 자신이 거짓되었다고 비판했지만, 다른 사람들은 이것을 환상을 만들어낼 것을 단호하게 요구하는 직업상 필요하고 바람직한 표면 행위로 보았다. 승무원을 대상으로 비공식 발행되는 뉴스레터인 《팬암 퀴퍼Pan Am Quipper》의 편집진은 이 거리를 간결한 말로 묘사했다. "우리는 좋은 서비스에 관한 환상을 취급합니다. 우리는 승객들이 좋은 시간을 보내고 있다고 생각하게 만들고 싶습니다. 어떤 종류의 무시든 심각하게 받아들이는 것은 위험한 일입니다. 이 직업을 너무 심각하게 받아들이는 것은 위험하죠. 이 뉴스레터는 그런 걸 웃어넘기자는 뜻에서 만든 겁니다."

　　명예로운 기분으로 계속 일하기 위해서는 그 직업을 심각하게 받아들이는 생각을 멈추어야만 한다. 한편에서는 고생스러운 경험이 노동자를 그 일에서 점점 멀어지게 만들고, 다른 한편으로는 일이 "환상을 유지하는" 수준까지 줄어든다. 이제 '거짓'인 것은 더는 진심 어린 미소나 그 사람이 아니다. '좋은 시간'이야말로 진짜 가짜다. 그리고 '좋은 시간'에 대한 환상을 이끌어내기 위해 들여야 하는 노력이 문제가 된다. 그것은 마치 《팬암 퀴퍼》의 편집자들이 자신들이 대변하는 노동자들과 마찬가지로, 적당하게 "일이 문제죠, 우리가 아니라" 하고 말할 것을 강요받는 것과 같다. 그렇게 되면 이 말에는 보호를 위한 메시지가 덧붙는다. "그 일은 **우리**와 심각하게 엮인 게 아닙니다."

　　승무원에게 자신이 전혀 통제할 수 없을 정도로 많은 사람들을 위한 내면 행위를 하라고 요구하면, 그 승무원은 방어 태세를 갖추게 된다. 이런 상황에서 자존감을 구해내는 유일한 길은 그 직업을 '환상을 만드는 일'로 규정하고 그 일에서 자아를 분리하며, 그 일을 심각하지 않고 가벼운 것으로 받아들이는 것이다. 일의 작은 부분만이 자아에 영향을 주면, 자아는 '더 작아진다.' 그렇지만 그만큼 일도 작아진다. 승객이나 승무원 어느 누구도 정말로 '좋은 시간'을 보내지는 않는다.

일부 노동자들이 일을 '심각하지 않은 것'으로 정의함으로써 스스로 일에서 거리를 두는 반면, 다른 사람들은 다른 방식으로 거리 두기를 한다. 그 사람들에게 일은 여전히 심각한 것이다. 그렇지만 진지하게 일에 빠져들지는 않는다. 직업상 필요한 덕목이건 직업의 특성이건 스스로 사기(또는 표면 행위)라고 정의하는 일을 할 수 없는 경우라면, 그 사람들은 '로봇이 될' 수 있다. 그 사람들은 세상에 맞설 가면으로 얼굴을 사용한다. 그 사람들은 행동하기를 거부한다. '로봇이 된' 사람들은 대부분 그것을 방어로 묘사하지만 자신들도 그것이 부적절하다는 것을 알고 있다. 이렇게 뒤로 물러나는 것이 종종 승객들을 화나게 하기도 하고, 그렇게 되면 그 사람들은 그런 격앙된 상태에서 자신을 보호하기 위해 더욱 뒤로 물러나야 한다. 어느 경우에서건, 마치 중요하지 않은 일을 하는 것처럼 업무를 수행함으로써 한발 뒤로 물러났든 아니면 감정적인 작업을 전혀 하지 않음으로써 물러났든, 이 노동자는 방어 자세를 취하고 있는 것이다.

감정노동은 각각의 문제와 연결되어 한 사람의 자아에 관한 인식에 도전장을 던진다. 각 경우에서 감정노동을 하지 않는 사람들, 예를 들면 조립 공정에서 일하는 노동자나 벽지 제조 기계공 사이에서 많은 염려를 낳을 만한 일은 문제가 아니다. 한 사람이 자신의 '진정한 자아'라고 느끼는 것과 안팎의 행위 사이에 나타나는 소외의 문제야말로 우리가 다루어야 할 부분이자 어떤 태도를 취해야 할 문제가 되고 있다.

항공 승무원이 자신의 미소가 "자신이 정말 어떤 느낌인지를 보여주는 지표가 아니다"라고 느낀다거나 자신의 내면 행위나 표면 행위가 의미 있는 것이 아니라고 느낀다면, 이것은 자신이 좀더 일반적인 변형이 실패했다는 사실을 감추기 위해 무리하고 있다는 표시다. 이것은 회사의 감독과 표준화된 소품들을 가지고 상업적인 무대에서 진행되는 오늘날의 감정노동이, 배우들을 그 안으로 끌어들이고 예전 같은 방식으로 관객들을 설득하는 데 실패하고 있다는 것을 암시한다.

감정이 성공적으로 상업화된 상황에서는 노동자가 거짓이라는 느낌이나 소외되었다는 느낌을 받지 않는다. 노동자는 자신이 제공하는 서비스가 실제로 얼마나 인간적인지에 만족감을 느낄 것이다. 내면 행위는 소외의 원천이 아니라 그런 만족을 얻도록 도와주는 요소다. 그렇지만 전반적인 과정으로서 감정의 상업화가 무너져 독립된 요소들로 나누어지면, 표현은 공허해지고 감정노동은 철회된다. 실패한 변형을 감추는 것이 과제가 되는 것이다. 자랑스럽기 때문이든 화가 났기 때문이든, 표정과 감정은 도구로 사용되고 있다. 아메리칸 항공의 어느 노동자는 이렇게 말했다. "우리가 아프면 회사에서 우리를 뭐라고 부르는지 아세요? **파손**이라고 합니다. 그것 참 '긍정적인 태도' 아닌가요? 고충 처리 부서에 가서 아파서 스케줄을 취소하려는 사람에게 한다는 말이 파손이랍니다." 유나이티드 항공의 샌프란시스코 본부장도 가엾은 듯 이런 말을 했다. "우리는 승무원들을 머릿수로 셉니다. 비행에 충분한 '머릿수'가 되나 하는 식으로요." 감정이 도구가 될 수는 있지만, 누구의 도구란 말인가?

앞면과 뒷면 사이 — 직업과 감정노동 ● 07

당신의 가치를 알고, 항상 웃으세요. — 어느 이탈리아 레스토랑의 홀 뒤쪽에 붙어 있는 문구

불안을 조성할 것. — 미수금 처리 대행 회사의 안쪽 방에 붙어 있는 문구

기업의 세계에는 전면前面과 이면裏面이 있게 마련이고, 이 두 가지는 각기 다른 기능을 수행한다. 하나는 서비스를 제공하고, 다른 하나는 그 서비스의 비용을 추심하는 것이다. 어떤 회사에서 서비스를 찾는 수요를 창출하고 그 서비스를 전달하려고 할 때에는, 미소와 부드럽게 물어보는 목소리를 사용한다. 이런 전달의 표현 이면에서 회사는 노동자에게 공감과 신뢰, 호의의 느낌을 가지라고 요구한다. 한편, 회사가 자신들이 판매한 상품의 대금을 추심하려고 할 때, 이 회사의 노동자는 우거지상을 하고 명령조로 목소리를 높이라는 요구를 받는다. 이 노동자는 추심을 위한 표현을 하면서 불신과 때에 따라서는 분명한 악의를 품으라는 요구를 받는 것이다.* 어느 쪽의 표현에서든, 이 노동자에게는 적절한 감정을 어떻게 만들고 유지하느냐 하는 것이 문제가 된다.

---

* 몇몇 회사는 회사 이름을 유쾌하고 도덕적인 이미지로 유지하기 위해 채무금 수금을 외주 기관에 맡긴다. 델타 항공의 재무 부서를 총괄하고 있는 한 임원은 이렇게 설명한다. "우리는 전국적으로 여덟 개에서 아홉 개의 수금 기관을 활용하고 있습니다. 누구도 이 사무실에서 어떤 행동을 취하지 않습니다. 우리는 그 기관이 악역을 맡고 델타 항공은 착한 사람의 이미지로 가기를 선호하죠." 델타 항공의 고객 중 돈을 지불하지 않는 사람은 1퍼센트가 조금 넘는다. 독촉을 하면 40퍼센트는 돈을 내고, 그중 3분의 1이 추심 기관에 돌아간다.

항공 승무원과 추심원으로 대표되는 감정노동의 양극단을 묘사하는 이유는, 그런 묘사를 통해 이 두 극단 사이에 놓인 직업들에서 요구하는 감정적인 업무의 엄청난 다양성을 좀더 잘 이해할 수 있기 때문이다. 이것은 우리가 감정노동이 사회 계층의 전반에 걸쳐 어떻게 분배되고 부모들이 어떻게 자녀에게 각기 다른 직업에서 요구하는 감정노동을 하도록 가르치는지 알아보는 데 도움을 준다. 승무원의 업무는 이미 살펴보았으니 이제 추심원의 업무를 살펴보자.

추심원

어떤 면에서 추심원이라는 직업과 승무원이라는 직업은 비슷한 구석이 있다. 두 직업은 감정노동의 정반대 측면을 대변한다. 일하는 날을 기준으로 보면, 두 직업은 경제 상황에 대응해 반비례적이기는 하지만 늘었다 줄었다 한다. 경기가 좋지 않으면 승무원들이 상대해야 할 승객의 수는 줄지만 추심원이 독촉해야 할 채무자의 수는 늘어난다. 게다가 두 직업에 종사하는 노동자는 둘 다 고객의 경제적 상태에 맞춰줘야만 한다. 승무원은 돈을 가장 많이 내는 승객에게 특별히 신경을 쓰라는 요구를 받는다. 항공사와 일등석 전속 계약을 맺은 회사의 임원들이 이런 사람들이다. 추심원은 필연적으로 가장 적은 이익을 가져다주는 사람들을 상대해야 한다. "주소를 보면 채무자들이 저소득층 지역에 산다는 것을 알 수 있습니다. 돈도 없고 젊은 사람들이죠"(델타 항공의 추심 담당 본부장).

이 두 직업의 현저한 차이는 연수 과정에서 찾아볼 수 있다. 승무원들은 어렵게 선발되어 2주에서 5주 동안의 집중 연수를 받는다(델타 항공은 4주를 요구하고 있다). 내가 방문한 어느 추심 기관의 연수 과정은 이랬다. 아무 경험이 없는 젊은이의 손에 추심 독촉 전화의 '모범 사례'가 녹음되어 있는 네 권의 앨범이 쥐여지고, 통화 내용을 녹음하는 회사 시스템에 관한 간략한 설명을 들은 뒤, 자격증을 받기 위한 서류를 작성하고 나서 출퇴근 시간을 찍을 업무 카드를 건네받고 전화기 앞에 앉아 있는 직원들 사이에 앉는다. 이 모든 과정이 한 시간 안에 진행됐다. 이 직업은 연수나 다른 과정을 통해서도 노동자를 유지하는 데 드는 노력이 적기 때문에, 이직률이 높았다. 그 직업에 계속 종사한 사람들은 아마도 공격성을 끌어올리는 기술을 이미 훨씬 이전부터 배운 사람들일 것이다. 그리고 그런 사람들은 자신이 무엇을 선호하는지 아는 경지에 이르렀다. 한 추심원은 이렇게 말했다. "저는 네 시간 동안 전화 영업을 하느니 여덟 시간 동안 추심 전화를 하겠습니다. 전화 영업을 할 때는 누가 뭐라고 하든 항상 친절해야 하지만, 그러고 싶지 않은 적도 많거든요. 저로서는 열정적인 것처럼 행동하는 게 어렵습니다."

승무원의 과제는 고객의 지위를 **향상**시키고, 고객의 중요성을 높여주는 것이다. "승객이 항상 옳은 건 아니겠지만, 승객은 절대 틀리지 않습니다." 서비스의 행동 하나하나가 광고다. 이것과 달리 추심이 진행되는 마지막 단계에서는 일반적으로 고객의 지위를 **깎아내린다**. 추심원은 이런 고객들이 보일 것으로 짐작되는 저항을 꺾으려고 애쓰기 때문이다. 추심원은 대금 지급을 거부하는 **행위**가 고객이 게으르고 도덕성이 낮다는 사실을 알려주어 채무자의 굴욕적인 **지위**를 드러내는 증거라고 확대해서 생각할 수도 있다. 추심 담당 직원과 나누는 대화는 지위를 깎아내리는 것으로 악명이 높다. 그것이 보통 한편으로는 법적으로, 다른 한편으로는 경험적으로 적개심을 불러일으키는 원인이다.

추심 업무에서 무대 세팅과 행위자들 사이의 관계는 탈인격화되어 있고 맨 처음부터 격리되어 있다. 보통 유니폼에 명찰을 반드시 착용해야 하는 승무원들과 달리, 내가 조사한 기관에서 일하는 추심원들은 진짜 이름을 사용하지 못하게 되어 있었다. 한 사람은 이렇게 설명했다. "회사에서는 채무자들 중에 성질 더러운 사람들이 있을까 봐 염려합니다. 그런 사람들이 우리를 찾지 못하게 하려는 거죠." 비행기에 탑승한 승객들과 달리 채무자들은 전화로 추심을 하는 경우 추심원이 일하는 모습을 보지 못한다. 물론 추심원도 채무자가 어떤 상황인지 알 수가 없다. 한 추심원은 쓸쓸해 하며 이런 말을 했다. "어떤 여자가 '그런 일은 남편이 잘 아는데, 남편은 지금 출근하고 없어요'라고 말한다고 합시다. 그 남편이 사실 바로 옆 소파에 앉아서 맥주를 마시고 있을 수도 있는 겁니다. 그렇다 한들 제가 어떻게 알겠어요? 그 집에 화상 전화라도 있었으면 좋겠다는 생각을 하죠. 근데 그게 있으면 차압할 물건만 하나 더 느는 겁니다."

내가 조사하던 사무실에 직접 돈을 내려고, 또는 비밀리에 소유권을 되찾은 차에 있던 물건들을 가지러 오는 채무자들은 사무실을 지키고 있는 그레이트 데인Great Dane 종 개 두 마리를 보게 된다. 한 마리는 아래층에서 사슬에 묶여 있고, 다른 한 마리는 사무실에 있었다(한 추심원은 이런 말을 했다. "처음 출근한 날, 저는 이 개가 사람을 무느냐고 물었습니다. 사람들은 '네. 하지만 걱정할 필요는 없어요. 흑인만 무니까요'라고 대답했죠"). 추심원만 볼 수 있는 무대 밖 공간에는 창문에 이런 격려의 말이 쓰여 있었다. "방심하고 있는 고객을 잡아라. 대화를 조종하라."

많은 경우 추심원의 첫 번째 과제는 채무자가 꼼짝없이 자신이 누구인지를 인정하게 하는 것이다. 추심원은 채무자가 어떤 이름도 대지 않으려고 할 것이라고 생각하고, 잘못된 이름을 댄다. 그럼 채무자는, 특히 방심하고 있는 아침 이른 시간에 통화를 하는 경우, 통화를 시작할 때부터 자기 이름을 바로 대면서 이 덫에 걸려 자기가 누구인지 인정할 수밖에 없다.＊

이렇게 되면 처음부터 상황은 불쾌해진다. 채무자가 곧 자신이 지고 들어간다는 사실을 눈치 채기 때문이다. "때에 따라서는 처음부터 욕을 퍼붓는 사람

＊한 여성 추심원은 이렇게 말했다. "사람들이 여자가 추심을 할 거라고는 생각하지 않기 때문에 저한테는 이 방법이 특히 효과가 좋아요." 한 남성 추심원은 자신의 딜레마를 말하기도 했다. "제 상관은 장거리 통화는 수신자 부담으로 걸라고 말합니다. 그렇지만 누가 뭣 때문에 모르는 사람이 걸어 온 수신자 부담 전화를 받겠어요? 전화요금 청구서가 날아오면, 전 틀림없이 해고될 겁니다."

도 있습니다. 전화를 건 사람이 누구인지 알기도 전에 자기가 누구인지를 밝혔다는 데 화를 내는 거죠." 추심원이 빠른 속도로 말을 하면 더 좋다. 어느 추심원은 이렇게 설명했다. "그 사람이 누구인지 확인하고 나면, 제가 누구인지를 밝힙니다. 그러자마자 바로 본론으로 들어가서, 당장 내일이라도 돈을 받아야 하는 것처럼 말을 정말 빨리 하는 겁니다. 그리고 나서 잠깐 동안 아무 말도 하지 않습니다. 방심했을 때를 노리는 거죠. 분명히 말하지만, 너무 친절하게 굴면 그 사람들 때문에 우리가 힘들어집니다."

추심원의 다음 과제는 위협의 정도를 채무자의 저항에 맞추는 것이다. 이것은 주로 다른 사람들이 어떻게 하는지 보면서 배우게 된다. 어느 추심원의 경우 사장에게서 이 기술을 배웠다고 했다. "사장님이 들어와서 목이 터져라 소리를 지르더군요. '지금이 크리스마스건 빌어먹을 휴가철이건 상관없어! 얼른 그 인간들한테 돈을 갖다 넣으라고 말하라고!'" 이 사장은 적은 액수부터 얼른 받고 새로운 사람들에게로 넘어갈 수 있도록 위협의 강도를 빨리 높이는 쪽을 선호하기는 했지만, 그 밑에서 일하는 노동자들은 일반적으로 '부드러운 추심'을 선호했다. 추심원들은 요점을 이야기할 때까지 시간을 끌면서 자신들이 채무자에게 선물(일부러 그러지는 않았을 것이라는 믿음과 시간과 액수의 문제는 협상이 가능하다는 암시)을 주는 것이고, 그 답례로 채무자가 신뢰를 가지고 자신의 말에 순응할 수도 있다는 느낌을 갖는다. 이 상황에서, 특히 신규 채무자를 상대하는 경우 추심원은 "우리가 이 문제를 어떻게 해결할 수 있을지 한 번 봅시다"라고 말할 때처럼 주로 **우리**라는 공동체적인 단어를 사용한다. 이 추심원이 지불을 촉구하는 회사와 자신을 구별하는 듯한 말을 할 때도 있다. "자, 보세요. 이제 **우리**가 이 문제를 어떻게 정리할지 생각해봅시다. 안 그러면 **회사에서** 당신에게 일주일 안에 서면 통지를 할 겁니다."

승무원과 마찬가지로 추심원도 감정 법칙을 발견한다. 승무원의 경우에는 신뢰가 의심 앞에서 쉽게 무너져서는 안 되기 때문에, 승객을 자기 집에 온 손님이나 어린아이라고 생각하라는 권고를 받는다. 반면 추심원은 의심이 신뢰 앞에 쉽게 무너져서는 안 된다. 그렇기 때문에 진실을 이야기하고 있다는 기미나 진실에 관한 작은 단서들이 중요해진다. 경험이 많은 어느 추심원은 이렇게 말했다. "전 신입 사원들보다 징표들을 빨리 알아채기 때문에, [채무자에게] 빨리 다가갑니다." 그러고는 말을 이었다.

자기 시간을 들여 회사에 편지를 쓰는 사람이라면 아마도 당신에게 진실을 말하고 있을 겁니다. 그렇지만 제가 그 사람에게 연락할 때까지 아무 말도 하지 않고 있다가 그제야 갑자기 상품에 관해 투덜거리는 사람이라면, 그런 사람은 의심해 봐야죠. 아니면 "예전에 우편환으로 보냈는데 영수증을 잃어버렸어요"라고 할 수도 있습니다. 그런 건 항상 좋은 변명 거리가 되죠. 아니면 "지급 완료된 수표를 보관하지 않아서요"라고 이야기합니다.

진실을 말하는지 알 수 있는 또 하나의 징표는 채무자가 얼마를 내야 하는지 솔직하게 인정하느냐 그렇지 않느냐 하는 것이다.

전 많은 사람들에게 시간을 줍니다. 그런 사람들은 솔직하게 말을 하죠. "제가 요새 일을 안 합니다. 돈도 없습니다. 어떻게 하죠?" 그럼 저는 "좋습니다. 그렇다면 이렇게 하죠"라고 말합니다. 만약에 그 사람이 500달러를 갚아야 한다고 합시다. 그럼 전 이렇게 말합니다. "그럼, 20달러씩 나눠서 내시면 시간이 좀 생기시겠죠. 만약 돈을 전혀 보내지 않으시면 회사에서 일주일 안에 서면 통지가 가게 되어 있습니다."

때로는 채무자를 믿어야 할지 말지 결정하는 과정에서 추심원이 채권자의 주장이 사실인지 의심하게 되기도 한다. 그렇기 때문에 ABC 기저귀 회사의 미납금을 추심하기 위해 노력한 어느 사람은 이렇게 말했다.

> ABC는 반송된 기저귀 박스에서 기저귀 44개가 모자라니, 개당 75센트씩으로 계산해서 그 고객에게 요금을 받아야겠다고 말하곤 했습니다. 그렇지만 고객들은 전부 자기는 기저귀를 가져가지 않았다고 말하죠. 회사에서 없어졌다는 기저귀를 다 찾을 수 있다면 이 세상은 기저귀로 가득 찼을 겁니다. ABC는 고객들에게 자신들이 기저귀 수량을 맞추어서 내놓는다고 생각하게 하려고 했던 게 분명합니다. 그렇지만 ABC는 애초부터 숫자를 맞추어 배달하지 않았습니다. ABC 기저귀가 매번 수량이 틀리다는 말이 나오자, 저는 소비자 편이 됐습니다. 그렇지만 사장님 앞에서 감히 그렇다고 말할 수는 없었죠.

추심원은 승무원과 달리 회사나 자기들이 돈을 받아 건네주는 기업의 고객이 말하는 주장을 믿으라는 요구를 받지 않는다. 그렇게 믿으면 일이 쉬워지기는 하겠지만 말이다. 어느 여성은 이런 기억을 꺼냈다.

> 저는 성냥갑에 등장하는 한 학교에서 일했습니다. 아시죠, 작은 성냥갑 뒤에 붙어 있는 광고에 나오는 학교들이요. 그런 학교는 직업학교Career Academy라고 불렸습니다. 미국 전역에 그런 학교가 열한 개가 있었지만 다들 한창 쇠퇴하는 중이었고, 그렇기 때문에 아무 경험도 없는 저를 고용해서 [재무 관련 업무도 해야 하는] 과장직을 줬죠. 그 학교에서는 신용카드 기계를 사용하는 법 같은 것을 가르치고 나서 학위를 줬습니다. 학교에서는 말도 더듬는 아이들이 모여 있는 이 오지에서도 유명한 라디오 방송 진행자가 나오게 될 것이라고 말했습니다. 학교에서 돈을 빌려 수업을 듣는 것은 주로 가난한 흑인 아이들이었습니다. [돈을 빌려 간 아이들의] 연체율은 50퍼센트였습니다. 그 학교를 졸업한 학생은 아무도 라디오 방송국의 일자리를 얻지 못했습니다. 그러니 어떻게 빚을 갚을 수 있었겠어요?

아무도 이 추심원에게 '회사를 믿으라'는 요구를 하지 않았다. 그저 할 일은 회사를 위해 일하는 동안 회사와 냉소적인 거리를 유지하는 것이었다.

추심원이 채무자를 믿는다 하더라도, 얼마나 공감할 것인가 하는 문제가 남는다. 승무원 연수에서는 공감과 연민의 느낌을 확대하기 위해 승객을 손님이나 아이에 비유하는 논리가 사용된다. 추심원의 업무에서는 그런 감정을 없애기 위해 추심 업무를 하고 있는 동안에 승객을 '게으름뱅이'나 '사기꾼'으로 여겨야 한다는 논리가 들어온다. 어느 추심원은 이렇게 고백했다. "우리가 쫓아다니는 사람들은 대부분 가난한 사람들입니다. 이 일을 하면서 전 대다수 사람들은 정직하고, 서비스나 다른 면에 정말 심각한 불만 사항이 있지 않는 한 돈을 내려고 할 거라고 믿습니다. 만약 지금 우리 사장님이 제가 이렇게 말하는 것을 들으면 틀림없이 저를 해고할 겁니다. 전 **모든 사람들이 우리를 속이려고 한다고 생각해야 하는** 사람이기 때문입니다."

두세 번 전화를 해도 돈을 갚겠다는 확답을 듣지 못하면, 추심원은 거칠어진다. 채무자의 '돈을 내지 못하는 이유'는 이제 '거짓말'이라는 이름을 얻게 된다. 추심원이 이제껏 알고 있으면서도 예의상 모르는 척하던 속임수로 여겨지는 것이다. 어느 추심원이 이 과정을 묘사하고 있다.

그 사람에 대한 기록을 봅니다. 그 사람이 이러니저러니 계속 약속을 했고, 한 번은 전화번호부에 버젓이 주소가 있을 텐데도 우리 쪽 주소를 잃어버렸다고 말한 적도 있다는 사실을 알게 되죠. 그럼 전화를 겁니다. "미납 센터의 아무개입니다. 스미스 씨." 그럼 그 사람은 아주 친절하게 통화를 시작할 겁니다. 그럼 "그런데, 이건 어떻게 된 거죠?"라고 말을 하겠죠. 그럼 그 사람은 이렇게 대답할 겁니다. "아직도 못 받으셨다는 말씀이세요? 이해할 수가 없군요. 아내가 아직 보내지 않은 모양입니다. 부치라고 아내에게 줬거든요." 그럼 점점 까칠해지기 시작하죠. "글쎄요, 그런 이야기를 계속 듣는 것도 좀 지치려고 하네요. 이제 더는 그렇게 우편으로 보내시려고 애쓰지 않으셨으면 합니다. 오늘 당장 돈을 가지고 사무실로 나오시죠." 그렇게 하면 그 사람은 정말 돈을 보낼 겁니다.

승무원에게는 자신의 지위를 낮춤으로써 고객의 지위를 올려주는 것이 권장되지만, 추심원에게는 다른 사람들을 상대할 때 자신을 부풀리거나 우세를 점하는 것, 인가받은 권리를 행사하는 것이 용인된다. 그런 태도를 취하는 것을 부정하던 어느 추심원은 자신이 일한 다른 회사들에서도 그런 상황이 보편적이라고 주장했다. "많은 추심원들은 사람들에게 마치 그 사람들이 자기 것을 빼앗아가기라도 한 것처럼 소리를 칩니다. 많은 사람들이 자신이 중요한 사람이 된 것 같은 느낌을 갖게 되죠."

캘리포니아의 일부 추심원들은 주 민사법에 채무자들에게 욕을 하는 것이 금지되어 있다는 사실에 강한 불만을 터트렸다(Article 2, sec. 1788.11). "전화를 끊을 수는 있습니다. 욕만 할 수 없는 겁니다. 그 사람들이 명부에 있는 이름을 다 대는 경우 같은 때에는 욕을 참기가 힘들죠." 그렇지만 추심원들은 채무자를 무시하고 복종하게 만드는 다른 효과적인 방법을 찾는다고 말했다.

한편 채무자들은 때때로 최소한 이름만큼은 경멸당하지 않도록 보호하기 위해 추심원에게 방어적으로 이름을 감추는 식으로 대응했다.

추심원 성함이 어떻게 되시죠?
채무자 V. 밀러입니다.
추심원 이름 철자가 어떻게 되시죠?
채무자 V입니다. 그냥 V라고 부르세요.

이런 노력 때문에 추심원은 그 채무자의 지위를 깎아내리기 위해 더 열심히 일하게 된다.

추심원은 채무자를 거짓말쟁이나 사기꾼, 또는 '복지 제도만 믿고 빈둥거리는 사람'이라고 몰아세울 수도 있다. 추심원이 이렇게 나오면 채무자는 흥분하고 동요해서 강력하게 자신의 존엄성을 주장할 것이다. 그러나 결국 개인적인 일이 아니라 상업적인 업무에 관해 그런 방어를 해봐야, 이 추심원이 한 것처럼 무시당할 뿐이다.

어제 좋은 사례가 하나 있었죠. 누군가 칸 피아노 렌탈Khan's Piano Rental이라는 임대 회사에 370달러를 미납했습니다. 이 여자는 회사에서 피아노는 배송을 했는데, 의자를 가져다주지 않았다고 하더군요. 이 여자는 그것 때문에 돈을 다 지급하지 않았다고 했습니다. 두 번째로 전화를 걸었을 때 전 그 여자를 눌러버렸습니다. 그 여자가 처음 꺼낸 말은 "저는 학교 교사고 교장입니다"였습니다. 그 사람들은 흑인이었습니다. 저는 별로 신경 쓰지 않았습니다. 저한테는 피아노가 중요하지 의자가 중요한 게 아니었죠. ……그 여자가 말했습니다.

"우리는 피아노 레슨을 받는 딸아이를 위해 그 피아노를 빌렸습니다."

"그러시다면 피아노가 있어야죠."

이 여자는 혼자 너무 신경이 날카로워져 있어서 제가 끼어들 틈이 없었습니다. 이렇게 말하더군요.

"우리는 60달러를 주고 맞춤 의자를 샀다고요."

[기록을 보면서] 제가 말했습니다.

"변호사분 성함이 뭐였죠? 그 분과 통화하죠."

"제 친구들이 다 변호사예요."

그 여자가 저를 정말 크게 꾸짖는 통에 전 전화를 끊어야겠다고 말했습니다. 그러자 그 여자는 이렇게 말했습니다.

"당신이 시작했으니, 당신이 끝장을 봐야죠."

"저는 그쪽 남편과 이야기를 시작했었는데요."

"그럼 저랑 처음부터 이야기를 시작하고 끝장을 봅시다."

"아주머니, 정말 말도 안 되는 말씀을 하시네요. 남편분께 전화하라고 해주시죠. 좋은 하루 보내시죠!"

그리고 나서 저는 수화기를 쾅 내려놓았습니다.

칸 피아노 렌탈에 지불해야 할 돈을 둘러싼 논쟁의 이면에서는 다른 대화가 진행되고 있었다. 이 채무자는 사실 이렇게 묻고 있었다. "내가 생각하기에 정직하고 일반적인 중산층 정도의 내 모습, 학교 교장에 변호사 친구들이 있고, 딸에게 피아노 레슨 같은 문화적 혜택을 제공하는 사람의 모습을 믿겠어요? 믿는다면, 그 회사의 이야기 대신 내 이야기를 듣고 믿어야 하지 않을까요?" 이런 의미가 함축된 질문에 '아니오'라는 대답이 돌아오자, 이 채무자는 자신이 거짓말을 했다는 억측을 추심원이 하고 있다는 생각과 자신의 계급이나 가족이 증명하는 것들을 사실이라고 믿지 않는 것, 또한 선량한 고객을 부당하게 대한다는 것 때문에 화가 났다. 피아노와 의자 이야기에만 집중하고 사회적 배경에 관한 이야기를 무시해 **공감을 자제**함으로써, 이 추심원은 채무자에게 돈만 아니라 도덕적인 지위까지 갚으라고 압력을 가한 것이다.

무례하거나 공격적인 행동을 하지 않으려고 노력하는 추심원들도 다른 사람들이 그런 행동을 용인한다는 사실을 알고 있다. 사실 승무원들에게는 '고객 엽서'감이 될 만한 일도 많은 추심기관에서는 잘 했다고 등을 토닥일 일이 된다. 피아노 임대 회사의 추심원도 그런 말을 했다. "오늘 출근했더니 상관이 웃으면서 '오늘 자네에 관한 불만이 접수되었다네' 하고 말씀하시더군요. 그 여자가 피아노 회사에 전화해서 20분 정도를 제 이야기를 하면서 난리를 친 모양입니다. 이 업계에서는 그게 좋은 일입니다. 그냥 웃고 등을 토닥이죠. 요즘 어떤 회사에서 그런 대우를 받겠습니까?"

이 회사의 규칙은 공격적으로 나서라는 것이다. 어느 신참은 이렇게 말했다. "가끔씩 제 상사가 사무실에 들어와서는 '**그것**보다 더 화를 낼 수 없나?' '불안감을 조성하라고!' 같은 말을 던집니다." 그 상사는 마치 군대 하사관처럼 가끔씩 부하 직원에게 적절한 정도의 난폭함을 드러내지 못하는 사람은 '남자가 아니다'라고 이야기했다고 한다. "상사는 제게 고함을 칩니다. '**남자**가 될 수 없나?'라고요. 오늘은 저도 제 상사에게 '그냥 저를 한 사람의 인간으로 보실 수는 없습니까?'라고 말했습니다."

추심원에게 내몰려 이런 압박감을 느끼는 채무자는 때때로 폭력을 쓰겠다고 협박하기도 한다. 이럴 때 진짜 협박과 허세를 구별하는 것도 추심원의 일이 된다. 어느 추심원은 이런 기억을 갖고 있었다. "사람들은 여기로 와서 머리를 날려버릴 거라고 말합니다. 전 그런 종류의 협박이 진짜라고 생각하지 않습니다. 그냥 그 사람들이 그만큼 화가 났다는 소리죠. 아시다시피 흑인 남자는 정말 화가 날 수 있습니다. 정말 어떤 남자 추심원을 만나서 이야기를 하겠다고 온 여자도 있었다고 알고 있습니다. 그 남자는 친구와 함께 있었는데, 둘이서 그 여자를 거칠게 다루었죠. 여자가 다치지는 않고, 겁만 먹을 정도였다고 합니다." 회사에 따라 어느 쪽에서건 보이는 공격성을 어디까지 허용하는지 차이가 있다. 평판이 좀더 좋은 회사들은 채무자가 상황을 '정리하는 것'을 도와주는 데 초점을 맞추고 입버릇이 사나운 추심원들을 '너무 과격하다'고 말한다. 그렇지만 내가 조사한 회사에서는 과격한 행동을 드러내는 것이 채무자한테서 돈을 쥐어짜기 위한 공식적인 방침이었다.

항공 승무원과 추심원은 아마도 그 일에 필요한 개인적인 성격을 이미 가지고 있었기 때문에 그 일에 매력을 느꼈을 것이다. 승무원들 사이에서 이런 성격의 발현은 회사의 신중한 심사 과정을 통해 대체로 보증되고, 추심원들 사이에서는 높은 이직률이 그 사실을 확인해준다. 그 일을 좋아하지 않는 사람은 곧 그만둔다. 두 직업 모두 노동자들이 일을 하기 위해 감정을 억제해야 한다는 이야기를 자주 한다. 감독자들이 그런 통제를 강화하고 관리하며, 통제는 주로 개인적인 기질이 된다.

승무원과 마찬가지로 추심원들도 고객을 상대하지만, 전혀 다른 관점과 다른 목적, 아주 다른 표현 형태와 감정노동을 가지고 상대한다. 승무원은 서비스를 팔고 전달하며, 고객의 지위를 향상시키면서 고객을 향해 호감과 신뢰를 가지려고 노력한다. 승무원들은 고객을 집에 온 손님으로 여긴다. 기업 시스템의 전면에서 상품은 진심 어린 따뜻함이고, 무뚝뚝함과 무관심은 문제가 된다. 그러나 그 이면에는 갚을 돈이 걸려 있고, 설사 고객의 자기 존중감을 다 쥐어짜야 한다고 해도 그 돈을 받아내야 한다. 좀더 나중에 진행되는 추심이라는 이 경기에서는, 진심으로 의심하는 마음이 적합한 것이 되고 따뜻함과 친절함은 문제가 된다. 한쪽 직업이 맞지 않는 사람이 다른 직업에서 더없이 훌륭하게 일을 잘 해낼 수도 있다. 각 경우에서 표현은 감정노동으로 뒷받침되고, 이 감정노동은 상상의 이야기(개인 거실의 손님이나 훔친 물건들 사이에서 빈둥거리는 게으른 사기꾼들)들 덕분에 지탱된다.

두 직업에 종사하는 노동자들은 모두 능률을 높이라는 회사의 요구에 취약하다. 시간당 더 많은 추심을 하기를 바라는 상사는 추심원이 직업 전선의 뒤로 물러나 선의에 관한 개인적 협상을 하는 것을 더욱 어렵게 만든다. 이런 상사는 '시간이 돈'이라는 원칙을 강요하면서 협력의 대가로 추심원들이 제공할 수 있는 유일한 것, 즉 시간을 빼앗는다. 또한 '강하게' 접근할지 '약하게' 접근할지 선택할 수 있는 기회를 줄인다. 승무원과 추심원에게 모두, 능률 향상에 관한 요구는 사람들을 인격적으로 대하기 어렵게 만든다.

직업과 감정노동

승무원과 추심원이라는 두 극단의 직업 사이에는 감정노동을 필요로 하는 많은 직업들이 존재한다. 이런 유형의 직업은 세 가지 공통된 특성을 가지고 있다. 첫째, 이런 직업은 사람들과 직접 얼굴을 보거나 일대일로 통화를 해야 한다. 둘째, 이런 직업에서 일하는 노동자들은 다른 사람의 감정 상태를 만들어내야 한다. 예를 들면 감사하는 마음이나 두려움 등을 말이다. 셋째, 이런 직업에서는 연수와 감시를 통해 고용주가 직원들의 감정적 활동에 관해 어느 정도 통제력을 행사할 수 있다.

직업군 안에서도 이런 특성은 어떤 직업에서는 발견되지만 다른 직업에서는 나타나지 않는다.* 예를 들어, 미국 노동통계국US Bureau of Labor Statistics은 '외교관'과 '수학자'를 '전문직' 범주에 넣고 있지만, 외교관의 감정노동이 업무에서 중대한 반면 수학자의 감정노동은 그렇지 않다. '사무직 노동자'의 범주 안에서도 어떤 사람들은 사람들과 직접 대면하거나 상관이 합법적으로 관리하는 방식 속에서 다른 사람의 바람직한 감정 상태를 만들어냄으로써 자신의 감정적인 성향을 회사의 상징에 맞추어 표현한다. 그렇지만 다른 사람들은 편지와 서류철만 들여다보기도 한다. 어떤 식당에서 일하는 웨이터들은 감정노동을 수행하지만, 그렇지 않은 사람도 있다. 병원이나 요양원에서도 어떤 간호사들은 감정노동을 하고 어떤 사람들은 하지 않는다.

많은 비서들도 물론 감정노동을 수행하고 있고, 감정노동을 하지 않는 사람들도 그것이 '업무와 관련이 있다'는 것을 아주 잘 알고 있다. 법무 담당 비서직을 위한 어느 지침서에서는 신입 사원들에게 이렇게 충고하고 있다. "여러분은 긴장되는 속에서도 기분이 좋아야 한다. 많은 임원들은 외모가 좋은 사람보다 기분이 좋은 사람을 비서로 뽑는다. 한 사람은 이렇게 말한다. '나는 내가 화날 때나 일이 산더미처럼 쌓일 때, 다른 일들이 다 잘못될 때도 쾌활함을

---

* 직무 내용 설명에도 나와 있지 않은 업무의 특성, 예컨대 만들어낸 표현과 감정에 자기 이익(self-interest)을 결합하게 만드는 인센티브 제도 같은 것은 감정노동을 독려하는 데 특히 효과적일 수 있다. 위탁을 받고 일하는 영업 직원의 경우가 가장 좋은 예다. 명백한 자기 이익이 걸려 있지 않은 상황에서는, 감독하는 사람이 가까이 있는 것이 아마도 가장 많은 감정노동을 이끌어내는 데 도움이 될 것이다.

유지할 수 있는 비서가 필요합니다.'"[1] 직업 사전에는 '비서'에 관련해서 한 가지 목록만이 기재되어 있다. 그렇지만 비서들이 일하는 사무실마다 분위기가 천차만별이고, 그중 일부는 다른 곳보다 더 많은 감정노동을 요구한다. 같은 사무실에서 일하는 사무직 노동자라 하더라도, 사무실 경영에 관해 다른 철학을 갖고 있는 새로운 상사 밑에 배치되면 자신에게 요구되는 감정노동의 양이 달라지는 경험을 하게 된다. 편지에 '무엇을' 쓰느냐 하는 것과 '어떻게' 쓰느냐 하는 것의 차이는 기술노동과 감정노동의 구분에서 기인한다.

회사에서는 때때로 노동자들이 감정노동을 잘 하고 있는지 확인할 방법을 고안해낸다. 1982년 4월 17일자 《세인트 피터스버그 타임즈 St. Petersburg Times》에는 '까다로운 윈 딕시 Winn-Dixie(미국 남동부의 유명 슈퍼마켓 체인 — 옮긴이) 점원 덕에 1달러 버는 방법'이라는 제목으로 인상적인 사례가 실렸다. "세인트 피터스버그와 파인라스 파크 Pinellas Park에 있는 여섯 개의 윈 딕시 매장에서는 최근 계산대의 점원들이 유니폼에 1달러짜리 지폐를 꽂고 있다. 모두 이 회사에서 벌이는 친절 캠페인의 일환이다. 만약 그 점원이 고객을 반갑게 맞이하지 않거나 진심으로 감사를 표하지 않는다면, 고객이 1달러를 가져가게 되어 있다. 또한 가게에서 가장 많은 달러를 빼앗긴 점원은 결국 상사의 잔소리를 듣게 된다."

윈 딕시는 이 2주 동안의 실험을 가장 우수한 성적으로 마치는 점원에게 상금을 주겠다고 약속했고, 여섯 개의 가게마다 가장 예의 바른 직원에게는 인증 브로치를 수여하겠다고 공지했다. 그런가 하면 모든 윈 딕시 매장에서는 고객들에게 다음과 같은 메시지를 담고 있는 전단지를 나누어주었다.

고객님께 드리는 글

소중한 고객님께서 친절과 서비스를 받으실 수 있도록 보증하기 위해 저희는 모든 직원들과 함께 저희의 친절 서비스 프로그램을 검토했습니다. 고객님들께서

원 딕시 매장을 찾으실 때마다 마땅히 받으셔야 할 기본적인 친절과 서비스를 안내해 드립니다.

1. 고객님께서 계산하시는 동안 진심을 담아 맞이하겠습니다.
2. 고객님께 온전히 관심을 쏟는 계산대 점원이 고객님께서 구매하신 물품을 빠르고 효율적으로 계산하겠습니다.
3. 구매하신 상품을 안전하게 포장해 드리겠습니다.
4. 현금, 수표, 쿠폰, 식량 배급권 등을 효율적이고 예의 바르게 처리하겠습니다.
5. 진심으로 '원 딕시에서 구매해주셔서 감사합니다.'

만일 어떤 이유에서든 저희 직원 중 무례하고 버릇없는 사람을 보게 되신다면, 매장의 중간 관리자를 찾아주시거나 부서 담당자에게 우편으로 알려주시기 바랍니다.

고객님께서 다음에 방문하실 때는 친절한 서비스를 받으실 수 있도록, 조사한 뒤 적절한 시정 조치를 취하겠습니다.

원 딕시의 가장 소중한 고객이 되어주셔서 감사합니다.

진심으로 환영받고 진심에서 우러나는 감사를 받을 고객의 권리에 관해 이것보다 더 명백한 선언을 하기는 어려울 것이다. 표현 작업display work과 감정노동이 직업의 일부라는 시각을 이것보다 더 명확하게 표현한 사례를 찾기도 어렵다.

계산대 점원은 고객에게 이런 판촉 행사가 상업적인 속임수라는 것을 말함으로써 인간적인 진실성에 관한 자신의 권리를 주장하기도 했다. 어느 점원은 고객에게 이렇게 말했다. "[회사가] 왜 이렇게 하는지 모르겠어요. 이럴 필요가 없었거든요. 저는 그런 것과 상관없이 사람들에게 진짜 친절하게 대하니까요." 팔려고 내놓은 것으로 광고하는 여러 가지 덕목과 자신의 진실성을 구별함으로써, 그 여성 계산원은 직업과 무관한 진실성을 제공하려는 것 같았다. 그렇지만 물론 **그렇게** 하는 것도 계산원의 직업이라고 생각할 수도 있다.

계산대 점원과 영업 사원들은 하루에도 몇 번씩 순간적으로 친절을 쏟아야 한다. 오랜 시간 동안 한 고객을 잘 알게 될 가능성은 거의 없다. 그렇지만 고객과 좀더 장기적이고 깊은 관계를 맺어야 하는 직업도 있다. 예를 들어 사람들은 정신과 의사나 사회복지사, 목사는 다른 사람 일에 걱정하고 공감하면서도 누군가를 '지나치게' 좋아하거나 싫어하지는 않을 것이라고 기대한다. 영화 〈천 명의 어릿광대A Thousand Clowns〉에 등장하는, 사회복지사 일을 중간에 그만둔 샌디Sandy는 이렇게 말한다. "난 오랜 시간 동안 레이먼드를 이해하려고 노력했어. 그리고 일단 레이먼드를 알게 되자 그 아이가 싫어졌는데, 걔는 겨우 아홉 살이었어. 난 어떤 때는 좋고, 어떤 때는 싫었는데, 내 직업에서는 그건 완전히 잘못된 거거든."

부모들은 자녀의 양육을 맡는 사람이 어떤 감정을 가져야 하느냐 하는 문제에 관해 각기 다른 기대를 품는다. 누군가는 '교육적인 경험' 속에서 아이와 흥미롭게 교감하기를 원한다. 다른 사람들은 아이를 향한 온정과 물리적인 양육을 원한다. 그렇지만 또 다른 누군가는 감정적으로 완벽하게 자신을 대신해주기를 바라기 때문에 좀더 내면적인 요구를 한다. 특히 이런 경우 제공되는 서비스와 기대가 일치하지 않을 수 있다. "더 가까이 사는 다른 사람에게 아이를 맡기기로 했다는 티미Timmy의 엄마 이야기를 듣고 나서 꽤 긴 대화를 나누던 중, 전 티미 엄마가 티미가 떠난다는 사실 때문에 제가 정말로 당황하기를 바라고 있었다는 사실을 알게 됐습니다. 물론 그 아이가 그립기는 하지만, 정신을 못 차릴 정도는 아니었죠. 사람들은 매일 5시 30분에 우리 집에서 아이를 데려갔습니다. 그건 결국 일이었던 겁니다."

의사들은 신체를 다루면서 신체에 관한 감정도 다루어야 하는데, 만약 의사가 충분히 돌보지 않는 것처럼 보이면 비인격적인 치료에 익숙해진 환자들마저도 실망한다. 가끔은 환자가 놀랄 만한 이야기를 해주고 환자가 그 이야기에 관한 감정을 다스리는 것을 돕는 것도 의사의 일이다. 일반적으로 의사는 환자를 향해 친절하고 믿음직스러운 배려를 하는 훈련을 받는다. 이상적인 상황이라면 의사가 신뢰를 주고 신뢰를 받아야 하지만, 이 의사의 경우에서 나타나는 것처럼 때때로 신뢰는 양분되기도 한다.

전 한 회사에서 20년 동안 일했습니다. 어떤 직원들은 저한테 와서는, 제가 볼 때는 집에서 다친 게 아니라고 확신할 수 없는 상황인데도 일하다가 요통이 생겼다고 단언하곤 했습니다. 전 그 사람들 말을 믿지 않는 것처럼 보이고 싶지는 않았지만, 많은 경우 그랬습니다. 정말 일하던 중에 다친 환자들은 밖으로 나가서 다른 의사에게 치료를 받고 회사에서는 그 비용만 지불하기를 원했습니다. 환자들을 사기꾼으로 봐서는 안 되지만, 가끔은 그러기 힘든 순간도 있었습니다. 그 사람들이 저를 의사로 대하지 않았기 때문입니다.

의사와 마찬가지로 변호사도 자신들이 어떤 감정 지위를 만들어내기 위해 애쓰는 대상인 고객과 얼굴을 맞대거나 직접 목소리를 듣게 되는 직업이다. 예를 들어 이혼 전문 변호사는 분노에 차 있고 자포자기한 고객들에게서 차분함을 이끌어내기 위해 노력해야 한다. 이런 고객은 돈이나 재산, 아이를 둘러싼 싸움을 끝내기보다는 더 확대하려고 할 수도 있다. 다른 변호사, 예를 들어 유언장을 전문으로 하는 변호사 같은 경우, 불편한 결과로 이어지는 가족의 음모 속에서 고객의 입으로 전락한 자신을 발견하게 될 수도 있다.

상속 업무를 맡으면, 자녀들을 품 안에 두고 싶어하는 부자들을 자주 상대하게 됩니다. 그 사람들은 재산을 물려주고 싶어하면서도 통제권을 계속 가지고 싶어 하죠. 종종 이런 요청을 받습니다. "짐, 내 생각에는 자네가 내 딸에게 이런 이야기를 하는 데 적임자일 것 같네. 자네 말이라면 들을 거야." 그럼 전 그게 전반적으로 불공평한 요구라고 생각하더라도 그런 선을 깔아 주어야 합니다. 그럼 자식들은 제게 화를 내죠.

가족 관계 속으로 말려들게 되면, 그 변호사는 누군가의 화풀이 대상이 될 위험을 무릅쓰게 되는 동시에 다른 한편으로는 관련된 모든 사람의 신뢰를 유지할 수 있게 된다.

물론 영업 사원은 이 정도로 남의 가족사에 빠져들 일은 없지만, 고객과 신뢰를 쌓아야 한다는 점에서 공통점이 많고, 업무상 내면 행위나 표면 행위를 요구받기도 한다. 커뮤니케이션 스타일 워크숍에 참가한 코닝 글래스Corning Glass(미국의 식기 회사 — 옮긴이)의 영업 사원들은 '주장하는' 말하기와 '분석하는' 말하기를 구별해보라는 요구를 받았다(주장하는 스타일의 사람들은 단정적이고 반응을 요구하는 반면, 분석하는 스타일의 사람들은 말수가 적고 단정적이지 않았다). 이 워크숍의 지침서는 '신뢰'라는 제목의 단락에서, 어떻게 하면 '분석하는 스타일'의 말하기를 구사하는 영업 사원이 '주장하는 스타일'을 구사하는 사람을 불신하지 않을 수 있을까 하는 문제를 다루었다. 그중 일부를 살펴보자.

주장하는 스타일의 사람들은 다른 사람들, 특히 분석적인 스타일의 사람들에게 믿을 수 없는 사람으로 보일 수 있다. 그런 사람들이 다른 스타일에 견줘 더 가벼운 마음으로 삶에 임하는 경향이 있기 때문이다. 바쁘고 활동적인 그런 사람들은 쉽게 약속을 한다. 다른 사람들은 정말 저 사람들이 성공할지 궁금해한다. 이런 평가가 들어간 인식을 중화하려면 더 인내심을 가지고 진지해지려고 애써야 한다. 더 귀담아 듣고 메모를 하는 게 도움이 될 것이다.

이 글은 고객으로 하여금 영업 사원을 믿게 만들고, 고객의 의심을 '중화'시키라는 말로 마무리된다. 이것은 표면 행위(더욱 인내심 있고 진지하게 보이는 것)나 정말 더욱 인내심을 가지고 진지해지려는 내면 행위로 가능한 일이다. 이런 내면 행위는 '보이는' 행위를 필요없게 만든다. 어느 경우든 노동자는 직업에서 요구하는 감정에 관한 요구(신뢰 얻기)에 직면하고, 그런 요구를 충족하게끔 자기 자신을 만들어 나갈 수 있다고 생각한다.

사회복지사나 주간 탁아 보모, 의사, 변호사가 사람들과 접촉하고 다른 사람의 감정 상태에 영향을 주려고 애쓴다 하더라도, 그런 사람들이 감정 관리자를 직접적으로 옆에 두고 일하는 것은 아니라는 사실에 주목해야 한다. 오히려 그런 사람들은 비공식적인 직업 규범과 고객의 기대를 고려함으로써 자기 자신의 감정노동을 감독한다. 그래서 그런 사람들의 일은 다른 직업과 마찬가지로 우리가 제시한 세 가지 범주 중 두 가지만을 만족한다.

전체 노동자 중에서 얼마나 많은 노동자들이 감정노동을 요구하는 직업을 가지고 있을까? 노동자들에게 자신이 실제로 무슨 일을 하는지 물어보고 고용주들에게 노동자에게서 실제로 무엇을 기대하느냐고 물어봐야만 이 질문에 구체적으로 대답할 수 있을 것이다. 결국 특정 직업에 실제로 연관되어 있는 업무는 그 자리에 관한 기대가 무엇인지를 그려보는 과정 속에서만 명확해진다. 그러나 이 책의 부록 C에 나오는 자료를 기반으로 추정할 때, 미국 전체 노동자 중 3분의 1 이상이 감정노동을 포함하는 직업을 가지고 있다.

이것은 전체 노동자의 3분의 1이 거의 인정받지도 못하고, 존중받지도 못하며, 고용주들이 업무상 스트레스의 원인으로 고려한 적도 거의 없다시피 한 업무 차원을 경험하고 있다는 뜻이다. 이런 노동자들에게 감정노동과 감정 법칙, 사회적 교환은 사적 영역에서 떨어져 나와 공적 영역으로 자리를 옮겨 가공되고 표준화되며, 위계적 통제의 대상이 되고 있다. 전반적으로 보면, 이런 감정 노동자 덕분에 공적 생활 속에서 수백만의 사람들이 날마다 완전히 모르거나 또는 거의 모르는 사람들이라고 할 수 있는 사람들을 믿고 즐겁게 거래할 수 있는 것이다. 만약 우리의 선의가 우리가 사적 생활에서 아는 사람에게만 한정됐다면, 예의와 공감을 제공하는 것이 이렇게 널리 퍼지지 않고 감정이 직업적인 성질을 갖지 않았더라면, 공적 생활은 틀림없이 저 깊은 곳부터 달라지기 시작했을 것이다.

사회 계층과 감정노동

직업은 각 사회경제적 수준마다 노동자에게 감정적인 **부담**을 지우지만, 이 부담은 감정노동을 **수행하는 것**하고는 큰 관련이 없다. 일이 단순하고 지루한 경우가 많으며 일을 하는 과정도 노동자의 통제 밖에 있는 하층 계급의 경우, 감정에 관한 과제는 절망과 분노, 두려움의 감정을 억누르는 것이다. 감정을 모두 억눌러야 하는 경우도 많다. 이것은 끔찍한 부담이 될 수 있지만 그것 자체로는 감정노동이 아니다. 공장 노동자, 트럭 운전수, 농부와 어부, 지게차 기사, 배관공과 벽돌 쌓는 직공, 단기 투숙용 호텔의 객실 담당 여직원, 세탁실 노동자들은 항공 승무원이나 추심원들처럼 일에 전반적으로 자신의 개성을 개입시키거나, 사교성을 활용하거나, 감정노동을 직업적 구조에 종속되게 하지 않는다.

어느 철강 노동자는 자신이 하는 일을 이렇게 묘사한다. "전 안전모를 쓰고, 안전화로 갈아 신고, 보안경을 쓰고 제가 일하는 기계 앞으로 갑니다. 기계가 금속을 모아서 씻고 페인트 용액에 그 금속을 담그면, 우리는 그것을 꺼냅니다. 담갔다 빼고, 담갔다 뺍니다."[2] 이런 일에서는 사람과 얼굴을 맞대거나 직접 통화를 할 일이 적고, 다른 사람의 감정 상태를 만들어내는 것에 관한 보상도 없고, 노동자가 자신의 감정을 관리하는 방식의 세부 사항에 관해 회사가 걱정을 하지도 않는다. 당장의 일에 지속적으로 집중하기 위해 감정을 억누를 수도 있고, 점심시간에 친구가 어떤 종류의 야한 농담이 우습다고 생각하는지 보게 될 수는 있겠지만, 그 사람이 생산하는 것은 물에 씻고 페인트에 담겨지는 금속이지 가공된 감정이 아니다. 수십 미터 허공 위에서 '철을 밟고 다니는' 제철소 노동자나 낙하산 강하자, 자동차 레이서, 폭발성 화물을 운반하는 트럭 운전수는 모두 두려움을 억눌러야 한다. 그러나 그런 사람들의 감정노동은 감정적인 것이 아니라, 시간과 에너지에 관련된 실질적인 요구에 따른 결과다. 그것은 다른 사람을 향한 게 아니고, 그 결과도 다른 사람의 감정 상태에 따라 판단할 수 없다.

    이것과 비슷하게, 중간 계급 중에서도 오지라고 할 수 있는 항공 승무원과 추심원의 세계에서 일이 어떻게 노동자의 감정에 영향을 주는가 하는 문제는 그 일이 감정노동을 요구하느냐 하는 문제보다 훨씬 폭넓은 질문이다. 이 사회경제적 수준에서는, 어떤 상품의 판매나 회사의 매출을 촉진하기 위해 자신의 인격을 드러내는 표현을 회사의 상징이나 그 회사의 상품이 지니는 본성에 관한 암시로 바꾸는 노동자들이 많다. 이런 노동자들이 중요한 의사 결정자가 되는 경우는 거의 없지만 이런저런 방식으로 의사 결정자를 **대변한다**. 단순히 외모나 말하는 방식뿐만 아니라 감정에 관한 면에서 다른 사람의 눈에 어떻게 보이는가 하는 문제에서도 그렇다. 광고업계에서 쓰는 "당신이 믿지 않는 것을 팔지 말라"는 말은 신뢰의 행위를 요구한다. 그렇지만 서비스를 제공하고, 판매를 하고 설득하는 중간 계급의 노동자들은 자신의 상사만큼 많은 돈을 벌지도 못하고, 어떤 면에서는 정말 그 가치를 받아들이는 편도 아니다. 중간 계급 노동자들은 감정노동을 노동 이상으로 보지 않고, 오히려 그 비용을 계산하는 일을 더 잘하는 편이다.

    더 높은 곳에는 대기업의 의사 결정자들이 있다. 그 사람들에게 정치적, 종교적, 철학적 신념은 직무와 더욱 더 밀접하게 관련되며, 자아와 노동의 유대는 더 많이 더 널리 퍼져 있다.[3] 오랜 훈련과 경험은 당근과 채찍을 병행하는 일상적인 수양과 어우러져 기업의 감정 법칙을 더 앞에 내세우고 자기 인식self-awareness은 멀리 밀어내는 데 협력한다. 결국 사물을 어떻게 보고 그것에 관해 어떤 감정을 가질 것인가에 관한 법칙들은 한 사람의 인격으로서 '자연스러운' 것으로 보이게 된다. 고용 기간이 길고 이윤이나 권력, 급여 면에서 일에 관한 보상이 많으면 많을수록 더욱 그렇다.

상층 계급의 맨 위에는 거물급들이 있다. 최고의 권위를 지닌 의사 결정자들이다. 이 사람들은 부하 직원들을 기꺼이 자신에게 맞추게 하는, 자신의 개인적인 성향에 맞추어 고안된 비공식적인 법칙을 직접 결정할 특권을 누린다. 이 사람들이 무엇을 재미있다고 여기고 무엇을 조심해야 한다고 생각하는지, 다른 사람에게 어느 정도의 고마움을 느끼고 어느 정도로 적의를 드러내야 한다고 생각하는지 하는 것은 그 사람 밑에서 일하는 고위직 임원들에게는 공식적인 문화가 된다. 힘이 없는 사람들의 개성은 기꺼이 무시당할 수도 있기 때문에, 이것은 감정 면에서 개성을 마음껏 누릴 수 있는 자유 이상의 의미를 갖는다. 아랫사람들에게는, 이것은 보이지 않는 감정 법칙을 강화함으로써 자신들을 지배하는 미묘하면서도 설득력 있는 방식이다. 흥미롭게도 계급 사다리의 정반대 극단에 서 있는 직원도 비록 다른 사람의 감정 법칙을 결정할 권한은 없지만, 자기 자신은 감정 법칙에서 거의 완벽한 자유를 누린다. 소외된 자의 자유를 즐기는 것이다.

간단히 말해, 모든 계급에서 공통적으로 직업은 감정에 부담을 지운다. 그것이 일이 놀이가 아닌 일로 정의되는 이유다. 그렇지만 감정노동은 사람들과 개인적인 접촉을 해야 하고, 다른 사람들의 마음 상태를 만들어내야 하고, (진짜 전문직을 제외하고) 감독자를 통해 감정노동을 감시당해야 하는 직업에서만 발생한다.* 하층 계급과 노동자계급의 경우에는 아마 감정생활의 실질적인 변형을 요구하는 이런 종류의 직업이 더 적을 것이다(어느 호텔의 도어맨, 단골 손님을 접대하는 고급 호텔의 객실 담당 여직원, 성매매 여성 등이 몇 안 되는 예외적인 경우다). 감정노동자의 대다수는 중간 계급에 속하는 직업에 종사하고 있다.

가족 — 변형을 위한 훈련 장소

노동자가 직장에서 하는 일은 그 노동자의 자녀가 집에서 하는 일에 관한 '직무 내용 설명'과 희한하게도 닮은 구석이 있다. 감정노동자는 자기 아이도 작은 감정노동자로 기르는 경향이 있다. 어머니와 아버지는 자녀에게 글자와 숫자, 예절과 세계관을 가르치지만, 자아의 어느 부분이 나중에 노동의 법칙에 따라 다루어질 대상이 될지도 가르친다. 이 주제에 관한 연구에서 알 수 있듯이, 노동자계급의 부모는 자녀가 겉으로 나타나는 행위에 적용되는 법칙에 더 통제를 받도록 가르치는 반면, 중산층의 부모는 자녀가 감정에 적용되는 법칙을 더 따르도록 준비시킨다.4

영국의 중간 계급 가정과 노동자계급 가정을 연구한 사회언어학자 바실 번스타인Basil Bernstein은 '가족 통제 체계family control system'를 **지위형**positional과 **인격형**personal의 두 가지 유형으로 구분했다.

지위형 통제 체계에서는 명확하고 공식적인 규칙이 누가 무엇을 결정하게 되고 누가 무엇을 하게 되는지를 결정한다. 규칙을 만들 권리는 나이, 성, 부모와 같은 겉으로 드러나는 특성에 기반한다. '지위형 가족'이 반드시 권위주의적이거나 감정적으로 차가운 것은 아니다. 그저 권위의 기반을 개인의 감정이 아니라, 인격과 무관하게 할당된 지위에 둘 뿐이다. 그렇기 때문에 지위를 향한 호소는 인격과 무관하게 할당된 지위를 향한 호소다. 예를 들어 계속 인형을

---

* 이런 직업들은 내면 행위와 표면 행위가 직무의 중요한 부분을 구성한다. 직업을 싫어하는 사람이 그 일을 잘 할 수 없는 경우가 주로 이런 직업에 해당한다.

가지고 놀고 싶다는 아들에게 어머니는 성적 지위에 관해 호소할 수 있다. "남자애들은 인형 가지고 노는 거 아니야. 인형은 네 여동생 거야. 자, 대신 드럼을 가지고 놀아라."

인격형 통제 체계에서 외형적인 지위보다 훨씬 더 중요한 것은 부모와 자녀의 감정이다. 부모는 "그게 나한테 큰 의미이기 때문이란다"라거나 "너무 피곤해서 그래"라는 말로 자신의 호소를 뒷받침한다. 그런 호소는 또한 **아이의** 감정을 향한 것이다. 앞에서 이야기한 상황을 인격형으로 통제하는 어머니는 이렇게 말할 것이다. "왜 인형을 가지고 놀고 싶어하니? 그건 너무 지루하잖아. 드럼을 가지고 노는 건 어떠니?"

지위형 가족의 경우 아이의 의지에 반해 통제가 작용한다. 인격형 가족의 경우에는 자녀의 의지를 **통해** 통제가 진행된다. "할아버지한테 뽀뽀하기 싫어요. 왜 맨날 뽀뽀해야 해?"라고 말하는 아이도 다른 방식의 대답을 듣게 된다. 지위형은 "어린애들은 할아버지께 뽀뽀하는 거야", "할아버지는 몸이 편찮으시잖니. 그런 말도 안 되는 소리는 듣고 싶지 않다"고 대답한다. 인격형의 대답은 다르다. "네가 할아버지께 뽀뽀하고 싶지 않다는 건 알지만, 할아버지는 몸이 편찮으시고 너를 매우 좋아하신단다."[5]

번스타인은 인격형 가족에서는 자녀에게 선택권이 있는 것처럼 **보인다**고 말한다. 만약 이 아이가 부모가 바라는 법칙에 의문을 제기하면, 부모는 그 상황을 더 자세히 설명하고 더욱 명확한 대안을 제시한다. 상황과 설명을 이해한 아이는 그 법칙을 따르기로 선택하는 것이다. 그렇지만 지위형 가족에서 아이는 법칙에 따라 행동하라는 말을 듣고, 아이가 던지는 의문에는 변하지 않는 지위에 관한 호소가 응답으로 돌아온다. "왜냐고? 난 네 엄마고, 내가 그렇게 하라고 말했으니까." 인격형 자녀는 제대로 된 행위를 선택하도록 **설득당하고** 제대로 된 방식으로 그 행동을 보고 느끼도록 설득당한다.[6] 지위형 자녀는 무엇을 해야 하는지를 **듣고** 명령의 적법성에 따를 것을 요구받는다.

번스타인은 노동자계급의 가정은 보통 지위형이 많고, 중간 계급의 가정은 인격형에 더 가깝다고 말한다. 이것과 마찬가지로 멜빈 콘~Melvin Kohn~은 《계급과 동조~Class and Confirmity~》(1977)라는 책에서 노동자계급의 부모는 행동 자체를 제재하는 반면 중간 계급의 부모는 나중에 아이의 감정과 의도라고 추론하는 것들을 제재하는 경우가 많다는 사실을 발견했다.* 중간 계급의 어머니는 아들이 거칠고 파괴적인 신체 활동을 하는 것보다 참을성 없이 화를 내는 것에 벌을 주는 경우가 훨씬 더 많다. 아이가 거칠게 노는 것은 별 문제가 아니지만, 화를 내는 것이야말로 넘어갈 수 없는 일이다.7

중간 계급의 아이는 특히 세 가지 메시지를 받아들여야 하는 것 같다. 첫째는 윗사람의 감정이 중요하다는 메시지다. 감정은 어른들이 결정을 내리면서 붙이는 이유가 된다는 점에서 권력과 권위에 묶여 있다. 아이는 감정에 민감하게 자라고 감정을 잘 읽는 법을 배우게 된다. 둘째는 아이 **자신의** 감정이 중요하다는 메시지다. 감정은 관심을 기울일 가치가 있고 어떤 일을 하거나 하지 않는 이유로 존중될 수 있다. 중간 계급 아이의 권력에 관한 인식은 외부적인 표현보다는 감정에 더 가깝게 연결되어 있다.** 세 번째는 감정은 관리를 받게 되어 있다는 메시지다. 감시되고, 제재를 받고, 통제된다. 그렇기 때문에 티미가 새 양탄자에 잉크를 쏟았을 때, 이 아이는 양탄자를 망친 실수보다는

---

* '힐다(Hilda) 이모를 사랑하라'는 요구를 받은 아이가 힐다 이모를 사랑하기를 거부함으로써 반항할 수 있다. 야망을 갖고 '학교를 사랑하라'는 요구를 받는 아이는 학교를 싫어하고 성공을 우습게 여기는 것으로 반항할 것이다. R. D. 랭은 《가족의 정치학(Politics of the Family)》(1971)에서 부모와 정신의 의사들이 감정 법칙을 정하는 방식과 아이들과 환자들이 그 법칙에 반항하는 방식을 보여줌으로써 중간 계급의 '내재적인' 통제 양식에 관심을 갖는다. 중간 계급에서는 권위가 감정 법칙과 감정 관리를 통해 더 많이 표현된다면(만약 우리가 지배를 받는 외적 행동에 관한 법칙보다 이런 법칙을 통해서 표현되는 것이 더 많다면), 우리는 랭이 한 것처럼 반항을 이 영역에서 하는 명령에 맞서는 반응으로서 살펴보는 게 좋을 것이다.
** 거의 중간 계급의 학생들만을 위해 고안된 1960년대 자유학교(free-school) 교육이 담고 있는 잠재적 메시지는, 개인의 감정은 성스러운 대상에 가까우며 감정은 자세한 논의를 자주 할 만한 가치가 있다는 것이다. 스위들러(Swidler 1979)의 논의를 참조할 것.

화가 나서 그런 행동을 했다는 사실 때문에 더 혼이 날 것이다. 이 아이가 잘못한 것은 **자신의 분노를 다스리지 못했다**는 사실이다.

이렇게 보면, 중간 계급의 아이가 자신이 인식하게 되는 법칙에 따라 감정을 다듬으라는 요구를 받는 경우가 더 많은 것 같다. 최소한 그런 아이들은 감정을 어떻게 다스리는지를 아는 것이 중요하다는 사실을 배운다. 어떤 점에서는, 중간 계급의 이 진정한 교훈은 벤저민 스폭Benjamin Spock의 《유아와 육아Baby and Child Care》가 아니라 스타니슬라프스키Constantin Stanislavki의 《배우 수업An Actor Prepares》에서 설명되어 있는 셈이다. 내면 행위의 기술을 통해 감정을 우리가 사용할 수 있는 도구로 만들 수 있기 때문이다.

나는 가족에 관한 연구를 검토하는 과정에서 '중간 계급의 아이'라거나 '노동자계급의 아이' 같은 단어를 자주 사용했지만, 한쪽은 감정노동을 하도록 훈련받았고 다른 쪽은 그렇지 않다는 주장을 하려는 것은 아니다. 사람을 대하지 않는 직업에서 일하는 중간 계급의 부모는 지위상의 권위를 받아들이도록 아이들을 훈련할 수도 있고, 사람을 대하는 직업에서 일하는 하층계급의 부모들이 인격적인 권위를 받아들이도록 아이들을 훈련할 수도 있다.[8] 좀더 정확히 말해서 **계급**에 따라 부모가 자녀에게 물려주는 메시지는 대략 다음과 같다. 중간 계급에게는 이렇다. "다른 사람들이 너를 중요하게 여기기 (또는 여길 것이기) 때문에 네 감정은 중요하다." 하층 계급의 메시지는 이것이다. "다른 사람들이 너를 중요하게 생각하지 않기 (또는 않을 것이기) 때문에 네 감정은 중요하지 않다."

계급에 따른 메시지와 대립되는, 감정노동에 관한 다른 메시지들도 있을 수 있다. 그중 중요한 두 가지 메시지는 다음과 같다. "감정을 관리하는 법을 배우고, 감정 법칙에 맞추는 법을 배워야 한다. 이 두 가지를 잘 해야 일자리가 생기기 때문이다"(감정노동을 해야 하는 직종). "행동을 관리하는 법을 배워라. 회사에서 당신에게 요구하는 것은 그게 전부이기 때문이다"(감정노동을 하지 않는 직종). 감정노동을 하는 상층 계급의 부모는 "네 감정이 중요하다"라는 메시지와 "감정을 잘 관리하는 법을 배워라"라는 메시지를 섞을 것이고, 반면 하층 계급의 감정노동자는 "감정을 잘 관리해라"라는 부분만을 강조할 것이다. 반대로, 감정노동을 특별히 하지 않는 상층 계급의 부모는 "감정을 잘 관리해라"라는 부분은 강조하지 않고 "네 감정이 중요하다"라는 것을 강조할 것이다. 육체노동이나 기술노동을 하는 하층 계급의 부모의 경우는 어느 쪽의 메시지도 타당하다고 생각하지 않을 수 있다.

가족 안에서 감정이 어떻게 다루어지느냐 하는 것은 사회 계급보다는 감정노동의 전반적인 구성에 따라 결정된다. 감정노동 자체는 사회 계급과 느슨하게 연결되어 있을 뿐이다. 게다가 우리 사회에서 인격형 통제 체계는 가족의 범위를 훨씬 넘어 확장되어 있다. 예를 들어 자율성 계발과 감정 조절을 강조하는 학교나 유용한 관계를 맺는 능력을 요구하는 직업에서도 이 체계가 작용한다.*

만약 (몇몇 학자들이 그렇게 될 것이라고 믿고 있는 것처럼) 자동화의 확산과 단순노동의 감소와 함께 감정노동을 요구하는 직업이 성장하고 확장한다면, 이런 전반적인 사회적 진로는 다른 사회 계급에도 퍼져 나갈 것이다. 만약 그렇게 된다면 사람들이 직업 안팎에서 설득당하고 통제되는 방식으로서 감정 체계 자체('인격형 통제 체계' 안에서 움직이는 것과 같은 감정노동, 감정 법칙, 사회적 교환)가 갖는 중요성이 커질 것이다.

한편 기계가 인간적으로 제공되던 서비스를 대체하면서 자동화와 단순노동의 감소가 감정노동의 감소로 이어진다면, 전반적인 사회적 진로는 사람들을 더욱 비인간적인 방식으로 통제받도록 훈련시키는 또 다른 것으로 대체될

---

* 이것과 비슷하게, 노동계급 가족뿐 아니라 노동계급이 다니는 전통적인 교회에서도 사회생활 속에서 지위형 통제 체계를 수호하는 사람들을 찾아볼 수 있다. 직업에서 유용할 만한 방식으로 자신의 행동을 관리하는 법을 배우는 학교에서도 이런 요소가 어느 정도 나타난다.

것이다.

감정생활의 변형(**사적** 영역에서 **공적** 영역으로 나아가는 이동, 감정을 제공하는 것을 표준화하고 상업화하는 추세)은 이미 전체 계급 체계에 널리 퍼져 있다. 감정에 관한 상업적인 관습은 개인의 사생활에서 다시 재활용되고 있다. 오늘날의 감정생활은 새로운 관리를 받고 있는 것 같다.

저녁을 먹으면서 낮에 성난 고객을 만난 일에 관해 이야기하는 일이나 텔레비전 퀴즈 프로그램의 진행자와 참가자의 행동을 보는 일은 가정을 좀더 넓은 감정 법칙의 세계로 안내한다. 우리는 바깥 세상에 무엇을 기대해야 할지를 배우고, 준비한다.

미국에서 이 공적인 문화는 단순히 공적인 것이 아니다. 상업적이다. 그렇기 때문에 사적인 감정노동과 공적인 감정노동 사이의 관계는 상업적이지 않은 영역과 상업적인 영역을 연결해준다. 가정은 이제 이윤 추구의 동기가 가져오는 폐해에서 분리된 성소가 아니다. 그렇다고 시장에 가정의 이미지가 없는 것도 아니다. 젊은 항공 승무원이 비행기 객실에서 일하는 동안 떠올리라는 요구를 받는 사적인 거실의 느낌은 **이미** 객실의 몇 가지 요소를 **차용하고 있다**. 객실 안에서 일어나는 교환을 주관하는 상업적 원리는 상업과 거리가 먼 사적인 가정과 객실이 같다는 유비를 통해 부드러워질 것이라고 여겨진다. 그렇지만 최근 여러 해 동안 친구나 친지들과 맺는 사적인 관계가 주방 기구와 화장품, (좀더 최근에는) '성性 도우미'까지 판매되는 거실 '파티'의 기반이 되어왔다. 마찬가지로, 항공 여행을 위한 시장을 조성하기 위해 항공사에서는 사람들이 사적 차원의 가족과 개인이 갖게 되는 감정에 관한 생각을 이용한다. 항공사의 연수 전략을 세우는 담당자들은 그런 차용이 계속될 수 없을 것 같은 종류의 장소에 관한 아이디어를 가정에서 차용한다. 그렇지만 지금 우리가 누리는 문화와 같은 상황에서는 그런 차용이 계속되고 있다.

그렇기 때문에 공적 문화에 관한 유대를 시험하고 우리가 그 안에서 감시

받고 있는 방식을 찾는 일도 가족 안에서 진행된다. 몇몇 아이들이 상업적인 목적이 바로 가까이 있다는 사실을 처음 알게 되고, 좀더 큰 무대에서 자신의 기술을 선보일 기회가 올 때까지 준비하는 일도 가정 안에서 진행된다.

젠더, 지위 그리고 감정 ● 08

감정적인(Emotional) 2. 감정의 대상이 되거나 감정에 쉽게 영향을 받음. 예) 감정적인 **여성**으로, 동요에 쉽게 흥분한다.

사고(Cogitation) 1. 묵상, 심사숙고. 예) 사고의 시간이 흐른 뒤 그 **남자**는 새로운 제안을 했다.

2. 생각하는 능력. 예) 그 **여자**는 진지한 학생이 아니었고 사고력이 떨어지는 것 같았다.

— 《랜덤하우스 영어사전》

상층 계급의 가정과 직장에서는 하층 계급에 견줘 더 많은 감정 관리가 이어진다. 즉 계급 체계 속에서 사회적 조건은 상위에 있는 사람들에게 더 우세하다는 것이다. 반면 젠더 체계에서는 정반대다. 사회적 조건은 아래에 있는 사람들, 즉 여성에게 더 우세하게 작용하고, 그리고 다른 방식으로 좀더 우세하다. 어떤 점에서 그럴까? 왜 그런 걸까?

남자와 여자 모두 사적 생활과 직장에서 감정노동을 한다. 모든 면에서 여성뿐 아니라 남성도 파티의 분위기에 도취되고, 절망적인 사랑에 붙잡히지 않기 위해 도망가려고 애를 쓰고, 우울에서 벗어나려고 노력하고, 슬픔을 있는 그대로 드러내려고 한다. 그렇지만 감정을 경험하는 모든 분야에서, 감정노동이 여성에게 중요한 만큼 남성에게도 중요할까? 여성이 느끼는 것과 같은 방식으로 남성에게도 의미를 지닐까? 나는 '그렇지 않다'고 생각한다. 그렇게 판단하는 근본적인 이유는 여성이 전반적으로 사회에서 돈, 권력, 권위, 지위에 독립적으로 접근하기가 훨씬 어렵다는 사실이다. 여성은 남성보다 하위에 있는 사회 계층이고, 이런 현실은 네 가지 결과를 낳는다.

첫째, 다른 자원이 없는 여성들은 감정을 자원으로 삼아 자신이 갖고 있지 않은 많은 물질적인 자원을 받는 보상으로 남성에게 선사한다(예를 들어, 1980년을 기준으로 연간 소득이 1만 5000달러가 넘는 여성은 전체의 6퍼센트에 그친 반면, 남성은 50퍼센트에 이르렀다). 그렇기 때문에 감정을 관리하고 '관계'에 관련된 노동을 하는 능력은 여성에게 더욱 중요한 자원이다.

둘째, 감정노동은 남성과 여성에게 각기 다른 방식으로 중요성을 갖는다. 이것은 남성과 여성이 다른 종류의 감정노동을 할 것을 요구받는 경향이 있기 때문이다. 전반적으로 여성은 승무원들이 하는 종류의 감정노동으로 특화되는 편이고, 남성은 추심 쪽으로 특화된다. 시장에서 감정노동이 이렇게 특화되는 이유는 어린 시절 여자 아이와 남자 아이에게 다른 방식으로 감정을 훈련하는 데 있다("여자 아이는 뭐로 만들어져 있게? 설탕이랑, 향신료랑 다른 것들로 만들지. 남자 아이는 뭐로 만들어져 있게? 손가위랑 달팽이, 강아지 꼬리로 만들어졌지"). 게다가 각각의 특성화된 성향은 남성과 여성에게 각기 다른 감정적 과제를 부과한다. 여성에게는 "착하게" 굴면서 분노와 공격성을 억눌러야 하는 과제가 주어지는 경우가 많다. 사회적으로 주어진, 다양한 종류의 법칙을 깨는 것들에 맞서 공세를 펴야 한다는 과제는 남성들에게 두려움과 연약함을 억눌러야 한다는 개인적인 과제를 던진다.

셋째, 상대적으로 덜 인식되지만 여성을 전반적으로 경시하는 문화는 다른 사람이 보이는 감정에 맞서는 여성 개인의 '지위 보호막status shield'를 약하게 만든다. 예를 들어 여성 항공 승무원들은 언어폭력에 좀더 쉽게 노출되는 표적이 되고, 그것 때문에 남성 승무원들은 맞받아칠 권한도 없는 이런 공격에 대신 대처해야 한다.

남성과 여성 사이의 권력 차이가 가져오는 네 번째 결과는 관리된 마음 중 상업적으로 활용되는 부분이 서로 다르다는 것이다. 여성들은 자신을 예속시키려는 시도에 맞서 성적인sexual 아름다움이나 매력, 관계를 맺는 기술 등을 수세적으로 사용함으로써 대응하는 경우가 많다. 여성들의 경우 상업적인 착취에 가장 취약해지는 부분이 이런 능력이고, 그렇기 때문에 여성들은 이런 역량에서 소외되기가 가장 쉽다. '남성적'인 직업에서 일하는 남성 노동자들의 경우, 분노를 행사하고 남을 위협하는 능력이 회사에 양도되는 경우가 더 많고, 그래서 이런 종류의 능력에서 소외되었다는 느낌을 받기가 가장 쉽다.

대대적인 변형이 일어난 뒤, 남성과 여성은 다른 방식으로 감정노동을 경험하게 되었다. 앞에서 우리는 감정노동이 가장 뚜렷하게 나타나는 사회 계층인 중간 계급에 중점을 두어 살펴보았다. 여기에서는 가장 큰 중요성을 가지고 있는 성인 여성에 초점을 맞추겠다.

감정 관리자, 여성

전통적으로 미국의 중간 계급 여성은 남성보다 감정을 더 많이 느낀다고 알려져 있다. 《랜덤하우스 영어사전》에 실린 '감정적'이라는 말과 '사고'라는 말의 정의는 깊이 뿌리내린 문화적 관념을 반영한다. 그렇지만 여성은 '여성스런 속임수'를 마음대로 사용함으로써 한숨을 쉴지, 눈물을 왈칵 쏟을지, 또는 기분이 좋아 날아갈 것 같은 상태를 만들지 머리를 쓸 능력을 갖는다고 여겨지기도 한다. 일반적으로 여성은 감정과 그 감정의 표현을 남성에 견줘 더 잘 할 뿐 아니라 더 자주 **관리한다**는 인식이 있다. 여성과 남성이 의식적으로 느끼는 감정이 얼마나 차이가 나느냐 하는 문제는 여기서 다루지 않겠다.＊

＊ 신프로이트주의 이론가인 낸시 초드로우(Nancy Chodorow)는 사실 여성이 자신의 감정에 접근하기가 더 쉽다고 주장한다. 초드로우는 프로이트의 주장을 토대로, 유아기의 여자 아이들은 그렇지 않은데 견줘 남자 아이들은 원초적인 어머니와 동일시를 포기해야 한다고 주장한다. 이 어려운 과업을 수행하기 위해, 이 남자 아이(여자 아이는 그렇지 않다)는 '어머니와 같지 않은' 소년으로 자리잡기 위한 힘든 노력의 과정 속에서 어머니와 관련된 감정들을 억눌러야 한다. 그 결과는 일반적인 감정의 억제다. 반면 여자 아이는 어머니와 같은 사회적, 성적 범주에 들어가기 때문에 어머니와 자신의 동일시를 포기하거나 억제함으로써 자기감정에 접근하는 것을 희생할 필요가 없다. 만약 이런 해석이 참이라면(그리고 나는 이 해석이 그럴 듯하다고 생각한다), 여성이 자기감

그렇지만 여성이 남성보다 감정 관리를 **더 많이** 한다는 증거는 확실해 보인다. 잘 관리된 감정은 자발적인 감정과 겉으로 보기에는 비슷하기 때문에, '감정에 더욱 쉽게 영향을 받는' 상태와 상황에 따라 일부러 감정을 관리하는 행위를 혼동하는 경우도 있을 수 있다.

특히 미국의 중간 계급의 경우, 여성들은 전반적으로 돈에 관해 남성들에게 의존하고 있고, 그 빚을 갚는 다양한 방식 중 하나가 **다른 사람들의 행복과 지위를 확인해주고, 강화하고, 찬양하는** 부수적인 감정노동을 하는 것이기 때문에, 여성들이 감정을 더 관리하는 편이다. 아이들이 가정에서 배우고 연습한 감정을 다루는 기술이 시장으로 옮겨오면, 여성의 감정노동은 더욱 확연히 드러난다. 남성은 전반적으로 감정을 자원으로 만드는 훈련을 받지 못했고, 그런 이유로 감정을 관리하는 능력을 발전시키기가 상대적으로 힘들기 때문이다.

남성과 여성이 종사하는 감정노동의 종류에도 차이가 있다. 많은 연구를 통해 여성은 남성들보다 다른 사람들의 요구에 더 많이 순응하고 협조한다고 알려져 있다.[1] 이런 연구들에는 종종 타고난 것이 아니라 하더라도 필연적인, 한 가지 성에 국한된 특성이 존재한다는 의미가 담겨 있다.[2] 그렇지만 이런 특성이 단순히 수동적으로 여성에게만 존재하는 것일까? 아니면 여성이 **하는** 사회적 업무, 즉 다른 사람들의 행복과 지위를 확인해주고, 강화하고, 찬양하는 업무의 상징일까? 나는 많은 경우 순응적이고 협조적인 이 여성이 적극적으로 차이를 보여주려고 노력한다고 생각한다. 이 차이 때문에 이 여성은 레슬리 피들러Leslie Fiedler가 '정말' 착한 소녀라고 표현한 자기 내부의 존재를 외부로 표현하게 되고, '착한' 표현을 자연스럽게 보이게 만드는 감정들을 자아냄으로

정에 더 많이 접촉하고 있고, 결과적으로 감정을 더 의식적으로 관리할 수 있다고 기대할 수 있다. 초드로우(1980)의 논의 참고. 남성들은 무의식적인 억제를 통해 감정을 관리하는 경우가 더 많고, 여성들은 의식적인 억압을 통해 감정을 관리하는 경우가 많다.

써 이런 노력을 뒷받침하라는 요구를 받게 된다.* 다른 사람에 관한 서비스에 자신의 감정을 덜 개입시키기를 원하는 여성이라 하더라도, 만약 그렇게 할 경우 덜 '여성적'인 것으로 인식될 것이라는 각오는 하고 있어야만 한다.

더 '순응적'이 되려면 어떤 조건이 있어야 하는지는 대학생을 대상으로 한 윌리엄 케파트(William Kephart 1967)의 연구에 제시되어 있다. 학생들에게는 이런 질문이 주어졌다. "만약 어떤 남자나 여자가 여러분이 갖고 싶어하는 다른 성격을 모두 가지고 있다면, 여러분은 그 사람을 사랑하지 않더라도 결혼하겠습니까?" 이 질문에 남성은 64퍼센트가 '아니오'라고 대답한 반면 여성은 24퍼센트만이 '아니오'라고 답했다. 대다수 여성은 '잘 모르겠다'고 답했다. 한 사람은 이렇게 말했다. "잘 모르겠어요. 만약 그 사람이 그렇게 좋은 사람이라면, 그 사람을 사랑하는 쪽으로 **생각을 바꿀** 수도 있을 것 같아요."** 내가 한 연구(1975)를 보면, 여성은 남성보다 '사랑하려고 애쓰다', '신경 쓰지 않으려고 하다', '자신을 설득하려고 애쓰다' 하는 식으로 자신을 표현하는 경우가 더 많았다. 260개의 실험 기록의 내용을 분석한 결과, 남성에 견줘 더 많은 여성(18퍼센트 대 33퍼센트)이 자신의 감정을 묘사할 때 무의식적으로 감정노동의 언어를 사용했다. '더 감정적'이고 감정이 통제되지 않는다는 여성에 관한 이미지는 UCLA의 학생 250명을 대상으로 한 연구에서도 공격을 받았다. 이 연구에서 바라는 바를 얻기 위해 일부러 감정을 드러낸다고 응답한 남성은 20퍼센트에

---

* 피들러(1960)는 여자 아이들이 '정말' 착하게 굴어야 하고 나쁘게 구는 것은 부끄럽게 여기도록 훈련받는 반면 남자 아이들은 형식적으로는 착하게 굴라는 요구를 받지만 암묵적으로는 '너무' 착한 것을 부끄러워하는 게 좋다고 배운다고 주장한다. '달콤한' 처신을 하게 만들려는 지나친 사회화가 차이를 전달하는 여성적인 기술을 만들어 낸다.

** 다른 연구에서는 남성들이 사랑에 관해 더 '낭만적인' 태도를 보이고, 여성은 '현실적인' 지향을 보인다는 사실을 밝혀내기도 했다. 즉 남성은 '곤두박이친다'거나 '기뻐 날뛴다' 등의 묘사를 하는 등 사랑을 수동적으로 구성하기 위해 문화의 뒷받침을 받는다. 케파트에 따르면, "여성은 낭만적인 충동으로 이리저리 떠밀리지 않는다. 도리어 여성들은 남성들에 견줘 낭만적인 성향을 이성적으로 통제할 역량이 더 큰 것으로 보인다"(1967. 473쪽).

지나지 않은 반면 여성은 45퍼센트에 이르렀다.* 어느 여학생은 이런 말을 했다. "전 입을 삐죽거리면서 인상을 쓰고 상대방이 미안한 마음이 들 만한 말을 합니다. '넌 날 사랑하지 않잖아. 나한테 무슨 일이 생기든 신경 쓰지도 않고' 하는 식으로요. 전 제가 무엇을 원하는지 바로 말을 꺼내는 타입은 아니에요. 보통 단서만 주면서 말을 빙빙 돌리죠. 희망 사항만 말하고 변죽을 많이 울리는 겁니다."³

여성들이 계발해온 감정의 기술은 라이오넬 트릴링Lionel Grilling이 계급 상승의 기회에 견줘 높은 열망을 가지고 있는 사람들에게 나타난다고 말한 적이 있는 위장의 기술과 닮아 있다. 좀더 하위에 있는 다른 사람들과 마찬가지로, 여성은 좀더 나은 연기자가 되는 데 관심이 있었다.** 심리학자들이 말하는 것처럼, 내면 행위의 기술은 유독 많은 '부차적인 이익'을 지니고 있다. 그렇지만 이런 기술들은 오랫동안 '자연스러운' 것, 그 여성이 만들어내는 어떤 것이라기보다는 여성 '자체'의 일부인 것처럼 잘못된 라벨이 붙어 있었다.

비언어적 의사소통과 감정의 미시 정치적 의미에 관한 감수성은 여성에게 윤리 언어ethic language와 같은 것을 제공한다. 남성도 윤리 언어를 구사하기는 하지만 전체적으로 여성만큼 잘 하지는 못한다. 윤리 언어는 여성이 무대 뒤에서 '감정에 관해' 이야기를 나누면서 공유하는 언어다. 이 대화는 무대 뒤에서 남성들 사이에 진행되는 대화와 달리 정복자의 득점 기록을 따지자는 것이 아니다. 이것은 기교를 부리는 피식자들의 대화이며, 남성이 자신을 원하게 만드는 방법, 그 남성을 흥분시키는 방법, 그 남성을 기분 좋게 하거나 기분

---

*이런 행동 유형은 사회적으로도 강화된다. 직접적인 메시지를 보내는 여성들의 경우, 똑같이 행동하는 남성들에 견줘 더 공격적인 것으로 평가된다(Johnson and Coodchilds, 1976. 70쪽).
**(아첨을 포함한) 여성적인 술수를 사용하는 것은 심리 정치적 스타일로 나타나는 복종으로 받아들여진다. 따라서 남성들의 세계에 발판을 마련하고 자신들이 사용할 필요가 없는 것을 깔볼 여유가 있는 여성들은 이런 술수를 비난한다.

나쁘게 하는 방법에 관한 이야기다. 전통적인 여성의 하위문화에서, 특히 청소년들에게는, 사람들에게 가까이 붙어 복종하는 것은 '피할 수 없는 인생의 사실'로 인식된다. 그렇게 되면 여성은 이것에 순응하지만, 수동적으로 순응하지는 않는다. 여성들은 감정을 필요나 목적에 적극적으로 맞추면서, 수동적인 동의 상태와 그 상태에 부합하는 필요가 우연히 발생한 것처럼 **보이도록** 행동한다. 존재는 행동 방식이 된다. 연기는 꼭 필요한 기술이고, 감정노동은 그 도구다.

상대방의 지위와 행복을 강화하는 감정노동은 이반 일리히Ivan Illich가 '그림자 노동shadow labor'이라고 부르는 보이지 않는 노력의 한 형태다. 집안일 같은 이런 노동은 노동으로 꼽지 않지만 다른 일을 하는 데 매우 중요하다. 집안일을 잘 하는 것과 마찬가지로, 노력을 기울인 모든 증거를 없애고 깨끗한 집과 환영하는 미소만 제공하는 것이 비결이다.

이런 감정노동의 생산물을 나타내는 간단한 말이 있다. '좋다'는 말이다. 좋다는 것은 문명사회의 모든 교환에서 꼭 필요하고 중요한 윤활유이며, 남성들도 자기 자신을 좋은 사람으로 만든다. 이것이 사회의 수레바퀴를 굴러가게 만든다. 어느 승무원은 이런 말을 했다. "전 '좋은 재킷을 입으셨네요'처럼 사람들의 기분이 좋아질 만한 말을 합니다. 또는 그 사람들의 농담에 웃어줍니다. 그렇게 하는 게 승객들을 편안하고 즐겁게 합니다." 이런 작은 섬세함 너머에는 부탁을 들어주고 서비스를 제공하는 과정에서 좀더 큰 차원의 섬세함도 작용한다. 결국 진짜로 좋다는 것에는 도덕적이거나 정신적인 인식이 존재한다. 우리는 이런 인식 속에서 다른 사람의 요구를 우리 자신의 필요보다 더욱 중요하게 받아들이게 된다.

사람을 '좋게' 대하는 방식은 복종에 또 다른 차원을 더한다. 복종은 차가운 존경을 보내거나 공손의 표현으로 딱딱하게 목례를 하거나 예의상 미소를 보내는 것 이상의 의미다. 다른 사람의 지위와 행복을 지지하고 있다는 사실을 보여주는 따뜻한 표정과 크고 작은 제스처로 나타날 수도 있다.[4]

거의 모든 사람들이 우리가 넓은 의미에서 복종이라고 부를 만한 결과를 생산하는 감정노동을 한다. 그렇지만 여성은 그런 감정노동을 더 많이 할 것이라는 기대를 받는다. 남성 대학교수와 여성 대학교수를 비교한 위클러(Wikler 1976)의 연구는 학생들이 남자 교수들보다는 여자 교수들에게 더 온정적이고 자신을 지지할 것이라는 기대를 하고 있다는 사실을 밝혀냈다. 이런 기대가 주어지는 상황에서 더 높은 비율의 여성 교수들이 냉정하다고 인식되었다. 또 다른 연구(Broverman, Broverman, and Clarkson 1970)는 임상 훈련을 받은 심리학자와 정신과 의사, 사회복지사들에게 다양한 성격을 제시하면서 '정상적인 성인 남자'와 '정상적인 성인 여자'와 연결해보라고 요구했다. 그 결과 '매우 재치 있는, 매우 온화한, 다른 사람의 감정을 잘 알아차리는' 성격을 정상적인 성인 여자에 관한 관념에 연결하는 경우가 더 많았다. 순응적이고 협조적이며 도움이 되는 존재인 여성은 공적 무대 뒤편에 있는 사적 무대에 서 있으며, 결과적으로 여성은 많은 경우 말싸움이나 농담, 가르치는 것 자체를 그런 행위에 관해 감사를 표현하는 것만큼 잘 하지 못한다고 인식된다.* 이런 여성은 말로 다른 사람을 북돋워준다. 이런 여성은 적극적으로 다른 사람(보통은 남자인데, 자신이 여성의 배역을 해주어야 하는 다른 여성도)을 높여준다. 이런 배역을 맡는 게 자연스러워 보일수록 그 여성의 노동은 노동으로 보이지 않고, 더욱 가치 있는 다른 특성이 **없다**는 점을 성공적으로 감추게 된다. **여성**으로서 그 여성은 자신이 가장 잘 높여주려는 사람을 뛰어나게 높여준다는 이유로 칭찬을 받을 수 있지만 코미디언이나 교사, 논쟁을 만드는 사람들과 대비되는 **인간**으로서 그 여성은 보통 남성들이라면 그 안에 살다시피 하는 고양된 분위기의 바깥에 산다. 물론

---

* 남성들의 유머를 칭찬하거나 남성의 지위를 높이는 것에는 수전 랭저(Suzanne Langer)가 논증적이지 않은 상징이라고 부르는, '증명할 수 없고, 사전적 의미나 사회적으로 정의된 체계나 순서가 없는' 상징들을 사용하는 것이 포함된다(Langer 1951, 1967).

남자도 다른 남성이나 여성의 비위를 맞추고 그런 면에서 복종을 진심 어린 것으로 만들기 위한 감정노동을 한다. 남자와 여자의 차이는 권력을 가지고 있느냐 없느냐 하는 것의 심리학적 효과가 갖는 차이다.5

인종주의racism와 성차별주의sexism가 이런 전반적인 양상을 공유하고 있지만, 이 두 시스템은 경제적인 불평등을 사적인 맥락으로 바꾸는 데 사용할 수 있는 방법에서 차이가 난다. 백인 공장장과 흑인 공장 노동자는 일터를 나서 집으로 향한다. 한 사람은 일반적으로 백인 이웃과 백인 가족에게 돌아가고 다른 한 사람은 보통 흑인 이웃과 흑인 가족에게 돌아간다. 그렇지만 여성과 남성의 경우, 좀더 넓은 차원의 경제적 불평등은 아내와 남편 사이의 친밀한 일상적 교환으로 걸러진다. 다른 하급자들과 달리 여성은 자원을 공급해주는 사람과 **원초적인** 유대를 찾으려고 한다. 결혼의 경우 상호 교환의 원칙은 각자의 좀더 넓은 활동 무대에 걸쳐 적용된다. 우리가 어떻게 주고받느냐 하는 것에서 선택의 여지도 더 많으며, 경제적으로 불평등한 양쪽 사이의 주고받기가 아침, 점심, 저녁으로 계속된다. 더욱 폭넓은 불평등이 개인적으로 표현될 방법을 찾은 것이다.

어디로 가든 '다른 것에 관한 보상'에 관련된 약속은 모습을 바꾸어 움직인다. 결혼은 남성과 여성이 이용할 수 있는 자원 사이의 차이를 좁히고 희미하게 만든다.6 남자와 여자가 서로 사랑하기 위해서, 사랑을 나누고, 아이를 낳고 함께 삶을 꾸려 나가기 위해서 노력하기 때문에, 양자가 받아들이는 이 유대의 친밀함은 어느 정도 종속을 숨길 것을 요구한다. '우리'의 방식으로 이야기를 하고, 은행 계좌도 함께 만들고 결정도 함께 내리며, 여성들 사이에서는 '정말 중요한' 면에서 서로 평등하다는 생각도 할 것이다. 그렇지만 이런 행동 방식의 밑바탕에는 **결혼 외부의 각기 다른 잠재적 미래**가 존재하며, 이것은 삶을 양식화하는 데 효과를 미칠 것이다.* 따라서 여성은 전반적인 관계에서 사라진 평등감을 경험하기 위해 어떤 부차적 결정이나 제한적인 영역에서 특히 단정적인 모습을 보일 수 있다.

　　자신들이 결국 불리한 처지에 있다는 것을 알고 있고 그런 위치가 바뀌지 않는다고 느끼는 여성들은 질투에 사로잡혀서 자신들이 전통적으로 가지고 있는 감정 자원의 은밀함을 보호하려고 할 수도 있다. 이 비밀이 알려지면 자신들 앞에 당장 놓여 있는 현실이 더 나빠질 수 있다는, 이해할 만한 두려움 때문이다. 여성들의 사회적인 매력이 비밀스러운 노동의 생산물이라는 사실을 고백하는 것은, 성혁명sexual revolution이 여성을 좀더 연봉이 좋은 직업에 진출하도록 장려하기는커녕 성적 접촉의 협상력을 떨어트림으로써 그것을 덜 '가치 있는' 것으로 만들었던 것과 마찬가지로 그 매력의 가치를 떨어트릴 수 있다. 물론 사실 우리가 '순응성'과 '협동성'을 그림자 노동의 형태로 재정의하는 것은, 일정한 보상이 치러져야 할 숨겨진 대가를 지적하면서 여성-남성의 관계를 다시 정리하는 게 바람직하다고 주장하는 셈이다.

　　여성이 남성보다 이런 종류의 감정노동을 더 많이 제공하는 이유가 또 하나 있다. 모든 계급의 수준에서 여성이 대인 관계에 많이 개입되어 있는 무급 노동을 더 많이 한다. 여성들은 더 '순응적'이고 '협조적'이기 때문에, 아직 자신들만큼 순응하고 협력하지 못하는 사람들의 요구를 잘 처리할 수 있다. 사람들은 여성을 어머니와 같은 범주에 속하는 구성원들로 보기 때문에, 전반적으로 여성들에게 자신의 심리적인 요구를 돌봐 달라고 요구하는 경우가 더 많다고 한다(Jourard 1968). 세상은 여성에게 어머니 노릇을 요구하고, 이 사실은 묵묵히 직무 내용의 많은 부분에 연결되어 있다.

---

* 연인 관계에 있는 젊은 남녀(일반적으로 대략 비슷한 나이 또래의 중간 계급)를 조사한 지크 루빈(Zick Rubin)의 연구에서는 연인 관계에서 여성이 남성에게 사랑받는 것보다 남성을 더 사랑하는 경향이 나타났다. 또한 남성에 견줘 여성은 자신이 애인과 '더 비슷하다'는 느낌을 받는다(Rubin 1970, Reiss 1960).

일터의 여성

대인 관계의 기술을 요구하는 대기업이 늘어나면서, 지위를 강화해주는 여자다운 기술과 그것에 필요한 감정노동은 더욱 공공연해지고, 더욱 체계화하고, 더욱 표준화했다. 대체로 사람을 접촉하는 직업에 종사하는 중간 계급 여성들이 이 업무를 수행한다. 7장(과 부록 C)에서 지적한 것처럼, 감정노동을 포함하는 직업은 전체 직업 중 3분의 1 이상을 차지하고 있다. 그렇지만 남성이 종사하는 직업 중 감정노동을 포함하는 직업은 **4분의 1** 정도일 뿐이고, 여성이 종사하는 직업에서는 그 비율이 **절반**이 넘는다.

사람들을 접촉해야 하는 많은 직업은 사람들에게 서비스를 제공할 것도 함께 요구한다. 리처드 세넷Richard Sennett과 조나단 콥Jonathan Cobb은 《계급의 숨겨진 상처The Hidden Injuries of Class》에서 사람들이 다른 종류의 직업에 견줘 서비스 직종을 어느 정도의 지위로 평가하는지 살펴보고 있다. "이 등급에서 가장 하위에 있는 것은 공장 노동자가 아니라 개인이 개인적으로 누군가를 위한 일을 수행해야 하는 서비스 직종인 것으로 나타났다. 바텐더는 광산 노동자보다 낮은 지위에 위치하고 있고, 택시 기사는 트럭 운전수보다 지위가 낮다. 우리는 이런 직업의 기능이 **다른 사람에게 더 의존적이고 다른 사람들의 마음대로 좌우된다고 생각되기** 때문에 이런 형상이 나타난다고 본다."7 서비스 직종에 종사하는 여성이 남성보다 많기 때문에(남성은 9퍼센트이고 여성은 21퍼센트), 계급에 연결된 여성에게도 '숨겨진 상처'가 있다.

일단 여성이 사람을 대하는 직업에서 일하게 되면 새로운 행동 양식이 나타난다. 여성들은 기본적인 존중을 덜 받게 된다. 즉 여전히 문을 잡아주고, 차 문을 열어주고, 빗물이 고인 웅덩이를 건널 수 있게 몇몇 여성들을 돕기는 하지만, 이 여성들은 자신의 지위가 낮기 때문에 나타나는 중요한 결과에서는 보호받지 못한다. 여성들의 감정은 남성들의 감정보다 비중이 낮게 매겨진다.

이런 지위 효과의 결과로, 항공 승무원이라는 직업은 여성과 남성에게 다른 일이 된다. 남성에게 중요한 숨겨진 과제는 '여자 직업'에서 일하는 남자의 정체성을 유지하고 가끔씩 여성 승무원을 '노리는' 거친 승객들을 상대하는 것이다. 드러나지는 않지만 여성에게 중요한 과제는 승객이 터트리는 분노나 욕구 불만에 관한 사회적인 방어막이 없다는 지위 효과에 대처하는 것이다.

그렇다면, 여성의 낮은 지위가 다른 사람들이 그 여성을 대하는 방식에 영향을 어떻게 미칠까? 좀더 근본적으로, 지위와 감정을 다루는 방법 사이의 우선적인 연결 고리는 무엇일까? 높은 지위에 있는 사람들은 자신의 감정을 알리고 중요한 사람으로 여겨질 특권을 누린다. 지위가 낮아질수록 그 사람의 감정은 사람들에게 알려지지 않거나 하찮은 것으로 다루어진다. 데일H. E. Dale은 《영국의 고위 공무원The Higher Civil Service of Great Britain》에서 '감정 원칙doctrine of feelings'이 존재한다고 이야기하고 있다.

> 몇 년 전 한 저명한 고위 공무원이 내게 감정 원칙에 관해 설명해주었다. ……그 사람은 감정의 중요성은 그런 감정을 느끼는 사람의 중요성과 밀접한 관련을 가지면서 달라진다고 설명했다. 만약 공공의 이익을 위해 어느 말단 공무원이 자리에서 물러나야 한다면 그 공무원의 감정까지 존중할 필요는 없다. 만약 차관보의 경우라면, 합당한 선에서 조심스럽게 고려되어야만 한다. 만약 이것이 정무 차관급의 일이라면, 감정은 그 상황의 중요한 요소가 되고 정말 필수적인 공공의 이익만이 그런 조건들보다 우위에 설 수 있다.**8**

일하는 여성과 일하는 남성의 관계는 말단 공무원과 정무 차관 사이의 관계와 같다. 임원과 비서, 의사와 간호사, 정신과 의사와 사회복지사, 치과 의사와 치위생사의 사이에서 권력의 차이는 성차에 반영되어 나타난다. '감정 원칙'은 양성 사이에 존재하는 또 하나의 이중 잣대인 것이다.*

상대적으로 낮은 지위에 있는 사람들의 감정은 두 가지 방식으로 그 가치가 절하된다. 그 감정을 합리적이지만 중요하지 않은 것으로 여기거나, 합리적이지 않기 때문에 무시해도 되는 것으로 여기는 방식이다. '정치적 공격에 관한 연구 — 여성은 이중 잣대로 평가되는가?'라는 제목의 논문에서는 여성 정치인을 대상으로 한 설문조사 결과를 발표했다. 설문 대상자들은 모두 감정적인 이중 잣대가 존재한다고 생각한다고 응답했다. 뉴욕 주 오로라Aurora에 있는 웰스 칼리지Wells College의 학장이던 프랜시스 페런솔드Frances Farenthold는 이렇게 말했다. "누구든 버럭 화를 내지는 말아야 한다는 것을 확실히 알게 됩니다. 헨리 키신저Henry Kissinger는 법석을 떨어도 됩니다. 그 사람이 잘츠부르크에서 어떻게 했는지 기억하시죠? 그렇지만 여자인 우리는 여전히 감정을 다잡지 못하면 감정적이라는 둥, 불안하다는 둥, 그 밖에 여성을 묘사하는 데 이용되는 모든 말이 다 달라붙는 단계에 서 있습니다."9 공적 생활을 하고 있는 여성들은 다음과 같은 점들에 동의했다. 남자가 화를 내면 그것은 '합리적'이고 이해할 수 있는 분노이자, 성격의 약점을 드러내는 것이 아니라 자신의 깊은 신념을 드러내는 분노로 여겨진다. 여성이 남성과 비슷한 정도로 화를 낼 경우, 그것은 개인적인 불안의 상징으로 해석되기 쉽다. 여성은 더 감정적이라는 믿음이 있고, 이런 믿음은 여성들의 감정을 무효로 만드는 데 사용된다. 즉 여성의 감정은 실제 사건에 맞선 대응이 아니라 '감정적인' 여성 자신을 반영하는 것으로 여겨진다.

우리는 여기서 '감정 원칙'이 가져온 결과를 발견하게 된다. 우리의 지위가 낮을수록 우리가 사물을 보고 느끼는 방식은 신뢰를 얻지 못하고 점점 못 믿을

---

* 보통 기사도 정신은 강자가 약자를 보호하는 것이라고 생각한다. 그렇지만 남자 상사가 여자 비서에게 꽃을 건네거나 문을 열어줄 때는, 자신이 그 여자 비서의 남자 동료나 상급 직원보다 그 여자 비서에게 더 화를 자주 내며 또한 그 여자 비서가 자신에게 화를 내는 것보다 자신이 더 자주 드러내 놓고 화를 낸다는 사실이 생각날 때뿐이다. 이때 꽃은 일종의 배상을 상징하는데, 존중의 불균형 배분이라는 기본 전제와 그 과정에 필요한 심리적인 비용을 모호하게 만드는 구실을 한다.

것이 되어버린다.10 '불합리한' 감정은 무효화된 인식과 나란히 나타난다. 낮은 지위에 있는 사람은 무슨 일이 일어나고 있는지 정의할 권리가 약하다. 그 여성의 판단은 허약한 신뢰를 얻고, 그 여성의 느낌도 덜 존중받는다. 상대적으로, 소수자의 시각이나 신용을 얻지 못하는 의견을 유지하는 일은 다른 낮은 지위의 사람들과 마찬가지로 여성이 감수해야 하는 부담이 되는 경우가 많다.

남성과 여성이 겪는 질병에 관해 의사들이 보이는 대응은 좋은 사례다. 의사들이 요통, 두통, 어지럼증, 가슴 통증, 피곤 등 환자가 말해야 의사가 판단할 수 있는 증상들을 호소하는 환자들의 신체적인 불평에 어떻게 반응하는지 살펴본 어느 연구는 52쌍의 결혼한 부부 중 남편이 불평한 경우가 아내가 불평한 경우보다 의학적인 대응으로 이어지는 경우가 많았다는 결과를 발표했다. 이 글의 저자는 이렇게 글을 맺었다. "이 자료는 의사들이 남성의 질병을 여성에게 나타나는 질병보다 더 진지하게 받아들인다는 사실을 입증했다."* 의사와 남성 환자 184명, 여성 환자 130명의 상호 관계를 살펴본 다른 연구에서는 "환자가 여성인 경우 의사들이 환자가 가지고 있는 질병의 심리적 요소를 고려할 가능성이 더 높다"는 결론을 내렸다.11 몸이 아프다는 여성의 주장은 실제 존재하는 어떤 것에 관한 반응이 아니라 '혼자 상상한' 것 또는 '주관적'인 것으로 무시될 가능성이 더 컸다.

어떤 식으로든 남성과 여성의 감정에 불균등한 무게를 두는 것을 보완하기 위해 많은 여성들은 자신의 감정을 전면에 내세우며, 더 많은 힘을 실어 감정을 표현함으로써 감정이 진지하게 받아들여지게 하려고 애쓴다. 하지만 이 소용돌이는 거기에서 더 떨어진다. 자신의 감정을 더 표현함으로써 '감정 원칙'에 맞서

---

* 남성에 견줘 여성이 의사를 자주 찾고, 그렇기 때문에 의사들이 여성의 질병을 덜 심각하게 여긴다는 설명도 할 수 있을 것이다. 그러나 여기에서 원인과 그 결과를 가리키는 어렵다. 만약 여성의 불평이 진지하게 받아들여지지 않는다면 그 여성은 치료법을 찾을 때까지 몇 번씩 의사를 찾아다녀야 할 수도 있기 때문이다(Armitage et al. 1979).

려고 노력하면 할수록, 여성들을 기다리고 있는 '감정적'이라는 이미지에 더욱 맞아떨어지게 되는 것이다. 감정의 원칙에 맞서는 유일한 방법은 성과 지위 사이의 좀더 근본적인 유대를 제거하는 것이다.12

일터의 지위 보호막

지위와 감정을 다루는 방식의 관계가 이렇게 정해져 있는 상황에서는, 여성, 유색인종, 아동 등 낮은 지위에 있는 사람들은 자신의 감정이 소홀하게 취급되는 상황에 맞설 지위 보호막이 없다. 이 단순한 사실은 일의 내용을 완전히 바꾸어놓을 힘을 갖는다. 예를 들어 여성 승무원과 남성 승무원에게 부과되는 업무는 **같은 일**이 아니다. 여성은 남성보다 무례하고 퉁명스러운 언사나 서비스, 항공사나 항공업계 전반에 걸친 장광설에 더 많이 노출되는 편이다. 회사를 대표해서 '서툴게 다루어진' 승객 때문에 벌어지는 충격을 흡수하는 사람들로서, 감정이 거칠게 다루어지는 경우가 남성보다 훨씬 더 많다. 게다가 여성의 권위에 저항하는 사람을 만나는 날은 남자 승무원과 여자 승무원에게 다른 경험으로 다가온다. 여성이라는 사실이 더 낮은 지위를 부여하기 때문에 폭력에 맞서는 이 여성의 보호막도 더 약하며, 그 여성이 스스로 느끼는 중요성, 예를 들어 운항 지연에 따른 비난에 마주치는 경우도 마찬가지로 제한된다. 이런 면에서 보면 남성이 경험하는 직업은 여성이 경험하는 똑같은 직업과 본질적인 차원에서 다르다.

이런 점을 감안하면, 여성으로 사는 것은 불리한 일이다. 전체 승무원의 85퍼센트는 여성이다. 그리고 이 경우, 여성 승무원들은 단순히 생물학적인 면에서만 여성인 것은 아니다. 여성 승무원들은 여성성에 관해 미국 중산층이 지니고 있는 개념을 눈에 명확히 보이도록 정제한 결과물이기도 하다. 여성 승무원은 여성을 상징한다. '여성'의 범주가 정신적으로 낮은 지위와 권위를 갖는다는 인식과 연결되어 있는 한, 여성 승무원들은 다른 여성들에 견줘 더욱 쉽게 '진짜' 여성으로 분류된다. 승무원들의 감정생활에 따른 결과는 지위 보호막의 보호를 훨씬 덜 받는다는 점에서도 그렇다.

여성 승무원들은 여성의 두 가지 중심 배역을 **연기할** 것이라고 기대하는 사람들과 섞이는 경우가 여성 경리나 버스 기사, 원예사보다 많다. 정다운 아내와 어머니의 구실(음식을 가져다주고, 다른 사람의 필요를 살피는)과 매력적인 '커리어 우먼'의 구실(남에게 보여주기 위해 옷을 입고, 모르는 남자들과 이야기를 나누고, 전문적이고 절제된 예절을 보이고, 말 그대로 집에서 아주 멀리 있는)이 그것이다. 실제로 '전 대중 앞에서 일을 하지만, 여전히 마음만은 여자랍니다'라고 알리면서 비인격적인 시장에 옮겨온 소박한 여성성을 상징하는 일을 한다.

승객들은 가정이나 좀더 넓은 문화에 기대어 성에 따라 달라지는 한 사람의 일대기에 기대감을 갖고서, 그것을 바탕으로 여러 가지 요구를 한다. 남성 노동자와 여성 노동자에게 승객들이 갖다 붙이는 각각 다른 가공의 이야기들은 보살핌과 권위가 전달되는 과정에서 자신들이 무엇을 받고 싶어하느냐에 따라 다른 의미를 갖게 된다. 어느 남자 승무원은 이렇게 말했다.

사람들은 늘 제 계획을 묻습니다. "왜 이 일을 하세요?" 이것이 승객들에게 늘 듣는 질문입니다. "경영진까지 올라가실 계획이세요?" 남자들은 대개 1년 정도 일을 하면서 이 일이 어떤지 알아볼 생각으로 들어오지만, 우리는 계속 경영자 연수 프로그램에 관한 질문을 받습니다. 저는 여기서 경영진까지 올라간 사람이 있었다는 말도 들어보지 못했습니다.*

---

* 항공권 가격을 낮출 정도로 경기가 좋지 않던 시절에 노동자계급에 속하는 남성 승객이 밀어닥치면서, 남성 승무원들이 받는 질문도 달라졌다. 어느 승무원은 이렇게 말했다. "이제 사람들은 제게 왜 이 일을 하느냐고

반면 어느 여성 승무원은 이렇게 말했다.

남자들은 제게 왜 결혼을 안 했느냐고 묻습니다. 남자들에게는 그런 질문을 하지 않죠. 아니면 승객들은 이렇게 말할 겁니다.
"애가 생기면 이 일을 그만두겠군요. 틀림없이 그럴 거예요."
그럼 전 이렇게 이야기하죠.
"글쎄요. 전 아이를 갖지 않을 계획입니다."
"아니, 당신도 아이를 갖게 될 거예요."
"그렇지 않습니다."
전 그렇게 말하고는 개인적인 이야기는 하려고 하지 않습니다. 그 사람들은 제가 여성이기 때문에 아이를 가질 것이라고 기대하지만, 전 그 사람들이 뭐라고 하든 그러지 않을 겁니다.

만약 여성 항공 승무원을 예비 엄마로 본다면, 돌봄 노동nurturing work이 그 여성에게 떨어지는 것은 당연하다. 어느 여성 승무원은 이렇게 말했다. "남자들은 관계없이 고개를 숙여 인사를 하는 경우가 더 많고, 우리는 처진 사람들을 집어내죠. 아기를 다루거나, 아이를 상대하거나 노인들을 공손하게 대하거나 하는 일들 말이에요. 남자들은 그런 일에 그렇게 많이 끼어들지 않아요." 어느 남자 승무원도 이 사실을 확인하면서 무심코 이렇게 말했다. "제가 승객에게 말을 걸러 나가면, 그 승객은 십중팔구 매력적인 여자일 겁니다." 이런 점에서 여성들은 일반적으로 게이 남성 승무원을 좋아한다. 게이 승무원들은 개인사에

묻지 않습니다. '어떻게 일자리를 얻게 됐어요?'라고 묻죠." 역설적이게도 여성보다는 남성들이 여가 시간이나 좋은 보수, 다른 일을 하기 전에 몇 년 정도 해볼 만한 일이라는 생각을 갖고 '삯일꾼' 같은 태도로 이 일을 시작하는 경우가 많다. 이런 사람들은 항공 승무원을 영예로운 고소득 직종으로 인식하고 있는 여성들보다 전통적인 '여성적' 직업 동기를 더 많이 드러냈다.

관한 시험을 비껴가려고 솜씨 좋게 노력하면서도 이성애 남성들은 하기 꺼리는 돌봄 노동에 자연스럽게 더 끌리기 때문이다.

젠더는 다른 측면에서도 한 직업을 성별에 따라 두 가지 직업으로 나눈다. 여성들은 남성에 견줘 농담에 반응하고, 이야기를 들어주고, 심리학적인 조언을 제공해 달라는 요구를 받는 경우가 더 많다. 이런 것들을 제공하는 데 여성이 특성화되었다는 것은 남녀 항공 승무원들이 모두 순종적이면서도 권위 있어야 한다는 요구를 받는다는 사실에 비춰볼 때에만 의미를 지닌다. 승무원들은 농담을 좋게 받아줄 수 있어야 하지만, 규격을 넘어선 수하물에 관한 규칙을 적용하는 데에서는 엄격하기도 해야 한다. 그렇지만 여성에게는 주로 복종이 더 기대되기 때문에, 여성 승무원의 권위에 따르도록 승객의 존중을 얻기도 어렵고 규칙을 따르라고 강요하기도 힘들다.

실제로 승객들은 일반적으로 남성이 여성보다 **더 많은** 권위를 가지고 있으며, 남성이 여성에 **관한** 권위를 행사할 것이라고 가정한다. 항공 여행이 삶의 방식이 되는 업계에서 일하는 남성들에게, 이런 가정은 사실과 상당한 거리가 있다. 어느 승무원은 이렇게 말했다. "저기 5번 복도쪽 좌석에 사업가가 한 명 앉아 있다고 합시다. 그 사람에게는 세탁소에 양복을 맡기고 사업상 고객을 위해 애피타이저를 만들어주는 아내가 있습니다. 1분에 1억 4천만 단어를 치고 자기보다 항공권에 관해 훤히 잘 꿰고 있는 뿔테 안경을 쓴 선임 비서도 있습니다. 그 남자의 인생에서는 자기 위에 있는 여자가 없는 겁니다." 남성의 권위에 관한 이런 가정은 평범한 스무 살짜리 남성 승무원을 자신보다 나이가 많은 여성 승무원들을 관리하는 '과장'이나 '관리자'로 오해하게 만든다. 승객들은 여자들 사이에 있는 유니폼을 입은 남자라면 여자들을 압도하는 권위가 있을 것이라고 가정하는 것이다. 사실 1960년대 중반에 '차별'을 둘러싼 탄원이 마무리될 때까지 남성들은 이 직업에서 제외되어 있었고, 1970년대 초반에도 고용된 남성의 수가 적었기 때문에 대다수 남성 승무원은 대다수 여성 승무원들보다

나이도 어리고 근속년수도 짧다.

　남성이 권위를 가지고 있을 것이라는 가정은 두 가지 결과를 낳는다. 먼저, 권위는 지위와 마찬가지로 희생양이 되는 것을 막는 보호막으로 작용한다. 비행기의 여성 노동자들은 권위도 적고 지위도 낮을 것으로 생각되기 때문에 희생양이 되기 쉽다. 비행기가 연착되고, 스테이크가 모자라거나 얼음이 떨어졌을 때, 승객들은 여성 노동자들을 향해 좀더 공개적으로 불만을 터트린다. 사람들은 여성 노동자들이 잘 '받아들일 것'이라는 기대를 하고, 불쾌함의 표현을 중단시키는 것보다는 그런 표현을 받아들이는 게 여성들이 할 일이라고 여긴다.

　이것과 더불어 남성 노동자와 여성 노동자 모두 권력의 이런 가상적인 재분배에 순응했다. 남성과 여성은 각기 다른 방식으로 이 재분배를 더욱 현실적으로 만들었다. 남성 승무원은 실제 갖고 있는 권위에 견줘 **마치 더 많은 권위를 갖고 있는 것처럼** 승객들 앞에서 행동했다.* 이런 상황에서 남성 승무원들은 승객들의 폭언을 덜 묵인하고 또 더 강하게 대처하게 됐다. **권위자로서** 큰 불평 없이 순응할 것을 기대한다는 메시지를 전달하는 것이다. 이 메시지를 알아챈 승객들은 불만을 쉽사리 제기하지 못하고 불평을 하다가도 더 빨리 멈췄다. 반면 승객들이 자신들의 권위를 덜 존중할 것이라고 예상하는 여성 승무원들은 폭언에 대처하는 좀더 재치 있고 공손한 방법을 사용했다. 여성 승무원들은 (워낙 남을 존중할 바탕 자체가 낮다고 예상되는) 여성 승객들을 대할 때보다 (자신들을 덜 존중할 것이라고 생각하는) 남성 승객들에게 더욱 공손하게 대했다. 또한 상대적으로 폭언이 확대되는 상황을 성공적으로 막지 못했다. 어느 남성 승무원은 이렇게 말했다. "전 여자 승객보다 남자 승객이

＊ 아메리칸 항공의 경영진은 더운 날에는 남자들이 반팔 셔츠를 입게 해 달라는 노동조합의 요구를 거절했다. 그런 셔츠는 '권위 없어 보인다'는 게 이유였다. 노동조합의 어느 여성 대표는 노조 회의에서 이렇게 빈정거렸다. "그렇지만 어차피 남자 승무원들만 권위를 갖는데, 그게 왜 중요한 거죠?"

심술궂게 굴 때 여자들이 더 겁을 먹는 것 같다고 생각합니다."

몇몇 노동자들은 이것을 단순한 스타일의 차이로 이해하고 있었다. 어느 여성의 기억을 들어보자.

남자들은 인내심이 낮고, 승객을 상대로 자기주장을 펼치는, 전 사용할 수 없는 자기들 나름의 남성적인 방법이 있습니다. 전 좌석 밑에 들어가지 않는 짐을 앞에 안고 있는 한 남자에게 가서 말했습니다.

"짐이 들어가지 않네요. 다른 조치를 취하도록 하겠습니다."

그 남자는 이렇게 받아쳤습니다.

"그렇지만 이건 여행하는 동안 내내 이렇게 가지고 다녔고, 항상 지니고 다녔던 것들이고, 어쩌고저쩌고……."

말도 안 되는 소리를 하더군요. 이 일은 나중에 해결하고, 일단 당장은 자리를 뜨자고 생각했습니다. 전 그 사람에게 다시 돌아갈 작정이었습니다. 그때 젊은 남자인 제 비행 파트너가 그런 대화가 있었다는 사실을 모르고 이 승객에게 다가가 이렇게 말했습니다.

"손님, 그 가방은 좌석에 들어가기에 너무 큽니다. 다른 곳에 옮기도록 하겠습니다."

"아, 여기 있습니다."

남자는 그렇게 말하고는 제 파트너에게 가방을 건네더군요……. 남자 승무원들이 우리들만큼 신체적인 폭력이나 언어폭력을 당하는 경우는 보지 못하실 겁니다.

이 승무원이 상정한 '학대에 관한 높은 참을성'이란 결국 그런 상황에 더 많이 노출되는 것과, 존중이 오가는 방식에서 그런 상황에 사용할 만한 방어수단이 적은 것이 조합된 결과다.

이런 양상은 또 다른 양상을 만들어낸다. 여성 노동자들은 종종 함께 일하는 남성 노동자들에게 가서 '무게감 있는 눈길로 쏘아봐 달라'고 부탁한다. 이제는 체념하고 그렇게 하기로 했다는 어느 여성은 지쳤다는 듯 이렇게 설명했다. "예전에는 맞서 싸우고 제 주장을 했어요. 지금은 너무 일에 지쳤습니다. 그냥 가서 남자 승무원을 데려오는 게 더 편합니다. 남자 승무원이 한번 쳐다보면 문제를 일으키던 사람이 조용해지거든요. 결국 제가 승객과 크게 부딪칠 시간이 없다는 게 문제죠. 요즘은 이 직업이 너무 스트레스가 쌓여요. 일부러 더 스트레스를 받으면서 살 필요는 없잖아요. 남자가 한번 쏘아보는 게 더 힘이 실립니다." 이런 식으로 남성이 얻을 수 있는 존경이 클수록 남성은 그런 존경을 요구할 자리에 불려 다니는 일이 많아진다.

이런 이유로 남성 승무원들은 여성 동료들이 자신에게 경의를 표해야 한다는 생각이 커져만 가고, 여성들은 후배 여성 승무원을 감독하는 것보다 후배 남성 승무원을 감독하는 게 더 힘들다고 느낀다.* 어느 젊은 남성 승무원은 몇 가지 조건이 충족되어야만, 그리고 경의를 표해야만 여성이 내리는 명령을 따른다고 말했다. "인간적인 요소가 없는 명령이라면 망설일 겁니다. 가끔은 남자가 권위 있는 사람이 돼서 존경과 협력을 통솔하는 게 조금 더 쉽다고 생각합니다. 그건 그 사람이 자신을 어떻게 다스리느냐 하는 데 달려 있다고 생각합니다. 만약 그 사람이 자신감이 부족하거나 반대로 하늘 높은 줄 모르고 지나치게 오만하다면, 전 그 사람이 **여자 승무원들 사이에서 일어나는 문제**보다

---

* 게이 남성은 분명 이런 일반적인 상황에 맞아떨어지지 않는다. 승객들이 남성으로 대우하고 따라서 더 많은 존경을 받기는 하지만, 게이 남성 승무원들은 여성 동료들과 맺는 관계에서 다른 남성 승무원처럼 자신이 남성이라는 사실을 이용하지 않는다. 아마 동성애에 관해 회사나 일반인이 갖는 선입견을 걱정하는 마음 때문에 자신들이 받는 존경의 가치를 여성 동료들의 기준에 맞추게 될 것이다. 이것은 게이 남성 승무원들과 여성 노동자 사이의 관계를 꽤나 쉽게 만든다. 어느 여성 노동자는 이렇게 말했다. "게이 승무원들은 훌륭해요. 만약 팬암이 감각이 있었다면, 그런 사람들을 고용하는 것을 **선호했을** 겁니다."

는 남자 승무원들과 겪어야 할 문제가 더 많을 거라고 생각합니다." 승무원들은 책임을 맡은 승무원이 얼마나 '하늘 높은 줄 모르고 오만한가'와 무관하게 여성이 남성보다 명령을 잘 듣는다는 것과, 책임 있는 위치에 있는 여성 승무원은 권위를 행사할 때 남성보다 더 친절해야 한다는 데 동의했다.

지위와 권위에 관한 이런 태도는 몇몇 여성 노동자 사이에 보충적인 반응을 이끌어냈다. 한 가지 반응은 시원시원하고 명랑하지만 허튼소리는 하지 않는 컵스카우트Cub Scout(보이스카우트 중 8~10세의 어린이 단원 — 옮긴이)의 분대장 스타일을 적용하는 것이다. 가정생활에서 차용한 이 여성 권위 모델은 여기에서는 여성이 성인 남자에게 무엇을 하라고 말하는 상황이 받아들여질 수 있게 하는 데 사용되었다. 이런 식으로 여성은 자신의 행위를 승객과 동료들이 갖고 있는 성에 관한 기대의 경계 안에 위치시킴으로써 '두목 행세를 한다'거나 '하늘 높은 줄 모르고 자만한다'는 등의 비판을 피할 수 있을 것이다.

화도 낼 수 없고 권위도 도전받는 상황에 대응하는 다른 방식은 작은 존중의 표시를 커다란 일로 만드는 것이다. 예를 들어 호칭 체계는 지위의 표시이자, 지위가 낮은 사람들이 불행히도 갖지 못하던 예의 있는 대우를 받을 권리에 관한 약속으로 여겨진다. '아가씨'라는 호칭을 예로 들면, 여성 노동자들에게는 이 호칭이 흑인 남성을 '총각'이라고 부르는 것과 도덕적으로는 마찬가지로 인식된다. 내가 아는 여성 승무원들은 사적인 경우나 상대방을 부를 때 서로 '아가씨'라는 말을 사용하고 있었지만, 많은 승무원들은 원칙적으로 그 용어를 사용하는 데 반대했다.* 이것을 사회적으로나 도덕적으로 중요한 문제로 볼

---

* 사회적으로 볼 때, '아가씨'라고 불리는 것의 다른 측면은 나이든 여성에게는 이 호칭이 허용되지 않는다는 것이다. 30대에 접어든 여성만 해도 가끔씩 '할망구'라고 불리거나 들릴 만큼 가까운 거리에서 "저 여자는 은퇴할 때가 된 거 아니야?"라고 수군거리는 소리를 들어야 했다. 30대 중반의 한 여성 승무원은 이렇게 말했다. "분명 차이가 있습니다. 그럼요, 남자는 60세나 65세까지 일하는 것이 당연하게 여깁니다. 여자는 아직 일할 수 있다는 사실을 증명하기 위해 개처럼 일해야 합니다. 그리고 할망구 어쩌고 하는 소리하고도 싸워야 하죠."

뿐 아니라, **실질적인 문제**로 보고 있었기 때문이다. '아가씨'라고 불리는 것은 업무상 스트레스의 원인이었다. "아가씨, 크림 좀 가져와" 하는 명령의 효과는 "○○ 양, 크림 좀 가져다주시겠어요?"라고 말하는 요청의 효과와 다르다. 만약 회사에서 충분한 양을 준비하지 않아서 크림이 떨어진 경우라면, 직접적인 실망과 분노, 비난의 표현은 이 '아가씨'가 듣게 될 것이다. 존중의 표시가 오가면 흥정이 오갈 수 있다. "당신이 당신의 감정을 다스린다면 전 제 불쾌한 감정을 다스리겠습니다." 가끔씩 아주 무례한 사람들이 비행기에 타면, 모든 관련자들은 왜 폭언에 관한 얄팍한 지위 보호막이라도 지키기 위해 싸울 가치가 있는 것인지 떠올리게 된다.

가정에서 감정 관리를 교육받은 여성들은 집 밖에서 감정노동을 요구하는 직업들에 지나치게 많이 진출했다. 그런 여성들이 시장에 들어가면 전개되는 사회적 논리가 하나 있다. 사회 전반에서 진행되는 노동 분업 때문에, **어느 직업에서든** 여성은 남성에 견줘 낮은 지위와 권위를 부여받게 된다. 결과적으로, 여성들은 '감정 원칙'에 대항할 보호막을 얻지 못한다. 여성들은 남성에 견줘 불만을 가진 사람들이 두려울 것 없이 자기감정을 표현하는 고객 불만 접수처가 되는 경우가 훨씬 많다. 여성들의 감정은 상대적으로 덜 중요한 것으로 다루어진다. 광고에 나오는 미소가 그 방식을 가리고 있지만, 이 직업은 여성과 남성에게 각각 다른 내용을 요구하고 있는 것이다.[13]

성적 정체성에서 소외되기

성과 무관하게 승무원이라는 직업은 정체성의 문제를 제기한다. 업무에서 내가 할 일은 무엇이고 '나'는 무엇인가? 어떻게 하면 '거짓이라는 느낌'을 갖거나 자존감을 잃지 않고 내면 행위를 할 수 있을까? 어떻게 하면 이 일에 냉소를 보내지 않고 '환상을 만드는' 직업으로 재정의할 수 있을까? (6장을 참고할 것.)

하지만 여성 승무원이 직면하는 다른 심리적인 문제들도 있다. 상대적으로 부족한 권력과 '감정 원칙'에 노출되어 있는 것에 맞선 대응으로, 여성 승무원은 두 가지 전통적인 '여성스러운' 특성(후원을 보내는 어머니의 특성과 성적으로 꿈꿀 법한 짝의 특성)을 활용함으로써 자신의 지위를 높이려고 할 것이다. 따라서 어떤 여성들은 **어머니답게 된다**. 다른 사람들의 행복과 지위를 지지하고 강화하는 것이다. 그렇지만 어머니답다는 점에서, 그 여성들은 어머니처럼 **행동하고** 가끔은 다른 사람들의 존중을 얻기 위해 어머니 같은 행동을 활용하는 경험을 하기도 할 것이다. 마찬가지로, 어떤 여성들은 성적인 매력을 뽐내고 성적으로 유혹하는 방식으로 행동하기도 한다. 예를 들어, 성적 매력을 풍기는 여왕을 연기한다는 어느 항공 승무원은, 굉장히 억제되었지만 도발적인 자세로 복도를 따라 천천히 걷는데, 남성 승객들의 관심과 호감을 보장받기 위해 성적 매력을 이용한다고 자기 자신을 묘사했다. 각각의 경우에서 이 여성은 사적인 목적을 위해 여성의 특성을 사용하고 있다. 그렇지만 승무원의 '어머니 같은' 행동과 '섹시한' 외모와 행동은 어느 정도 기업의 노력으로 거둔 성과인 것도 사실이다. 이것은 기업이 몸무게와 나이 제한, 맵시 수업, 승무원의 외모와 품행에 관한 고객의 편지 등에 중점을 둔 결과다. 연수와 감독의 배역을 맡은 회사는, 승무원들을 보호하는 입주 가정교사 구실을 한다. 그렇지만 섹시하고 매력적인 서비스를 광고하는 상업적인 배역을 맡으면, 무대 뒤의 뚜쟁이처럼 군다. 유나이티드 항공의 초기 광고는 '그리고 그 여자는 좋은 아내가 될 수도 있습니다'라고 말하고 있다. 물론 회사는 언제나 개인적인 일에는 관여하지 않는다는 태도를 취한다.

이렇게 해서 여성들이 전통적으로 자신의 몫을 늘리기 위해 노력하는 데 쓰인 이 두 가지 방식(다른 사람들의 지위와 행복을 높여주는 어머니 같은 능력을 이용하는 것과 성적 매력을 이용하는 것)은 이제 회사의 관리 아래 들어왔다.

내가 이야기를 나눈 승무원들은 대부분 회사가 이런 특성들을 이용하고, 회사의 이익과 연관시킨다는 사실에 동의했다.

그 결과는 무엇인가? 지위 강화의 측면에서, 어떤 여자들은 자신들이 회사를 위해 연기하는 여성의 배역에서 소외감을 느낀다. 성적 측면에서, 50명가량 되는 승무원들의 '성적 관심 감퇴'와 '오르가즘 관련 문제들'을 치료한 성 치료사인 멜라니 매튜스Melanie Matthews는 이런 말을 했다.

제가 치료한 승무원 경력이 있는 환자들은 일정한 흐름에 맞아 떨어지는 경향을 보입니다. 그 환자들, 어린 시절에는 '착한' 여자 아이들이었습니다. 다른 사람을 돌보고 배려했죠. 회사에서는 그런 젊은 사람들을 채용하고 그런 특성들을 더욱 활용합니다. 이 여성들은 자신이 누구인지를 결정할 기회는 얻지도 못하는데, 이것이 성 생활에서 나타나는 겁니다. 지나친 여성의 배역, 다른 사람들에게 관심을 갖는 사람을 연기하지만 자기 성격의 다른 부분을 탐험하고 성적인 쪽에서나 다른 쪽에서 자신의 요구를 발견할 기회를 얻지 못합니다. 그 여성들 중 일부는 다른 사람들을 즐겁게 해야 한다는 데 너무 생각이 고정되어 있어서 남자를 싫어하는 것은 아니지만 남자를 적극적으로 좋아하지도 않습니다. 이런 면에서 보자면 그 여성들이 오르가즘을 느끼지 못한다기보다는 관계 자체를 느끼지 못한다고 볼 수 있습니다. 그 여성들은 오르가즘을 느낄 수 있는 잠재성을 누가 소유할 수 없는 자신의 몇 안 되는 부분으로 꼭 붙들고 있는 겁니다.

프로이트는 사회적인 이야기 이면에 있는 성적인 이야기를 발견했지만, 성적인 이야기 이면에도 사회적 이야기가 있다. 여기에서 사회적 이야기는 다른 사람들을 즐겁게 해주고 싶어하면서도 (그리고 이런 성격을 자본으로 삼는 회사를 위해 일하고 있고) 한편으로는 그런 욕망에서 자신의 일부분은 독립적으로 지키고 싶어하는 젊은 여성들에 관한 것이다. 그 여성들의 성적 문제는 전통적인 여성성을 지나치게 확장하고 또 사용하는 것에 관한 전정치적prepolitical 투쟁 형태로 여겨질 수도 있다. 무척 내밀한 것을 '내 것'으로 꽉 붙들려는 이런 투쟁 형태는 자아의 많은 영역이 '내 것이 아닌' 것으로 포기되었다는 것을 암시한다. 우리가 '진짜'라고 정의하는 자아는 그 표현이 점차 기교로 인식되면서 점점 더 구석으로 밀려난다.

    자아의 여러 부분들에서 소외되는 것은 어떻게 보면 자신을 방어하기 위한 방법이기도 하다. 일을 하는 데 있어 '진짜' 자아와 회사 유니폼을 입고 있는 자아를 구별하는 것은 많은 경우 스트레스를 피하는 방식이자, 현명한 깨달음이고, 품위를 지키는 길이 된다. 그렇지만 이런 해결책은 심각한 문제를 제기하기도 한다. 자아에 관한 인식을 나누는 과정에서 '진짜' 자아를 달갑지 않은 개입에서 보호하기 위해 우리는 필연적으로 건전한 일체감을 포기해야 하는 것이다. 우리는 '진짜' 자아와 '무대 위의' 자아 사이에서 느끼는 긴장을 정상적인 것으로 받아들이게 된다.

    남성에 견줘 많은 여성이 사람을 대하는 직업에 종사하고, 특히 지위 강화가 필수적인 사회심리학적 과제로 주어지는 직종의 일을 한다. 승무원 같은 몇몇 직업에서는 여성이 '여성'을 연기함으로써 이런 과제를 수행할 수 있다. 이런 여성들은 이 이유 때문에 전통적인 여성의 구실(다른 사람에게 지위 강화와 성적 매력을 제공하는 것)을 수행하고 즐기는 역량에서 더 쉽게 소외감을 느낄 수 있다. 이런 능력은 이제 기업의 관리와 개인적인 관리 밑으로 들어가 있다.

    어쩌면 이런 현실 인식은 델타 연수센터 주변에서 몰래 돌던, 마치 내부자를 겨냥한 것 같은 농담에 사람들이 웃는 이유를 이해할 수 있게 해줄 것이다. 이런 내용의 농담이다. 어느 남자 승객이 비행기 복도에서 다리를 벌리고 무릎에 팔꿈치를 올린 채 한 손으로는 턱을 괴고 다른 한 손에는 엄지와 검지 사이에 불을 붙인 담배를 들고 앉아 있는 여성 승무원과 마주쳤다. "왜 담배를 그렇게 들고 있습니까?" 남자가 물었다. 위를 올려다보거나 웃지도 않은 채로 이 여자는 담배를 한 모금 빨고는 이렇게 말했다. "내가 '거시기'만 있었더라도 이 비행기를 운전했을 거요." 여성스러운 유니폼과 여성스러운 '행위' 내면에는 남자가 되고 싶은 사람이 있었던 것이다. 이것은 소외에 관한 농담이고, 여성의 존엄성을 표준화하고 사소한 것으로 만드는 기업 논리를 향해 무대 뒤에서 보내는 신랄한 항의였다.

진정성 찾기 ● 09

재산을 두고 벌어지는 경쟁으로 활기를 띠는 사회체계 속에서, 인간의 성격은 자본의 한 형태로 변형되었다. 여기에서는 가장 많은 보상을 생산해 낼 특성에만 자신을 투자하는 것이 합리적이었다. 개인적인 감정은 한 개인에게 가장 좋은 것이 무엇인지 계산하지 못하도록 방해하고 그 개인을 경제적으로 역효과를 내는 길로 끌고 가기 때문에 불이익이었다.

— 장 자크 루소

장 자크 루소가 자신이 저술의 대상으로 삼는 18세기 파리에서 개인의 성격이 자본의 한 형태가 되고 있다는 것을 발견했을 때는 승무원 연수센터도 없었고, 추심의 기술이 표준화되고 대량으로 생산되기 훨씬 전이었다.[1] 만일 20세기 후반에 델타 항공의 승무원으로 고용될 수 있었다면, 루소는 의심의 여지없이 노동자의 감정이 **누구의** 자본인가, **누가** 이 자본을 노동에 투입하는가를 알아보는 데 관심을 보였을 것이다. 루소는 개인의 특성이 '경쟁의 수단'으로 남아 있다고 하더라도 경쟁은 이제 더는 개인에게 한정된 것이 아니라는 사실을 틀림없이 보게 되었을 것이다. 오늘날에는 기업의 목적이 노동자의 심리적 기술에 연결되어 있다. 일을 하기 위해 감정을 관리하는 것은 단순히 개인만이 아니다. 조직 전체가 이 게임에 들어섰다. 델타 항공의 미소를 유지해주는 감정 관리는 유나이티드 항공이나 TWA의 미소를 지탱하고 있는 감정 관리와 경쟁한다.

한때 감정을 관리하기 위한 사적 행위이던 것은 오늘날 사람을 대하는 직종에서 노동으로 판매된다. 한때 사적으로 협상하던 감정 법칙이나 표현 법칙은 오늘날 회사의 서비스 표준화 부서가 정한다. 한때 개인마다 특이하고 피할 수 있던 감정 교환은 이제 표준화되고 피할 수 없는 것이 됐다. 사적 생활에서 흔하지 않던 교환은 상업적인 생활에서는 흔한 것이 되었다. 그렇기에 고객은 자신에게 대응할 만한 권리가 없는 승무원에게 자신의 적대감을 관리하지 않고 배출할 권리가 있다고 가정한다. 그 승무원이 권리를 포기하는 대가로 얼마간의 돈을 받기 때문이다. 대체로 사적인 감정 체계는 상업적 논리에 종속되었고, 그 논리에 따라 변화했다.2

감정을 상품으로 바꾸거나, 감정을 관리할 수 있는 우리의 능력을 도구로 바꾸는 데 자본주의가 필요한 것은 아니다. 그렇지만 자본주의는 감정 관리를 사용할 방법을 찾았고, 그렇게 감정 관리를 좀더 효율적으로 조직하면서 더욱 박차를 가해왔다. 또한 감정노동을 경쟁과 연결짓고, 실제적으로 '진심 어린' 미소를 광고하고, 그런 미소를 만들도록 노동자를 훈련시키고, 노동자들이 미소를 만드는지 감독하고, 이런 활동과 기업의 이익 사이의 연결 고리를 더욱 단단하게 만들 정도까지 가려면 아마도 자본주의 방식의 인센티브 체계가 필요할 것이다. 샌프란시스코 공항의 (발권 직원 쪽을 향한) TWA 컴퓨터에 붙어 있는 스티커에는 이렇게 쓰여 있다. '당신을 좋아하는 사람들은 TWA도 좋아합니다.' 회사가 이 말을 노동자들이 마음에 새기도록 몰아갈 수 있는 평범하면서도 명백한 생각으로 만들려면 상당한 정교화 과정이 필요하다.

감정노동의 인간적 비용

대규모로 사람을 다루는 것, 그리고 그것을 가능하게 하는 감정노동의 응용 조작은 주목할 만한 성과다. 이것은 또한 현대 생활의 많은 부분이 완전히 모르는 사람들 사이의 교환을 포함한다는 점에서 중요한 성취이기도 하다. 이 사람들은 대책도 없고 단기적인 자기 이익을 추구하는 상황에서 많은 경우 신뢰나 선의보다는 의심과 분노를 행동으로 옮길 것이다. 우리가 당연하게 여기는 문화를 기준으로 볼 때 가끔씩 발생하는 잘못은 감정노동의 결정적이고 한결 같은 효과를 떠올리게 한다. 그렇지만 대부분의 커다란 성과가 그렇듯, 감정노동의 응용 조작은 그 결과 인간적 비용이라는 새로운 딜레마를 남긴다. 나는 이제 그것들에 초점을 맞추겠다. 이런 심리적 비용에 관해 명확히 이해하지 않고서는 그런 비용을 완화하거나 제거할 방법을 찾기가 어렵기 때문이다.

다음은 노동자들이 자신의 일에 거리를 취하는 세 가지 방식과 그것에 따르는 위험이다. 첫째는, 노동자가 일에 너무 온힘을 다해 몰두하는 경우로, 그 결과 쇠진$_{burnout}$의 위험이 있다. 둘째는 노동자가 일과 자신을 명확하게 구별하면서 쇠진에 따르는 고생을 덜 하는 경우다. 그렇지만 노동자는 이렇게 정확한 구별을 하는 자신을 원망하거나 '진심이 아닌 행위자에 불과하다'고 자책할지도 모른다. 셋째는 이 노동자가 자신의 행위와 자신을 구별하면서도 자신을 원망하지 않고, 직업이 행위할 수 있는 역량을 긍정적인 방향으로 요구한다고 인식하는 경우다. 이 노동자의 경우에는 행위 전체에서 소외될 수 있는 위험이 있고, 행위에 관해 냉소할 위험("우리는 그저 환상을 만들어내는 사람들일 뿐이다")이 있다. 첫 번째 거리는 다른 두 종류의 거리에 견줘 잠재적으로 더 해롭지만, 나는 만약 노동자들이 노동 생활의 조건을 통제하고 있다는 느낌을 좀더 크게 느낄 수 있다면 이 세 가지 악영향은 줄어들 수 있다고 믿는다.

첫 번째 종류의 노동자들은 직업을 연기로 보지 않는다. 이런 노동자들은 '거짓 자아'에 관한 인식이 적거나 아예 없다. 이 노동자들이 제공하는 따뜻하고 개인적인 서비스는, 회사를 **위해** 따뜻한 것이다. '당신을 좋아하는 사람들은 TWA도 좋아합니다.' 그 노동자는 **개인**화된 서비스를 제공하지만 자기 자신은 '**화**$_{化}$'하는 부분에 동일시된다. 그러나 자신을 향한 부적절한 개인적 행동을 객관화하는 일을 썩 잘 하지는 못한다. 이런 이유로 그 노동자는 스트레스로 고생하기도 쉽고 쇠진할 위험도 있다. 이런 사람들은 의지를 통하든 기술을 통하든 '자아'의 개념을 직업에서 제거하는 대신 수동적으로 반응한다. 그 노동자는 사람들을 돌보지 않고 자신이 모시는 사람들에게서 점차 거리를 두고 분리된다. 자신은 객관화를 잘 못한다고 묘사한 승무원들은 감정이 죽어 있던 시간에 관해 이야기했다. "아무 느낌도 들지 않았습니다. 제가 정말 그곳에 있지는 않은 것 같은 느낌이었죠. 그 사람은 말을 하고 있었습니다. 말하는 소리도 들었습니다. 그렇지만 제 귀에 들린 것은 그저 소리뿐이었습니다."

이렇게 감정적 마비를 경험하는 것은, 스트레스가 비집고 들어오려는 감정에 접근하는 것을 줄임으로써 결과적으로 스트레스를 줄인다. 이것은 극도의 고통에서 벗어날 출구를 제공함으로써 그 사람이 물리적으로는 그 직업에 계속 모습을 드러내게 해준다. 쇠진해버리는 것은 단기적으로 보면 그 사람에게 아무 영향이 없지만, 장기적으로는 심각한 비용을 치러야 할 수도 있다. 감정에 관한 인간적 능력은 쇠진으로 고생하는 노동자에게 여전히 '속해' 있지만, 이 노동자는 내부 신호가 점차 흐려져 가거나 마비되어 가는 데 익숙해질 수도 있다.[3] 감정에 다가가는 길을 잃어버리면, 우리는 우리 주변의 세계를 해석하는 주요 수단을 잃게 되는 것이다.

쇠진의 예방책으로 많은 경력직 노동자들은 자아와 맡은 바 배역을 명확하게 구분하는 '건전한' 소외를 발전시켰다. 그런 노동자들은 자기 자신을 위해 언제 연기를 하고 언제 그렇지 않은지를 명확하게 정의한다. 어떤 때에 내면 행위나 표면 행위가 '자신의 것'이 되고 어떤 때에 상업적인 쇼의 일부가 되는지 알고 있는 것이다. 그 노동자들은 가끔씩 '가짜'라는 느낌을 받을 수도 있다. 어떤 순간에 아무것도 하지 않아야 한다거나 연기를 충분히 잘 하지 못하고 있다는 느낌을 받게 될 수도 있기 때문이다. 그렇지만 노동자들은 자신이 연기를 하는 부분과 그렇지 않은 부분을 구별함으로써 쇠진의 위험을 줄일 수 있다.

회사가 능률 향상을 제도화하는 경우, 즉 감정노동에 관한 요구는 유지하면서 감정노동을 전달하지 못하게 하는 조건을 설정하는 경우에 노동자는 행위

자체에서도 소외된다. 노동자는 연기를 일절 하지 않겠다고 거절하고 감정노동을 절대 하지 않을 수도 있다. 이 직업 자체가 좋은 연기를 요구하기 때문에, 그 여성 노동자는 일을 잘 하지 못하는 사람으로 보일 것이다. 이럴 경우 이 노동자는 어떤 결과도 감수하지 않으려고 하고, 그곳에 있지 않으려고 노력함으로써 계속해서 나타나는 부정적인 결과에 대응해야 한다. 첫 번째 경우에서 노동자가 맡은 바 배역에 너무 깊이 참여했다면, 세 번째 경우에서는 충분히 참여하지 않는다. 세 가지 경우 모두 근본적인 문제는, 맡은 배역에 자아를 어느 정도 개입시키면서도 그 배역이 자아에 부과하는 스트레스를 최소로 하면서 개인의 자아를 배역에 맞추는 방법이다.

세 가지 경우에서 공통적으로, 자아를 배역에 맞추는 문제는 노동자가 노동 조건을 제어할 수 없기 때문에 악화된 것이다. 어떻게 보고, 느끼고, 보일 것인가에 관한 '팁'이 위에서 더 자주 내려오고 '무대'의 조건이 배우의 손에서 더 효과적으로 떠나 있을수록, 무대에 입장하고 퇴장하는 것이나 그 사이에 벌어지는 연기의 특성에 그 노동자가 미치는 영향은 더 줄어든다. 노동자의 영향력이 적을수록 두 가지 중 하나가 일어날 확률이 높아진다. 능력 이상의 일을 하려고 하다가 쇠진하거나, 일에서 발을 빼고 나서 후회하거나.

노동자가 좋은 연기를 하기 위한 조건을 제어하는 것은 결국 실제적인 정치로 요약된다. 유나이티드 항공의 샌프란시스코 본부장은 좋은 예를 들었다. "회사에서는 샌프란시스코-호놀룰루 노선을 운행하는 팀마다 승무원 두 명씩을 줄이고 싶어했지만 노동조합에서는 아주 딱 잘라 반대했고, 결국 노조가 이겼습니다. 수백만 달러가 걸린 결정입니다. 그렇지만 노조가 이긴 게 좋은 일이었는지도 모릅니다. 직원들은 자신이 그 결정에 어느 정도의 통제권을 행사했다고 생각했습니다. 직원들이 원한 건 단순히 돈이 아니었습니다. 자신들이 원하는 대로 일을 할 수 있도록 자신들의 노동 생활에 발언권을 행사하고 싶어 했습니다."

그렇지만 조직화된 노동자들의 이런 행동도 전체적인 문제를 풀 수는 없다. 생존을 위한 행위를 할 때마다, 심지어 무대에 관한 통제권을 갖는다 하더라도 사람들은 조심스럽게 무대 전면에 나선다. 사람들은 가면 뒤에서 낮게 울리는 감정의 소리를 듣는다. 근무 중의 명랑함은 보통의 좋은 기분하고는 다른 것이 된다. 이것은 점심 때 쟁반에 300번째 디저트를 담으면서 마음껏 싫은 소리를 할 수 있는 배식 담당 노동자보다는, 줄지어 선 모르는 사람들에게 진심으로 친절하게 대하기 위해 노력해야만 하는 항공 승무원들에게 훨씬 더 많이 적용된다.

문화의 대응

표현에서 소외되는 것, 감정에서 소외되는 것, 그리고 감정이 우리에게 말해주는 것에서 소외되는 것은 단순히 몇 사람이 경험하는 산업 재해 정도가 아니다. 이것은 영구적으로 상상할 수 있는 것으로서 문화 속에 단단하게 자리잡고 있다. 한 번에 진행된 인간 감정의 상업화를 알고 있는 우리는 모두, 증인이자 소비자이자 비평가로서 상업화된 감정을 깨닫고 깎아내리는 데 정통하게 되었다. "저 사람들은 친절해야 돼, 그게 저 사람들 직업이니까." 이런 태도 덕분에 우리는 사적으로 베풂을 교환하던 습관에서 남아 있는 제스처를 찾아낼 수 있다. "방금 **저** 미소는 그 여자가 진짜로 나만을 위해 지어 보인 거야." 우리는 평범하게, 거의 자동적으로 상업적인 동기는 제거하고 개인적인 암시는 모은다. 인간 감정의 상업화도 이렇게 평범한 것이 되었다.

그렇지만 우리가 대응하는 다른 방식이 아마도 더욱 의미 있을 것이다. 우리는 문화적으로 유례없이 자발적이고 '자연스러운' 감정에 가치를 부여하기 시작했다.* 우리는 관리되지 않은 감정과 그 감정이 우리에게 무엇을 말할 수 있느냐에 호기심을 갖고 있다. 개인적인 감정 관리자로 활동하는 것을 회사가 더 많이 관리할수록, 우리는 관리되지 않은 감정을 가지고 사는 삶을 더욱 찬양하게 된다. 18세기의 루소나 루소에게 사사한 19세기의 낭만주의자 제자들은 이런 문화적 대응을 예견했다. 그러나 자발적인 감정이 귀중하고 없어질 위험에 놓여 있다는 관점은 최근 20세기 중반에 들어서야 널리 받아들여지기 시작했다.

라이오넬 트릴링의 고전 《진지함과 진정성Sincerity and Authenticity》에 따르면, 표현된 감정을 공공연하게 평가하게 된 데는 두 개의 중요한 전환점이 있었다. 첫째는 사람들이 진지함에 부여하던 가치의 부각(과 그 뒤를 이은 하락)이었다. 둘째는 진정성에 부여된 가치가 부각된 것이다.[4] 첫 번째 경우 진지함에 결부된 가치가 부상하면서 거기에 상응하는 결함, 불성실함과 기만도 더욱 흔해졌다. 두 번째 경우에, 나는 같은 원리가 작동했다고 생각한다. 진짜 감정 또는 '자연스러운' 감정에 부여된 가치는 그 반대항인 관리된 감정이 전면에 등장하면서 극적으로 높아졌다. 트릴링은 16세기 전까지 불성실함은 결점도 미덕도 아니었다고 말한다. "아킬레스Achilles와 베어울프Beowulf가 불성실했는지는 논할 수 없다. 둘은 진지했던 것도 아니고, 진지하지 않았던 것도 아니기 때문이다."[5] 이것은 그저 타당성이 없다고 할 수 있다. 그렇지만 16세기 동안 진지함은 존중받게 된다. 왜 그런가? 그 대답은 사회경제적인 것이다. 역사상 이 시기에 영국과 프랑스에서는 사회적 이동이 증가했다. 점점 더 많은 사람들이 자신이 태어난 계급을 떠나는 것이 가능한 일이고 생각할 수 있는 일이라는 사실을 알게 되었다. 기만은 계급 상승을 위한 중요한 도구가 되었다. 연기하는 기술과 감정에

---

* 사람들은 '진정한' 자아가 되기를 원한다. 마셜 버만(Marshall Berman)은 이렇게 쓰고 있다. "진정성을 반드시 얻어내야만 할 것 같은 이상으로 여기고 추구하는 것은 스스로 알면서도 역설에 빠지는 것이다. 그렇지만 진정성을 찾는 사람들은 이 모순이 자신들이 사는 세계의 구조 안에 들어가 있다고 주장한다. 그 사람들은 이 세계가 자아를 억압하고, 소외시키고, 나누고, 부정하고, 파괴한다고 말한다. 그런 세상에서 자기 자신을 잃지 않는 것은 동어반복이 아니라 **문제**다"(1970, p. xvi).

일치하지 않는 고백을 하는 기술은 새로운 기회가 가져다주는 이득을 취하기 위한 유용한 도구가 되었다. 이동성이 도시 생활의 현실이 되면서, 기만과 기만을 도구로 여기는 사람들의 인식도 마찬가지로 현실이 되었다.[6]

진지함 그 자체는 다수의 관중 앞에서 연기할 수 있는 능력을 금지시키는 것 또는 연기하는 데 필수적인 심적 분리를 없애는 것으로 보이게 되었다. 진지하고 '정직한 영혼'은 '순진하고 약간은 바보 같은 구석이 있는 단순한 인간'을 나타내는 말이 되었다.[7] 진지함이 '바보'로 여겨진 것은 표면 행위의 기술이 점점 쓸모 있는 도구로 알려졌기 때문이다. 이동성이 도시 생활의 현실이 되면서, 기만의 기술도 마찬가지가 되었고, 미덕으로서 진지함에 관한 관심은 줄어들었다.* 19세기의 사람들과 달리 현대의 관중들은 문학의 주제로 이중성이 등장하는 것을 지겨워한다. 이것은 너무 평범하고 그리 놀랄 것도 없는 일이 되어버렸다. "위선적인 악인, 작정하고 위선을 떠는 사람은 현대에 도덕적인 삶을 상상하는 데에서는 중요하지 않은, 거의 소외되는 지경이 되었다. 한 개인이 다른 사람의 신용을 실천하기 위해 체계적으로 자신을 거짓으로 드러내는 상황은 쉽게 우리의 관심을 끌지도 못하고, 신용을 얻는 경우도 드물다. 우리가 가장 잘 이해하고 가장 주목할 의사가 있는 사기는 누군가 자신을 속이는 것이다."[8] 관심의 초점은 내부로 옮겨왔다. 오늘날 우리를 매혹시키는 것은 우리가 어떻게 자기 자신을 속이느냐 하는 것이다.

진지함에 관한 우리의 관심은 진정성에 관한 관심으로 대체된 것처럼 보인다.[9] 하나의 가치로서 진지함이 부상했다가 쇠퇴하는 과정 속에서 '하부의' 진지함의 감정은 사람이 그런 감정에 솔직한지 또는 솔직하지 못한지와 상관없이

---

* "만약 진지함이 이전의 지위를 잃는다면, 만약 진지함이라는 단어 자체가 공허한 소리가 되고 그 의미를 부정하는 것처럼 보이려고 한다면, 이것은 진지함이 한 사람의 자아에서 목적이 아닌 수단으로만 진정성을 유지하려고 하기 때문이다"(트릴링 1972, 9쪽).

견고하고 영구적인 것으로 여겨졌다. 교활함에 가치를 부여하는 것은 결과적으로 그런 하부의 견고한 것**에서** 분리하는 데 가치를 두는 것이었다.[10] 오늘날 '진짜' 감정 또는 '자연스러운' 감정이 가치를 갖는 것도 사회적 사건에 관한 문화적인 반응일 수도 있지만, 사건은 다른 것이다. 사건은 개인의 유동성을 부각시키는 것도 아니고, 다양한 사람을 만족시키기 위해 교활함을 **개인적으로** 활용하는 것도 아니다. 이것은 교활함을 **기업적으로** 사용하고 유지하기 위해 조직적으로 감정을 훈련하는 것이다. 마음이 관리되면 될수록 우리는 관리되지 않은 마음에 더욱 가치를 둔다.

루소가 이야기하는 '고결한 야만인'은 감정 법칙에 따라 움직이지 않았다. 고결한 야만인은 단순히 자신이 원하는 대로, 마음에서 우러나는 대로 느꼈다. 오늘날 자연발생적인 감정을 얼마나 찬양하는지 알 수 있는 단서는 심리 치료를 받는 인구, 특히 내면에서 자연발생적으로 생겨나는 감정과 '교감하는 것'을 강조하는 심리 치료가 증가했다는 것이다.[11] 게슈탈트 치료법, 생물에너지학bio-energetics, 바이오 피드백, 조우encounter 훈련, 적극성 훈련assertiveness training, 교류 분석transactional analysis, 초월 명상법transcendental meditation, 논리 정동 요법rational-emotive therapy, LSD 치료, 감정 치료, 충동 치료, EST, 프라이멀 요법primal therapy, 전통적 정신 치료법과 정신분석들을 생각해보라. 언어학자 로빈 레이코프Robin Lakoff가 말한 대로, 20세기의 치료 서적은 19세기의 예절 관련 서적만큼이나 많다. 예절은 감정생활에 이미 깊숙이 들어왔기 때문이다.

새로운 치료법이 소개되고 예전의 치료법이 확장되는 것은 19세기에 시작된 자조自助, self-help 운동에 자기 반성적 변화를 가져왔다.* 이제는 그런 변화에

---

* 새로운 치료법의 성장이 갖는 의미를, 새로운 욕구를 만들어냄으로써 서비스 분야의 직업을 확장하려는 방법일 뿐이라는 주장으로 간단히 무시해버릴 수는 없다. 그러기에는 '왜 **이것들**이 필요한가?', '새로운 것은 왜 당신이 감정을 느끼는 방식에 무언가를 **해야** 하는가?' 하는 질문이 여전히 남는다. 새로운 치료법을 구사하는 사람들도 예전의 자조 운동이 그러했듯 '자기 찾기'라는 메시지를 정당화하기 위해 사회적인 해결책은 배제하고 개인적인

관리되지 않은 감정에 관한 가치도 더해졌다. 게슈탈트 치료를 하는 어느 전문가는 이렇게 말했다. "어린 아이 같은 감정은 반드시 풀어야 할 과거가 아니라 반드시 회복되어야 할 성인기 삶의 가장 아름다운 힘인 자발성과 상상력의 일부라는 점에서 중요합니다."12 교류 분석을 대중화한 두 전문가는 《아이는 성공하기 위해 태어난다Born to Win》라는 책에서 좀더 일반적인 관점을 단순한 훈계로 나누어놓기도 했다. "승자는 갈등과 모순 때문에 멈추지 않는다. 진정한 사람으로서 승자는 자신이 언제 화가 나는지 알고 있으며 다른 사람들이 자신에게 화를 낼 때 들을 줄 안다."13 승자는 자신들이 어떤 느낌을 갖는지 **알려고 하지 않고** 어떤 감정을 **느끼기 위해 애쓰지 않는다**는 것이다. 승자들은 그저 자연스럽고 가공되지 않은 방식으로 알고 느낀다.

역설적이게도 사람들은 자연스럽고 진정한 승자가 되기 위해 **노력하는** 방법을 **배우려고** 《아이는 성공하기 위해 태어난다》 같은 책을 읽는다. 자발성은 이제 **되살려야** 할 어떤 것이 되었다. 개인은 복구하기 위한 도구로서 자아를 사용해 어떻게 감정을 되살릴 수 있는 대상으로 다룰지를 배운다. '감정과 교감하는' 과정 속에서 우리는 감정을 더욱더 명령과 조작의 대상으로 만들고 있으며, 또한 다양한 형태로 관리될 수 있는 것으로 만들고 있다.14

현대의 대중적인 치료법에서 루소가 말한 '고결한 야만인'의 특성이 찬양되고 있기는 하지만, 이 고결한 야만인은 현대의 추종자들이 하는 방식으로 행동하지 않았다. 고결한 야만인은 스스로 자신의 정원을 좋다고 느끼게 '만들려고' 하지 않았다. 자신의 분노에 '교감'하거나 '빠져들지' 않았다. '막힌 목소리'

해결책에 초점을 맞춘다는 비판을 받는다(Lasch 1976b). 이런 비판은 그것 자체로 틀린 것은 아니지만, 편파적이고 오해의 소지가 있다. 나는 감정을 느끼는 능력은 보거나 듣는 능력과 거의 비슷하다고 본다. 그 능력이 상실되거나 손상될 경우, 개인이 할 수 있는 어떤 방식을 써서라도 그것을 복구시키는 것이 현명하다. 그렇지만 그 치료법을 유아(唯我)주의적 또는 개인주의적 삶의 철학과 연결해서 생각하거나 그런 손상은 개인이 스스로 입힐 수밖에 없다고 가정하는 것은, 내가 (긍정적인 의미에서) '전(前)정치적' 거리라고 부르는 것에 한몫 하는 셈이다.

를 내게 하려고 노력하는 전문가도 두지 않았다. 자신의 감정과 교감하기 위해 숨을 크게 들이쉬면서 온탕과 냉탕 사이를 오락가락하지도 않았다. "좋습니다, 고결한 야만인 씨. 이제 당신의 슬픔 속으로 푹 빠져봅시다"라고 말하는 사람도 없었다. 자신이 다른 사람들에게 감정의 빚을 지고 있다거나 다른 사람들이 자신에게 감정적으로 빚을 지고 있다는 상상을 하지도 않았다. 실제로 이제는 감정과 관련된, 계산과 의지가 완전히 사라진 상태야말로 오늘날 '고결한 야만인'을 야만인으로 보이게 만드는 것이다. 그렇지만 이것이 또한 (이 점은 내가 강조하고 싶은 것이기도 하다) 그 사람을 고결하게 보이게 만드는 것이기도 하다.

왜 우리는 꾸밈없고, 관리되지 않은 감정에 더 많은 가치를 둘까? 가망이 없으면서도 왜 우리는 감정을 자연스러운 상태로 보존하는 것을, '영원히 야생의 상태'로 유지하는 것을 몽상하듯 상상하는 걸까? 관리되지 않는 감정이 점차 희소해지기 때문이라는 게 답일 것이다. 일상에서 우리는 모두 어느 정도 스타니슬라프스키의 제자다. 내면 행위를 조금 더 잘 하고 못하는 것, 내면 행위를 잘 하는 것에 주어지는 인센티브에서 조금 더 가깝거나 먼 정도의 차이만 있을 뿐이다. 우리는 베풂이 상품이 되고 기업이 교환 비율을 정하는 거대한 상업적 분리가 진행된 속에서도 서로 베풂을 교환하는 능력을 행사해왔다. 장 자크 루소가 델타 항공에서 일한다면, 루소는 가면 뒤에 가려진 얼굴 없는 영혼을 염려하던 18세기식 고민에다가, 그때부터 계속된, 자아를 정의하는 방식에 관한 시장의 개입과 그 개입이 어떻게 확장되고 자기 자신을 조직하는가 하는 문제에 관한 새로운 걱정을 더하게 될 것이다.

거짓 자아

관점은 다르지만, 정신분석가와 행위자 모두 '거짓 자아'에 관해 이야기한다. 거짓 자아는 믿지 않고 자기주장을 하지 못하는 자아이자, '진짜 나'가 아닌 '나'의 한 부분이다. 정신분석가가 보기에 거짓 자아는 우리가 자신의 필요와 욕구를 대가로 지불하면서도, 다른 사람을 즐겁게 하기 위해 행동하라는 어린 시절 부모의 요구를 승인했다는 것을 구체적으로 표현하고 있다. 이런 사회 중심적이고 이타적인 자아는 우리가 원래 가지고 있는 자아하고는 분리된 존재로 살게 된다. 극단적인 경우, 진정한 자아는 완전히 숨겨진 채로 남아 있는 상태에서 거짓 자아가 진정한 자아인 체할 수도 있다. 좀더 일반적으로, 다른 사람에게 자아가 사용될 위험이 있는 경우, 거짓 자아는 진정한 자아가 그 생명력을 유지하게 해준다.

감정, 또는 바람, 환상, 행동의 실제 내용이 거짓 자아와 진정한 자아를 구별해주는 것은 아니다. 이 둘의 차이는 우리가 그것을 '우리 자신'이라고 주장하느냐에 달려 있다. 이런 주장은 바깥쪽을 향하는 우리의 행위, 즉 표면 행위에 적용된다. "나는 나답게 행동하지 않았어요." 또한 내면적 경험인 내면 행위에도 적용된다. "전 우울한 상태였는데도 억지로 파티에 가서 즐거운 시간을 보냈습니다."

전문 연기자들은 거짓 자아를 관객이 웃음이나 눈물을 짓도록 만들기 위해 의지할 수 있는 굉장한 자원으로 여긴다. 행동과 감정 사이의 여백이야말로 어떤 배역을 연기하는 데 아주 유용하다고 생각하는 것이다. 연기자들에게 위험한 것은 자신이 햄릿이라고 느끼면서도, 자신이 연기하는 배역이 **되어버리는** 것이다.*

보통 사람들 사이에서 거짓 자아 또는 자기 소유가 아닌 자아는 고결한

---

* 스타니슬라프스키는 이렇게 경고한다. "예술가로서 항상 당신 자신을 연기하라. 당신은 절대 당신 자신에게서 도망칠 수 없다. 무대에서 자아를 잃는 순간이 과장된 거짓 연기가 시작되는 순간이다. 배역에서 자아를 잃으면, 당신은 '그 사람'에게서 진짜 삶의 원천을 빼앗음으로써 당신이 그리고 있는 그 인물을 죽이는 것이다"(Stanislavski 1965, 167쪽).

야만인에게는 없던 분별과 친절, 아량을 베풀 수 있게 한다. 이것은 **건전한 거짓 자아**다. 사람은 무한한 힘을 향한 유아기의 욕망을 포기함으로써 "진정한 자아만 가지고는 절대 얻을 수도, 유지할 수도 없는 사회 속의 자리"를 얻는다.[15]

크리스토퍼 래쉬는 최근에 우리 문화에서 불건전한 거짓 자아에 관한 가장 최신의 모델은 자아도취형 나르시시스트Narcissist일지 모른다고 서술했다.[16] 나르시시스트는 탐욕스럽게 인간관계를 먹이로 삼으면서, 사랑과 존경 두 가지가 모두 영원히 부족한 홉스T. Hobbes 식의 만인에 맞선 만인의 투쟁 상태의 세계 속에서 사랑과 존경을 위해 필사적으로 경쟁한다. 결과를 무시하기 때문에 이 나르시시스트의 노력은 무한정 계속될 수 있다. 결과적으로 그 사람이 받게 되는 존경은 진짜 자아가 아닌 거짓 자아에 바쳐지기 때문이다.

그렇지만 우리 문화는 다른 형태의 거짓 자아를 생산해냈다. **다른 사람들**의 요구를 지나치게 신경 쓰는 이타주의자altruist다. 우리 문화에서 여성은, 다른 사람들의 요구를 돌보는 업무를 전통적으로 부여받았기 때문에 거짓 자아를 지나치게 발달시키고 그 경계를 놓칠 위험이 더 큰 위기에 놓여 있다. 자아도취적 거짓 자아를 발전시키는 것이 남성에게 더 큰 위험이라면, 이타주의적 거짓 자아를 발전시키는 것은 여성에게 더 큰 위험이 된다. 나르시시스트가 감정의 사회적 용법을 자신이 이익을 얻는 쪽으로 돌리는 데 능숙하다면, 이타주의자는 상대적으로 이용당하기 쉽다. 이것은 그 사람의 자의식이 약하기 때문이 아니라 그 사람의 '진정한 자아'가 집단과 그 집단의 복지에 더욱 안정적으로 연결되어 있기 때문이다.

사적 차원의 감정노동에 나타나던 성별 분화에, 이제는 대인 업무에 종사하는 노동자들이 감정을 관리하는 방식을 조직하는 데에서 드러나는 경향도 더해지고 있다. 회사는 노동자의 **진정한** 자아를 일하게 만들기 위해 그렇게 한다. 회사는 이 개인적인 자원을 회사의 자산으로 만들고 싶어한다. 그렇지만 회사가 노동자의 진정한 자아를 더 많이 판매하려고 내놓을수록, 개별 노동자의 자아는 거짓으로 보일 위험이 더 커지고, 노동자로서는 자신의 자아 중 어디까지가 자신의 것인지 알기가 점점 더 힘들어진다.

이런 문제 속에서 감정 자체에 접근하는 것은 더욱 중요해진다. 우리는 감정을 바탕으로 우리가 보고, 기억하고, 상상하는 것들의 **자기** 타당성을 배운다. 그렇지만 회사가 감정과 그 해석 사이에 상업적인 목적을 집어넣는 순간 위기에 빠지게 되는 것도 바로 이 귀중한 자원이다.

예를 들어, 델타 항공의 정기 연수에 참가한 승무원들은 이런 말을 들었다. "누군가 여러분에게 웃어야 한다고 말하는 것 때문에 화가 날 때, 여러분은 단순히 **여러분**이 어떻게 느끼는지에 초점을 맞추고 있기 때문에 화가 난 겁니다. 마음속에서 여러분 자신에 관한 생각을 버리세요. 그 상황이 **그 사람**에게 어떻게 보일지 생각해보세요. 많은 경우 그 사람은 별 뜻 없이 그렇게 말했을 겁니다. 그리고 어차피 그런 행동은 아주 오랫동안 바뀌지 않을 겁니다. 그러니 그런 데 화를 내지 마세요." 승무원이 이런 상황에서 승객에게 분노를 느낀다면, 그 분노는 무엇을 알리는 신호인가? 정기 연수 과정의 강사 말로는, 그 분노는 그 승무원이 세계 속에서 자신의 위치를 **잘못** 잡았으며, 미소를 지을 것을 요구하는 남자를 잘못된 방식으로 보고 있다는 것, 지나치게 예민하고 너무 과민하다는 것을 뜻한다고 한다. 이 분노는 감정 표현이 여성과 남성, 직원과 고용주 사이의 불평등한 권력을 유지하는 방식에 관한 인식을 나타내지는 않는다. 오히려 고객이나 회사의 가정이 아니라 노동자에게 뭔가 이상이 있다는 것을 뜻한다. 이런 식으로 회사의 목적은 노동자들 자신이 감정을 해석해야 하는 방법을 노동자들에게 요구하는 방식 속에 교묘하게 반영된다. 이런 상황은 늘 노동자들에게 질문을 품게 만든다. "이것이 내가 분노를 받아들여야 하는 방법인가? 이것이 회사가 내게 원하는 생각하는 방식인가?" 이렇게 노동자는 쇠진되는 경우에서 그렇듯 자신의 감정과 교감을 잃거나, 감정이 무엇을 의미하는지를 둘러싼 회사의 해석과 씨름해야 할 수도 있다.

감정노동이 소비하는 비용에 대처하려면 엄청난 독창성이 필요하다. 승무원들 사이에서는 미소나 '아가씨'라는 단어에 관련된 경험에 맞서는 대안적인 방식을 축적하고 있다. 이 방식은 화를 내거나 농담을 하는 것, 또는 업무 중에 서로 지지해주는 것을 포함한다. 고속도로를 달려 집으로 돌아갈 때, 사랑하는 사람과 조용히 이야기를 나눌 때, 가끔씩 직원들끼리만 나누는 이야기의 친밀함을 다질 때 등 사적인 삶에서 승무원들은 회사가 말하는 분노와 자신들이 말하는 분노, 회사의 감정 법칙과 자신의 감정 법칙을 분리한다. 관리된 마음을 교정하려고 애쓰는 것이다. 이런 노력은 그렇게 노력하는 데 필수적으로 드는 비용과 마찬가지로 대체로 눈에 띄지 않는다. 무엇이 노동인지 말해주는 사람들은 이런 노력을 일으키는 노동, 즉 감정노동을 거의 인정하지 않기 때문이다.

샌프란시스코에 있는 브로드웨이Broadway가에서 〈관재인The Committee〉이라는 즉흥극이 공연된 적이 있다. 이 연극의 한 대목에서, 어느 남자가 하품을 하고 마치 잠자리에 들 준비가 된 것처럼 팔을 쭉 뻗으면서 무대 중앙에 등장한다. 그 남자는 모자를 벗어서 천천히 상상의 책상 위에 올려놓는다. 그러고 나서 가발을 벗는다. 천천히 안경을 벗고 안경에 눌린 콧날을 마사지한다. 그러고 나면 코를 떼어낸다. 그리고 이를 뺀다. 마침내 미소를 풀어버리고 누워서 잠이 든다. 이 남자는 마침내 '자신'이 된 것이다.

이렇게 교묘하게 '진정'에 '거짓'이 들어가고, 자연스러운 것에 인위적인 것이 들어가는 현실은 사실 이미 널리 퍼져 있는 문제다. 그 중요한 원인 중 하나는, 사람들이 감정을 **사용**하는 데 따르는 인센티브에 관해 점점 더 잘 알게 된다는 것이다. 이것은 감정에도 마찬가지로 적용된다. 서비스를 제공하는 과정에서 감정노동을 수행하는 사람들은 사물을 만드는 과정에서 육체노동을 수행하는 사람들과 같다. 둘 다 대량 생산의 법칙에 영향을 받는다. 그렇지만 조작되고, 대량 생산되고, 능률 향상과 태업의 대상이 되는 그 생산물이 미소, 분위기, 감정 또는 관계인 경우, 이것은 더욱더 자신보다는 회사에 속하게 된다. 그래서 사람들이 대부분 공공연하게 개인을 찬양하는 나라에서, 더 많은 사람들은 그 질문의 가장 근본적인 사회적 뿌리를 찾지 못한 채 개인적인 궁금증을 갖는다. 나는 정말 어떤 감정을 느끼는가?

출간 20주년 기념 개정 증보판 후기

이 책이 처음 나오고 난 뒤, 승무원, 간호사, 먹고 살기 위해 감정노동을 하는 사람들이 찾아오기 시작했고, 이 분야를 연구하고 싶다는 학자들에게서 긴 편지도 받았다. 이 두 가지를 통해 나는 감정노동에 관해 책을 쓸 때보다 더 많은 것을 배웠다. 어떤 승무원들은 런던, 시드니, 애틀랜타, 시카고, 댈러스, 뉴욕에서 날아왔다(승무원은 기동성이 좋은 사람들이다). 비행기로 여행을 하는 동안에도 몇몇 승무원은 내 이름을 알아보고 두 손을 따뜻하게 꼭 잡았주었다. 두 번은 와인 한 병을 공짜로 받기도 했다. 노동조합 총회에서도 몇 번 강연을 했다. 승무원들은 만날 때마다 우울할 때 명랑함을 끌어올리고, 위험 앞에서 두려움을 억누르고, 유머 감각으로 무례한 사람을 대하던 개인적인 이야기를 자세히 들려주었다. 그 직업이 내가 말한 만큼 나쁘지는 않다고 말하는 사람도 있었다. 대체로 자신들이 하루 종일 하는 일에 감정노동이라는 이름을 붙여주어서 고맙다고 했다. 내가 들은 고민은 대부분 감정노동이 겉으로 보이지 않는다는 사실에 연관된 것이었다. 오스트레일리아의 어느 간호사는 우리 집에서 차를 마시면서 다 죽어가는 가난한 환자를 매일 애정 어린 마음으로 보살피고 감정적으로 무딘 의사들에게 무시당하는 게 얼마나 짜증나는지 이야기했다. 그 간호사는 매너 없는 의사들을 조용히 보완해주고 있었다. "의사들이 암세포를 꺼내지만, 환자가 시련을 이겨내게 하는 건 우리 간호사들이라고요. 왜 세상은 의사들이 하는 일은 알아보고 공을 돌리면서, 간호사들이 하는 일에는 그러지 않죠?"

이 책을 다룬 어느 텔레비전 프로그램에 나갔을 때는, 진행자가 프로그램이 끝난 뒤 나를 옆으로 데려가더니 자신도 카메라 앞에서나 방금 진행한 프로그램 안에서 자신의 기분을 만들어내야 한다고 설명하기도 했다. 우습게도, 나는 비공식적으로 오늘날 미국에서 에티켓의 여왕으로 손꼽히는 미스 매너Miss Manners와 함께 전국 방송에 출연해 예절 바르게 웃는 법에 관한 대담을 하자는 요청을 받기도 했다. 미스 매너가 미소를 짓는 데 우호적일 것이라는 프로듀서의 짐작은 맞았지만, 내가 미소에 반대할 것이라는 짐작은 틀렸다. 하찮은 것과 심각한 것들 모두 내 연구자 노트에 기록되었다.

학자들을 대하는 데에서도, 나는 다른 연구자들을 통해 내 의견이 적용되고, 다듬어지고 더욱 풍부하게 발전하는 것을 보는 게 기뻤다. 학자들은 사회복지사, 소매점 점원, 디즈니랜드 놀이기구 조작원, 웨이트리스, 접수원, 청소년 쉼터 직원, 텔레마케터, 개인 트레이너, 요양원 돌보미, 교수, 경찰, 조산사, 방문 보험 판매원, 형사, 미용사, 조사관 등에서 나타나는 감정노동을 연구했다. 간호사로 일한 팸 스미스Pam Smith는 간호사의 감정노동에 관한 책을 썼고, 내가 지도한 학생인 제니퍼 피어스Jennifer Pierce는 변호사와 변호사 사무장, 비서들의 감정노동을 다룬 책을 썼다.[1]

이 노동자들 중 일부는 높은 보수를 받는 전문직이었고, 다른 사람들은 카르멘 시리아니Carmen Siriani와 카메론 맥도날드Cameron Macdonald가 '감정 프롤레타리아트emotional proletariat'라고 지칭한 사람들이었다.[2] 로니 스테인버그와 데보라 피가트는 1999년에 쓴 훌륭한 글 《《관리된 마음》 이후의 감정노동Emotional Labor Since *The Managed Heart*》에서 많은 연구자들이 던진 질문들을 살펴보았다. 우리는 얼마나 많이 자신의 감정과 다른 사람의 감정에 영향을 미치는가? '안녕하십니까, 월마트Walmart를 찾아주셔서 감사합니다'라는 명랑한 말은 얼마나 자연스러운가 또는 얼마나 관리된 것인가? 감정을 이야기할 때, 우리는 사장, 고객 또는 일반 대중 중에서 누구를 향하는가? 어떻게 하면 대기 발령의 시대에 회사가 개인에게 충실하지 않은 상황에서 개인이 회사에 충성을 유지할 수 있을까?³ 스테인버그와 피가트는 사명 선언문에서 이 문제를 확실히 인지하고 있는 어느 간이 식당을 찾아냈다.

> 어떤 상황에서도 고객이 당신의 기분이 좋지 않은 건가 궁금증을 가져서는 안 된다. 당신의 문제는 미소로 가려야 한다. 긴장은 부정적으로 인식되어 행복하지 않은 식사 시간 또는 화난 음식을 제공하게 되는 결과로 이어진다. 고객이 한 번 행복하지 않고 실망한 상태로 문 밖을 나서면, 그 고객은 영영 돌아오지 않는다.⁴

《공학 문화 — 하이테크 기업의 통제와 헌신Engineering Culture: Control and Commitment in a High-Tech Corporation》을 쓴 기드온 쿤다Gideon Kunda 같은 학자들은 미국 기업의 기업 문화가 직원들을 일에 전념하게 만드는 데 어떻게 도움을 주는지에 초점을 맞춘다. 《직장의 감정 — 일본과 미국의 규범적 통제, 회사, 그리고 문화Emotions at Work: Normative Control, Organizations and Culture》에서 아비아드 라즈Aviad Raz는 미국 기업과 일본 기업이 기대고 있는 국가 문화를 알아보기 위해 두 기업을 비교한다. 예를 들어 라즈는 미소 훈련은 전세계적 유행이 되었지만 그런 유행 자체는 미국과 일본에서 아주 다르게 작용한다고 주장한다. 라즈는 일본 경영진은 미국 경영진이 진심이 담겨 있지 않고 외부적으로 강요된 미소를 참아 넘기는 것을 비판하고 있으며, 일본 경영진은 노동자에 내재되어 있는 '기氣'에 호소한다고 말한다. 그러나 일본인들은 죄책감이나 수치심을 일깨움으로써 이 '기'를 유인한다. 도쿄 돔 주식회사의 경영진들은 불친절한 점원의 금전 등록기 뒤에 비디오카메라를 설치했다가 나중에 그 비디오를 그대로 동료들에게 보여줘 불친절한 점원을 부끄럽게 만든다. 라즈는 여기에서 작용하는 것이 단순히 후기 자본주의가 아니라, 자본주의가 활용하는 국가 문화라고 주장한다.

그렇지만 다른 일련의 연구에서는 쇠진, 스트레스, 신체적 쇠약 등 감정노동의 결과와 감정노동을 하고 그 결과의 위험을 감수한 사람들에게 주어지는 사례와 경제적 보상에 중점을 둔다. 뉴욕 주의 남녀 동일 임금 원칙에 관한 연구에서, 로니 스테인버그와 제리 제이콥스는 '어려운 고객을 상대'하는 일이나 전반적으로 사람을 대하는 일이 여성에 할당되는 경우가 많다는 사실을 밝혀냈다. 그러나 '대중과 하는 의사소통'을 더 많이 요구하는 직업일수록, 버는 돈은 더 적다. '어려운 고객을 상대'하는 일에는 추가 수당이 지급되지 않았다.[5] 감정노동을 연구한 또 다른 연구자인 레베카 에릭슨Rebecca Erickson은 '감정노동, 쇠진, 그리고 전국적인 간호사 부족 현상'이라는 주제를 다룬 하원 회의에 참고인으로 출석하기도 했다.

마조리 드볼트Marjorie DeVault 같은 연구자들은 동성애 부모의 '지나가기', 유색인종 사이에서 나타나는 인종적 자부심 유지하기, 싱글맘 자녀의 자존감 유지하기 등 삶의 사적 측면에서 나타나는 감정 관리를 탐구했다. 다른 사람들은 이런 관점에서 게이 크리스천 친목회, 결혼 생활 상담을 받는 부부들, 부자 관계를 좋게 만들려고 애쓰는 엄마들, 아이를 사립 고등학교에 넣으려고 열심히 뒷바라지하는 부모들을 연구했다. 어느 저자는 감정노동이 결국 실패하게 되는 상황에 관해 쓰기도 했다. 이렇게 감정에 관한 관심이 증가하는 상황에서, 미국 사회학회에는 감정사회학Sociology of Emotion이라는 새로운 분과가 생겼다. 이런 연구는 모두 각광받고 장래성이 있는 새로운 분야로 이어지며, 그중 많은 부분은 마음을 관리하는 모든 방법에 관한 이해를 풍부하게 한다. 이런 연구들은 전반적으로 좀더 큰 사회적 모순과 감정을 관리하려는 개인의 노력이 무척 중요하게 연결되어 있다고 주장한다. 내가 이 책에서 주장했듯, 감정 기능을 갖는 것은 아마도 단순한 감정만이 아니라 감정 관리 그 자체일 것이다. 극도의 감정 관리 행위는 우리에게 일상생활에서 감정노동을 요구하는 제약을 만들어 내는 좀더 커다란 사회적 차원의 모순을 경고할 수 있기 때문이다.

—

이런 모순은 어디에 있는가? 나는 이런 모순이 직장과 가정, 그리고 가정과 직장 '사이'의 영역에서도 점차 많아지고 있다고 생각한다. 1983년에 이 책이 처음 나온 뒤로, 내가 보기에 직장의 풍경은 점점 둘로 나뉘고 있다. 그중 한 가지는, '감정 프롤레타리아트'의 다수가 자동화 때문에 퇴출된 것이다. 은행원과 얼굴을 맞대고 대화하는 대신 점점 더 많은 사람들은 현금인출기에서 돈을 찾는다. 항공사 발권 직원과 얼굴을 맞대고 대화하는 대신 우리는 온라인으로 항공권을 구입한다. 마찬가지로, 다리의 요금 정산기, 자동화된 주유소, 몇몇 식품점의 무인 계산대가 이제는 톨게이트의 요금 징수원, 주유원, 계산원을 대체하고 있다. 사람이 적기 때문에 그 사람들의 감정노동을 목격할 일도 적다. 그리고 기계의 화면을 통해 '감사합니다'와 '또 오십시오'라는 인사를 받는다.

한편 비슷하거나 좀더 높은 직업 수준에서는 새로운 서비스 업무가 갑자기 발생하고 있다. 낸시 폴브르Nancy Folbre가 '복지 분야'라고 명명한 이 직업은 오늘날 미국 노동력의 20퍼센트를 차지하고 있다. 보모, 아동복지사, 아이를 돌보는 오페어au pair(가정에 입주해 집안일을 거들며 언어를 배우는 외국인 유학생 — 옮긴이), 노인을 돌보는 노인복지사와 요양원 돌보미 등이 여기에 해당한다. 이런 전통적인 복지 관련 직업에, 부유하지만 시간은 없는 일하는 부모들이 늘면서 생겨나는 요구를 채워줄 새로운 직업이 추가되고 있다.

하지만 더 심층적인 면도 바뀌었다. 최근까지 우리는 가정과 직장을 이야기하면서 이 두 가지 영역을 다른 것으로 여겼다. 사실 감정 관리에 관한 연구는 대부분 직장에서 하는 감정 관리나 가정에서 하는 감정 관리 중 한 가지를 다뤄왔다. 그러나 지난 20년 사이 사회생활의 세 번째 분야가 천천히 등장하고 있다. 나는 이것을 **시장화된 사적 생활**marketized private life의 영역이라고 부른다. 이 분야의 직업에 종사하는 사람들은 비행기 안에서 일하지도 않고 사무실에서 근무하지도 않는다. 그 사람들은 남편과 아내 사이의 관계, 연인 관계, 부모와 자식 관계, 조부모와 손자 관계, 친구 관계 등 가정에서 맺는 대인 관계에도 참여하지 않는다. 보통 다른 누군가의 가정 안이나 그 근처에서 일하는 것이다.

각 영역에는 나름의 감정 법칙이 있다. 일의 영역에 있는 사람이 회사의 감정 법칙을 따르고 가정에 속한 사람이 친척의 감정 법칙에 의존한다면, 시장화된 사적 생활의 영역에 있는 사람은 직장 문화와 가족 문화가 **둘 다** 섞인 복잡한 혼합 법칙에 의지한다.

보모와 오페어, 하인들은 비록 자기 자신은 항상 그렇게 느끼지 않더라도, 오랫동안 상류층 가정의 '가족의 일부'로 인식되어 왔다. 그렇지만 오늘날 이런 사람들은 로셸 샤프Rochelle Sharpe가 '엄마 산업mommy industry'이라고 부른 세 번째 영역, 즉 부모가 일하느라 바쁜 가족의 집안일을 외주로 받아 일하는 전문가에 들어간다. 이런 사람들이 하는 일은 다른 사람에 견줘 좀더 개인적이다. 잡지 《비스니스위크Business Week》에 실린 기사에서 미셸 콘린Michelle Conlin은 몇몇 기업들이 "컨설턴트, 친자 확인 업체, 긴급 육아 서비스, 사회보장 분담금 관리 전문 회사, 베이비시터를 몰래 감시할 몰래 카메라를 설치해주는 회사 등 몇 년 전에는 상상도 못할 사업을 만들어냄으로써 불황의 시대에 대처하고 있다. ……사람들은 공과금 대납인, 생일 파티 플래너, 어린이 택시 서비스, 개인 비서, 개인 요리사, 그리고 물론 이 모든 사람들을 관리할 가사 매니저까지 고용할 수 있다"[6]고 쓰고 있다. 인터넷에 올라온 어느 광고는 "애완동물 관리, 자동차 등록 대행, 휴일 장식, 선물 선택, 파티 플래닝, 놀 거리 추천, 개인용/업무용 편지 대필, 카드 요금 관련 논쟁 대행"까지 가능하다고 말하고 있었다. 다른 서비스는 메리 포핀스Mary Poppins, 영화에 등장하는 마술사 보모 — 옮긴이, 할리우드에 있는 와이프

포 하이어Wives for Hire, 메인 주의 허즈밴드 포 렌트Husband for Rent[7] 등 서비스를 제공하는 회사 이름을 보면 알 수 있다. 만능 박사Jill of All Trades라는 한 회사는 옷장 정리와 이삿짐 정리를 맡는다. 고객들은 자신의 물건을 분류하고 필요없는 것을 버려주는 도우미를 믿는다. 어느 도우미는 이렇게 말했다. "사람들은 자기 물건을 쳐다볼 시간이 없습니다. 전 무엇이 중요한지 알고 있죠."[8] 일본의 어느 회사에서는 연인과 헤어지는 일을 돕는 서비스를 제공하기도 한다. 최근 인터넷에서 뜬 어느 구인 광고에 포함된 직무 내용 설명을 보자.

> 회사 경력이 있고 마사 스튜어트Martha Stewart(미국에서 '살림의 여왕'으로 유명한 여성 — 옮긴이)처럼 집안일을 관리하는 능력이 있는 행정 보조 구함. ……집안일에 관심이 있어야 하며, 여행 능력은 필수. 아이들을 좋아해야 함! 따뜻한 마음과 기업 지향적 성향을 모두 갖춘 인물이 필요한 독특한 일자리.[9]

이 자리에서 요구하는 특성만 시장과 가정의 경계를 넘나드는 것이 아니라, 결과도 인간적인 선을 넘을 수 있다. 《비즈니스위크》의 기자 로셀 샤프는 이렇게 쓰고 있다.

> 캘리포니아의 인사관리 전문가인 린 코실리아Lynn Corsiglia는 딸의 생일 파티를 준비하기 위해 누군가를 고용했다는 사실을 알았을 때 딸의 눈에 어린 실망의 빛을 기억한다. "제가 선을 넘었구나 하는 것을 알았죠."[10]

너무 많은 감정노동을 외주에 맡긴 것이다.

새 책을 쓸 생각으로 나는, 가족을 돕는 대가로 돈을 받는, 놀라울 만큼 감정 이입을 잘 하고 창의적인 사람들을 인터뷰하고 있다. 그 사람들은 모두 정확히 어떤 감정을 가져야 할지를 알아내야 하는 당황스러운 과제에 직면한다. 전문가 같은 느낌을 가져야 할까, 언니나 누나 구실을 대신하는 사람 같은 느낌을 가져야 할까, 아니면 놀러 온 친척 같은 느낌을 가져야 할까? 전통적인 일터에서는, 회사의 사명 선언문이나 개인 지침서, 또는 사장이 어떤 감정을 가져야 할지를 암시적으로 말해주었다. 가정에서는 친척이 그렇게 해준다. 그렇지만 시장화된 가사 영역에서는, 누구든 먼저 답을 찾는 사람이 임자다.[11]

이 세 번째 영역인 시장화된 가정생활의 가장자리에서는 어머니가 아닌 아내의 구실이 상업적으로 확장된 직업을 찾아볼 수 있다. 여러분은 내가 그랬듯 이 광고를 잊을 수 없을 것이다. 2001년 3월 6일 인터넷에 실린 어느 광고에는 이렇게 쓰여 있다.

(파트타임) 예쁘고 똑똑하며 여주인감인 사람. 안마 잘 하는 사람 — 주당 $400.

안녕하십니까.

특이한 구인 광고인 줄 알고, 이런 광고를 올리는 게 어리석은 일인가 싶기도 하지만, 여기는 샌프란시스코이고 저는 정말로 이런 사람이 필요합니다! 채용은 아주 비밀리에 진행될 것입니다.

저는 배울 만큼 배웠고, 여행도 많이 다녔지만 수줍음을 타는 평범한 사업가입니다. 이 지역에 새로 이사 왔는데 파티나 모임, 사교 모임 초대가 쏟아지고 있습니다. 저는 '개인 비서' 같은 사람을 찾고 있습니다. 해야 할 업무는 아래와 같지만, 더 많은 업무를 해야 할 경우도 있습니다.

1. 집에서 열리는 파티의 여주인 노릇(시간당 $40)

2. 피로를 누그러트리는 관능적인 마사지(시간당 $140)

3. 사교 모임에 동행(시간당 $40)

4. 함께 여행(일당 $300+여행 경비)

5. 가사 일부 관리(각종 공과금과 관리비 등, 시간당 $30)

22세에서 32세 사이의 건강하고, 외모가 뛰어나며 조리 있는 말솜씨에, 관능적이고, 상냥하고, 똑똑하고 비밀을 지킬 수 있는 사람이어야 합니다. 행사는 한 달에 3~4번을 넘지 않을 것이고, 마사지와 다른 집안일, 그 밖의 업무를 포함한 업무 시간은 일주일에 최대 10시간을 넘지 않을 겁니다. 미혼이거나, 동거인이 없거나, 아니면 이해심이 아주 많은 파트너를 가진 사람이어야 합니다!

저는 똑똑하고 지적인 이미지의 30세 남자로, 이메일로 지원서를 보내주시면 이런 광고를 낸 이유를 얼마든지 설명해 드리겠습니다. 가능하면 본인 사진과 무엇을 좋아하는지, 관심사가 무엇인지, 이 일을 하기에 적합한 어떤 능력을 갖추고 있는지 알 수 있는 내용도 함께 보내주시기 바랍니다.

전문 파트너 사절! 성관계와 절대 무관!

감사합니다.[12]

수줍음을 타는 이 백만장자와 개인 비서직에 지원할 사람 사이의 상호작용에는 어떤 감정 법칙이 적용될까? 여기에서 만족스러운 아내의 구실은 조각조각 찢어져 각 조각에 가격표가 붙어 있기 때문에, 감정 법칙은 모호해졌다. 이 남자는 물론 남편이 되겠다는 제안을 하는 것이 아니다. 이 남자가 내세우는 거래의 대가는 돈이다. 그렇지만 이런 광고를 내는 것은 암묵적으로 성적, 감정적 본성에 관해 자신이 기대하고 있는 강력한 환상을 암시한다.

UC 버클리의 학생들과 이 광고를 놓고 이야기를 나누는 동안, 어느 학생은 이 남자가 "관계 때문에 생기는 귀찮은 일들에서 벗어날 출구를 사고 싶었을 것"이라고 말했다. 무슨 말인가? 이 수줍은 많은 백만장자는 아마 가족에 관한 감정 법칙을 따르고 싶지 않았으리라. 감정노동을 하고 싶지 않았던 것이다. 그 남자는 그저 **결과**만을 원했다. 그리고 이 희망을 붙들고 있으면서 아마도 다른 환상, 다른 사람의 감정노동을 전부 살 수 있다는 환상을 즐기고 있을 것이다. 그리고 여기에는 점점 증가하고 있는 사회적 모순이 깔려 있다.

인간은 사회적 교제로 얇게 덮여 있는 강한 감정적 요구를 지니고 있다. 그리고 이 경우에는 아마도 성적 요구이기도 할 것이다. 이 수줍음 타는 백만장자도 개인 비서와 어느 정도 떨어진 거리를 유지해야 하는, 지금 생각하기에는 쉽게 할 수 있을 것 같은 감정적 과제에 직면하게 될 것이다. 그리고 그 비서도 복합적으로 나타나는 동정심과 모멸감, 끌리는 마음을 통제해야 할 것이다. 이런 관계는 점차 커지고 있는 시장화된 사생활 영역의 일부가 될 것이다. 이 영역에서 우리는 어떻게 상대방에 관한 애착과 분리를 관리하는가? 어떤 감정을 느끼는가? 나도 이 부분은 아직 모르겠다. 하지만 계속 지켜봐주기 바란다.

감정 모델 — 다윈에서 고프만까지 ● 부록 A

감정의 구체적인 측면에 관한 논의는 대개 유기체적 관점과 상호작용론적 관점의 근본적인 차이에서 시작된다고 할 수 있다. 이 관점들을 요약하고 내 견해를 말하기 전에, 이 주제에 관한 진지한 연구가 부딪히게 되는 두 가지 장벽을 지적해야 할 것 같다. 첫째, 감정을 무시하거나 다른 범주 아래로 포함시킨 사회과학자들의 관례다. 둘째, 감정에 관한 논의를 혼란스럽게 하는 생각을 받아들였다는 점이다.

몇몇 이론가들은 감정이 조리 있는 개념이라는 사실을 부인할 정도까지 이르렀다. 그렇기 때문에 심리학자인 엘리자베스 더피Elizabeth Duffy는 (연속적으로 일어나는 현상을 묘사하는) 종단적 개념과 (동시에 일어나는 인식, 생각, 감정과 같은 현상을 묘사하는) 횡단적 개념을 구분한 뒤, 횡단적 개념을 모두 생략할 것을 주장했다. 더피는 횡단적 개념이 느슨하거나 겹쳐져 있는 현상의 범주들을 대표한다는 점을 정확하게 지적했다(Duffy 1941, 184쪽). 불행하게도 이 대안은 단순히 우리가 묘사하기 위해 노력해야 할 복잡성을 없애는 것일 뿐이었다. 이런 거부는 인지에 좀더 집중적이고 엄밀하게 초점을 맞추기 위해 감정을 논의하는 것을 **피하려고** 정교한 관심을 쏟는 편이 연구의 과학적 성격을 향상시킨다고 믿는 사회심리학자들에게도 나타난다. 일주일 동안 사회심리학자들이 개인적으로 말하는 습관을 대상으로 내용 분석을 하면, 감정이 그 사람들이 연구에서 다루는 것보다 실제 그 사람들의 삶에서 더 중심에 있다는 사실을 분명하게 알 수 있을 것이다.

많은 사회심리학자들은 감정을 다른 개념적 보호막 안에 포함시킴으로써 하찮은 것으로 다룬다. 예를 들어, 어떤 면에서는 유익했던 여군에 관한 군인의 태도 연구에서, 서치먼과 동료들은 감정을 정서의 개념에 포함시키고 있다. "어떤 사물에 관한 정서는 일반적으로 긍정적이거나 부정적인 것으로 분류할 수 있다. 그러나 우리의 연구 목적에서 불쾌감과 분노, 불신, 공포는 부정적 정서로, 이런 정서는 무시하기로 하겠다"(Newcomb et al. 1965, 48쪽). 감정이 이런 식으로 다른 범주에 포함되면, 감정의 흥미로운 차원은 '정도의 문제'가 되어버린다. 정확히 무엇이 '많고' 또는 '적은' 것인지는 확실하지 않다. 우리는 여군에 관한 비호감이 두려움에 찬 감정인지 아니면 분노에 찬 감정인지 구별할 수 없다. 우리는 사람들이 어떤 태도에 순응할 때 현실에 관해 내리는 다양한 정의를 보여주는 풍부한 단서를 놓친다. 개인이 인식하는 상황의 자기 타당성에 관한 인식을 반영하는 감정에 관한 개념을 놓치는 것이다. 또한 감정 언어가 우리에게 말해줄 수 있는 것들을 감지하지 못하게 된다.*

감정을 거부하거나 다른 것에 묶지 않는 사람들의 경우에도, 두 가지 다른 생각이 때때로 감정을 명확하게 이해하지 못하게 할 수 있다. 이것들은 (1) 분노

---

* 감정이 연관되어 있는 상황에서 감정이 개념적으로 찢겨 나가면 잃는 부분이 생긴다. 아리스토텔레스가 열다섯 가지의 감정을 이야기하고, 데카르트는 여섯 가지, 홉스는 일곱 가지, 스피노자는 세 가지(와 48개의 파생 감정), 맥두걸(W. McDougall)은 일곱 가지, 톰킨스(S. S. Tomkins)는 여덟 가지의 감정을 이야기하는 동안, 감정과 관점, 개념틀 사이의 직접적인 연관성은 사라졌다. 감정 사전을 만들려고 했던 조엘 데이비츠(Joel Davitz)의 시도에도 문제가 있다. 현대 언어학자들이 언어를 사회적 맥락에서 사용되는 것으로 보는 것과 마찬가지로, 또 다른 언어의 일종인 감정도 사회적 맥락과 맺는 관계 속에서 가장 잘 이해할 수 있다.

나 질투 같은 감정이 시간이 흐름에 따라 한 개인 안에서 독립적인 실재나 정체성을 가질 수 있다는 생각과, (2) 감정에 사로잡히면 비합리적으로 행동하고 사물을 왜곡해서 볼 수 있다는 생각이다. 유기체적 견해에 있는 저자들이나 상호작용론적 견해에 있는 저자들 모두 이런 생각을 적용할 때가 있기 때문에, 유기체적 이론가와 상호작용론적 이론가를 구별하는 가정들로 넘어가기 전에 이 내용을 잘 살펴보아야 한다.

감정은 감정이 '들어가 있는' 사람과 상관없는 독립적인 실재나 정체성을 가지고 있을까? 우리는 마치 그런 것처럼 말한다. 우리는 보통 감정을 '표현하고', '담아두고', '교감하고', 심지어 '퍼트린다'고 이야기한다. 우리는 죄책감에 '사로잡혔다'거나, 두려움이 우리를 '붙들었다', '덮쳤다', '배반했다', '마비시켰다' 또는 '압도했다'고 말한다. 두려움은 피하거나, 숨거나, 슬며시 다가오거나, 찾아보거나, 공격하는 것으로 이야기한다. 사랑은 빠지거나 빠져나오는 것이다. 분노는 우리를 덮치거나 압도한다. 이런 식으로 우리는 대조적인 내면 상태를 묘사하기 위해 허구의 독립적인 외부 존재를 사용한다.

로이 셰퍼Roy Schafer가 《정신분석을 위한 새로운 언어A New Language for Psycho-analysis》(1976)에서 지적하듯, 우리가 보통 감정에 관해 이야기하는 방식이나 '불안'이나 '사랑', '분노' 같은 명사를 사용하는 것은 실재가 있다는 것을 암시한다. 심지어 '두려움' 또는 '공포' 같은 말도 그것 자체로 추상화된 개념이며, 그런 말이 대체하고 있는 명사와 같은 함의를 전달한다. 셰퍼는 일반적인 어법의 대용어로 쓸 수 있는 새로운 행동 언어action language를 제안한다. 그리고 '두려워하다' 또는 '두려움'이라는 표현을 없애고 싶어하는데, 그런 말은 분리된 행동과 행동 양식을 추상적으로 나타내기 때문이다. "두려워한다는 것은 달아나고, 피하고, 소심하게 또는 달래면서 행동하는 것을 포함하는 개념이다"(Schafer 1976, 275쪽). 문제 있는 가정을 포함하고 있는 보편적인 표현을 가려내는 통찰력을 보이고는 있지만, 내가 볼 때 셰퍼의 행동 언어는 일상적인 감정생활에서 나타나는 복잡성에 대처하기에는 너무 단순한 장치로 보인다.

우리는 보통 감정이 마치 어딘가에 머무는 장소가 있기라도 한 것처럼 말한다. 사랑이 마음속에 있고, 질투가 심술보에 달렸다고 이야기할 때, '마음'과 '심술보'는 사람의 자리를 대신한다. 말하는 사람이 자신의 장기를 의인화하거나 감정을 '어떤 에너지의 실체나 양'으로 묘사하는 것이다. 또한 감정이 '담겨 있다' 또는 '누적되었다'고 말하거나 '오래된' 감정이라는 표현을 쓸 때처럼, 감정에 지속적인 정체성이 있는 것처럼 이야기하기도 한다.

대리자와 머무는 장소, 시간에 따른 지속성에 관한 은유는 감정을 경험한다는 것이 **어떤 느낌인지**를 희한할 정도로 세밀하게 전달한다. 이런 은유는 시적인 정확성을 누린다. 그렇지만 이런 은유는 감정이 어떻게 작용하는지 이해하지 못하게 방해할 수도 있다.

감정에 관한 이해를 방해하는 두 번째 생각은 감정의 내적 상태가 비합리적인 외부 행위와 늘 연결되어 있다는 생각이다. 가끔 그럴 때가 있기도 하지만 그렇지 않기도 하다. 방울뱀이 자신에게 다가오는 것을 보면서 두려움을 느끼는 사람은 안전을 생각해 달아날 것이다. 그 사람은 합리적인 행동을 한 것이라고 할 수 있다. 두렵지 않았다면 도망치지 않았을 것이고, 다른 방어책이 없는 상태에서는 그런 행동이야말로 비합리적이었을 것이다. 마찬가지로, 어느 어머니가 아이를 사랑하는 마음에서 아이를 안으려고 손을 뻗을 수도 있다. 이 경우에도 감정과 행위가 일치하고 있고, 개인의 행동이 감정의 영향을 받아 자신이 다가가고 싶은 사람에게 가 닿는다는 면에서 '합리적'이다. 만약 감정의 영향을 받지 않았다면 그 사람은 그렇게 행동하지 않을 것이다. 내가 이런 확실한 예를 드는 이유는 사람들이 '감정적으로 행동한다'고 말할 때 드는 예는 이런 것들이 아니기 때문이다. 즉 우리는 감정이라는 개념을 합리적이고 현명한 행동보다는 비합리적이고 지혜롭지 못한 행동에 연관짓는 경향이 있다는 것이다. 이런 경향은 보편적이지만 눈에 띄지는 않게 감정과 행위가 연결되어 있는 경우에 나타나는 감정과 행위의 관계를 따르는 것보다는 감정생활에 관한 문화적인 방침('감정을 조심하고 관리하라')에서 나온다.

감정의 두 가지 모형

감정의 두 가지 기본 모형은 19세기에 등장했다. 유기체적 모형은 찰스 다윈과 윌리엄 제임스의 저작, 지그문트 프로이트의 초기 저작에서 등장했다.* 존 듀이John Dewey와 한스 게르트Hans Gerth, C. 라이트 밀스, 어빙 고프만의 저작에서 상호작용론적 모형이 나왔다. 이 두 가지 모형은 몇 가지 근본적인 면에서 차이가 있다.

첫째, 유기체적 모형은 감정을 주로 생물학적 과정으로 정의한다. 감정(정서)은 프로이트의 초기 저작에서는 리비도가 방출된 것이고, 다윈의 경우에는 본능이며, 제임스의 경우에는 심리적 과정을 인지하는 것이다. 유기체론자들은 본능과 에너지를 강조하면서, 감정은 기본적으로 영속성을 지니고 있으며 다른 범주의 사람들 사이에도 기본적인 감정의 유사성이 존재한다는 견해를 취한다. 한편 상호작용론자들은 감정이 **항상** 생물학적인 요소를 **어느 정도** 포함한다는 정도만 말하면 충분하다고 생각한다. 그런 생물학적 과정이, 예를 들어 두려움에 개입하는 것과 다른 방식으로 분노에 개입하는가(제임스는 그렇다고 생각했고, 캐논은 그렇지 않다는 사실을 증명했다) 하는 문제는 상호작용론자들의 이론적 관심을 그다지 끌지 못한다. 상호작용론자들의 주요 관심은 심리적 과정이 취하는 **의미**다.

---

* 맥두걸(1937, 1948)과 톰킨스(1962)도 감정의 유기체적 모형에 일조했다. 톰킨스의 이론이 폭넓은 현상을 다루고 있기는 하지만, 충동과 감정의 관계에 중점을 두고 있다. 톰킨스는 여덟 개의 선천적인 정서를 구별했으며, '충동 신호(drive signal)'로 기능하는 '선천적인 활성체'가 이런 정서를 일으킨다고 말한다.

둘째, 유기체적 모형에서 우리는 감정에 이름을 붙이고, 감정을 평가하고 관리하거나 표현하는 방식을 감정 **외부의** 것으로 인식하며, 그렇기 때문에 감정이 어떻게 '본능을 통해 감시되나' 하는 것보다 그런 문제에 관심을 덜 갖는다.

셋째, 유기체적 모형에서는 감정에 자기반성introspection과 분리된 선험적 실재가 있는 것으로 가정하고, 자기반성은 연상력을 갖지 못하는 수동적인 것으로 여긴다. 어느 정신분석 이론가는 이렇게 설명했다.

> 자기반성의 예는 워낙 많아서, 만약 독자가 원한다면 지금 당장이라도 그중 하나를 지적할 수 있다. 우리는 의식적이건 무의식적이건 경험의 흐름의 한 부분으로 정서적 특성인 '감정조feeling tone'가 항상 나타난다는 사실을 알고 있다. 그렇지만 만약 이 논문이 당신의 관심을 끌었다면, 당신은 이 글을 읽은 몇 분 동안 자신의 감정을 인식하지 못했을 수도 있다. 이제 잠시 이 글을 한쪽으로 치워 두고 자신을 돌아보면, 당신의 즉각적인 느낌을 알게 될 것이다. 편안함을 느낄 수도 있고, 약간 불쾌하거나 적당히 우울한 감정 등을 느낄 수도 있지만, 어떤 식으로든 느껴지는 감정이 있을 것이다. **감정은 당신이 그것을 알아차릴 때까지 그곳에 계속 존재하면서도 의식 속으로 들어오지는 못했다.** 전의식前意識, preconscious 상태였던 것이다(Pulver 1971, 351쪽. 필자 강조).

상호작용론자들은 감정이 계속 존재했는지 매우 미심쩍어 한다. 그래서 주의를 몹시 집중하는 것과 인지력을 사용하는 것이 그 자체로 감정을 일으키는 것은 아니라는 사실을 어떻게 아느냐고 묻는다. 그리고 만약 감정에 참여하는 행위가 감정 자체를 형성하는 것을 돕는다면, 그 감정은 그런 행위와 따로 떼어서 언급할 수 없다고 말한다. 마찬가지로, 상호작용론자가 보기에 통제 행위는 통제되는 경험과 떨어질 수 없다. 이 행위는 경험이 **창조**되는 일부분이다. 알려져 있는 감정을 아는 것과 마찬가지로, 감정을 관리하는 것은 관리되기 위해

'그곳'에 있는 것에 영향을 미친다. 유기체론적 이론가들은 일반적으로 이런 표현의 성찰성reflexivity을 의심한다(Lofgren 1968). 유기적인 '방출' 이론에서 감정은 손상되지 않는 유기체적인 기정사실에 연관된 것으로 여겨지기 때문에, 감정의 표현은 거의 부대 현상에 가깝다.* 요약하면, 상호작용론적 이론가들에게 감정은 정해진 답이 없는 반면 유기체론적 이론가들이 보는 감정은 고정되어 있다.

넷째, 유기체론자들이 본능의 영속성을 강조하는 것은, 상호작용론자들은 별 관심을 갖지 않는 감정의 기원에 관한 관심을 반영한다. 예를 들어 다윈은 감정의 계통 발생적 기원을 추적하고 동물의 감정과 인간의 감정 사이에 유사성이 있다는 증거를 지적했다. 프로이트는 현재에 경험하는 감정의 기원을 주로 어린 시절로 거슬러 올라가서 찾았다(Brenner 1974, 542쪽). 한편 상호작용론적 모형은 기원에 관심을 두지 않고 정상적인 성인들로 구성된 사회 집단을 독특하게 차별화하는 감정의 측면에 초점을 맞춘다.

두 모형에서 나타나는 차이는 사회적 요인과 감정이 다르게 연결되어 있다는 것을 뜻한다. 유기체론적 모형에서 사회적 요인은 생물학적 반응을 단순히 '유발'하고, 그런 반응의 표현을 관습적인 경로로 이끌어내는 것을 돕는다. 상호작용론적 모형에서는 체계화와 관리, 표현을 통해 사회적 요인이 감정의 **형성 과정 자체에** 들어간다.

유기체론적 모형

찰스 다윈. 다윈의 저서《인간과 동물의 감정 표현The Expression

---

* 초기 프로이트적 모형에서 성찰성은 자아가 감정의 특성을 많이 바꿀 수 없다는 것을 뜻했다. 때로 이것은 뚜렷하게 나타난다. 알렉산더와 아이작은, 자아가 감정의 질을 바꾸는 경우는 거의 없는 것 같다고 말한다(Alexander and Issacs 1964, 232쪽). 이런 시각을 주로 뒷받침하는 것은 아이의 경우처럼 자아가 약하다는 인식이다. 상호작용론자들이 보는 전형적인 자아는 정상적인 어른의 자아로서, 적당한 힘을 가지고 있다.

of the Emotions in Man and Animals》(1872)은 다양한 이론가와 연구자들을 위한 감정 모델을 제공하고 있다. 다윈은 **감정 표현**emotive expressions, 즉 **눈에 보이는 제스처**에 초점을 맞추고, 그런 표현에 연결된 주관적 의미에는 관심을 두지 않는다. 다윈은 이런 제스처는 선사 시대에 습득한 것으로 '쓸모 있는 연합의 습관'으로 살아남았다고 가정한다. 원래는 행위와 연결되어 있던 이 감정에 관한 제스처는 **되다 만** 행위가 된다. 예를 들어 사랑이라는 감정은 한때는 직접적인 성교 행위의 자취다. 화가 나면 이를 악무는 것은 한때 즉각적으로 상대를 물던 행위가 자취만 남은 것이다. 역겨움의 표현은 한때 독이 있는 것을 바로 게워내던 행위의 자취다. 다윈에게, 행동하지 않는 제스처는 있을 수 있지만 제스처로 표현되지 않는 감정은 없다.

이렇게 보면 다윈의 감정 이론은 제스처에 관한 이론이다. 그런 면에서 다윈 이후의 학자들은 이런 질문을 하게 되었다. 감정에 관한 제스처는 보편적인가 아니면 문화적으로 독특하게 나타나는 것인가? 다윈이 내린 일반적인 결론은 그것이 보편적이라는 것이다.* 이 논쟁은 감정 표현이 선천적일 것이라고 주장하는 사람들(Ekman 1971, 1983; Ekman et al. 1972)과 감정은 언어의 모델이 되기 때문에 문화적으로 다양하다고 주장하는 사람들(Klineberg 1938; Birdwhistell 1970; La Barre 1964; Hall 1973; Rosenthal 1979, 201쪽) 사이에서 펼쳐졌다. 논쟁을 벌인 양쪽에서 모두 놓친 것은 다윈의 이론에서 처음부터 놓친 부분이었다. 주관적인 경험이자

---

* 다윈은 얼굴에 나타나는 선천적이고 보편적인 감정 표현과 학습되었다는 점에서 문화적으로 다양하게 나타나는, 표정으로 나타내는 (반드시 감정 표현은 아닌) 제스처를 구별했다. 다윈은 16개 문항의 설문지를 만들어 비서구 사회에서 살다 온 선교사 36명에게 보냈다. 그중에는 이런 문항도 있었다. "보통 입을 굳게 다물고, 눈썹을 낮추고, 약간 찡그린 표정으로 나타나는 완고한 표정을 사람들이 알아듣습니까?" 회수된 설문지를 바탕으로 다윈은 인간의 '주요 표현 행위'는 선천적이고 보편적이라는 결론을 내렸다. 하지만 전반적으로는 보편주의적인 해석을 하면서도, 몇몇 무언 행위(눈물을 흘리는 것, 키스, 승인과 부정의 표현으로 고개를 끄덕이거나 가로젓는 것)는 보편적이지 않고 문화에 따라 다르게 나타나며 '말을 배우는 것과 마찬가지로 학습된다'는 결론을 내렸다(Rosenthal et al. 1970, 352쪽에 실린 데인 아처(Dane Archer)의 글에서 인용).

사회적 요인들이 어떻게 작용하느냐 하는 것에 관한 좀더 미세하고 복합적인 생각으로서 감정에 관한 개념이 그것이다.

경로를 바꾸었지만 마찬가지 비판에 부딪힌 랜덜 콜린스Randall Collins는 다원식의 감정 개념을, 뒤르케임이 주장한 감정을 일으키는 수단인 의례의 개념과 섞었다(Collins 1975, 95쪽).* 콜린스는 (이 상충되는 모형을 바탕으로) 감정을 통제함으로써 인간을 지배할 수 있는 강력한 도구인 의례 장치를 지배하기 위해 인간들이 서로 경쟁한다고 주장한다(Collins 1975, 59쪽, 102쪽). 그러나 다윈의 이론을 흥미롭게 발전시킨 이 연구에서도, 감정을 버튼만 누르면 나오는 것으로 보는 모형에 관해서는 질문을 던지지 않고 있다.

지그문트 프로이트. 감정 또는 정서에 관한 프로이트의 생각은 세 가지 주요한 발전 단계를 거쳤다. 초기 저작에서는 감정을 긴장이나 불안의 형태로 갇혀 있는 리비도라고 생각했다. 프로이트에게 감정은 본능의 조짐이었다.** 20세기에 들어선 뒤에는 감정을 충동의 부수적인 존재로 생각하게 되었다. 1923년 《자아와 이드The Ego and the Id》에서는 이드(충동)와 의식적 표현 사이의 매개로서 자아의 구실을 강조하기 시작했다. 프로이트는 감정을 눈앞에 닥친 위험에 맞선 (내부적이거나 외부적인) 신호나 행동하게 하는 힘으로 보았다. 또한 자아에는 이드의 충동을 억제하고 중화하거나 묶어놓는 능력이 있을 것이

---

* 콜린스는 다윈은 올바로 해석했지만 뒤르케임은 잘못 이해했다. 뒤르케임이 (《종교 생활의 원초적 형태(The Elementary Forms of the Religious Life)》에서) 동물의 본능을 강조했다고 뒤집어씌움으로써 콜린스는 다윈에서 나온 전통을 뒤르케임에서도 끌어냈다고 말했다. 동물과 인간의 유사성에 관한 관심을 통해 뒤르케임과 다윈을 연결하고 싶었던 것이다(Collins 1975, 95쪽). 하지만 실제로는, 다윈이 인간과 다른 동물의 유사성을 강조한 반면 뒤르케임은 차이를 강조한다. 동물은 상징을 사용할 수 없기 때문에, 뒤르케임은 동물에 큰 관심을 갖지 않았다.

** 토머스 쉐프(Thomas Scheff)는 〈의례에서 나타나는 감정의 거리 두기(The Distancing of Emotion in Ritual)〉라는 글에서 카타르시스(catharsis)에 관한 프로이트의 초기 개념과 함께 감정은 하나 이상의 괴로운 느낌(슬픔, 두려움, 당황, 분노)이 '배출'되는 것이라는 개념을 끌어온다. 쉐프는 이런 감정들이 '스트레스로 몸 안에 만들어진 긴장의 물리적 상태'라고 말한다(Hochschild 1977과 Glover 1939 참고).

라고 보았다(Brenner 1974, 537쪽).

다윈과 달리 프로이트는 불안의 불쾌함이 자아로 하여금 그런 불쾌함에 맞서 다양한 방어책을 발전시키도록 하기 때문에 더욱 중요하다는 이유를 들어 하나의 감정, 즉 불안을 다른 모든 감정의 모형으로 삼았다. 브레너가 지적하는 것처럼, "분석가로서 우리는 불안이 정신 생활에서 특별한 위치를 차지한다는 사실을 깨달았다. 이것은 방어의 동기가 된다. 방어는 불안이 발전하는 것을 최소화하거나, 가능하다면 막으려는 목적을 수행한다"(Brenner 1974, 542쪽). 불안은 처음에는 자아를 피해가는 방식으로 정의되었다. 불안은 "정신력으로 정복하거나 배출하기에는 너무 큰 자극이 유입된 것에 관한 반응"이었다(Brenner 1974, 533쪽). 브레너는 이 모델을 거부하면서 이렇게 주장한다.

불안은 위험에 관한 걱정이 자아 안에서 일으키는 감정이다. 이것은 출생이나 초기 신생아기부터 나타나지는 않는다. 그런 초기 단계의 신생아는 만족스러움과 불쾌함만을 인식한다. 경험이 늘고 (예를 들어 기억이나 지각적 인식 등) 다른 자아 기능이 발달하면서, 아동은 점차 불만족의 상태('외상성traumatic 상황')가 발전할 것임을 예측하거나 걱정할 수 있게 된다. 아동이 지닌 이 위험에 미리 대처하는 능력이야말로 불안이라는 구체적인 감정의 시작이다. 우리는 이 감정이 향후 발달 과정에서 다른 불쾌한 감정들과 점차 뚜렷하게 구별될 것이라고 본다(Brenner 1953, 22쪽).

불안에 관한 프로이트의 초점은 정상적인 사례를 과장함으로써 사람을 무능력하게 만드는 대규모의 '병적인' 감정에 관련된 걱정의 일부였다. 게다가 불안을 이해하는 것이 중요한 만큼, 불안은 몇 가지 면에서 다른 모든 감정을 대표한다고 할 수 없다. 우리는 불안을 피하려고 노력하는 전형적인 방법으로 기쁨이나 사랑을 피하려고 노력하지 않는다. 불안은 정의된 대상이 없는 감정이라는 점에서도 전형적이라고 할 수 없다. 사람은 누군가를 **향해** 화를 내거나 누군가**와** 사랑에 빠지는 방식과 같은 방식으로 누군가를 **상대로** 불안해하지는 않는다.

다윈과 달리 프로이트에게 (감정과 연결되어 있는 관념화된 재현으로서) 감정의 의미는 중요하지만 무의식적인 경우가 많다. 프로이트는 이렇게 설명하고 있다. "무엇보다도 감정이 인지되지만 오해될 수도 있다. 적절한 관념을 억압함으로써 감정은 억지로 다른 개념과 연결될 수밖에 없고, 의식을 거쳐 다른 개념의 표현으로 해석된다. 우리가 진정한 연결을 복원한다면, 우리는 비록 그 감정이 한 번도 무의식적인 적이 없이 그 관념화된 재현이 억압을 경험했을 뿐이라 하더라도 원래의 감정을 '무의식'이라고 부른다"(Freud 1915b, 110쪽).* 초기 저작에서 본능적으로 주어진 것들, 개인에 주로 연결되어 있는 불안, 개인의 이해와 본능 사이의 중재자로서 무의식적인 것들에 초점을 맞추면서, 프로이트는 자아와 초자아를 통해 조정되는 사회적 영향을 상대적으로 덜 중요한 것으로 인식하게 되었다. 다윈과 마찬가지로, 프로이트는 문화적 법칙이 어떻게 자아가 (초자아를 통해) 이드(감정)를 움직이는 데(감정노동) 적용되는지에 관해서는 별 말을 하지 않았다.

윌리엄 제임스. 만약 다윈에게 감정이 본능적인 제스처이고, 초기의 프로이트에게 감정(정서)이 틀에 갇힌 리비도가 발현되는 것이었다면, 제임스에게 감정은 본능적인 변화에 관한 뇌의 의식적 반응이었다. 제임스는《심리학의 원리The Principles of Psychology》(1890)에서 이렇게 쓰고 있다. "내 이론은……흥미로운 사실을 인지하고 나면 신체적 변화가 그 인지를 직접적으로 따라간다는

---

* 이 개념과 별개로 감정이 무의식적일 수 있는가 하는 질문을 둘러싼 활발한 논쟁이 있다(Pulver 1971을 볼 것). 정서적 측면으로서 동기와 바람은 분명 잠재적으로 무의식적인 것으로 여겨진다. 예를 들어 페니셸(Fenichel 1954)과 그린슨(Greenson 1953)은, 지루함은 한 개인이 깜짝 놀랄 만한 본능적 바람을 만족시키기 원하지 않으며 그렇기 때문에 아무것도 하지 않는다는 것을 확인하려는 무의식적인 시도를 포함한다는 가설을 세웠다.

것이고, 이때 발생하는 변화에 관한 느낌이 감정이라는 것이다."(Hillman 1964, 50쪽에서 인용).

이 이론은 (캐논과 샤흐터 같은) 중앙주의자centralist와 (제임스와 랭 같은) 주변주의자peripheralist들 사이에 벌어진 격렬한 논쟁의 중심이 되어 왔다.* 제임스는 감정을 신체적 변화나 본능적인 느낌과 똑같은 것으로 여겼다. 여기에서 나오는 각기 다른 감정들은 전혀 다른 신체적 상태를 수반하게 될 것이다. 약이나 시술을 통해 신체적 상태를 조작하면 감정 상태도 조작하게 될 것이다. 1927년에 캐논이 한 실험적 연구는 제임스와 랭의 이론을 뒤집었다. 캐논은 몸과 (감각을 느끼게 하는) 중추 신경계를 완전히 분리시킨다고 해서 감정 행동을 바꾸지 못한다는 것을 밝혀냈다. 이 연구는 수술을 받은 개도 여전히 감정을 느낄 수 있을 것이라고 가정했다. 게다가 몸은 감정과 달리 상대적으로 무디고 천천히 변화한다(Schachter and Singer 1962, 1974; Kemper 1978, 이 책의 7장과 8장 참고). 캐논의 연구 이후, 심리학자들은 인지적 요인에 따라 감정 상태를 구별하려고 했다. 그렇게 보면 캐논의 연구가 사회심리학의 출현을 예비한 셈이다. 게르트와 밀스는 이렇게 적고 있다. "예를 들어 두려움과 분노가 나타내는 부수적인 신체 반응에는 주목할 만한 차이가 없는 것 같다. 인간 감정을 알기 위해서는 유기체와 물리적 환경을 반드시 넘어서야 한다"(Gerth and Mills 1964, 52~53쪽). '넘어서는 것'이 감정에서 생리학의 중요성을 무시하자는 뜻은 아니지만, 유기체적 이론가들이 사회적·인지적 영향이 생리학적 영향과 결합하는 방법에 관해 제기한 모형보다는 더 복잡한 모형을 가지고 연구하자는 이야기를 담고는 있다.

---

* 힐맨이 지적하듯이, 제임스와 랭은 차이가 있다. 제임스가 보는 감정은 동시에 일어나는 의식적 느낌과 신체적 변화를 함께 말한다. 랭에게 감정은 신체적인 변화이고, 그것에 따라 나타나는 부차적인 느낌이다(Hillman 1964, 50쪽). 제임스의 이론에 관한 좀더 신중한 해석은 Hillman 1964, 49~60쪽 참고.

상호작용론적 모형

유기체론적 관점은 우리를 도출-표현 모형에 한정시킨다. 상호작용론적 모형은 생물학을 전제로 하기는 하지만 사회가 진입할 수 있는 지점을 더 많이 포함하고 있다. 사회적 요인들은 감정을 경험하기 전후뿐만 아니라 감정을 경험하는 **동안** 쌍방향으로 등장한다. 무시를 당하면 심하게 화를 내는 남자가 있다고 하자. 그 남자의 문화적 환경에서 보면 어떻게 하는 것이 무시하는 것인가? 화가 치밀 때, 그 남자는 자신이 대응하는 현실을 다시 정리하는가? 이 과정에서 사회적 맥락의 어떤 속성이 그 남자를 돕거나 제지하는가? 그 남자는 격분하면서 동시에 그 분노에 부끄러움으로 대응하는가 아니면 자부심으로 맞서는가? 차차 흥분하는 방법으로 화를 표현하는가 아니면 한 번에 묶어서 화를 내는가? 이런 것들이 상호작용론자의 질문이다. 만약 우리가 감정을 본능으로 개념화한다면, 우리는 사회가 개입하는 지점에 관한 질문들을 먼저 꺼내지 못할 것이다. **상호작용론적 모형은 복잡성이 더 큰 덕분에, 사회적 요인이 작용하는 모델을 선택할 수 있게 만든다.***

듀이, 게르트, 밀스. 듀이는 1922년에 충동은 현장의 상호작용 속에서 조직된다고 주장했다. "무수히 많은 수의 근원적인 활동 또는 본능적인 활동이, 대응하는 상황에 따라 관심이나 기질로 조직된다"(Dewey 1922, 147쪽). 두려움이나 분노는 타고난 기질 면에서 공통된 기원이 없다. 오히려 각각의 감정은 사회적 맥락 안에서만 그 모습을 갖추고 그 감정이 된다. 듀이는 행위를 계획하는 과정에서 어떻게 자아가 상황과 상호작용하면서 적극적으로 그 과정을 다시 계획하

---

* 마빈 오플러(Marvin Opler)는 일찍부터 사회 유형과 '기본 감정'을 통합하는 과제를 인식하고 있었다. 예를 들어 만약 트로브리안드족(Trobriands)에게 잘 알려져 있는 잠재기가 없다면, 또는 주니족(Zuni) 여성이 사회적인 박탈감을 적게 느낀다면, 오키나와 사람들이 엄청난 성적 수치심이나 죄책감을 느끼지 않는다면, 사모아 사람들에게 나바호(Nabajo)족에 견줄 만한 자연스러움이나 개인적 자유가 없다면, 적응 기제가 달라질 뿐 아니라 적응 유형에 **개입되어 있는 기본 감정**도 달라질 것이다(Opler 1956, 28쪽. 필자 강조).

고 변화시키는지를 이야기한다. 듀이는 생성과 변화성의 개념을 감정에 적용하지 않지만, 게르트와 밀스가 그렇게 할 수 있는 길은 마련해두었다.

마찬가지로 조지 허버트 미드 George Herbert Mead는 감정에 관해 말하고 있지는 않지만, 상호작용론적 관점에서 감정에 관해 말할 수 있는 길을 더욱 명확히 했다. 미드의 도식에서 자아는 자발적이고 통제되지 않는 '주체적 자아(I)'와 숙고하고, 감독하며, 감시하는 '객체적 자아(me)'로 나뉜다. 만일 미드가 감정에 관한 이론을 발전시켰다면, 'I'의 개념을 설명하는 데서 시작했을 것이다. 미드에게 한 사람의 'I'는 다른 사람의 자아만큼이나 '자발적'이다. 미드는 자아의 측면에서 사회적 차이를 찾지 못했다. 그러나 다른 사람들과 상호작용하는 'me'를 형성하는 과정에서 상호작용이 지니는 중요성에 관한 미드의 견해는 'I'에도 적용될 수 있다. 영국인과 이탈리아인 사이의 상호작용을 비교하면 'I'에 관한 차이도 나타날 것이다.

게르트와 밀스는 사회구조가 성격을 만드는 방식을 찾기 위해 미드에서 나온 상호작용론 이론과 프로이트의 동기motivation 개념, 베버와 마르크스의 구조주의적 개념을 조합했다(Gerth and Mills 1964, p. xiii). 본질적으로 이 두 사람은 제도적인 배역을 정하는 데 요구되는 동기를 향한 신념과 상징들을 연결시켜 이렇게 할 수 있었다. 감정에 관한 두 사람의 생각은 자신들의 것이었다. 두 사람은 이렇게 말한다. "조지 미드는 감정과 동기에 관한 적합한 견해도 없고, 인간의 정서적 생활에 관한 강력한 이론도 없었다"(Gerth and Mills 1964, p. xvii). 게르트와 밀스는 감정을 제스처(또는 행위 신호), 의식적 경험, 그리고 생리적인 과정의 세 측면으로 구분했다. 그리고 이 세 측면 중 제스처에 가장 중점을 두었다. 그러나 이것은 다윈의 방식과 달리, 아래에서 보듯 상호작용론적 맥락 안에서 진행된 것이다. 게르트와 밀스는 여기서 어떻게 상호작용이 감정을 정의하는 과정에 등장하는지를 자신들의 용어로 서술하고 있다.

감정이 모호하고 뒤죽박죽일 때, 우리의 제스처에 관한 다른 사람들의 반응은 우리가 결국 어떤 느낌인지를 정의하는 데 도움이 될 수 있다. 예를 들어, 만약 어느 소녀가 방금 차여서 전반적으로 기분이 좋지 않다면, 그 소녀의 어머니가 보이는 반응이 그 소녀의 느낌을 슬픔이나 엄청난 고통, 또는 분노와 화로 정의할 것이다. 이런 경우, 제스처가 꼭 이전의 감정을 '표현할' 필요는 없다. 다른 사람들에게 신호가 될 수 있다. 그렇지만 이 신호는 사람들이 그 신호에 보이는 반응에 영향을 받을 것이다. 우리는 사람들의 비난을 내면화하면서 뒤죽박죽인 감정을 정리한다. 제스처에 관한 사회적 상호작용은 이런 식으로 우리의 감정을 표현할 뿐 아니라 감정을 정의하기도 한다(Gerth and Mills 1964, 55쪽).

이 소녀는 울고 있다. 어머니는 울음을 분노의 표현으로 정의한다. 이 소녀는 자신의 눈물에 관한 어머니의 해석에 반응한다. "그래, 이건 슬픔이라기보다는 분노야." 그리고 눈물이 '상징하는 바'는 이런 식으로 어머니와 나누는 상호작용 속에서 동요한다. 우리가 어떤 감정을 가지고 있는지를 이해하는 데, 더욱 심층적으로 이해할 '대상'을 바꾸는 데 다른 사람들이 어떻게 영향을 주는가? 다른 문화적 맥락 속에서는 이런 영향이 어떻게 다르게 작용하는가? 게르트와 밀스는 이런 질문을 던지지만, 그것을 넘어 연구를 진행하지는 않았다.

어빙 고프만. 게르트와 밀스는 제도와 인격 사이의 연결 고리를 다루었다. 그렇지만 우리가 제도라고 부르는 것을 구성하는 순간순간의 상황들, 우리가 성격을 보여주는 상황은 어빙 고프만의 연구에서 훨씬 뚜렷하게 그려진다.

어빙 고프만의 연구는 게르트와 밀스의 연구에 두 가지 유용한 개념, 또는 더욱 정확히 말하자면 관점을 추가한다. 상황에 관해 잘못된 감정을 갖고 있으며 제대로 된 감정을 갖는 것이 의식적인 부담이 되는 정서적 이상자$_{\text{affective deviant}}$의 관점과, 인간 행위의 여러 순간이 길고 긴 이야기가 되는, 몰래 남을 관찰하는 사람의 관점이다.

정서적 이상자의 관점 때문에 고프만은 우리가 당연하게 여기는 사회적 연대가 일상생활 속에서 어떻게 지속적으로 새롭게 만들어지는지를 보여줄 수 있게 된다. 고프만은 계속되는 묘사를 통해 한 집단이 동시에 자발적으로 웃기 위해서는 **이만큼** 많은 노력이 필요하고, 경기에 몰두하게 만들려면 **저만큼의** 많은 노력이 필요하다고 말하려는 것 같다. 일의 본성은 믿기 어려울 정도로 다양하지만, 그 현실은 제법 일정하게 유지된다. 이런 일정함 바로 밑에는 만약 행위자가 사회적 제약에 관계없이 자신이 느끼는 바를 그대로 표현한다거나 일치가 자연스럽게 진행된다면 어땠을까 하는 암묵적인 비교가 깔려 있다. 에리히 프롬Erich Fromm과 달리 고프만은 개인이 아무 노력 없이 유연하게 사회적이라고 가정하지는 않는다. 한편, 개인의 사회적 감정은 프로이트의 경우와 달리 억압되거나 무의식적인 것이 되지는 않지만, 의식적으로 억제되거나 통제된다. 감정을 사회적으로 사용한다는 것은 명백하게 쓰여 있지만, 집단과는 별개로 어떻게 개인이 사회적으로 사용된 감정을 활용하는지는 그렇게 확실하지 않다.

몰래 타인을 관찰하는 사람의 경우, 고프만은 장면과 상황에 집중한다. 고프만이 볼 때 각 상황에는 사람들이 무의식중에 유지하는 나름의 사회적 논리가 있다. 각 상황은 개인에게 '부담을 지우'고, 개인은 그 대신에 예측 불가능성에서 보호를 받으면서 좀더 큰 공동체에 소속된다. 정서적 이상자는 이런 사회적 부담을 피하려고 시도하는 사람이다. 이 경우의 부담은 감정을 유통시키는 것으로 나타난다. 예를 들어 당황하는 것은 한 개인이 사람들 앞에서 자신이 어떻게 보일지 신경을 쓰고 있다는 것을 뜻한다는 이유 하나만으로 집단에 관한 개인의 기여라고 볼 수 있다. 어떤 상황에서 당황스러워 하지 않는 것은 개인의 정체성을 집단이 어떻게 잘 다루는지 또는 잘못 다루는지에 관심을 기울여야 한다는 잠재 법칙을 위반하는 것이다.

이렇게 현실을 연출하는 것이 안고 있는 문제점은 모든 상황 사이에 구조적인 다리가 존재하지는 않는다고 하는 사실이다. '부담'은 여기저기에 있지만 그 '집합체'를 연결하는 가장 중요한 방식에 관한 인식은 없다. 어빙 고프만이 보는 사회 구조는 많은 상황이 쌓여 만들어내는 것에 관한 우리의 관념에 불과하다. 하비 파버맨Harvey Farberman의 말처럼, 한 개인은 '현실의 부서진 섬 하나'에서 다음 섬으로 이동하는 것이고, 상황을 진짜처럼 보이게 만들려는 모든 노력은 매번 새롭게 시작되어야 한다. 이 문제를 해결하려면 고프만이 발전시킨 논의를 받아들여 한편으로는 제도, 다른 한편으로는 인격에 연결해야 한다. 이렇게 하면 우리가 한 상황에서 다음 상황으로 옮겨가면서 제도와 개인 양쪽에 걸쳐 내포하는 게 무엇인지 설명될 수 있을 것이다.

고프만은 주어진 상황의 개념적 요소가 되는 법칙과 미시적 행위를 증명해 나가면서 자신이 맞추고 있는 초점을 더욱 예리하게 만든다. 감정은 사물을 보고, 생각하고, 기억하고, 깨닫고, 느끼고, 표현하는 미시적 행위에 적용되면서 의무와 자유에 관한 감각을 형성한다. 의무와 **행위**의 관계를 예로 들어 생각해 보자. "그 사람은 자기감정과 기꺼이 행동하고 싶은 마음에 들며 상호작용 속에서 형성된 감정에 관한 경계를 위협하지 않도록 **막아야 할 의무**를 느낄 것이다"(Goffman 1967, 122~123쪽). 또는 흥정에 능한 사람은 "**깊이 개입할 권리**가 있다"(Goffman 1974, 225쪽).

법칙이 영향을 주는 미시적 행위에 따라 법칙을 구분할 수 있다. 어떤 법칙은 관심을 갖는 데 적용되며(Goffman 1967, 115쪽), 따라서 감정을 불러일으킬 만한 것들을 지배함으로써 간접적으로 감정을 지배한다. 다른 법칙은 감정에 직접적으로 적용된다. 예를 들면 "참가자들은 특정한 심리적 상태나 태도를 억누를 것이다. 부딪치는 상황에서는 지배적인 분위기에 동화돼야 한다는 일반적인 법칙은 결국 그런 분위기를 거스르는 감정은 붙들어두어야 한다는 생각을 전하고 있기 때문이다"(Goffman 1961, 23쪽). 그렇지만 많은 부분에서, 법칙은 개인이 생각하고 표현하는 부분에만 적용되고, 감정과 이어지는 연결 고리는 특별히 명시되지 않은 채로 남아 있다.

이런 법칙들은 대체로 의식적으로 인식되지 않는다. "질문을 받은 행위자는 아무 이유 없이 또는 그렇게 해야 할 것 같아서 그렇게 한다고 말했다"(Goffman 1967, 49쪽). 이 법칙들은 법칙이 깨졌을 때 일어나는 반응을 통해 간접적으로 알려진다. 또한 사람들이 이런 법칙에 일반적으로 동의하고, 바뀌지 않을 것이라고 여겨진다. (고프만은 불일치를 제기하고 있지만, 이때 말하는 불일치는 일련의 법칙과 다른 법칙 사이에 나타나는 것이라기보다는 개인의 이해와 집단의 이해 사이의 불일치다.)

프로이트가 불안을 분석하는 데 한정된 것과 마찬가지로, 고프만은 당황과 부끄러움을 연구하는 데 집중했다. 고프만은 다른 사람 앞에서 하는 표현이 화두가 되는 사회적 상황 속에서만 생명력을 얻는 자아를 보여주었다. 고프만은 자신을 보고 있는 사람을 인식하지 않고 개인이 자기반성이나 외부 현실에 관해 생각하는 모든 순간을 무시할 것을 권했다. 이렇게 부서져버린 **내면화된** 법칙을 보여주는 상징인 죄책감은 거의 논의되지 않는다. 죄책감을 논의하는 것은 법칙을 행위자 '안'에, 고프만이 다루지 않는 자아의 내부에 넣는 일이 될 것이다.

법칙과 미시적 행위, 부끄러움을 잘 느끼는 행위자에 관해 살펴보면서 고프만은 무엇보다 중요한 연기에 관한 은유를 적용했다. 고프만의 법칙은 일반적으로 우리가 '무대에 있을 때' 적용된다. 우리는 성격을 **연기하고**, 다른 사람들이 **연기하는** 성격과 상호작용한다. 그렇지만 고프만이 말하는 연기는 **표면** 행위다(3장 참고). 연기자의 정신적인 초점은 어깨의 기울기, 시선의 각도, 미소의 견고함 등에 맞추어져 있을 뿐, 그런 제스처를 나타내기 위한 내면적인 감정에는 맞추어져 있지 않다. 고프만의 연구에서는 내면 행위가 경험적으로 살아 있지 않기 때문에 그것에 관한 이론적 언술도 약하다.

내면 행위의 개념을 발전시키려면, 내면생활을 발달시키면서 자아를 먼저 이해해야 한다. 고프만이 말하는 연기자들에는 전반적으로 이 과정이 빠져 있다. 어떤 다른 저자의 글에서도 이렇게까지 법칙을 절대적인 것으로 여기고 내적으로 발달한 자아를 모호하게 흘끗 보고 지나가는 경우는 찾아볼 수 없다. 고프만 자신도 자기가 한 연구를 '사람과 사람이 겪는 순간이 아닌, 순간과 순간에 놓인 사람에 관한' 연구로 묘사하고 있다(Goffman 1967). 이런 이론적 선택에는 장점도 있지만 한계도 있다.

이 시점에서는 고프만의 한계를 간단히 논의하는 것이 감정을 연구하는 내 접근 방식을 소개하는 데 도움이 될 것 같다. 고프만의 법칙에 관한 이론과 자아에 관한 이론은 서로 대응되지 않는다. 고프만은 법칙과 감정의 관계를 상정했다. 그렇지만 그러면서 제시하는 행위자는 내부적인 목소리가 작고, 그런 법칙에 대응할 수 있도록 감정을 관리하는 적극적인 역량도 없다. 고프만의 연구에 등장하는 법칙과 미시적 행위가 생생해 보인다고 하더라도, 그런 **행위를 수행하는** 자아, 그런 법칙을 알고, 따르거나 따르지 않으려고 발버둥치는 자아는 그만큼 비현실적일 수 있다. 감정을 경험하는 자아는 어디에 있는가? **행위**와 **자아**의 관계는 무엇인가? 다른 어떤 문제를 제기했든 간에, 윌리엄 제임스와 지그문트 프로이트는 감정을 느끼고 관리할 수 있는 자아를 제시했다. 고프만은 그렇지 않았다.

고프만은 자아를 내부의 '심리적 기여'를 저장하는 보고로 정의한다. 고프만은 이렇게 말한다. "연기된 성격으로서 자아는 특정 위치를 가진 유기적인 것이 아니다. ……[연기자와] 그 사람의 몸은 집합적으로 제조한 것들을 걸어놓을 못을 제공할 뿐이다. ……자아를 생산하고 유지하는 수단은 그 못에 걸려 있지 않다"(Goffman 1959, 252~253쪽). 자아에는 행위가 일어난다. 그렇지만 자아는 행위를 **하지** 않는다. 그렇기 때문에 고프만의 언어는 수동태로 가득 차 있다. 고프만은 '사람이 집중하게 되었다'는 말을 '시각적이고 인지적인 집중이 나타났다'고 쓴다(Goffman 1961, 38쪽). 게다가 명사가 동사 구실을 한다. '사람들이 개입했다'는 말을, 고프만은 '집중된 모임은 의미 있는 속성을 갖고, ……그중 가장 중요한 속성은······자발적 개입이라는 유기체적이고 심리적인 본성이다'라고 쓴다. 반대로 말하면, '구조'가 행동한다고 말하는 것이다. 구조가 마치 자율적으로 하듯 인지적, 시각적 주의를 조직한다. 자아의 개념을 떨쳐버리기 위해 고프만은 자아에 인접한 개념들을 구체화했다. 그리하여 자아에게는 허용되지 않던 농도와 무게와 현실성이 구조에, 흔하지 않게는 감정 상태에 주어졌다. 사회학적 저술에 드러나는 수동성에 대한 허버트 블루머Herbert Blumer의 비판(Blumer 1969)과 정신분석학적 저술에 대한 로이 셰퍼의 비판(Schafer 1976)은 고프만에게도 마찬가지로 제기되어야 한다. 자아가 '정신분석학적 자료' 속으로 이론적으로 분해되면, 사회적 법칙과 사적인 경험 사이의 관계는 발전할 수 없다.

고프만의 이론에서는, 감정에 따라 행동하는 능력이 개인이 아니라 오직 상황만을 통해서 나온다. 자아는 다른 사람들에게 외형상의 인상을 주기 위해 적극적으로 감정을 **표현하기로** 선택할 수도 있다. 그렇지만 감정을 관리하는 사적 행위에서는 그런 표현이 눈에 보이지 않는다고 해도 좋을 만큼 수동적이다. 물론 주체적인 '나'는 《샌프란시스코 크로니클》에 실린 많은 기사에도 있고, 어느 소설의 문장에도 나오고, 교수형 집행인의 설명문에도 나오고, 이오네스코E. Ionesco(프랑스의 극작가 — 옮긴이)의 연극에도 나오고, 릴리언 기쉬Lillian Gish의 자서전에도 나온다. 그렇지만 사적 '나'는 이론에 들어가 있지 않다. 감정은 신체적인 자아의 수동적인 수단을 통해 상호작용에 기여한다. 우리는 행동으로 연기를 하지만, 정서적으로 연기하지는 않는다. 이 체계는 우리의 행동에는 영향을 주지만, 감정에 영향을 주지는 못한다.

감정에 관한 새로운 사회이론

고프만은 자신의 행동주의와 '순간과 순간에 놓인 사람'의 관점을 버리지 않으면서도 듀이와 게르트, 밀스에게서 받은 관념적 유산을 전할 수 있을 만큼 전했다. 그러나 오늘날 우리는 어떻게 기업과 같은 제도가 단순히 행동을 감시하는 것이 아니라 감정을 감시하는 것을 통해 우리를 통제하는지를 알려줄 이론이 필요하다.

그런 감정에 관한 사회 이론은 사회적 측면과 심리적 측면을 모두 가지고 있어야 한다. 이 이론은 게르트와 밀스가 한 질문을 확장함으로써 시작될 수 있을 것이다. 어떻게 제도가 인격에 영향을 미칠까? 그렇지만 이 질문을 구체화해야 한다. 제도는 우리가 '개인적으로' 감정을 통제하는 방식을 어떻게 통제하는가? 이 질문의 답을 찾기 위해, 나는 게르트와 밀스가 그랬듯 관료제 사회의 권력에 관한 베버의 논의와 관료제가 실제로 주는 이익에 관한 마르크스의 인식을 끌어왔다. 또한 밀스가 《화이트칼라》에서 초점을 맞춘 '인격의 판매'에 관한 논의도 자주 차용했다. 그러나 나는 밀스의 논의에 인격은 단순히 '팔리는' 것이 아니라는 생각을 추가하려고 한다. 사람들은 자신의 성격을 사람을 대하는 일에 맞추기 위해 적극적으로 감정을 관리한다는 것이다. 나는 또한 고프만의 논의에서 찾은 세 가지 요소를 더했다. 그 요소들은 법칙에 관한 관심과 정서적 이상자(직장의 감정 법칙을 따르지 않는 노동자)의 관점, 상황에 관한 '감정적인 책임'을 다하기 위한 노력이다.

감정의 사회 이론은 심리학적 측면에서 이런 감정적 책임이 개인에게 요구하는 대가가 많을 수 있다는 사실을 고려해야만 한다. 제도적 법칙은 깊이 침투하지만 그런 법칙에 맞서 싸우는 자아도 깊은 곳에 있다. 감정을 관리하는 것은 예전부터 존재하던 감정 상태를 바꾸기 위해 적극적으로 노력하는 것이다.

그렇지만 그렇게 되면 우리는 이런 질문을 해야 한다. 감정이란 무엇인가? 내가 주장하는 감정은 생물학적으로 주어진 감각이고, 우리에게 가장 중요한 감각이다. 청각, 촉각, 후각 등 다른 감각과 마찬가지로 이 감각은 우리가 세상과 우리의 관계를 알게 되는 수단이고, 그렇기 때문에 단체 생활에서 개인이 생존하는 데 반드시 필요하다. 하지만 감정은 **행위**에 관한 지향뿐 아니라 **인지**에 관한 지향에도 연결되어 있기 때문에 여러 감각 중에서도 독특하다고 할 수 있다.

감정을 행위에 관한 지향과 연결하는 것은 다윈에게 중요한 일이었다. 사실 다윈은 감정을 이것과 상당히 가까운 개념으로 정의했다. 다윈은 감정을 행위의 원형protoaction으로, 행위 대신 또는 행위 이전 상태에서 발생하는 것, **하려다 만** 행위로 정의했다. 다윈이 주장한 분노는 죽이는 행위의 전 단계 또는 전조이고, 사랑은 교미의 전조다. 질투는 훔치는 행위의 전조이고, 감사는 돌려주는 행위의 전조이며, 질투는 배제의 전조라고 덧붙일 수도 있겠다. 감정은 이런 식으로 상상의 행위를 할 준비가 되어 있는 몸을 경험하는 것이다. 몸이 스스로 심리적인 방식으로 행동할 준비를 하기 때문에, 감정은 생물학적 과정을 포함한다. 그래서 감정을 관리할 때 우리는 부분적으로는 의식적 또는 무의식적으로 예상하는 행위에 관한 몸의 준비를 관리하는 것이기도 하다. 이것이 감정노동이 **노동**인 이유이자, 감정에서 소외되는 것이 중요하고 비중 있는 무언가**에서** 소외되는 것인 이유다.

우리는 상호작용론적 이론가들을 통해 감정과 느낌에 어떤 것들이 작용했는지 알게 되었고, 감정이 감정에 작용한 것들의 서문이 된다는 것도 알았다. 다윈과 다른 유기체론적 이론가들을 통해서는 감정 관리라는 행위 아래에서 제도의 지시에 따르거나 그 지시에 맞서 관리해야 할 것이 무엇인지 알 수 있는 감각을 얻었다. 그렇지만 이것이 이야기의 전부가 아니다. 감정 중에서 단련될 수 있는 측면은 '사회적'(상호작용론적 이론가들의 초점)이고, 감정의 단련할 수 없는 측면은 행위와 연결된 생물학적 연결(유기체적 이론가들의 초점)이라고 단순히 사고할 수는 없다. 오히려 감정의 단련할 수 없는 측면(우리가 관리하려고 노력하는 부분)도 **사회적**이다. 이 점은 다른 이론들과 분석적인 면에서 분리해도 아무런 손해가 없지만, 내가 이 부분을 추가한 것은 감정에 관한 사회 이론을 발전시킬 다른 길을 열어줄 것이라고 생각하기 때문이다.

그리고 감정의 완고한 부분에 미치는 사회적 영향력에 관한 설명을 얻기 위해 나는 프로이트가 이야기한 감정의 신호 기능이라는 개념으로 눈을 돌렸다가, 거기에서 신호가 '알려주는' 방식에 관한 우리의 선험적인 기대가 갖는 영향력에 관심을 기울이게 됐다.

나는 감각 중에서도 감정이 특별한 이유는 그것이 인지와 관련되어 있기 때문이라고 말해왔다. 넓은 의미에서 해석할 때 인지는 감정이 개인에게 메시지를 '알려주는' 과정에 포함되어 있다. 프로이트는 불안의 '신호 기능'에 관해 썼다. 프로이트에 따르면, 불안은 개인의 내부나 외부에서 위험이 나타났다는 것을 알려준다. 불안은 개인이 염려하는 위험에 관해 이야기하는 방식이다. 이것과 비슷하게, 기쁨, 슬픔, 질투와 같은 다른 감정 상태도 우리가 내·외부의 환경을 이해하는 방식에 관한 신호를 보내는 송신자로 볼 수 있다. 그래서 우리는, 감정은 **하려다 만** 행위라는 다윈의 생각에 프로이트의 신호 기능 개념을 추가했다. 이것들은 하나의 감각으로서 감정이 다른 감각과 어떻게 다른지를 보여준다.

그렇지만 신호를 보내는 것은 복잡한 일이다. 그것은 단순하게 외부 세계에 관한 정보를 전달하는 게 아니다. 신호를 보내는 것은 이야기를 하는 것이 아니다. 비교하는 것이다. 감정이 우리에게 위험이나 안전의 메시지를 신호로 보낼 때는, **기존의 기대를 기반으로** 새로이 붙잡게 된 현실도 담아서 보낸다. 이 신호에는 무엇을 보게 될까 하는 기대와 무엇을 보는가 하는 놀라움의 두 측면이 병치되어 있다. '위험'이라는 메시지는 우리가 기대하던 것과 연관되었을 때만 '위험'이라는 의미를 드러낸다(사르트르가 이 부분에 대한 논의를 더 발전시키고 있다).

이런 점을 고려할 때, 기대는 예를 들어 시각 같은 다른 감각의 신호 기능에 관여하는 것과 마찬가지로 감정이 갖는 신호 기능에 관여한다. 우리가 보는 것은 우리가 무엇을 볼 것으로 기대하는지에 관한 생각을 통해 조정된다고 알려져 있다. 솔로몬 애쉬Soloman Asch의 고전적인 실험에서는, 주변에 있는 사람들이 긴 막대기를 봤다고 이야기했기 때문에 영상에서 긴 막대기를 볼 것이라고 기대한 사람은, 막대기가 짧고 실제로 짧다고 봤으면서도 긴 막대기를 봤다고 대답했다(Asch 1952).

선험적인 기대는 우리가 무엇을 보는가 하는 데에서 중요한 부분이고, 마찬가지로 우리가 무엇을 느끼느냐 하는 데에서도 중요하다. 미리 기대감을 가지고 있었다는 것은 기대를 하는 기존 자아가 존재한다는 사실을 뜻한다. 예를 들어, 우리가 두려움을 느낄 때, 두려움은 위험의 신호를 보낸다. 위험을 깨닫는 것은 그 자리에서 위험에 놓인 우리의 자아, 상대적으로 연속적인 방식으로 살아남을 것으로 기대하는 자아에 관한 인식에 영향을 미친다. 연속적인 자아에 관한 기대가 없었다면, 위험에 관련된 정보는 근본적으로 다른 방식으로 받아들여졌을 것이다. 우리는 대개 연속적인 자아에 관한 기대를 가지고 있지만, 우리가 유지하고 싶어하는 자아의 성격은 사회적 영향을 크게 받는다. 우리 자아와 우리가 기대하는 모든 것이 사회적인 한(성인기가 되면 필연적으로 그럴 수밖에 없다), 감정이 우리에게 신호로 메시지를 알려주는 방식도 사회적 요인의 영향을 받는다.

방어 기제는 파악하게 된 사실과 기대 사이의 관계를 변화시키는 방식일 뿐 아니라 고통을 피하기 위해 사실과 기대를 각각 변화시키는 방식이다. 예를 들어, 만약 어느 여성이 갑자기 자기 인생의 동반자가 죽었다는 사실을 알게 된다면, 그 여성은 자신이 기대하는 바(그 사람이 아직 살아 있다)에 맞게 그 사실에 관한 이해를 바꾸려고 할 것이다. 그 여성은 이 사건의 자기 타당성에 맞서 자신을 보호할 수도 있다. "이건 **내게** 일어난 일이 아니야." 또는 사건 자체에 맞서 자신을 방어할 수도 있다. "그 사람은 아직 살아 있어. 난 알 수 있어. 그 사람이 죽었다고 믿지 않아." 이런 식으로 그 여성은 고통을 피하기 위해 기존의 기대와 현재의 인지를 서로 관련된 것으로 유지한다.

끝으로 '내가 이 사건을 어떻게 해석해야 하는가' 또는 '무슨 일이 일어나야 하는가'에 관한 감정에서 결론을 끌어내기 위해 이야기를 이어 나가는 상황에서, 우리는 우리 감정이 단순히 세계에 관한 이해뿐만 아니라 그 세계에 관한 기존의 기대에 관련해서도 **알려준다**고 가정하고 있는 듯하다. 감정은 이 두 가지 사이의 관계를 알려준다. 이론가가 아니라면 이 세계의 실질적 행위자로서, 우리는 감정을 '우리가 무엇을 기대했고, 원했는지'에 관한 비밀을 말해주는 신호이자 '무슨 일이 벌어지고 있는지'에 관한 신호로 읽고 있는 것 같다.

요약하자면, 나는 세 가지의 이론적 흐름과 함께하고 있다. 상호작용론적 전통의 듀이와 게르트, 밀스, 그리고 고프만의 이론을 바탕으로, 나는 감정에 관련된 게 무엇인지 그리고 어떻게 느낌에 관련된 일에 느낌이 파고들 수 있는지를 살펴보았다. 다윈과 유기체론적 전통을 바탕으로, 나는 파고들 수 없는, 행위에 관한 감각, 즉 행위의 지향과 연관되어 있는 생물학적으로 주어진 감각을 상정했다. 끝으로, 프로이트를 통해 유기체론에서 상호작용론적 전통으로 돌아간 나는, 감정의 신호 기능에 관한 분석을 거쳐 사회적 요인이 우리가 기대하는 것, 따라서 감정이 '알려주는' 것에 어떻게 영향을 주는지 되짚어 보았다.

감정에 이름 붙이기 ○ 부록 B

나는 부록 A에서 감정에 관한 연구를 살펴보고 감정을 세 부분으로 나누어 설명했다. 여기에서는, 우리가 감정에 이름을 붙이는 원리를 살펴보려고 한다.

　감정에 이름을 붙이는 것은 우리가 사물을 바라보는 방식에 이름을 붙이는 것이고, 우리의 지각에 이름을 붙이는 것이다.＊ 부록 A에서 봤듯, 인식이란 감정이나 느낌에 다 쓸 수 있는 것도 아니고, 감정이 인식되는 단 하나의 원인이 있는 것도 아닌, 감정과 느낌을 명명하는 원리다. 이것은 인지심리학자인 주디스 카츠Judith Katz가 발전시킨 개념이다. 나는 우리가 감정을 느끼지 않거나 감정을 포기할 때, 실제로 우리를 우리 안팎의 현실과 연결하는 방식에 뒤떨어진다는 것을 보여주기 위해 이 논의를 발전시켰다.

　감정을 이름 짓는 이 이론은 부록 A에서 말한, 감정의 '신호 기능'에 미치는 사회적 영향력에 관한 내용을 좀더 정교하게 만드는 것이다. 감정은 새로 알게

＊ 생리적 상태에 따라 감정에 이름을 붙이지 않는 데에는 이유가 있다. 생리적인 면에서, 오랫동안 분노는 두려움과 공통점이 많다고 알려져왔다(Schachter and Singer 1962). 생리적 차이는 우리의 언어가 가지고 있는 감정에 관련된 명칭들의 다양성을 설명할 수 있을 만큼 감정마다 명확하게 나타나지는 않는다. 그런 차이는 기껏해야 일반적인 감정군을 구분할 뿐이다.

된 (안팎의) 현실 뿐 아니라 그 현실이 영향을 미치는 기존의 자아와 기대에 관해서도 알려준다. 나는 지금 이 생각의 방향을 바꿔 우리가 감정에 붙이는 이름은 주어진 상황을 이해하는 방식(우리는 그런 측면에 초점을 맞춘다)과 그것에 관한 기존의 기대가 무엇인지를 알려준다고 주장하려고 한다. 즉 감정은 인식과 기대를 알려주고, 이 생각의 방향을 바꾸면 인식과 기대의 다른 양상은 각기 다른 감정의 이름과 대응된다. 문화는 우리가 세상을 보고 기대하는 방식을 지시하기 때문에, 감정과 감정에 이름을 붙이는 방식도 지시한다. **이렇듯 감정은 우리 사회학자들에게 사람들이 감정을 느끼고 감정에 이름을 붙이는 방식에 문화가 어떻게 영향을 주는지 '알려준다.'**

인식과 기대의 양상에 주목하는 과정에서는, 사람들이 능동적으로 어딘가에 초점을 맞추고 기대를 가진다는 뜻을 풍길 수도 있다. 때때로, 사람들이 스타니슬라프스키의 감독 아래 있거나 비행 훈련을 받고 있을 때 그렇다. 그렇지만 **대개의 경우**, 우리는 **능동적으로 지시를 내리지 못하는** 방식으로, 또한 전혀 의식하지 못하는 방식으로 사물을 보고 기대감을 갖는다.

우리는 어떻게 감정에 이름을 붙이는가? 우리가 느끼는 감정에 한 가지 이름만 적용하는 것은 작위적이고 아주 단순한 것 같아 보인다. 우리는 같은 사건에 관해 분노를 느낄 수도 있고, 죄책감을 느낄 수도 있고, 실망할 수도 있고, 불만스러울 수도 있고, 이런 감정을 모두 느낄 수도 있다. 그렇다고 해서 우리가 일시적으로 생리적 상태나 표현을 복합적으로 갖고 있다는 뜻은 아니다. 오히려 순간순간 상황의 다른 측면에 초점을 맞춘다는 것을 뜻한다고 할 수 있다. **복합적인 감정은 연속적으로 인식된다.** 카츠가 제대로 지적한 대로, 우리가 추억에 잠길 때 마음의 눈은 한 지점에서 다른 지점으로 이동한다. 우리가 **이름 붙인** 감정의 다양성은 이런 초점 이동의 결과다.

세부적인 분야에서 한 지점에서 다른 지점으로 주의를 환기시키는 것은 안팎의 현실 사이의 공유 영역을 하나로 합치게 된다. 우리는 언제나 무언가를 원하거나 기대하지만, 상황이 세부적으로 구체화될 때마다 일제히 참여하는 것은 아니다. 우리는 기껏해야 두 개의 **주요** 지점에 초점을 맞추고 상황의 두 국면을 동시에 염두에 둘 뿐이다. 우리는 또 하나의 면을 **고려하면서** 한 국면에 초점을 맞추고, 다른 국면들은 배경을 제공한다.

　카츠는 이렇게 주장한다. 오래된 친한 친구 한 명이 교통사고로 죽었다고 가정해보자. 내가 애도하는 상태는 한 번에 슬픔이 응축된 경험이 아니라 추억을 떠올릴 때마다 계속되는 감수성이다. 내가 '그 친구는 이제 죽었다'는 생각에 비추어 '난 그 친구를 사랑하고, 그 친구가 있었으면 좋겠다'는 생각에 집중할 때의 내 느낌을 **슬픔**이라고 한다. 그렇지만 만일 내가 '난 그 친구를 사랑하고, 그 친구 있었으면 좋겠다'는 생각에 집중하는 동시에 (종교적 신념이나 부인을 통해) 그 친구가 죽었다는 증거를 믿지 않는다면, 나는 그 순간 슬픔을 느끼지 않을 것이다. 만약 내 마음을 들여다보던 중 '하지만 우리에게는 소중한 좋은 시간들이 있었고 나는 그 기억을 가지고 있잖아'라는 생각을 우연히 하게 되면 그 순간 내가 느끼는 감정을 행복함과 감사라고 부른다. 만약 내가 '하지만 그 시간들은 모두 지나갔고 이제는 없어져버렸어'라는 생각에 비추어 '소중한 좋은 시간'을 바라본다면, 그때 내가 느끼는 감정은 향수nostalgia라는 이름이 붙는다.

　기존에 가지고 있던 의견이나 가정이 있으면 감정을 이름 짓는 일이 더욱 차별화된다. 예를 들어 사고로 친구를 먼저 보낸 다른 사람들을 생각해보고 그 사람들의 상실감을 상상하면, 내가 어떤 감정을 갖느냐 하는 것은 내가 그 사람들을 예전에 어떻게 생각했는지에 따라 달라진다. 그 사람들이 나와 같다고 생각한다면 내가 느끼는 감정은 **연민**이다. 만일 내가 어떤 면에서 그 사람들이 나보다 아래에 있다고 생각한다면, 내가 느낀 감정은 **동정**이다.

　친구를 잃은 원인이나 내가 무엇을 잃었는가(친구)가 아니라 이 비극이 내게 일어났다는 중간적인 사실을 강조한다면, **좌절**을 느낀다. 왜 그런가 하는 것에 관한 인식과는 별개로 '내가 원하는 것을 얻지 못하고 있다'는 사실만을 강조하는 것이다. 그렇지만 만약 내가 원인(친구를 죽게 한 자동차 운전자)에 집중한다면, 나는 **분노**라고 부르는 감정을 느낄 것이다.

이 장 끝에 실은 **표 1**은 카츠의 생각을 발전시켜 《로제 유의어 사전Roget's Thesaurus》과 《랜덤하우스 영어사전》에서 모은 400개가 넘는 감정 이름 중에서 자주 나오는 것들을 살펴보고 있다. 각 감정 이름에 상응하는, 인식의 초점을 나누는 다섯 가지 일반적 범주도 추렸다. (1) 내가 원하고, 좋아하고, 애착을 가지고 있다고 생각하는 것, (2) 내가 지금 가지고 있다고 생각하는 것, (3) 내가 승인하거나 부인하는 것, (4) 어떤 사건을 일으킨 원인 제공자 또는 사건의 대상으로 인식하는 대상, (5) 원인 제공자와 내가 맺는 관계. 각 감정에는 집중해야 할 두 가지 주요 지점이 있었고, 절반 정도는 추가로 집중해야 할 지점이 있었다. **표 1**에서 설명하려는 내용의 몇 가지 예를 살펴보자.

슬픔에 관해, 나는 내가 사랑하고, 좋아하고, 원하는 것과 그것이 내 것이 될 수 없다는 사실에 집중했다. 나는 그런 손실이나 결손을 일으킨 **원인**이나 그 원인과 내 관계에는 집중하지 **않았다**. 나는 내가 사랑하는 대상과 내가 맺는 관계에만 집중했다. **향수**를 논의할 때 집중해야 할 지점은 슬픔과 같지만, **사랑**과 **좋아하는** 감정에 관한 초점이 무엇이 없어졌느냐 하는 것에 관한 것보다 더욱 강해야, 평범한 비통함에 달콤쌉싸름함을 더하게 된다. **좌절**의 경우, 내가 가지고 있지 않은 것 중 **무엇을** 원하는가가 아니라 그것이 **없는 상태의 자아**에 초점을 맞추어야 한다. 이때 초점은 **내가** 그것을 원한다는 것보다는, 가지고 있지 않다는 것이다.

분노, 원한, 분개, 치욕, 죄책감, 고뇌는 모두 좌절의 **원인**과 그 원인과 내가 맺는 관계에 집중하는 방식의 차이에 상응해 나타나는 것들이다. 만일 내가 비난받아 마땅하다고 생각하는 사람만큼 힘이 있거나 더 큰 힘을 갖고 있다고 느끼면, **분노**를 느낀다고 말할 수 있다. 이 원인 제공자가 나보다 훨씬 더 힘이 세다는 사실을 알게 되면, 나는 **두려움**을 느낄 것이다. (용감한 사람들은 자신이 자신을 위협하는 존재만큼 강하다는 생각이나 환상을 키우는 사람들이다.) **분개**는 자신이 인정할 수 없는 것에 집중한다는 뜻이 더해진 명칭이다. **치욕**은 그 사람이 사회적, 도덕적 우월성에 집중하고 있다는 의미를 더해준다. **죄책감**은 자신을 원하지 않은 사건의 발단으로 보는 데서 나오는 감정 이름이다. **부러움**은 가지고 있지 않지만 원하는 게 있다는 것을 말해주고, 한발 더 나아가 다른 사람이 그것을 가지고 있을 때 느끼는 감정이다. **질투**는 우리가 가지고 있다고 생각하는 것에 관한 위협에 집중하는 감정에 붙는 이름이다.

우리는 한 사람이나 사물의 바람직한 특성과 더불어 그 대상과 가깝게 지내는 것에 초점을 맞추는 경우를 **사랑**이라고 부른다. 사회적 거리에 관심을 두고 한 개인의 바람직한 특성에 초점을 맞추는 것은 **존경**이 된다. **외경심**은 사회적 거리가 훨씬 더 커진 상태에 주목한다. 모든 감정에서도 마찬가지이지만, 외경심은 화학제품이 화합물이 되는 것과 같은 의미에서 실체를 섞는 것이 아니다. 세상을 보는 방식에 맥락을 제공하는, 순간순간 알아채는 것들의 우여곡절을 섞는 것이다. 다른 모든 감정의 경우와 마찬가지로, 알아차린 것은 **자아에 타당한** 것으로 경험된다. 정확히 얼마나 타당한지는 감정이 말해준다.

세상을 보는 유명의 방식과 무명의 방식

우리는 중요하거나 배경이 되는 초점들을 묶어 나올 수 있는 모든 가능한 조합에 이름을 붙이지는 않았다. 어떤 문화에서도 감정을 독점하지는 못하며, 각각의 문화마다 독특한 감정이 있을 수도 있다. 소설가 밀란 쿤데라Milan Kundera는 《웃음과 망각의 책The Book of Laughter and Forgetting》에서 이렇게 쓰고 있다. "**리토스트**Litost는 어느 나라 말로도 정확히 번역할 수 없는 체코어다. 이 말은 슬픔, 동감, 후회, 정의할 수 없는 동경 등 많은 감정들이 다 통합된 감정을 가리킨다. ……이 말이 없이 인간 심리를 이해할 수 있는 사람을 보지 못했는데도, 나는 다른 언어에서 이 말에 맞먹는 단어를 찾지 못했다." 몇 가지 집중할 지점과 내적 맥락을 언급하고서야 쿤데라는 '절망적인 자아를 향한 갑작스런 통찰력에 따른 갑작스런 고뇌의 상태'라는 말로 리토스트의 우수성을 주장할 수 있었다(Kundera 1981, 121, 122쪽).

왜 우리는 영어에 있는 감정 이름만을 가지고 있을까? 왜 우리의 감정 이름은 아랍인이나 독일인이 '만들어내는' 감정 이름과 차이가 나야 하는 것일까? 에드워드 사피어Edward Sapir는 다양한 풍경과 소리, 맛에 관한 명문화된 구별에 문화마다 차이가 있다고 했다. 감정에 관한 이름도 문화적으로 다양하게 나타난다.

우리가 쓰는 말에는 분노, 원한, 격노, 격분, 짜증, 분개 등 화를 돋우는 사건에 관련되어 비난의 대상에 초점을 맞추는 방식을 가리키는 단어가 다양하게 있다. 자신이 아닌 사람이나 사물을 비난하는 경향이 적은 사회에서는 이런 행동을 가리키는 감정 이름이 적다. 잠시 자부심, 부끄러움, 동정심이라는 단어 이면의 문화적, 구조적 이야기를 생각해보자.

자부심. 이 단어는 (외부 관객이 있다는 것을 내포하는 의미에서) 부끄러움의 반의어이고, (자아에 관한 초점을 내포하고 있는) 죄책감에도 반대가 된다. 영어에서는 그렇지 않지만 관객에 초점을 맞추지 않고도 자부심을 나타내는 여러 가지 단어가 있을 수 있다. 비인격적인 수단을 써서 인정받는 데 맞서는 반발의 의미에서, 알려진 단체에서 열심히 활동해서 인정받은 데에서 우러나는 자부심에 관한 특별한 명칭(**영예**의 경우처럼)이 있을 수도 있다. 아주 가족주의적인 사회 집단이 쓰는 이디쉬어Yiddish(유대인이 주로 쓰는 소수 언어 — 옮긴이)에서는 가족에 관한 자부심, 특히 자녀에 관한 자부심을 표현하는 '나추스nachus'라는 단어가 있다. 이 단어의 초점은 '우리 아이가 훌륭한 일을 했다'와 '나는 아이에게 묶여 있다'라는 두 가지에 맞춰져 있다. 영어에서는 아이에 관한 자부심을 표현하기 위해 특별히 고안된 단어는 물론, 공동체에 관한 자부심, 정치 집단에 관한 자부심을 표현하는 단어가 없다.

부끄러움. 사회적 통제 체계에 잘 따르고 있는지 감시하는 '시선의 법칙'들이 있다. 통제 아래에서 이 법칙은 개인이 감시를 당하고 있는지 그렇지 않은지를 알려준다. 좀더 비개인적인 사회 통제가 진행되는 속에서 이 법칙은 비개인적 법칙을 알아채기 위한 것인데, 친한 사람들을 감시하는 데에는 주의를 덜 기울이게 된다. 감시자들을 향한 현실적인 초점이 줄어들면서, 부끄러움을 경험하는 정도나 부끄러움에 관련된 감정의 이름을 짓는 경우도 함께 줄어들지도 모른다(Benedict 1946b).＊

동정심. 개신교 교회가 세워지면서 '긍휼히 여기다'라는 표현이 보편적으로 쓰이기 시작했다. 교회는 부가 극단적으로 차이 나고 전반적인 삶의 조건이 황폐하기로 유명하던 시절에 권력을 쥐게 되었다. 게다가 과부, 고아, 노인 등 절실한 필요를 가진 사람들과 '긍휼히 여기고' 그 사람들에게 음식을 줄 만한 사람들 사이의 공동체적 유대도 있었다. 오늘날 이런 자선은 관료화되어 베푸는 사람과 받는 사람은 서로 모르는 상태가 되었고, 동정심과 인식의 초점이 겹치는 경우는 더욱더 줄어들었다(Allport and Odbert 1936).

몇몇 사회적 조건과 세상을 보는 습관, 이름을 붙일 만한 감정이 문화에서 사라지면 다른 것들이 등장한다. 지난 20년 동안에도 감정 상태를 표현하는 신조어들이 나타났다. 예를 들면 '시체 놀이를 하다being on a bummer', '식다turned off', '달아오르다turn on', '병든 소처럼 되다being on a downer', '소스라치다freaked out', '마음을 날려 버리다have one's mind blow', '기분이 좋다being high' 등이 있다.

＊ 공감과 관련되어 있고 이름을 붙일 만한 감정이 부족하다는 것하고도 관계가 있다. 우리는 우리 자신의 상황뿐 아니라 우리만큼이나 상황이 다양할 수 있는 다른 사람의 상황에도 관심을 가질 수 있다. 슬픔이나 좌절, 분노, 적의, 두려움, 죄책감, 고뇌 등에 감정 이입을 할 수 있다. 희한하게도 이렇게 잠재적으로는 이름을 붙일 수 있는 감정들에 관한 독립된 용어가 없다.

이런 말들 중에서 많은 수는 1960년대의 약물 문화에 기원을 두고 있다. 그 기원이 무엇이든, 심리적 상태에 관한 새로운 이름은 일반화되어 좀더 폭넓은 중산층 사이에 퍼지고 있다. 긴장을 푸는 차원에 관련된 이런 단어들은 더욱 비인격적인 데 초점을 맞추는데, 여기에는 몇 가지 기능이 있을 수 있다.

    여기에는 또한 두 가지 사회적 흐름이 함께 작용한다. 피임약 사용이 늘어나고 그 사용이 합법화하면서('성혁명'), 더 많은 남자와 여자가 알고 나서 얼마 되지 않아 성관계를 맺게 되었다. 그렇지만 사랑을 나누기 전에 상대방을 알아가는 관습은 여전히 남아서 자기주장을 펴고 있다. '사이코 배블psycho-babble'은 성관계를 갖지 않고 서로 알고 지내는 오랜 관습을 존중하면서도 성에 관한 개방은 환영하는 방식으로 떠오르고 있다. 사이코 배블은 이런 모순을 연결하는 데 이상적이다. 감정 상태에 관한 용어에는 개인적인 폭로를 통해 사회적 거리를 줄이려는 목적이 있었지만, 모호하고 차별화되지 못한 방식으로 이용되면서 의사소통을 의례적인 딱딱함으로 만들어버렸다. 자신에 관해 적게 말하면서도 좀더 솔직한 언어로 자신을 드러내는 사이코 배블의 비밀을 교환한 커플은 부모나 조부모 세대보다 상대방을 개인적으로는 더 빨리 알지 못할 수는 있다. 사이코 배블의 언어는 항공사의 직원용 지침서에 나오는 언어와 일치한다는 것에 주목할 필요가 있다. 하나는 사적인 상황에서 쓰이는 실험적인 가이드이고, 다른 하나는 상업적인 상황에 관련된 가이드다. 이름을 붙일 수 있는 감정과 이미 이름이 있는 감정을 비교하다 보면, 좀더 커다란 사회적 제도와 사물을 보고 느끼는 공통된 방식을 연결하는 실마리들을 모을 수 있을 것이다.

표 1 감정 이름과 개인의 순간적 초점

감정 이름	원하는(좋아하는) 것	가진 것 (가졌다고 생각하는 것)	인정하는 것	원인 제공자	원인 제공자와 자아의 관계
슬픔	"나는 X를 좋아했다. 나는 아직도 X를 좋아한다." (이차적 초점)	"못 가진 것, 사라진 것, 얻을 수 없는 것" (일차적 초점)			
향수	"나는 X를 좋아했고, 지금도 좋아하지만, 이제는 X를 얻을 수 없다." (일차적 초점)	"돌이킬 수 없는 과거" (이차적 초점)			
우울	"자신에 관한 좋은 이미지를 유지하고 싶다."	"갑자기 나쁜 이미지를 갖게 됐다."	"불만이다." (가능성)		
좌절	"나는 지금 그것을 원한다." (일차적 초점)	"그곳에 없다." "그곳에 있었을 수도 있지만 없다."			
분노	원하는 것과 갖는 것이 일치하지 않는다는 데 초점			"**당신이** 날 때렸어." (원인에 관한 일차적 초점)	"나를 때릴 수 있었던 당신보다 내가 더 세다는 느낌이다. 내가 공격할 수도 있었고, 지금도 그럴 수 있다."
두려움	"안전하길 원한다."	"저것을 보고 있으려니 불안감을 느낀다."		"위협을 느끼는 원인이 무엇인지 안다." (일차적 초점)	"나는 이 상황에 관해 아주 무력함을 느낀다. X는 나보다 더 강하다."
분개	(분노와 같음)	(분노와 같음)	"그래서 나는 불만이다."		
역겨움	"이것이 싫다."	"이것을 가지고 있다는 것을 안다."	"불만이다." (가능성)		"나와 가깝다." 그리고 "멀리 떨어지고 싶다." (일차적 초점)
경멸	(위와 같음)	(위와 같음)	"불만이다."	"X가 이 나쁜 것의 원인이다." (이차적 초점)	"X는 나보다 아래에 있다." (일차적 초점)

죄책감	(위와 같음)	(위와 같음)		"불만이다."	"원하지 않았던 이 사건의 원인이 나쁘다."	"내가 그 원인이다."
고뇌	(위와 같음)	(위와 같음)				"내가 이 나쁜 것에 책임이 있다. 나는 이것을 풀고 싶지만 그럴 수가 없다." (일차적 초점)
부러움	"나는 내가 무엇을 원하는지 안다."	"나는 그것을 가지고 있지 않다."			"다른 사람이 가지고 있다." (일차적 초점)	
질투	"나는 내가 원하는 것을 가지고 있다."	"내가 가진 것을 잃을지도 모른다." 또는 "내 것을 잃어버렸다."			"강도나 강도 짓을 할 사람이 있을 것이다." (일차적 초점)	
사랑, 호감	"나는 XY를 원한다."	"당신은 내게 XY를 주거나 대표하고 있다."				
연민	"이 사람은 X를 원한다."	"이 사람은 X를 가지고 있지 않다."				"나는 이 사람을 좋아한다."
동정심	(위와 같음)	(위와 같음)				"이 사람은 나보다 하위에 있다." (호감 변수)
당황	"나는 다른 사람들에게 특정한 방식으로 보였으면 한다."	"이 행동이나 사건이 내가 다른 사람들에게 보이고 싶은 모습과 일치하지 않는다는 것을 알고 있다." (일차적 초점)				"이 사건의 관객들이 자세히 보인다." (이차적 초점)
부끄러움	"나는 옳은 일, 좋은 일을 하고 싶다."	"그릇된 일, 나쁜 일을 했다."		"불만이다."	"내가 그 사건의 원인이다."	"관객들이 보인다. 그 사람들이 나보다 낫다."
불안	"나는 X를 원한다"고 모호하게 인식	"내가 X를 얻게 될지 모르겠다."		"모르겠다."	"모르겠다."	"모르겠다."

작업과 감정노동 ○ 부록 C

7장에서 정의한 대로, 미국 인구조사US Census에서 사용하는 열두 개의 표준 직업군 중 여섯 개 직업군에 감정노동을 요구하는 직업의 대다수가 포함되어 있다. **표 2**에 요약되어 있는 여섯 개의 직업군은 다음과 같다. 전문직·기술직 노동자, 관리직·행정직 노동자, 영업직 노동자, 사무직 노동자, 두 가지 유형의 서비스 노동자(개인 가구 안에서 일하는 서비스 노동자와 바깥에서 일하는 서비스 노동자). 이런저런 방식으로 영업직 노동자와 관리직, 행정직 노동자들은 대다수가 감정노동을 요구받게 될 것이다. 그렇지만 이 직업군 중에서도 서비스 노동자와 사무직 노동자 등 일부 직업만이 많은 양의 감정노동을 수행하는 것으로 보인다 (**표 3**, **표 4**, **표 5** 참조). 이 범주 안에는 가장 빠르게 성장하고 있는 직업들도 들어 있다. 미국 노동통계국에 따르면, 1980년대에 사회복지사는 30퍼센트 성장했고, 유치원 교사는 25퍼센트, 보건 관련 공무원은 45퍼센트, 영업 관리자는 33퍼센트, 승무원은 79퍼센트, 음식점 매장 직원은 35퍼센트 증가했다. 새로운 직업 중 가장 많은 수가 소매업 분야, 특히 백화점과 음식점에서 일하고 있다(New York Times 1979/10/14, 8쪽). 직업 범주를 이렇듯 크게 나눠놓은 상태에서 직업과 생산된 노동에 감정노동의 범주를 맞추면 손실이 생길 수밖에 없다. 여기에 실린 표는 더 정밀하게 연구해야 할 흐름을 제시하기 위한 일종의 밑그림에 불과하다.

표 2는 1970년을 기준으로 여섯 개의 직업군에 들어가는 직업의 수를 보여준다. 또한 이 범주에 속하는 남성과 여성의 수를 보여주고 있다. 전체적으로 볼 때, 여성은 감정노동을 요구하는 직업에 너무 많이 진출해 있다. 일하는 여성의 절반 정도가 그런 직종에서 일한다. 남성은 너무 적다. 전체 일하는 남성의 4분의 1 정도가 감정노동에 종사한다. 이것은 전문직이나 기술직, 사무직, 서비스 분야의 직업에서도 마찬가지다.

표 3은 미국 인구조사에서 전문직, 기술직 또는 동종 업종으로 분류된 27개의 각기 다른 직업군 중에서 감정노동을 많이 포함하는 15개의 직업군을 살펴보고 있다. 이 표에서는 1970년을 기준으로 감정노동을 많이 포함하는 전문직과 기술직의 비율을 계산하고, 성별에 따른 변화량을 보여준다. **표 4**와 **표 5**는 각각 사무직 노동자와 가정 밖에서 일하는 서비스 노동자에 관해 같은 분석을 실시한 결과다.

표 2 감정노동을 가장 많이 요구하는 직업 요약, 1970년

직업	여성	남성	계
전문직, 기술직과 동종 직종[a]	3,438,144	2,666,188	6,104,332
관리직과 행정직[b]	1,013,843	5,125,534	6,139,377
영업직 노동자[b]	1,999,794	3,267,653	5,267,447
사무직과 동종 직종[c]	4,988,448	863,204	5,851,652
서비스 노동자 개인 가사노동 제외[d]	3,598,190	1,367,280	4,965,470
개인 가사노동 서비스 노동자	1,053,092	39,685	1,092,777
감정노동을 요구하는 직종의 전체 직업 종사자 수	16,091,511	13,329,544	29,421,055
14세 이상 노동력에 대한 전체 고용 규모	29,170,127	48,138,665	77,308,792
감정노동을 많이 포함하는 직업이 전체 직업에서 차지하는 직업 비율	55.2%	27.7%	38.1%

[a] 선택된 직업: **표 3** 참고
[b] 모든 직업
[c] 선택된 직업: **표 4** 참고
[d] 선택된 직업: **표 5** 참고

· 주: **표 1**에서 **표 4**는 1970년 미국 인구조사를 바탕으로 각 직업에 종사하는 14세 이상 임금노동자 수를 계산한 것.
· 자료: U.S. Bureau of the Census, I, "Census of the Population: 1970," Vol. 1, *Characteristics of the Population, Part 1, United States Summary* Section I, Table 221. Detailed Occupation of the Experienced Civilian Labor Force and Employed Persons by Sex(Washington D.C.: U.S. Government Printing Office), 1973), pp. 718~724.

표 3 선별된 전문직, 기술직과 동종 직종 노동자에 관한 세부 직업 분석, 1970년

직업	여성	남성	계
변호사, 판사	13,196	259,264	272,460
사서	100,160	22,047	122,207
대인관계와 노사관계 전문가	89,379	201,498	290,877
전문 간호사	807,825	22,444	830,269
임상 치료사	47,603	27,631	75,234
치위생사	14,863	942	15,805
임상 치료 준전문가	2,122	1,093	3,215
성직자, 종교 전문가	26,125	227,870	253,995
사회복지사, 레크리에이션 전문가	156,500	110,447	266,947
대학 교수, 강사	138,136	348,265	486,401
초·중·고 교사	1,929,064	817,002	2,746,066
진로 상담 전문가	46,592	60,191	106,783
홍보·광고 전문가	19,391	54,394	73,785
라디오, 텔레비전 방송인	1,466	19,885	21,351
의사, 치과의사, 관련 전문가	45,722	493,215	538,937
선택된 전문직, 기술직 등 동종 직종(18개 직종)에 종사하는 고용 노동자의 총계	3,438,144	2,666,188	6,104,332
전체 전문직, 기술직 등 동종 직종(34개 직종)에 종사하는 고용 노동자 총계	4,314,083	6,516,610	10,830,693
감정노동을 많이 필요로 하는 전문직, 기술직 등 동종 직종 직업의 백분율	79.7	40.9	56.4

표 4 선별된 사무직과 동종 직종 노동자에 관한 세부 직업 분석, 1970년

직업	여성	남성	계
은행원	215,037	34,439	249,476
회계원	695,142	136,954	832,096
사무 감독직	48,389	64,391	112,780
추심원	18,537	32,947	51,484
계산대 점원, 음식 제외	152,667	76,584	229,251
통계, 설문조사 관련	50,121	14,504	64,625
보험 관련	25,587	70,407	95,994
도서관 사서 보조	99,190	26,783	125,973
우체국 직원	91,801	210,418	302,219
예약 접수원	288,326	16,046	304,372
비서	2,640,740	64,608	2,705,348
속기사	120,026	8,097	128,123
보조 교사	118,347	13,156	131,503
전신 교환원	3,553	8,725	12,278
전화 교환원	385,331	22,696	408,027
각종 발권 업무	35,654	62,449	98,103
선택된 사무직과 동종 직종에 종사하는 고용 노동자 총계	4,988,448	863,204	5,851,652
전체 사무직과 동종 직종에 종사하는 고용 노동자 총계	9,582,440	3,452,251	13,034,691
감정노동을 많이 필요로 하는 사무직과 동종 직종 직업의 백분율	52.1	25.0	44.9

표 5 선별된 서비스 노동자(개인 가사노동 제외)에 관한 세부 직업 분석, 1970년

직업	여성	남성	계
바텐더	39,432	149,506	188,938
음식점 계산대 직원	118,981	39,405	158,386
웨이터	927,251	116,838	1,044,089
보건 서비스 노동자[a]	1,044,944	139,760	1,184,704
대인 서비스 노동자[b]	776,222	393,273	1,169,495
아동복지사	126,667	9,684	136,531
엘리베이터 작동	9,606	25,703	35,309
미용사	425,605	46,825	472,430
건물 청소부(가정부 제외)	74,461	29,107	103,568
학교 모니터 요원	23,538	2,576	26,114
안내인, 여가와 오락 관련	4,328	10,724	15,052
사회복지 준전문가	11,764	3,634	15,398
경호 서비스 노동자[c]	15,391	400,245	415,636
선택된 서비스 노동직(개인 가사노동 제외)에 종사하는 고용 노동자 총계	3,598,190	1,367,280	4,965,470
전체 서비스 노동직(개인 가사노동 제외)에 종사하는 고용 노동자 총계	4,424,030	3,640,487	8,064,517
감정노동을 많이 필요로 하는 서비스 노동직(개인 가사노동 제외)의 백분율	81.3	37.6	61.6

[a] 치과 보조, 간호사를 제외한 보건 관련 준전문가, 헬스 트레이너, 조산사, 요양보조사, 환경미화원, 안내원, 간호조무사 포함
[b] 항공 승무원, 레크리에이션과 오락 관련 안내원, 다른 범주에 속하지 않는 포터, 사환, 이발사, 비행기 기내 청소부와 객실 청소부, 구두닦이 포함
[c] 연방 보안관, 치안관, 경찰, 형사, 군 단위 보안관, 집행관 포함

지위형 통제 체계와 인격형 통제 체계 ● 부록 D

비교 요소	지위형 통제 체계	인격형 통제 체계
사회적 통제의 주요 수단	보상과 사회적 강제를 조종	설득, 보상을 조종
사회적 통제의 목표물	행동	감정, 생각, 의도
심리적 습관	행동 면에서 순종을 배움. 감정노동은 상대적으로 덜 필요	설득의 대상이 되는 법을 배움, 자신과 남을 설득하는 법을 배움, 감정노동을 배움
교육	외적인 행동에서 순응을 강조	점진적, 감정과 의도를 강조
직업의 요구	행동, 행위와 그 생산물	의미와 가정의 관리. 배역과 밀착 또는 거리 두기
사회 계급	전통적인 노동자계급(남녀 모두)과 기술직 분야에 종사하는 중간 계급	상층 계급과 중간 계급(주로 남성), 신노동자계급(주로 여성)

옮긴이의 말

 어느 개그 프로그램에 누군가의 고백을 받고 싶으면 114에 전화를 하라는 내용이 방송된 적이 있었다. 누구에게든 상관없이 '사랑합니다'라고 말해준다는 것이다. 우리는 개그의 소재로 웃어버릴 수 있는 일이지만 어떤 사람들에게는 이것이 한낱 우스갯소리로 지나칠 수 있는 이야기가 아니다. 언젠가부터 우리는 이 책에 등장하는 승무원은 말할 것도 없고, 백화점이나 대형 마트, 홈쇼핑 채널 등 어디서든 생판 본 적도 없는 사람들에게 너무나 상냥한 인사를 받고 각종 안내를 받는다. 지하철 역무원이나 버스 운전기사도 '친절'이 우선 가치가 될 정도다. 사람들은 어딘지 거북살스러워 하면서도 이제는 당연하게 그런 친절을 받는 것 같다. 조금만 불친절한 사람을 만나면 '서비스 정신'을 운운하며 불쾌해하는 정도가 되었다.

 이 책은 그런 새로운 차원의 노동을 '감정노동'으로 개념화하면서, 그동안 사적 차원에서는 개인의 자질 또는 인간적인 특성으로만 여겨지던 '감정'이 어떻게 시장 속에서 상품화할 수 있는 자원으로 바뀌었는지, 시장에서 사람들이 그 자원을 어떻게 활용하는지, 그리고 감정을 상품으로 판다는 것이 개인에게 어떤 의미인지 같은 질문들에 관한 답을 찾아가는 연구다. 오늘날 사회에서는 점차 새로운 서비스 직종들이 늘고 있고, 각 직종에서 요구하는 감정노동의 양태도 매우 다양하게 나타난다. 저자는 그중에서도 감정노동의 양극단에 서 있다고 할 수 있는 승무원과 추심원의 노동을 묘사하는 과정을 통해 감정 관리가 노동의 일부분이 된 사회적 맥락을 드러내려고 한다.

우리나라에서는 감정노동에 관한 논의가 상대적으로 최근에야 진행되고 있지만, 저자가 개정 증보판 후기에서도 밝혔듯 1983년 이 책의 초판이 출판된 뒤 미국에서는 지금까지 꾸준한 후속 연구가 진행됐다. 이 책은 감정이 지니는 심리적 측면과 그런 감정이 시장에 상품으로 등장하게 된 사회적 흐름들을 잘 아우르고 있어 다양한 학문 분과에서 가치를 인정받은 책이다. 노동에 관한 기존 논의에서는 설명하지 못하던 '감정노동'을 개념화한 이 책은, 점차 서비스 직종이 늘고 있는 현대 사회의 노동 연구에서는 물론, 감정노동이 상대적으로 여성들에게 부과되는 측면이 많다는 면에서 여성학에서도 많이 인용되었다. 이 책은 감정노동을 하고 있는 노동자들에게 새로운 차원의 착취가 일어나고 있다는 것을 인식하고 무언가 행동에 옮기기를 촉구한다거나, 일반 대중에게 감정노동자들의 표현에 속지 말라는 식의 주장을 하는 것은 아니다. 저자는 그것보다도, 시장과 기업의 원리에 따라 움직이는 '감정'이 매우 미묘한 지점이니만큼 감정노동자와 그 결과물을 소비하는 소비자가 감정 그 자체에서 소외되는 일은 없도록 기업과 조직의 원리에 따라 관리되고 상품화된 감정과 그렇지 않은 인간 본연의 감정을 구별할 필요가 있다고 역설하고 있다.

―

부족한 옮긴이를 믿고 이런 좋은 책의 번역을 맡긴 이매진에 감사드린다. 덕분에 평소 관심 있던 분야를 다시 한 번 찬찬히 되짚어 살펴볼 좋은 기회가 되었다. 중간 중간 헤맬 때마다 주변에서 많이 도와주신 분들과 소중한 친구들, 무엇과도 바꿀 수 없을 가족과 하나님의 도움 덕에 느릿느릿하나마 내놓을 만한 번역을 마칠 수 있었다. 다소 생소했을 수도 있는 감정노동에 관한 이야기들을 차분히 다 들어주고 번역체가 너무 학문적으로 흐르지 않도록 도움을 준 광원 오빠에게는 더욱 특별한 감사를 전한다. 많은 분들이 이 책을 읽고 주변에서 빈번하게 일어나는 감정노동에 관해 한 번 더 생각할 수 있었으면 하는 바람이다. 하루 종일 서 있어야 하는 대형 마트 계산대 점원이나 지하 주차장에서 몇 시간씩을 보내는 주차 요원들이 극도의 친절을 담은 미소를 보이지 못하더라도 '뭐 저런 불친절한 사람이 다 있어?'라고 생각하기보다는 그 사람의 노동 강도를 생각해보는 여유를 갖는 사람들이 좀더 많아지는 계기가 되었으면 한다.

2009년 12월
이가람

주

01 ● 마음을 다스리는 사람들

1 Marx, *Capital*(1977), pp. 356~357, 358.

2 *Lucas Guide 1980*, pp. 66, 76. 이 책에서는 이륙에서 비행, 착륙까지 항공 여행의 각 단계에 걸쳐 14개 항목의 순위를 매겨놓았다. 각 항목에는 16가지의 각기 다른 가중치를 부여했다. 예를 들면 다음과 같다. '직원의 친절도나 효율성이 조종사의 운항 정보 안내 방송의 질이나 기내에서 제공되는 신문과 잡지의 종류보다 더 중요한 것으로 본다.'

3 마르크스는 《경제학-철학 수고(Economic and Philosophic Manuscripts)》(Tucker 1972)에서 소외에 관한 가장 기본적인 사유를 제공한 바 있다. 그 뒤에 나온 소외에 관한 연구 중 활용할 만한 것으로는 Blauner(1964), Etzioni(1968), Kohn(1976), 그리고 Seeman(1967)의 연구를 참고.

4 Mills(1956), xx쪽.

5 이 분석의 목표는 감정에 관한 좀더 일반적인 문항에 응답하는 과정 속에서 감정노동을 인식하는 정도를 누가, 얼마나 많이, 어떤 맥락 속에서 드러내는지 알아보기 위한 것이었다. 코딩 결과 여성 응답자의 32퍼센트, 남성 응답자의 18퍼센트가 응답하는 과정에서 무의식적으로 자신의 감정을 통제하고 있다는 발언을 했다. 비록 사회적 계급에 관한 지표는 빈약하지만(아버지의 직업만을 사용했다), 중간 계급과 노동자계급의 응답자들이 감정노동에 관해 언급하는 경우가 많았다. 계급 효과를 통제하고 나니, 성별에 따른 차이가 나타났다.

6 나는 우선 학생들이 자신의 대처 유형을 어떻게 그리고 있는지 알아보기 위해 응답들을 살펴보았다. 응답은 네 유형으로 나뉘었다. 첫 번째 집단(도구주의자)은 자신이 아닌 세상을 바꾼다고 했다. 이 집단은 감정을 행동을 수반하는 어떤 것, 행동의 기반으로 보고 있었다. 감정을 상황적 장애물 앞에서

무너지거나 '길들이고' 조종해야 할 어떤 것으로 묘사하지 않았다. 두 번째 집단(적응자)은 상황에 따라 태도나 행동은 바꾸지만, 그 이면의 감정이나 근본적인 태도는 바꾸지 않는다고 말했다. 이 집단은 세상은 변하지 않으며, 자신의 외면을 어느 정도 변화시킬 것을 요구하는 곳이라고 말했다. 적응자 집단은 자신의 '진정한' 감정은 '진실한' 채로 변화시키지 않고, 행동만 다르게 한다고 말했다. 반면, 세 번째 집단(순응자)은 세상의 요구 앞에 완전히 무너졌다. 이 집단은 자신을 유동적이고 융통성 있는 사람으로 보고, 세상은 상대적으로 고정된 것으로 인식하고 있었다. 이 사람들에게 감정은 행동하는 데에서 확고한 기준이 아니었다. 그리고 감정은 노력에 따라 바뀌는 것이 아니라 원래 자연스럽게 바뀌는 것이라고 봤다. 내가 나중에 '감정노동자'라고 이름 붙인 네 번째 유형의 집단은 감정에 대해 적극적인 거리를 취하고 있다. 이 집단은 '나는 나 자신의 기분을 바꿔보려고 애썼다', '화를 가라앉혔다', 또는 '즐기려고 노력했다' 등의 말을 했다. 이 사람들도 상황에 순응하고 있지만, 수동적인 방식 대신 스스로 감정을 순응시키고 있었다.

7 이 예비 조사가 갖는 대표성이 완벽하지는 못하더라도, 응답자들의 속성은 팬아메리칸 항공 소속 승무원 5075명의 일반적 속성과 크게 다르지 않다. 팬아메리칸 항공 소속 승무원들의 평균 연령은 32.7세이고, 34퍼센트는 기혼이며 평균 경력은 5년이다. 내가 인터뷰를 한 승무원 중 4분의 1 정도는 자신이 노동자계급 출신이라고 응답했고, 약 4분의 1은 중하층 출신, 절반 정도는 중상층 출신이다. 응답자 중 절반은 어머니가 전업 주부였다고 응답했으며, 나머지 절반은 어머니가 일반 사무직이나 서비스 직종에 종사했다고 말했다. 어머니가 전문 직종에서 일한 경우는 없었다. 이 승무원들의 평균 연봉은 1만 6250달러다.

8 일반적으로 **느낌**(feeling)이라는 용어는 **감정**(emotion)에 견줘 더 좁은 의미의 신체적 감각(얼굴이 붉어지거나, 땀이 배거나, 몸이 떨리는 것 같은)을 의미한다. 이런 맥락에서 '느낌'은 좀더 약한 의미의 감정이 발현되는 것으로 볼 수 있다. 이 책에서는 'feeling'과 'emotion'이라는 두 용어를 바꿔 쓸 수 있는 용어로 사용하겠다(특별한 구별이 없으면 두 용어 모두 '감정'으로 번역했다 — 옮긴이).

감정을 통제하는 주체로서 자아에 관한 연구 모형은 리스만(Riesman, 1953), 리프턴(Lifton, 1970), 터너(Turner, 1976)의 연구와 맥락을 같이한다. 리스만은 한 사람이 사회적인 지침을 얻기 위해 누구를 찾느냐 하는 것에 따라 '타인 지향형 인간(other directed man)'과 '내부 지향형 인간(inner directed man)'을 구별했다. '타인 지향형 인간'이 주변 친구들을 찾는 반면, '내부 지향형 인간'은 내재된 형태의 부모(초자아)를 찾는다. 이 연구의 분석틀에서도, 이런 구분은 자아의 일부분(감정 관리자인 자아)에 적용되는 감정 법칙(feeling rules)을 인식하는 두 가지 방식으로 나타난다. 리프턴은 새로운 형태의 '다면적' 성격 구조를 제시했는데, 이것은 기존 개념에 견줘 더 유연하고 적응력 있는 모형이다. 나는 인간의 성격을 유연하고 사회의 요구에 따라 변형될 수 있는 것으로 인식하고, 인간의 성격이 사회적으로 사용될 수 있다고 본 리프턴의 인식에 동의한다. 그러나 리프턴의 초점은 주변의 애착 관계가 결여되기 때문에 발현되는 **수동적인** 관점의 적응력에 맞춰져 있는 반면, 나는 적응력의 좀더 **적극적인** 요소에 초점을 맞춘다. 터너는 '제도적 자아(institutional self)'와 '충동적 자아(impulse self)'의 개념을 대조하고, 최근의 사회적 흐름은 앞의 것에서 뒤의 것으로 넘어가고 있다고 지적했다. 터너가 이야기하는 제도적 자아란 제도적 규범 속의 행동과 감정 안에 '진짜' 자아가 있다고 믿는 사람을 의미한다. 반면 충동적 자아는 자신의 '진짜' 자아를 이런 제도적 규범 밖에 놓는 사람이다. 나는 터너가 지적하는 흐름이 실제로 일어나고 있으며, 그 이유는 최근 개인주의와 관련되어 나타나는 두 가지 변화 사이에 일어나는 갈등에서 찾을 수 있다고 생각한다. 그중 하나는, 하나의 관념으로서 개인주의가 인간의 감정과 의지에 관해 가치를 두는 것을 의미하는 데서 시작한다. 이런 가치 아래에서는 개인의 '진정한' 감정을 찾으려는 노력이 의미 있는 일로 여겨진다. (개인주의의 개념을 달가워하지 않는 사람들은 이런 추구를 의미 있게 여기지 않는 것은 물론 생각할 가치가 있는 일로도 여기지 않는다. 이런 추구가 당장 먹고 살 걱정을 하지 않아도 되는 사람들만 생각할 수 있는 부르주아의 사치라는 것이다.) 다른 한편으로는, 취업 기회가 일을 하면서 진정한 자아를 찾을 기회를 제공하지 않고 있다. 개인이 통제권과 권위를 갖는 일자리(즉 상층에 해당하는 직업)는 수요에 견줘 늘 부족하다. 해리 브레버맨이 주장하듯, 사람들이 만족할 만한 일자리는 갈수록 줄어들고 있다. 이런 두 가지 흐름이 어우러져 '충동적 자아'의 확산으로 이어지는 것이다. 터너는 충동적 자아는 상대적으로 **덜 사회적**이며, 타인의 요구에 따라 움직이는 정도가 적다고 말한다. 그러나 이 글에서 제시하려고 하는 견해는 다르다. 충동적 자아가 덜 사회적인 것은 아니라는 말이다. 나는 충동적 자아가 다른 종류의 법칙에 따라 움직이고 다른 종류의 통제 체계(감정 법칙과 개인 통제 체계. 8장에서 이 문제를 다루고 있다)에 따라 조종되는 것이라고 본다. 충동적 자아는 감정을 **통제**하는 것을 중요하게 여기지 않는다고 (또한 그렇기 때문에 **충동적**이라고 부르는 것이라고) 생각할 수도 있다. 그러나 이런 사람들은 다른 법칙을 따라 움직인다. (예를 들어, 당신이 주문을 외우고 있다면, 당신은 그동안 다른 생각을 할 수 없다. 게슈탈트 치료법(Gestalt therapy)의 경우에도, '머릿속이 복잡하면' 안 된다.) '충동적 자아'라고 해서 충동의 영향을 더 많이 받는 것은 아니라는 말이다.

9 Lee(1959)의 연구에서 아로파(arofa)의 개념에 관해 언급하고 있다.
10 Laslett(1968), Stone(1965), Swidler(1979)의 연구 참고.

02 ◉ 감정이라는 실마리

1 우리는 감정이 시각을 결정하는 근거가 되는 것으로 보고 그것에 기반해 추론을 이끌어낸다. 그러고 나서 자신이 세계를 그리던 (지금은 수정된) 이미지를 떠올린다. "내가 지금 너무 우울하기 때문에 '저기압인 상태로 보지' 않았더라면 세상은 이렇게 보였을 거야"라고 말하기도 한다.

우리가 '정말 원하는 것'이나 '정말 기대하는 것'이 무엇인지, 또는 그 상황이 '우리에게 정말 어떻게 보이는지'를 알기 어려운 경우가 많다. 우리는 발밑의 땅이 어떤지를 짐작하면서 안개 속을 걸을 때처럼,

직감을 믿고 움직인다. 짐작은 내재적인 단서(어떤 느낌이 드는가)와 외부적 단서(다른 사람들이 상황에 관해 어떻게 생각하는가)를 바탕으로 하는 경우가 많다. 이 문제에 관해서는 쉐이버(Shaver, 1975)의 연구에 잘 나와 있다. 내재적인 단서가 외부적 단서와 '같은 말을 할수록' 우리는 무슨 일이 일어나고 있는지에 관한 자신의 짐작에 더 확신을 갖게 된다. 우리가 내리는 추론은 순간적인 직관에 따른 즉각적인 것일 수도 있고, 오랜 숙고의 결과일 수도 있다. 숙고의 결과일 경우, 내재적 단서는 감정에 관한 우리의 **기억**이고, 이 과정에서 우리가 기억하는 방식에 문화가 영향을 미칠 수도 있다. 어떤 사람들은 지난 일에 관해 더 좋은 감정을 갖거나 그때 느낀 실제의 감정보다 더욱 행복한 것으로 기억하기도 하고, 누군가는 반대로 지난 일에 더 안 좋은 감정을 갖기도 한다.

우리는 외부 현실에 관한 단서로 감정을 이용할 때 몇 가지를 전제한다. 감정이 우리가 무엇을 기대하고 있는지, 무엇을 원하는지, 새로운 현실에 관해 무엇을 알고 있고 무엇을 상상하는지에 관한 정보를 제공한다는 것이다. **따라서 감정은 눈에 보이지 않거나 의식하지 못하던 것들, 평소 그런 상황에 관해 바라거나 기대하거나, 보고 싶어하거나 사실이라고 믿고 싶어하던 것들을 재구성할 수 있게 하는 프리즘으로 작용한다.** 우리는 이 프리즘을 거친 결과를 보고 그 이면에, 또 그 안에 무엇이 있었는지 거꾸로 추론하게 된다. "그 여자가 그렇게까지 신경 쓰는지는 몰랐네"라거나 "상황이 그렇게 나쁜 줄은 몰랐는 걸" 같은 말들은 우리가 감정을 바탕으로 추론한 현실 인식의 한 예다.

2 샌프란시스코의 채널 4(Channel 4), 1977년 9월 12일자 〈6시 뉴스〉 중.
3 《샌프란시스코 크로니클(San Francisco Chronicles)》, 1980년 8월 8일자 기사에서 발췌. 광고 카피라이터 지망생을 위한 이 수업에서 그렉 스나젤은 어떻게 해야 사람들이 자신의 진정성을 믿게 할 수 있는지 직접 예를 들었다. '동기에 관한 신뢰'를 구축해야 한다는 것이다. 스나젤은 자신이 '돈을 벌기 위해 돈을 버는 것이 아니고' 자신이 돈을 받아야만 사람들이 수업을 좀더 진지하게 여기기 때문에 돈을 받을 뿐이라고 말함으로써 이런 신뢰를 구축했다. 스나젤이 사람들을 가르치는 것은 '할 말이 있다고 믿기' 때문이라고 했다.

03 ⦿ 감정 관리하기

1 고프만이 《일상생활의 자아 표현(The Presentation of Self in Everyday Life)》에서 묘사한 프리디(고프만의 책에 나오는 영국인의 이름 — 옮긴이)의 모습에서 나타나듯, 고프만의 연구에서는 표면 행위가 생생하게 잘 묘사되어 있다. 그러나 그 묘사에서 두 번째 행위 방식인 내면 행위는 분명하게 나타나지 않고, 관련된 이론적 논의도 마찬가지로 취약하다. 고프만은 자아를 표면 행위를 할 수 있는 주체로 가정했지만, 내면 행위를 할 수 있는 주체로 보지는 않았다. 고프만에 관한 좀더 자세한 논의는 부록 A를 참고할 것.
2 Stanislavski(1965), 268쪽.

3 같은 책, 196쪽.

4 같은 책, 22쪽.

5 사실 내면 행위를 하기 위한 또 다른 방법도 있다. 의식적인 감정을 변화시키도록 적극적으로 몸을 변화시키는 것이다. 겉에서 속으로 접근하는 이 방식은 표면 행위하고는 차이가 있다. 표면 행위에서는 감정을 **보여주기** 위해 몸을 사용한다. 이런 유형의 내면 행위에서는 감정을 **일으키기** 위해 몸을 사용한다. 찡그린 얼굴이나 주먹을 펴는 과정에서 우리는 실제로 화를 가라앉힐 수 있다(같은 책, 93쪽). 이 방식은 바이오피드백(bio-feedback) 요법에서 사용하기도 한다(Brown 1974, 50쪽 참고).

6 인지 감정노동(cognitive emotion work)의 직접적인 방법은 결과에 따라서가 아니라 그 결과를 얻기 위한 노력에 의해 세상에 알려졌다(Peto 1968의 연구 참고). 노력에 따른 결과는 워낙 구별해 내기가 어렵다. 그런데도 감정노동을 결과에 따라 구별해야만 한다면, 괴상한 분류를 하게 될 것이다. 화를 삭이려는 노력의 결과를 '한풀 꺾인 화'라고 부를지도 모른다. 하지만 그러려면 개인이 화를 다스리지 않는다면 화난 상태가 '원래 어땠을지'를 알 만한 기본적 지식을 갖고 있다는 가정을 해야만 할 것이다. 감정관리를 감정을 **처리하는** 행위로 정의하면 이론적으로 안전을 확보하게 된다(그 결과와 분리된 형태로서 의지 행위(act of will)의 본질에 대해서는 캠벨의 책(Campbell 1976)의 87쪽에 나와 있는 장 피아제의 연구 참고).

7 정의로 따지자면 감정을 관리하는 각 방식은 모두 적극적이지만, 얼마나 적극적이냐 하는 데에는 차이가 있다. 연속선상에서 가장 적극적인 사람들은 자동차의 핸들을 다루듯 현실을 비틀고 신체적인 반응을 쥐고 흔든다. 가장 소극적인 극단에서는 이미 존재하고 있던 통제 기제를 일부러 약화시킨다든지 스스로 슬픔을 느끼도록 '놓아두게' 허락하는 것처럼 행위에 관한 조치를 취할 것이다(좀더 적극적이거나 소극적인 관점의 자율 훈련법에 관한 논의는 펠레티에의 책(Pelletier 1977) 237쪽에 나와 있는 볼프강 루테(Wolfgang Luthe)의 논의를 참고. 더구나 명랑함을 느끼기 위해 노력하다 보면 (끈질긴 우울과 같은) 감정을 '압도할' 수도 있다. 마음속의 저항에 마주 대하면, 우리는 쾌활함을 '가장한다.' 내부적인 저항이 없을 때면 감정을 더욱 확대한다. 감정을 '끄집어내는' 것이다.

8 Gold(1979), 129쪽.

9 Stanislavski(1965), 38쪽. 사실 감정을 느끼려는 의도에 **초점을 맞추지 않으려면** 부가적인 노력이 필요하다. 그것보다 중요한 것은 상황을 보는 데 초점을 맞추는 것이다. 코리앗 외(Koriat et al. 1972)는 대학생들에게 나무를 베는 도중 일어날 수 있는 사건들을 가상으로 만든 영상물을 보여주는 실험을 통해 이 두 번째 접근법에 관해 묘사하고 있다. 한 영상에서는 손톱이 찢어지고, 다른 영상에서는 나무를 베던 사람의 가운뎃손가락이 잘려 나간다. 세 번째 영상에서는 널빤지가 둥근 톱에 걸려 일하던 사람의 몸뚱이를 관통해서 그 사람이 죽는다. 실험자들에게는 영상물을 처음 보는 동안에는 거리감을 두고, 다시 한 번 볼 때는 자기 상황이라고 생각해 달라고 요구했다. 영상물의 효과를 약화시키려고 영상물을

보는 사람들은 스스로 그저 영상일 뿐이라는 사실을 상기하고, 실제가 아니라는 느낌을 강화하기 위해 이따금씩 제작 기술에 집중했다. 다른 사람들은 영상에 등장하는 노동자들이 부주의했기 때문에 다친 것이라고 생각하려고 애썼다. 거리 두기를 위한 이런 기술은 사람들이 타인을 희생시키는 경우에 흔히 나타난다(Latane and Darby 1970의 연구 참고). 실험자들은 영상의 효과를 높이기 위해 그 사건이 자신이나 주변의 지인들에게 일어났다고 상상하려고 하거나, 전에 겪었거나 목격한 적이 있는 경험과 비슷하다고 생각하려 애썼다고 말했다. 일부는 사건의 결과를 과장되게 생각하려고 애쓰기도 했다고 한다. 코리앗 등은 영향력을 강화하거나 약화하는 이런 장치들을 '대처 반응(coping response)'에 앞서 일어나는 감정의 측면이라고 인식했다. 이런 장치들은 스타니슬라프스키의 책에 묘사된 것처럼 '만약이라는 가정'에 맞추어 '감정 기억(emotion memory)'을 끌어내는 정신적 행위로 볼 수도 있다.

10 Stanislavski(1965), 57쪽.
11 같은 책. 163쪽.
12 같은 책. 127쪽.
13 스타니슬라프스키는 배우들에게 이렇게 권한 적이 있다. '여러분이 이 훈련을 이해하지 못하는 것은……내가 이 책에 쓴 끔찍한 것들을 모두 믿으려고 전전긍긍하고 있기 때문이다. 그러나 이 모든 것을 한번에 하려고 애쓰지는 마라. 작은 것부터 차근차근 해 나가라. 부수적인 연기 하나부터 진실하게 된다면, 전반적인 연기가 바르게 풀릴 것이다'(같은 책, 126쪽).
14 Lief and Fox(1963)과 Lazarus(1975), 55쪽 재인용.
15 Wheelis(1980), 7쪽.
16 Cohen(1966), 105쪽.
17 같은 책.
18 같은 책.
19 많은 회사에서 해고나 좌천, 처벌 같은 어려운 일을 처리하는 방식은 해고, 좌천, 처벌을 주관하는 사람을 향해 어떤 **개인적인** 비난도 허용하지 않는 것이다. '네가 그랬지, 이 나쁜 자식아!' 하는 식으로 해고라는 '개인과는 무관한 처분'을 개인적인 것으로 받아들이는 것은 원칙에 어긋나는 일이다. Wolff(1950), 345~378쪽.

04 ◉ 감정 법칙

1 감정 법칙은 사회적 요소들이 감정에 들어오는 유일한 통로는 아니다(부록 A 참고). 특별한 명칭을 붙이지는 않았지만, 많은 사회과학자가 감정 법칙에 관해 이야기했다. 에밀 뒤르케임(Emile Durkheim)은 《종교 생활의 원초적 형태(The Elemantary Forms of the Religious Life)》에서 다음과 같은 주제를 던진다. '한 개인이 자신이 구성원으로 속한 사회에 강하게 연결되어 있다면, 그 개인은 자신이 **사회적인**

슬픔이나 기쁨을 함께해야 할 도덕적 운명을 지니고 있다고 느낀다. 그런 감정에 관심을 갖지 않는 것은 자신과 공동체를 묶어주는 유대를 깨겠다는 것과 마찬가지다. 그것은 유대감에 관한 모든 욕구를 포기하겠다는 것이고, 자신을 부인하는 것이 될 것이다'(1965, 446쪽). 뒤르케임의 뒤를 이어 메리 더글러스(Mary Douglas)도 《자연적 상징(Natural Symbols)》(1973, 63쪽)에서 이 개념을 사용하고 있으며, 찰스 블론델(Charles Blondel 1952)도 '집단 명령(collective imperative)'을 이야기하면서 이 개념을 쓰고 있다. 프로이트 역시 감정 법칙을 다루고 있다. 프로이트는 집단 법칙이 초자아의 일부가 되는 정신 내적(intrapsychic) 유형을 만들어내는 과정에 관심을 가진다. 프로이트적 전통에서 조금 독특한 경계선에 서 있는 랭(R. D. Liang)은 《가족의 정치학(The Politics of the Family)》(1971)에서 감정 법칙의 개념을 조명하고 있고, 데이비드 리스만(David Riesman)은 1953년에 쓴 《고독한 군중(The Lonely Crowd)》에서 표정에 관해 무척 섬세하고 정교하게 설명하고 있다(Riesman 1952도 참고). 리처드 세넷(Richard Sennett)은 감정 법칙을 특별히 분노에 적용했고(1973, 134쪽), 탈코트 파슨스(Talcott Parsons)는 '정서'에 관한 일반적인 논의를 제공하고 있다(Parsons et al. 1953, 60쪽. Parsons 1951, 384~385쪽도 참고).

2 어떤 사람들은 상대적으로 감정에 관해 덜 생각한다. 어떤 상황에서 개인이 '부적절한 마음이 든다'는 느낌이 들지 않는다면 다음 세 조건 중 한 가지가 적용된 것이다. (1) 상황에 따른 감정에 적용되는 법칙이 내면화되기는 했지만 의식적으로 활용되지 못하는 경우, (2) 규칙을 따르지 않는 것은 아니기 때문에 의식하지 못하는 경우, (3) 법칙이 사실 약하거나 존재감이 없는 경우.

3 사람들은 감정에 관한 기준을 적용하듯 감정을 평가한다. 이 평가 행위는 감정에 관한 이차 반응(secondary reaction)이다. 우리는 감정에 관한 이차 반응을 통해 감정 법칙이 존재한다고 가정할 수 있다. 감정 법칙의 개념 덕분에 많은 평가 행위들이 안정된 유형에 맞춰질 수 있다. 이때 평가란 좀더 일반적인 법칙이 '적용'된 것이라고 할 수 있다. 평가에 사용하는 자료들을 활용해서 우리는 사회에 따라 변화하고 역사적으로도 변화해오면서 내면 행위를 이끌어온 좀더 일반적인 법칙의 구성 부분을 모두 모으기 시작할 것이다. 하나의 감정 법칙은 눈에 보이는 행위를 다스리는 예절 규칙과 그 특질 중 일부를 공유한다. 우리는 예절 법칙과 마찬가지로 감정 법칙이 보편적이거나 모든 도덕적 범주에 객관적으로 적합하다고는 여기지 않는다. 이 법칙은 오히려 문화적으로 상대성을 지닌 교통 규칙과 같은 것이다. 그렇지만 감정 법칙은 내적 영역을 다스린다. 어떤 일을 실행하기 전 단계에 적용되는 예절 또는 '내면 예절'이라고 할 수 있다.

예절 법칙과 마찬가지로, 죄책감을 느끼면서도 감정 법칙을 따르지 않는 때도 많다. 최소한 우리는 법칙에 관해 알고 있다. 예를 들자면 이렇다. '어느 유머 잡지를 읽다가 '장애인 고용하기(Hire the Handicapped)'라는 제목의 만화를 읽게 되었다. 장애가 있는 사람을 희화화한 만화였는데 너무 재미있다. 여태 본 만화 중 가장 웃긴다고 생각했다. 웃을 일이 아니라는 생각도 들고 웃는 것이 아니라 연민을

느껴야 한다는 생각도 든다. **어쨌거나 너무 재미있기 때문에 계속 웃는다.** 비극은 보는 시각에 따라서는 재미있을 수 있다.' 감정 법칙은 행동에 관한 법칙과 마찬가지로 일정한 영역의 윤곽을 그린다. 그 영역 안에서는 걱정이나 죄책감, 부끄러움에서 자유로워도 된다고 느낀다. 각 구획을 나누는 법칙은 경계를 드러낸다. 바닥과 천장의 경계 사이에는 움직일 수 있는 공간이 있다. 앞에서 말한 독자는 그 유머 잡지에 나오는 만화를 읽고 일시적인 즐거움을 편하게 즐겼다. 하지만 만약 더 강하게 또는 더 오래 웃고 즐기다가 일정한 경계에 다다랐다면, 그 사람은 걱정이나 죄책감, 부끄러움 등 경계를 나타내는 기호들을 경험했을 것이다. '내가 도대체 왜 이걸 이렇게 웃긴다고 생각하는 거지? 내가 사디스트인가? 이 장애인과 나를 너무 동일시하지 않은 건가? 아니면 너무 많이 동일시했나?'

감정을 평가하는 행위는 감정과 거의 동시에 나타난다. 예를 들어 우리는 화를 내면서 거의 동시에 화를 낼 권리가 없다는 것을 알게 될 수도 있다. 지나고 나면 자기 스스로 용인이 안 된다는 사실에 **좀더 초점을 맞추겠지만, 화가 나는 동안은** 그런 것 따위는 주변적인 것으로 느껴진다.

4 감정 법칙을 얼마나 중요하게 여기느냐 하는 것도 문화에 따라 다르다. 감정 관리의 시각은 그것 자체로 문화 사이의 간극을 넘는 데 한계가 있다는 문제를 제기한다. 게다가 우리가 **실제 갖는** 감정과 **기대하는** 감정, 우리가 **기대하는** 감정과 **느끼고 싶어하는** 감정, 우리가 **느껴야 한다고 생각하는** 감정과 **기대하는** 감정의 간극 사이에서 다양한 유형의 긴장이 형성되는 과정에도 문화 사이의 차이가 있을 것이다.

5 라이먼과 스콧의 연구(Lyman and Scott 1970) 참고. 미드(George Herbert Mead 1934) 같은 연구자들은 내부 대화와 거기에서 얻어지는 개인적 차원의 암시에 초점을 맞춘다. 어빙 고프만 같은 다른 연구자들은 외부 대화에 집중한다. 사회적으로나 도덕적으로 고프만이 이야기하는 사람들은 사회적 상호작용 안에서만 생명력을 갖고, 미드가 바라보는 사람들은 사적인 독백 속에서만 생명력을 갖는다.

6 누군가 ("그냥 울어버려" 같은 말로) 용인을 하더라도 이 용인이 제대로 전달되지 않으면 상황은 '가야 하는 대로' 펼쳐지지 않을 것이다. 승인이 필요한 심리적 상태에 있지 않는 사람의 경우에는 기분이 나빠질 위험이 있는 것이다. 자신의 위안이 별 소용이 없는 것 같다고 해서 위로해주는 사람의 기분이 나쁘지는 않겠지만, 위로받은 여성으로서는 자신에게 기분 나빠할 **권리**가 조금은 있다고 생각할 수도 있다. 그 여성이 자신의 감정에 관해 할 말이 많을수록(환자 구실을 더 거부할수록) 더욱 그렇다.

7 벡의 연구(Beck 1971) 참고. 셰퍼(Roy Schafer)는 이렇게 말하고 있다. '아나 프로이트(Anna Freud)는 자유 연상법(free association method)을 사용할 수 없는 아동 분석 연구에서, 기대 정서(expected affect)가 없다는 것을 무의식의 특정한 갈등을 나타내는 지표로 활용할 수 있다는 점을 지적했다. 성인을 분석하는 연구자도 많은 경우 예상할 수 있는 감정이 없다는 사실에 관한 해석을 많이 한다'(1976. 335쪽).

8 랭(R. D. Liang)은 적절한 정서(appropriate affect)와 관련한 기본 가정이 무엇인지 물어봄으로써 우리를 이론적으로 한 발짝 더 가까이 안내한다. 랭은 '미쳐버리는' 반응이 합리적인 것으로 여겨지는

'사람을 미치게 만드는' 상황에 놓인 환자들의 예를 들면서 상황에 관한 주의력과 **의사**의 기대에 초점을 맞춘다. 마찬가지 맥락에서, C. 라이트 밀스는 이렇게 서술하고 있다. '규범 자체의 측면에서 규범의 일탈을 설명하려는 노력은 시작된 지 얼마 되지 않고, 사회변동이 그 내부에서 일어나는 이동을 포괄할 것이라는 사실이 지니는 함축적 의미를 엄격하게 마주한 연구도 없었다'(1963, 43쪽).

9 이 여성의 경험에 동의의 요소가 있을 수도 있다. 에밀 뒤르케임도 초기 종교 집단에 관해 비슷한 말을 한 적이 있다. '그리스도의 수난을 기리기 위한 의식을 치르는 기독교인이나 예루살렘의 멸망을 기억하는 유대교인들이 금식하고 금욕하는 것은, 자발적으로 느끼는 슬픔을 참지 못해 그런 것이 아니다. 이런 상황 속에서도 내적인 상태는 자신들이 받아들이고 있는 심각한 금욕의 상태와 거리가 있다. **어떤 사람이 슬프다면, 그것은 무엇보다도 그 사람이 슬퍼야 한다는 데 동의하기 때문이다.** 그리고 그 사람은 자신의 신앙을 따르기 위해 동의한다'(1965, 446쪽). 여기에서 슬퍼하겠다는 이 기독교인의 동의는 개인이 만든 것이다. 그렇지만 그 동의는 교회와 (특히 보상과 처벌에 관한) 종교적 신념, 공동체의 영향을 받는다. 이 젊은 신부의 감정 법칙도 기독교인들과 마찬가지 맥락 속에서 사적으로 만들어진 것이다. 또한 그 여성의 관리 행위는 자신과 같은 성, 나이, 종교, 인종, 직업, 사회 계층, 지리적 배경 등을 지닌 다른 사람들 사이에 공유되는 결혼에 관한 공공의 코드와 닿는 부분이 있다.

10 인도 남부에 사는 코타족을 연구한 만델바움은 이런 장례식의 이중적 측면을 제시하고 있다. '조문객이 느끼는 슬픔의 강도나 범위를 확대하는 경향은 없다. 유족들에게는 슬픔에 완전히 빠져들 공식적인 기회가 주어지지만 춤으로 유족들을 즐겁게 함으로써 슬픔을 줄이기 위한 노력도 실행된다'(Mandelbaum 1959, 191쪽). 만델바움은 또한 코타족이 점점 힌두 상류층의 전통에서 영향을 받게 되면서 장례식에서 춤을 추는 게 올바른 것인지 확신을 하지 못하고 있다고 말했다(애통함에 관해서는 Lindmann 1944, Glick et al. 1974, Lewis 1961, Lofland 1982를 참고).

11 Friedman et al., 1963, 617쪽.

12 Weiss 1975, 25쪽.

13 이런 현상은 앵글로-색슨 문화에만 국한되지 않는다. 만델바움은 인도 코타족에 관해 이렇게 기록하고 있다. "눈물 없는 장례식(Dry Funeral)'의 첫날 아침 한 무리의 연주자들이 만가(輓歌)를 연주한다. ······상을 당한 여자들은 가던 길을 멈춘다. 슬픔으로 가득 차서 그 자리에 주저앉아 소매 깃으로 얼굴을 감싸고 거의 하루 종일 통곡하고 흐느끼는데, 이것은 다음날까지 이어진다. 유가족 중 남자들은 의식 준비에 많이 관여하고, 여자들만큼 큰 소리로 슬퍼하지 않는다'(1959, 193쪽. Gorer 1977 참고).

14 오늘날 정신분석 이론은 일반적으로, 견디기 힘들 만큼 죄책감을 불러일으키기 때문에 억압되어 있는 무의식적인 감정을 다룬다. 죽음의 경우를 예로 들면, 무의식적으로 '내가 아니라 다행이다'라고 생각할 수도 있는 일이다. 호로비츠(Horowitz 1970)는 '사고사'라는 트라우마를 접했을 때 다양한 인성 유형이 보여주는 인지 유형의 특성에 관해 논의하고 있다.

15 그 여성이 '이상적이라고 생각하도록 길러진' 덕목이 무엇인지에 관한 프로이트의 관심은 다음 문장에 잘 드러난다. '이렇게 자기 억압(self-repression)을 위해 노력하다 보면 곧 신경증적 문제들이 따라붙는다. 얼마 안 가 이 여성은 신경증 때문에 사랑받지 못하는 남편에게 복수하게 될 것이다. 그렇게 되면 이 남편은 진실을 알았더라면 느꼈을 만큼의 불쾌함과 슬픔을 느끼게 된다'(1931, 47쪽).

16 데이비드 메이스(David Mace)와 베라 메이스(Vara Mace)는 《결혼, 동과 서(Marriage, East and West)》(1960)라는 책에서 인도 소녀들은 '정해주는' 남편을 '사랑하도록 길러지고' 실제로 그렇게 한다고 주장한다. 윌리엄 구드의 연구(William Goode, 1964) 참고.

17 킹슬리 데이비스(Kingsley Davis)는 이렇게 쓰고 있다. '한 사람의 사랑을 독점적으로 소유하는 것이 관습으로 받아들여지는 곳에서는, 질투는 그런 독점성을 요구할 것이다. ……가족을 연구한 역사학자 웨스터마크(Edward Alexander Westermarck)가 불륜은 질투를 일으키고 질투는 일부일처제를 낳는다고 말하는 반면, 일반적으로는 일부일처제가 불륜을 분노의 대상으로 만들고 그렇기 때문에 질투를 만들어낸다는 견해를 유지할 수도 있다'(1936, 400쪽, 403쪽). 데이비스에게 질투는 두려움이라는 또 다른 감정을 수반한다. 이미 가지고 있고, 그것에 관한 권리도 가지고 있으며 앞으로도 가지고 있기를 원하는 것을 잃게 될까 봐 두려운 것이다(같은 책, 395쪽). 이 장에서 질투를 다룬 부분은 프리다 암스트롱(Frieda Armstrong)의 미출간 논문인 〈질투의 사회학을 향하여(Toward a Sociology of Jealousy)〉(1975)에서 많은 부분을 참고했다.

18 Clanton and Smith 1977, 67쪽. 이념이 변화하는 것이 이 전문가들에게까지 영향을 주면서, 전문가들의 말을 듣는 사람들 중 누가 더 감정적으로 이상한가 하는 서열도 바뀐다. 어떤 사회 변화가 심층적이고 근본을 건드리면서 영구적이라면, 누구를 '이상한 것'으로 보거나 느끼느냐 하는 것이 달라지는 게 상징적으로 드러나야 한다. 자신의 감정을 죄스러운 것으로 여기고 비밀로 숨겨오던 사람들이 세상 밖으로 나와 새로운 감정 관습의 보호 속에 좀더 편하게 살아가는 반면, 한때 보호받던 사람들은 이제 의심과 죄책감의 대상이 된다. 달라진 것은 상황과 사람들이 그것에 반응해서 느끼는 해석과 감정 사이의 심층적 연결이다. 이런 종류의 깊은 변화가 없다면, 태도의 유행만 있을 뿐이다.

19 사적 영역에서 법칙을 유효하게 만드는 것은 공적 영역에서도 법칙을 유효하게 한다. 시민으로서 우리는 뉴스를 어떻게 해석해야 할지에 관해, 또한 그 뉴스를 보고 어떤 느낌을 가져야 할지(어떻게 느끼는 것이 정당하고 적합하며 합리적인 것인지)에 관해 안내해줄 만한 것을 찾는다. 정부도 이런 노력을 도와주는 여론 주도층 중 하나다. 1978년 1월 25일자 《샌프란시스코 크로니클》은 이런 표제를 달았다. '소련 핵 정찰 위성, 캐나다 상공에서 공중분해.' 기사는 이런 내용이었다. '워싱턴을 비롯한 전세계 수도에서는, 방사성 파편들이 수백 마일에 걸쳐 대기권으로 재진입하면서 사방으로 뿌려질까 봐 심각하게 염려하고 있다. 이 인공위성이 핵 원자로를 가지고 가던 중 알 수 없는 이유로 속도가 느려졌다는 것을 미국이 파악한 것은 12월 19일이었지만, 이 사실은 비밀에 부쳐졌다. 백악관 안보

수석의 말을 빌리면, 이것은 머큐리 시어터 사건 같은 일이 다시 벌어지는 것을 막으려고 애썼기 때문이었다고 한다. 〈머큐리 시어터(Mercury Theater)〉는 1938년 오손 웰스(Orson Wells)가 진행하던 유명한 라디오 프로그램이다. 이 프로그램에서는 뉴저지 주의 글로버스 밀(Glover's Mill)에 화성인이 착륙했다는 내용을 보도한 적이 있다. 그 보도가 할로윈을 맞아 내보낸 거짓말이었다는 사실을 모르는 많은 미국인들 사이에서 일어난 파장은 거의 병적 흥분에 가까웠다.'

우리는 긴급 상황이 닥치면 정부가 하는 말을 믿어야 한다는 내재적인 감정 법칙을 가지고 있다. 이 경우 핵 재앙이 벌어질지도 모른다는 사람들의 두려움은, 1938년에 벌인 바보 같고 우스꽝스러운 조작 사건을 접한 사람들의 병적 흥분과 비슷한 것으로 취급되었다. 실제로 닥친 재앙이 가상의 것과 비교되고, 이 두 가지는 등가로 치부된 것이다. 이렇듯 사람들에게 알리는 것이 적합한가 그렇지 않은가, 감정이 합리적인가 그렇지 않은가 하는 구분은 결국 여론을 이끄는 여론 주도층이 어떤 사건을 허구와 비교하기로 선택하느냐에 달려 있다. 한 사건에서 '호되게 데인' 사람이 다음번에 예언가가 되려고 하는 것은 이해할 만한 일이다.

05 ● 감정을 존중하기 — 베풂의 교환

1 Simpson 1972, 2쪽. 사회적 교환이론(social exchange theory)은 행동주의적 형태에서 분리되어야 한다. 행동주의는 **무엇이** 교환되는지에 관한 부분적인 설명만을 제공하고 교환되는 것의 가치를 바꿀 만한 규범과 가치에 관해서도 부분적인 설명만 하고 있다. 싱글맨(Singlemann 1972)과 에이브럼슨(Abrahamsson 1970)은 사회적 교환이론을 상징적 상호작용론(symbolic interactionism)과 통합할 것을 주장했다. 하지만 감정과 감정노동의 개념은 두 연구에서 모두 **빠져** 있기 대문에, 이 두 이론을 통합한다고 해도 사회적 교환을 이해하는 데 필요한 전체적인 설명을 얻을 수는 없다. 어빙 고프만은 교환이론을 표현의 상호작용(expressive interaction)의 차원까지 확장시켰지만, 이것을 감정 관리의 차원까지 밀고 나아가지는 못했다. 교환이론에 관한 자세한 내용은 호만스(Homans 1961)와 블라우(Blau 1964), 타이벗과 켈리(Thibaut and Kelley 1959)의 연구 참고.

2 이것은 고프만이 사람들이 서로 반응하는 방식이 순환하는 과정에서 자발적인 감정이 '움직임으로 기능'할 수 있다고 말하면서 지적한 요점을 발전시킨 것이다(1967, 23쪽).

3 여러 사람이 모여 있는 상황에서 개인은 익명성을 느끼며, 한 사람에게 콕 집어 부여되는 것이 아닌 '즐겨야 한다'는 의무감은 그 강도가 약화된다. 그렇지만 이상하게도 그 의무감이 완전히 사라지는 것은 아니다.

4 이런 경쟁의 문제는 아는 사람들 사이에서 더욱 명확하게 적용된다. 결혼은 경쟁하려는 인간의 욕구가 사랑하는 사람이 아닌 익명의 타자를 향하게 방향을 바꾸도록 도와주기 위해 고안되었기 때문이다. 정상적인 경쟁에서 '좋은 경기'에 관한 개념은 그 경기 안으로 **들어가야 하고** 이기기를 **원하는** 경쟁의

법칙과, 좋은 뜻과 사회적인 연대를 유지하는 데 더 큰 무게 중심을 두어야 한다는 좀더 근원적인 법칙 사이의 갈등을 해결해준다. 좋은 경기는 다른 선수와 교감해야 한다고 요구하지만, 경쟁을 약화할 정도까지는 아니다. 경쟁이야말로 재미를 결정짓는 요소이기 때문이다.

06 ◉ 감정 관리 — 개인 전용에서 상업용으로

1 2차 대전이 끝난 뒤 델타 항공과 이스턴 항공 사이에 벌어진 경쟁에 관한 좀더 자세한 정보는 Gill and Bates 1949, 235쪽 참고.

2 1978년 10월 의회를 통과한 항공사 규제완화법(Airline Deregulation Act)은 민간항공위원회(CAB)의 일부 기능을 관련 기관에 이전하고 1985년까지 민간항공위원회를 폐지한다는 내용을 담고 있다. 1981년 민간항공위원회는 항공사들의 신규 국내선 시장 진입을 규제할 수 있는 권한을 모두 상실했다.

3 브래버만은 기업 경영이 테일러(Frederick Winslow Taylor)의 원칙을 적용해 하나의 복잡한 업무를 체계적으로 여러 개의 단순 업무로 나눔으로써, 이전의 복잡한 업무 중 몇 가지는 많은 임금을 받는 몇 명의 정신노동자가 맡고 나머지 간단한 것은 값싸고 대체 가능한 미숙련 노동자들이 하게 했다고 주장한다. 경영진 처지에서는, 이런 형태가 더 싸면서도 위에서 아래로 향하는 노동과정에 관한 통제는 많아지고 아래에서 위로 향하는 통제는 줄어들었다는 장점이 있다. 브래버만은 이 이론을 공장 노동, 사무 노동과 서비스 노동에 적용하고 있지만 대인 접촉을 포함하는 서비스 노동과 그렇지 않은 서비스 노동을 구별하지는 않고 있다(360쪽).

4 1950년에서 1970년까지 항공사들의 연평균 성장률은 15~19퍼센트였다. 1970년에 성장이 둔화하면서 항공 교통은 매년 4퍼센트 정도의 성장률을 보였다. 불황기를 겪으면서 허약한 기업이 무너지고 집중 현상이 심화되었다. 민간항공위원회의 규제를 받던 35개 항공사 중 가장 규모가 큰 네 회사(유나이티드 항공, TWA, 아메리칸 항공, 팬아메리칸 항공)에서 1974년 업계 총이익의 43퍼센트를 벌어들였다 (Corporate Data Exchange 1977, 77쪽).

5 C. 라이트 밀스마저도 사람들을 상대하는 노동자들을 전반적으로 '고용되기 위해 매력적인 술수를 사용하는, 새로 나타난 작은 마키아벨리주의자'라고 부르는 과정에서 이 부분을 잘못 이해했다(1956. p. xvii).

07 ◉ 앞면과 뒷면 사이 — 직업과 감정노동

1 Krogfoss 1974, 693쪽 참조.

2 Terkel 1972, 5쪽. 남성의 감정적 모순을 바라보는 아내의 시각에 관해서는 Komarovsky 1962, Rainwater et al. 1959 참조.

3 도로시 스미스(Dorothy Smith)는 이렇게 말하고 있다. "기업 구조는 경영진에게 자기 자신과 개인적인

관심을 크고 작은 목표와 일상적인 실천, 기업의 '윤리'보다 아래에 놓을 것을 요구한다. 그 사람의 인격, 즉 그 사람은 어떤 종류의 사람인가 하는 것은 그 사람에 어울리게 된다. 그 사람의 도덕적 지위가 회사에 어울리게 되면, 그 사람의 가족도 마찬가지가 된다. 집안 장식과 학력, 자녀의 교육도 연결되어 이 경영진과 그 고용주의 도덕적 지위를 상징하게 된다"(1973, 20쪽).

4 Kohn 1963, Bernstein 1958, 1964, 1972, 1974 참고. 이 연구들은 닐 스멜서(Neil Smelser)가 명쾌하게 설명한 전제에서 시작한다. "가족이란 아이의 첫 번째 권위 관계(authority relation)가 시작되고, 그 뒤의 다른 권위 관계에 들어가기 위한 '감정 기반'이 형성되는 배경이다. 이 기반은 최소한의 신뢰 형성, 권위에 동조할 수 있는 능력, 거기에 맞추어 적절한 때에 권위를 나타낼 수 있는 능력 등을 포함한다. 그렇게 되면 가족은 앞으로 나타날 사회적 관계에 관련된 **전반적인** 훈련 장소가 된다"(1970, 26쪽). 권위 관계에 대처하는 법을 배우는 것은 권위가 작동하게 하는 특정한 종류의 제재에 노출되는 것을 포함한다. 각 사회 계급의 '권위에 관한 감정 기반'은 부모가 주어진 상황에서 자녀에게 어떤 감정을 기대하는지를 이야기할 때 형성된다. 계급, 직업군, 인종에 따라 부모가 자녀들이 감정을 통제하게끔 훈련하는 정도나 훈련의 내용에서 다양한 차이를 보인다.

5 Bernstein 1972, 486, 487쪽. 지위형 통제 체계와 인격형 통제 체계는 베버 식으로 말하자면 이념형이다. 어떤 가족도 한 가지 유형을 완벽하게 보여주는 사례가 될 수 없다. 그렇지만 이런 구분은 이론적 구조로서 실제 가족 안에서 작동하는 통제 체계의 요소를 인식하게 해준다. 번스타인은 이 두 가지 통제 체계의 차이를 이렇게 요약하고 있다. "지위에 기반을 둔 호소는 그 유효성이 지위의 차이에 달려 있는 반면 인격에 기반을 둔 호소는 생각과 감정의 조종에 더 많이 좌우된다"(1972, 483쪽). Douglas 1973, 26쪽도 참조할 것.

6 감정 법칙을 통한 사회적 통제는 일종의 이데올로기로서 개인주의를 염두에 두고 있다. 노동자는 자신이 결정을 내리고 자신의 감정을 따른다는 믿음을 누릴 수 있게 된다. 개인주의는 이런 식으로 본질적으로는 개인주의를 갉아먹는 존재인 사회적 통제의 한 형태와 공존하게 된다. C. 라이트 밀스는 이런 상황을 잘 묘사하고 있다. "거칠고 단단하던 19세기의 명백한 권위 체계 속에서는, 희생자들은 자신이 희생되고 있다는 사실을 알고 있었고, 힘없는 사람들의 좌절과 불만은 노골적으로 나타났다. 조작이 권위를 대체한 무정형의 20세기 세계에서는, 희생자들이 자신의 입지를 인식하지 못한다. 최신의 심리학적 장비들로 주입된 공식적인 목표는, 사람이 자신의 동기가 무엇인지 알지 못하더라도 그런 동기를 가지고 **경영자 집단에서 그 사람으로 하여금 하게 만들려는 것들을 내면화하도록** 하는 것이다. 어떻게 들어갔는지 또는 그런 것이 자기 속에 있다는 것조차 모르는 사람들의 내면에는 많은 채찍들이 들어가 있다. 권위가 조작으로 이동하면서, 권력은 보이는 주체에서 보이지 않는 주체로, 알려진 주체에서 익명의 주체로 넘어갔다. 또한 물질적인 기준이 높아지면서 착취에는 물질적 요소가 줄고 심리적 요소가 늘고 있다"(1956, 110쪽).

7 콘은 클라우센(John Clausen) 식으로 말하면 '노동자계급의 부모는 아이가 순종적이기를 바라는 경우가 많은 반면 중간 계급의 부모는 노동자계급의 부모에 견줘 아이가 다른 사람들에게 이해심 있고, 지적 호기심이 많고, 책임감 있고, 자기 통제를 할 수 있기를 원하는 경우가 많다'는 것을 증명했다(Clausen 1978, 6쪽). Kohn 1963, 308쪽도 참고.

8 콘(Kohn 1963)은 자기 주도(self-direction)를 수반하는 직업을 가진 아버지들은 아이들에게서 나타나는 자기 주도성에 가치를 두는 반면 순응(confirmity)과 밀착 감시(close supervision)를 요구하는 직업을 가진 아버지들은 순종을 가치 있게 여긴다는 사실을 보여주면서, 이런 주장을 하고 있다.

08 ● 젠더, 지위 그리고 감정

1 기존 연구들은 이런 모순을 드러내고 있다. 필기형 응답에 따르면, 여성은 엄청난 무력감을 느끼는 것으로 나타났다. 여성들은 자신이 하는 행동이 자신의 운명에 미치는 영향이 적다고 생각했다. 반면, 적어도 한 편의 연구는 여성이 무언가에 책임을 지려는 경우가 많다는 것을 보여주고 있다. 아동들의 학교에 관한 태도를 조사한 잭슨과 겟첼의 연구(Jackson and Getzel 1959)는 남자 아이들이 문제를 학교 탓으로 돌리는 반면 여자 아이들은 자신의 탓으로 돌리는 경향을 보인다는 사실을 밝혀냈다. 다른 사람 탓을 하려면, 그 사람이 어느 정도의 책임감을 가지고 있어야만 하고, 그 바로 아래에는 지배권에 관한 인식이 어느 정도 있어야 한다. 이 명백한 모순에 관한 한 가지 가능한 설명은 여성이 감정적인 대리인에 관해 보상적인 인식을 발전시킨다는 것이다. 자신이 세상을 제어할 수 있다는 인식을 하지 못하면 못할수록, 그 사람은 감정에 관련된 자아를 제어함으로써 이것을 보상하려고 한다. 세상을 제어할 수 있다는 생각을 하지 못하는 사람이라고 해서 통제권이 아예 없는 것은 아니다. 그렇다기보다는 통제권에 관한 인식이 내부로 향하는 것이다. 어떤 사람은 이것을 '아래로' 내려간다고 말한다. 여성은 또한 남성보다 현장 의존적(field-dependent)이라고, 즉 내부 단서보다는 외부 단서에 더 많이 의존한다고 여겨져왔다. 맥코비(Maccoby 1972), 타일러(Tyler 1965), 맥아더(MacArthur 1967), 바우트(Vaught 1965), 윗킨스 등(Witkins et al. 1967)을 참고.

2 예를 들어 어떤 사람은 이렇게 쓰고 있다. '남성적인 생각은 자아의 측면에 방향을 맞추는 경우가 더 많다. 반면 여성적인 생각은 환경적인 측면에 방향을 맞추는 경우가 많다. 남성적인 생각은 자아가 타당한가 타당하지 않은가에 따른 결과로 상벌이 결정되는 것으로 보는 반면, 여성적 생각은 환경이 우호적이냐 적대적이냐에 따라 상벌이 결정될 것이라고 예상한다. 그렇지만 '남성적인 생각'과 '여성적인 생각'에 관해 던지게 되는 질문은 그런 생각이 우러나는 타고난 본성이 아니라 그런 생각이 삶에서 어떤 지위를 갖느냐 하는 것이다'(Tyler 1965, 259~260쪽). Rotter 1966와 Brannigan and Toler 1971도 함께 참고.

3 Johnson and Goodchilds 1976, 69쪽.

4 나는 복종의 따뜻한 면과, 돌봄의 복종적인 측면에 초점을 맞춘다. 이것은 복종에 관한 모든 표현들로 돌봄의 표현을 혼란스럽게 하기 위한 것은 아니다. 켐퍼(Kemper 1978)의 논의, 특히 지위를 부여하는 존재로서 사랑을 다룬 마지막 두 장을 참고.

5 여성이 소득, 기회, 직업 지위를 놓고 벌이는 경쟁에서 **어떻게** 제외되는지는 사회에 따라 다양하게 나타난다. 어떤 사회에서는 물리적 분리를 통해 여성을 제외한다. 다른 사회에서는 여성이 직업을 두고 남성과 경쟁하는 것을 허용하고 심지어 격려하기도 하지만, 경제적인 경쟁에서 선호하지 않는 특성을 발전시키도록 여성을 훈련한다. 이런 특성들은 정신역학이나 감정 관리, 행동 표현의 수준에서 이해될 수 있다. 정신역학의 수준에서, 초도로우는 남자 아이들은 아버지가 되고 싶어하도록 배우지 않지만 여자 아이들은 엄마가 되기를 원하게끔 학습을 받아 무급 노동에 적합하게 만들어진다고 주장한다(chodorow 1980). 감정 관리의 수준에서 보면, 여자 아이들은 '남성적' 경쟁 분야 밖에서 남성들에게 맞출 수 있도록 자신의 감정을 관리하라고 배운다. 마지막으로 표현의 수준에서 여자 아이들은 '여성적'으로 고개를 갸웃거리고, 미소를 짓고, 대화를 통해 사기를 북돋우며 다른 존중의 표현을 하도록 배운다. 세 가지 수준에서 **모두**, 여성들은 남성의 경쟁 법칙에 따라 좌우되는 '남성'의 경쟁 영역에서 자신을 불리하게 만드는 특성을 개발할 것을 권고받는다.

6 같은 계급의 남성에 견줘 돈과 지위에 다가갈 수 있는 접근성이 떨어지기 때문에 여성들은 좀더 높은 '남성 임금'을 얻기 위해 남성보다 결혼에 관한 동기 부여가 많이 되어 있다. 결혼에 관한 만화에서는 여성들이 '공식적 경험'을 하는 것으로 묘사함으로써 이런 계급적 수준에서 이야기를 전달한다. 신랑은 행복해하고 있지만 붙잡힌 신세로, 기꺼이 사랑할 준비가 되어 있으면서도 자유와 부담스러운 의무들을 염두에 두고 있다. 반면 신부는 나이나 성격, 미모, 지성과 거의 무관하게 승리자로 그려지고, 그 남자가 아니었다면 얻지 못했을 자원에 접근하게 해주는 남자를 잡은 행운의 주인공으로 여겨진다. 남녀의 경제적 관계에 관한 훌륭한 연구로는 하트만의 연구(Hartmann 1976)를 참고.

7 Sennett and Cobb 1973, 236쪽.

8 Goffman 1967, 10쪽.

9 *New York Times*, 1979년 2월 12일자.

10 이 결론은 호블랜드 등의 연구(Hovland et al., 1953)를 통해 지지를 받는다.

11 Wallens et al. 1979, 143쪽.

12 지위와 감정을 다루는 법 사이에도 유대가 있는 것 같다. 지위가 낮을수록 드러내놓고 화를 내는 것은 상대적으로 허용되지 않는다. 또한 예전부터 남자는 여자에 견줘 욕하고 싸울 권한을 더 많이 갖고 있었다. (여자가 계급 우위를 점하고 있거나 다른 허가를 받은 경우가 아닌 이상, 여자는 자신의 명성에 관련된 위험을 무릅써야만 대놓고 화를 낼 수 있다.) 한편 여성은 남성에 견줘 '순종적인' 감정을 많이 드러낸다고 할 수 있다. 영화 〈드라큘라(Dracula)〉나 〈킹콩(King Kong)〉을 보면 겁에 질려 비명을

지르는 것은 주로 여성이다. 여주인공이 용감한 경우라고 해도 마찬가지다. 소녀 형사 낸시 드루(Nancy Drew)가 감정적이지 않은 (남성화된) 행위를 하는 상황에서 다른 **소녀**에게 고프먼이 '자제력을 잃을 특권(freak-out privileges)'이라고 부른 권한이 주어진다(아마도 고프먼은 이 부분을 잘못 이해한 것 같다). 《할로우 오크의 메시지(The Message in the Hallow Oak)》(캐롤린 킨 지음, 낸시 드루 시리즈, 1972)에 나오는 다음 구절을 살펴보자. "그 커다란 개가 갑자기 비틀거리면서 낸시에게 뛰어들었다. 낸시는 중심을 잃고 뒤로 비틀거리다 채석장으로 굴러 떨어졌다. 줄리 앤이 소리를 질렀다. 줄리와 소년들은 공포에 사로잡혔다. 낸시가 물에 빠져 보이지 않았기 때문이었다. 네드는 곧바로 물에서 낸시를 찾기 시작했고 아트는 주머니에서 철사로 고리를 만들어 던졌다. 그것을 채찍으로 삼아 마침내 낸시를 공격하던 개를 쫓아버렸다. 개가 낑낑거리면서 도망가자 낸시의 머리가 물 위로 떠올랐다. '오, 낸시. 하느님 감사합니다.' 줄리 앤이 소리를 질렀다. 앤은 울기 직전이었다"(147쪽). 줄리 앤은 낸시와 소년들 때문에 정말 두려웠다. 모든 여성이 줄리 앤의 배역을 하는 것은 아니지만 우리는 이런 여성적인 기준에 따라 한 여성의 감정 표현이 풍부한지 그렇지 않은지를 판단한다. 이것은 여성성에 관한 문화적 이해의 한 부분이며, 남성성에 관해서도 마찬가지다. 내가 볼 때, 이런 식으로 문화적으로 요구되는 표현은 직업에서는 그렇게 큰 특권이 아니다.

13 한편으로는 남성 항공 승무원들은 사람들이 자신의 직업을 여자들의 직업으로 정의하는 것도 감수해야 한다. 남성으로서 자신의 정체성이 도전을 받는 것이다. 남성 승무원들은 분명 위로 올라가거나 이 직업을 떠날 것이라는 기대(이런 기대는 최소한 1973년 불황이 시작되기 전부터 매일 부과되었다)에 맞서 자신을 변호해야 한다. 남성 승무원들은 분명 함께 일하는 여성들 '위에' 있지만, 함께 일하는 사람들은 온통 여성들뿐이다. 이런 가정에 보태어 가끔씩 승객들이 남자는 남자들의 세계에 붙어 있어야 한다면서 개인적인 걱정을 표현하는 경우가 있다. 남성 승무원들은 이런 걱정에 덧붙는 상냥한 공격을 정신적으로 준비하고 있어야 하는 부담을 지닌다. 또한 여성 노동자들을 마음대로 희롱해도 좋다고 생각하는 승객들을 단속하는 일도 해야 한다. 때로는 여성 동료들이 남성 동료들에게 이런 업무를 부여하기도 한다.

09 ● 진정성 찾기

1 베르만이 주석에서 쓰고 있듯이, 루소는 파리의 근대 인간을 자기 상실(self-loss)의 피해자이자 근대의 삶이 자신으로 하여금 무엇을 잃게 만드는지에 관한 좀더 기민한 판단자로 보았다. "근대의 조건은 진정이 아닌 것을 문제로 정의하게끔 하는 도덕적인 상상을 창조해냈다." 이것은 "그렇게 많은 선입견들과 거짓 열정들 사이에서 인간의 마음을 분석하는 방법을 알고 본성에서 나오는 진짜 감정을 풀어내는 것이 필요하기 때문이다"(158쪽). 《신 엘로이즈(La Nouvelle Heloise)》는 책 속에서 비난하고 있는 퇴폐적인 파리에서 화려하게 성공을 거두었지만 그 가치를 찬양하던 스위스에서는 매우 냉정하게 거절

당했다"(157쪽). 상처받은 사람들이 치료법을 더 찾게 마련이다.

2 기어츠는 이슬람교 신봉자들이 민족주의를 건설**하기 위해** 이슬람을 내세우게 됐을 때 전통적인 신념 그 자체는 의미가 바뀌었다고 말했다(Geertz 1973). 이 신념들은 수단으로 봤을 때는 목적의 기능이 적었다. 감정이 외부적인 목적을 만족시켜야 할 때도 마찬가지 일이 일어난다. 이런 목적이 멀면 멀수록 관리된 감정은 '내가 아니'고 '내 것이 아니게' 된다.

3 크리스티나 마슬락(Christina Maslach)은 쇠진의 희생자들을 인터뷰했다. 그 사람들은 이런 말들을 했다. "전 이제 더는 신경 쓰지 않습니다. 아무 감정도 남아 있지 않습니다. 줄 게 아무것도 남아 있지 않아요, 다 말라 버렸습니다. 지쳤습니다. 전 쇠진했습니다." 쇠진에 관한 더 많은 연구는 마슬락의 다른 연구를 참고(Maslach 1978a, 1978b, 1978c, 1979).

4 정확히 언제 진정성의 가치가 부각됐느냐 하는 것은 생생한 역사적 논쟁의 지점으로 남을 것이다. 예를 들어 마셜 버만은 심지어 18세기 후반에도 루소와 루소를 읽는 파리의 독자들은 진정성을 '근대 생활'이 낳은 문제로 보고 있었다고 주장한다(Berman 1970).

5 Trilling 1972, 9쪽. 트릴링은 16세기 전후의 영문학을 언급하면서 이야기를 이어가고 있다. "그렇지만 젊은 베르테르가 정말 자신의 의도만큼 진지했는지 묻는다면, 또는 제인 오스틴이 생각하기에 대시우드 자매 엘리노어와 마리엔 중 누가 더 진짜로 진지했을까 묻는다면, 우리는 이 질문에 관해 어느 쪽이건 의견을 제기하는 형태의 진지한 대답을 확실히 기대할 수 있다." 불성실함이나 기만이 흔한 유혹이 되기 전에는, 진지함은 적절한 덕목이 되지 못했다. '**진지함**'이라는 용어의 의미도 바뀌었다. "이 단어가 16세기 초반 사람에 관해 사용될 때에는 다분히 비유적이었다. 한 사람의 인생은 건전하고 순수하다는 면, 온전하다는 면, 또는 고결한 채로 지속된다는 면에서 진지하다. 그러나 이것은 곧 위장이나 위선, 가장, 겉치레가 없는 상태를 뜻하게 되었다"(같은 책, 13쪽).

6 디드로(Diderot)가 쓴 〈라모의 조카(The Nephew of Rameau)〉라는 글에 관한 트릴링의 논의에서는 외형에서 감정을 분리시키는 것에 높은 가치를 부여하고 있다는 점을 인상적으로 묘사하고 있다. (〈라모의 조카〉는 1761년에서 1774년 사이의 어느 때쯤 쓴 글이다. 이 책은 괴테가 번역하고, 헤겔이 현대의 문화적, 정신적 상황에 관한 패러다임이라고 대대적으로 선전한 바 있다.) 이 글은 진지함을 옹호하는 철학자 디드로와 진지함에서 벗어난 자유를 찬양하는 라모의 조카 사이에 진행되는 대화로 구성되어 있다. 조카는 '일상생활에서 자아를 표출하는 사람'이자, (비록 개인적인 이익을 계산하는 능력 면에서는 아니더라도) 행동할 수 있는 역량 면에서 진정한 고프만류의 인간이다. 이 사람은 실제로도 그렇지만 자신을 일상생활의 사회적 무대에 오른 연기자로 인식한다. 그리고 디드로를 위해 사람들을 속일 수 있는 능력을 연달아 보여준다. "격노하고, 달래고, 도도하고, 비웃고, 처음에는 한 처녀가 눈물을 흘리면 여자의 아양 떠는 방식을 따라 한다. 다음으로 목사가 되었다가, 왕이 되었다가, 폭군이 되었다. 이제는 노예가 되었다가, 복종하고, 잠시 기분을 가라앉혔다가, 비탄에 잠겼다가, 불평을 하고, 웃고, 노래를

하고, 소리를 지르고, 미친 사람처럼 팔을 휘두르고, 무용수가 되었다가, 발레리나가 되었다가, 가수가 되었다가 프리마 돈나가 되었다가, 이것들을 모두 모아 오케스트라가 되고, 극장이 된다. 그리고 나서는 다시 자신을 20개의 분리된 배역으로 나누고, 뛰다가, 멈추었다가, 무언가에 홀린 사람처럼 눈을 빛내고, 입에 거품을 문다. 애통함으로 경련을 일으키는 여자였다가, 절망에 빠진 비참한 사람이 되었다." Trilling 1972, 45쪽.

7 같은 책. 9쪽.

8 같은 책. 16쪽.

9 트릴링은 지나치게 포괄적인 용어인 '진정성'이 지니는 몇 가지 의미를 집어낸다. 그중 하나는 진정성이 없는 삶이 부끄러움이나 죄책감을 느껴야 하느냐 하는 것에 관한 두려움(우리가 예절로 여기고 존중하는 감정) 속에 삶을 영위한다는 면에서, 부끄러움이 없는 상태. 이렇게 봤을 때 '진정한 영웅'은 어느 정도의 한계선을 넘은 사람들이고, 그 사람들이 받아들이는 의무는 어떤 매혹적인 무중력 상태에 있는 것들이다. 진정성은 또한 자기 자신을 포함해 어떤 것에 극도의 권력을 가지고 있다는 것을 뜻하기도 한다. 트릴링의 관심을 가장 많이 끌면서도 가장 소름끼치게 만든 것은 한 개인이 도덕적 공동체에서 빠져나가는 정당한 출구로 활용되는 진정성이었고, 이 용어를 자기중심적 위엄과 사회적 분리의 환상에 도덕적인 힘을 실어주는 말로 사용하는 것이었다. R. D. 랭이 말하는 미치는 방법이 바로 트릴링이 지적하는 사례다. "초월성과 카리스마에 관한 광기를 묘사하는 문장에서 알 수 있듯, 사람들은 자신이 표현하는 사람들의 연결에 관한 강한 거부, 인간의 존재는 권력을 가짐으로써 진정성을 갖추게 된다는 무시무시한 믿음, 권력을 소유해야 한다는 신념을 간파하지 못하고 있다. 이런 것들은 어느 누가 동등한 눈높이에 존재한다 하더라도 제한될 수 없는 것들이다"(같은 책, 171쪽).

문제는 이런 비난을 하는 과정에서 자신의 전체적인 분석이 유도하는 질문을 잊어버리고 있다는 것이다. **왜 진정성이 진지함을 대체하는 가치가 되었는가?** 트릴링은 이 질문에 전혀 답하지 않고 있다. 역설적이게도, 우리 전부에게 제법 여러 가지 각기 다른 이유들을 들어 미치라고 명령하고 있는 랭의 감수성과 분석이야말로 트릴링이 제기하는 이 문제에 답하는 데 도움을 준다. 진정성이 진지함을 대체할 수 있는 것은 그것이 자발적이고 자연스러우며 꾸밈없는 감정으로 이해되기 때문이다.

10 어떤 배역을 연기하기 위해 감정을 **속인다**는 개념은 트릴링이 쓴 것처럼 '연기하는 모든 배역의 아래 어딘가에서 [개인은] "떨어지자, 이 빌린 것들에서 벗어나야 한다!"고 중얼거리면서 자기 본래의 실제적 자아에 안착하고 싶어한다'는 뜻을 내포한다(같은 책. 10쪽). 트릴링은 세상을 속일 수는 있지만 자신은 속이지 못하는 이 자아를 변하지 않는 '영국적' 자아라고 부른다. 트릴링은 영국적 자아와 미국적 자아를 구분한다. 영국적 자아는 "사적이고, 견고하며, 고집스럽다"(같은 책, 113쪽). 이것이 변화하지 않는 사회에서 트릴링이 꿈꾸는 자아다. 어떤 이유에서인지 트릴링은 영국에 이런 환상을 갖고 있다. 트릴링이 인식하는 미국적 자아는 야트막하게 구성되어 있기 때문에 좀더 융통성이 있다.

11 Turner 1976을 참고.

12 Perls et al. 1951, 297쪽.

13 James and Jongeward 1971.

14 감정노동을 하기 위해 필수적인 자아와 분리되기는 부분적으로 감정에 관한 통제를 늘리는 것을 목표로 하는 현대의 많은 치료법에 따라 촉진된다. 개인은 자신이 **이미 감정을 통제하고 있다**는 믿음을 갖도록 유도된다. 예를 들어 브라운은 생물에너지학에 기반한 치료에서 이렇게 말한다. "대상자에게는 형형색색의 빛이 자신의 뇌파 속에서 실제로 조작되고 있으며, 이 빛이 자신의 감정과 생각, 분위기에 따라 조정된다고 말한다. 또한 대상자 자신이 느끼고 생각하는 방식에 따라 스스로 이 빛을 조정할 수 있다는 말을 한다"(Brown 1974, 50쪽). 초월 명상법에서도 환자는 자신의 내부적 생각과 이미지를 조작함으로써 자신이 원하는 대로 '알파파 활동'을 지속시킬 수 있다는 말을 듣는다. 개인은 자아와 이드, 틀을 짜는 사람과 틀에 갇힌 사람, 감독자와 행위자를 구분하라는 요구를 받는 사이 자신이 **이미 주도권을 쥐고 있다**는 믿음을 갖게 된다.

15 Winnicott 1965, 143쪽. 연기자에게는 어린 시절 거짓 자아를 발전시킨 것이 자산이다. 위니콧의 말처럼, "아이가 커서 연기자가 되는 경우처럼 때때로 거짓 자아의 방어가 승화의 기반을 형성하는 경우를 쉽게 볼 수 있다"(Winnicott 1965, 150쪽).

16 Lasch 1978. 현대 사회의 조건에 적응한 새로운 '현대적 자아'에 관한 문헌들도 많다. 예를 들면, Liesman(1953), Lasch(1978), Lifton(1970), Turner(1976), Zurcher(1972) 등이 있다. 이런 이론가들은 현대 생활의 조건(덧없는 세상에 사는 것, 또는 안정적인 세상 사이에서 순간적인 존재가 되는 것, 친족 사이 유대의 감소, 사회 이동성과 좀더 외부적으로 맞춰져 있고(리스만), 좀더 변화무쌍하며(리프턴), 더 융통성 있는 자아가 형성되는 것 사이에 일반적인 연결성이 있다고 주장한다. 달리 말하면, 이 이론가들의 주장은 이런 조건들이 상호작용해 우리 안에 거짓 자아를 발생시키고, 이 거짓 자아는 우리가 실체가 없는 '진정한 자아'라고 생각하는 환상에 좀더 유동적으로 연관된다는 것이다.

출간 20주년 기념 개정 증보판 후기

1 Ronnie Steinberg and Deborah Figart, "Emotional Labor Since *The Managed Heart*," *Annals of the American Academy of Political and Social Science*, 1999(Jan), V. 561: 8~26. Pam Smith, *The Emotional Labour of Nursing: How Nurses Care*, Basingstoke, Macmillan, XXXX과 Jennifer Pierce, *Gender Trials: Emotional Lives in Contemporary Law Firms*, Berkeley: University of California Press, 1995와 Aviad Raz, *Emotions at Work: Normative Control, Organizations and Culture*, Harvard East Asia Monographs, no. 213, Cambridge: Harvard East Asia Center, 2002.

2 Cameron Macdonald and Carmen Siriani(eds.), *Working in the Service Society*, Phil: Temple

University Press, 1996.

3 Steinberg and Figart, 앞의 책, 11~12쪽.

4 Steinberg and Figart, 앞의 책, 9쪽.

5 Steinberg and Figart, 앞의 책, 19쪽.

6 Rochelle Sharpe, "'Nannies on Speed Dial' Working Life," *Business Week*, 2000년 9월 18일자, 108~110쪽. 매사추세츠 주에 기반을 둔 '위기의 부모들(Parents in a Pinch Inc.)'이라는 회사의 대표는 조부모가 일하는 부모를 직접 돕는 대신 일하느라 바쁜 딸에게 선물로 서비스를 구매해주는 경우가 많다고 말했다. 아마 대개 자신도 일을 하고 있거나 너무 바빠서 도움을 줄 수 없는 경우일 것이다.

7 메인 주의 라디오 광고에서 인용. 2000년 7월.

8 Sharpe, 같은 책, 110쪽.

9 인터넷 광고. '크레이그리스트(Craiglist.org, 미국의 중고품 거래 전문 인터넷 사이트 — 옮긴이)'의 '파트타임/업무 보조 구인'란에서 찾을 수 있다.

10 Sharpe, 같은 책, 110쪽.

11 세 가지 요인이 이런 시장화된 가사 영역의 성장을 촉진했다고 볼 수 있다. 하나는 일하는 여성의 비율이 증가한 것이다. 1950년에는 여성의 30퍼센트, 1986년에는 55퍼센트의 여성이 돈을 받고 일을 했지만, 오늘날에는 60퍼센트의 여성이 일을 하고 있다. 1950년에는 6세 이하의 자녀를 둔 기혼 여성 중 28퍼센트가 일을 한 반면, 오늘날에는 63퍼센트가 일을 한다. 그중 3분의 2는 전일제로 일을 하고 있다. 이렇게 어머니들이 일을 하고 있지만, 그런 어머니들이 아이를 돌봐 달라고 가장 먼저 찾는 사람인 어머니, 자매들, 시누이, 친한 친구, 이웃 등도 일을 한다.

심지어 남편과 아내의 노동도 보장된 것은 아니다. 또 하나의 요인은 젠 디자드와 하워드 가들린(Jan Dizard and Howard Gadlin)이 《극소 가족(Minimal Family)》에서 지적한 미국 가족의 취약성과 유연성에 있다. 1984년부터 결혼하는 사람이 줄었고, 결혼한 사람 중에서도 결혼 생활을 유지하는 사람은 줄고 재혼이 늘었으며, 재혼한 사람 중에서도 많은 수가 다시 이혼한다. 결혼을 하지 않고 아이를 키우는 가정도 늘었고, 아이를 혼자 기르는 어머니도 늘었다. 오래된 구조와 법칙을 따르는 사람은 더 줄어들었다. 동시에 로버트 퍼트남(Robert Putnam)이 《나홀로 볼링(Bowling Alone)》에서 보여주었듯, 같은 시대를 살면서도 사람들은 투표를 하거나, 클럽에 가입하거나, 봉사 활동을 하거나, 친구들을 저녁에 초대하거나, 가족이 함께 모여 식사를 하거나, 심지어 함께 이야기를 하는 것도 줄었다. 그러나 디자드와 가들린, 퍼트남이 지적하는 것은 시장화된 가사 영역의 부상과 나란히 나타난다. 확장되고 있는 이 세 번째 분야에서 상호 작용은 계속된다. 이 상호 작용은 탁아소의 아동복지사, 노인복지사, 요양원 돌보미, 상류 계급의 경우에는 생일 파티 관리자와 개인 비서들과 하게 된다.

12 어느 인터넷 광고. 보니 콴(Bonnie Kwan)의 제보.

참고문헌

출간 20주년 기념 개정 증보판 참고문헌

Ashforth, Blake E. and Ronald H. Humphrey. 1993. "Emotional Labor in Service Roles: The Influence of Identity." *Academy of Management Review* 18(1). 88~115.

Barton, D. P. J. 1991. "Continuous Emotional Support During Labor." *JAMA-Journal of American Medical Association* 266(11). 1509~1509.

Bellas, M. L. 1999. "Emotional Labor in Academia: The Case of Professors." *Annals of the American Academy of Political and Social Science* 561. 96~100.

Bolton, S. C. 2000. "Who Cares? Offering Emotion Work as a 'Gift' in the Nursing Labour Process." *Journal of Advanced Nursing* 32(3). 580~586.

Braverman, Harry. 1974. *Labor and Monopoly Capital*. New York: Monthly Review Press.

Brotheridge, C.M. and A. A. Grandey. 2002. "Emotional Labor and Burnout: Comparing Two Perspectives of 'People Work.'" *Journal of Vocational Behavior* 60(1). 17~39.

Burton, Clare. 1991. *The Promise and the Price: The Struggle for Equal Opportunity in Women's Employment*. North Sydney, Australia: Allen & Unwin.

Chin, T. 2000. "'Sixth Grade Madness' — Parental Emotion Work in the Private High School Application Process." *Journal of Contemporary Ethnography* 29(2). 124~163.

Copp, M. 1998. "When Emotion Work is Doomed to Fail: Ideological and Structural Constraints on Emotion Management." *Symbolic Interaction* 21(3). 299~328.

DeCoster, V. A. 2000. "Health Care Social Work Treatment of Patient and Family Emotion: A Synthesis and Comparison Across Patient Populations and Practice Settings." *Social Work in Health Care* 30(4). 7~24.

DeCoster, V. A. and M. Egan. 2001. "Physicians' Perceptions and Responses to Patient Emotion: Implications for Social Work Practice in Health Care." *Social Work in Health Care* 32(3). 21~40.

DeVault, Marjorie L. 1991. *Feeling the Family: The Social Organization of Caring as Gendered Work*. Chicago: University of Chicago Press.

_____. 1999. "Comfort and Struggle: Emotion Work in Family Life." *Annals of the American Academy of Political and Social Science* 561. 52~63.

Duffy, D. P. 1994. "Intentional Infliction of Emotional Distress and Employment At Will — The Case Against Tortification of Labor and Employment Law." *Boston University Law Review* 74(3). 387~427.

England, Paul and George Farkas. 1986. *Households, Employment, and Gender: A Social, Economic, and Demographic View*. New York: Aldine.

England, Paula, Melissa A. Herbert, Barbara Stanek Kilbourne, Lori L. Reid, and Lori McCready Megdal. 1994. "The Gendered Valuation of Occupations and Skills: Earnings in 1980 Census Occupations." *Social Forces* 73(1). 65~99.

Erickson, Rebecca J. and C. Ritter. 2001. "Emotional Labor, Burnout, and Inauthenticity: Does Gender Matter?" *Social Psychology Quarterly* 64(2). 146~163.

Exley, C. and G. Letherby. 2001. "Managing a Disrupted Lifecourse: Issues of Identity and Emotion Work." *Health* 5(1). 112~132.

Feldberg, Roslyn L. and Evelyn Nakano Glenn. 1979. "Male and Female: Job Versus Gender Models in the Sociology of Work." *Social Problem* 26(5). 524~38.

Gaskell, Jane. 1991. "What Counts as skill? Reflections on Pay Equity." in Judy Fudge and Patricia McDermot(eds.). *Just Wages: A Feminist Assessment of Pay Equity*. Toronto: University of Toronto Press.

Gattuso, S. and C. Bevan. 2000. "Mother, Daughter, Patient, Nurse: Women's Emotion Work in Aged Care." *Journal of Advanced Nursing* 31(4). 892~899.

Gevirtz, C. M. and G. F. Marx. 1991. "Continuous Emotional Support During Labor." *JAMA-Journal of the American Medical Association* 266(11). 1509~1509.

Glutek, Barbara A. 1985. *Sex and the Workplace: The Impact of Sexual Behavior and Harassment on Women, Men, and Organizations*. San Francisco: Jossey-Bass.

Hall, Elaine J. 1993. "Smiling, Deferring, and Flirting: Doing Gender by Giving 'Good Service.'" *Work and Occupations* 20(4). 452~471.

Hall, Stuart, Michael Rustin, Doreen Massey and Pam Smith(eds.). 1999. *Soundings: Emotional Labor* Issue II(September), London: Lawrence and Wishart.

Hochschild, Arlie Russell. 1979. "Emotional Work, Feeling Rules, and Social Structure." *American Journal of Sociology* 85(3). 551~575.

_____. 1981. "Power, Status and Emotion." review of Theodore Kemper's *An Interactional Theory of Emotions, in Contemporary Sociology* 10(1). 73~79.

_____. 1983. *The Managed Heart: Commercialization of Human Feeling*. Berkeley: University of California Press.

_____. 1989. *The Second Shift: Working Parents and the Revolution at Home*. (with Anne Machung) New York: Viking Penguin.

_____. 1989. "Emotion Management: Perspective and Research Agenda" in Theodore Kemper(ed.). *Recent Advances in the Sociology of Emotion*. New York: SUNY Press.

_____. 1989. "The Economy of Gratitude" in David Franks and Doyle McCarthy (eds.). *Original Papers in the Sociology of Emotions*, New York: JAI Press.

_____. 1990. "Ideology and Emotion Management: A Perspective and Path for Future Research" in Theodore D. Kemper(ed.), *Research Agendas in the Sociology of Emotion*. Albany: State University of New York Press.

_____. 1993. Preface to *Emotions in Organizations*, edited by Stephen Fineman. New York: Sage Publishers.

_____. 1996. "Emotional Geography Versus Social Policy: The Case of Family-Friendly Reforms in the Workplace" in Lydia Morris and E. Stina Lyon(eds.). *Gender Identities in Public and Private: New Research Perspectives*. MacMillan Publishers.

_____. 1996. "The Sociology of Emotion as a Way of Seeing" in Gillian Bendelow and Simon Williams(eds.). *Emotions in Social Life*. London: Routledge.

_____. 1997. *The Time Bind: When Work Becomes Home and Home Becomes Work*. New York: Metropolitan/Holt.

_____. 2000. "Global Care Chains and Emotional Surplus Value" in Tony Giddens and Will Hutton(eds.). *On the Edge: Globalization and the New Millennium*. London: Sage Publishers. 130~146.

_____. 2000. "Generations." *New York Times*, cover story in Special Section devoted to Generations.

_____. 2002. "Emotion Management in the Age of Global Terrorism." *Soundings*, Issue 20(Summer). 117~126.

_____. 2003. *The Commercial Spirit of Intimate Life and Other Essays*. Berkeley: University of California Press.

Hochschild, Arlie Russell and Barbara Ehrenreich(eds.). 2003. *Global Woman: Nannies, Maids and Sex Workers in the New Economy*. New York: Metropolitan Books.

Holm, K. E., R. J. Werner-Wilson, A. S. Cook, and P. S. Berger. 2001. "The Association Between Emotion Work, Balance and Relationship Satisfaction of Couples Seeking Therapy." *American Journal of Family Therapy* 29(3). 193~205.

Holman, D., C. Chissick, and P. Totterdell. 2002. "The Effects of Performance Monitoring on Emotional Labor and Well-Being in Call Centers." *Motivation and Emotion* 26, no. 1. 57~81.

Hunter, B. 2001. "Emotion Work in Midwifery: A Review of Current Knowledge." *Journal of Advanced Nursing* 34(4). 436~444.

Jacobs, Jerry A. and Ronnie J. Steinberg. 1990. "Compensating Differentials and the Male-Female Wage Gap: Evidence from the New York State Comparable Worth Study." *Social Forces* 69(2). 439~468.

James, Nicky. 1989. "Emotional Labour: Skill and Work in the Social Regulation of Feelings." *Sociological Review* 37(1). 15~42.

Karabanow, J. 1999. "When Caring is not Enough: Emotional Labor and Youth Shelter Workers." *Social Service Review* 73(3). 340~357.

Kennell, J., S. McGrath, M. Klaus, S. Robertson, and C. Hinkley. 1991. "Continuous Emotional Support During Labor — A Randomized Controlled Trial." *JAMA-Journal of the American Medical Association* 265(17). 2197~2201.

_____. 1991. "Continuous Emotional Support During Labor — In Reply." *JAMA-Journal of the American Medical Association* 266(11).

1509~1510.

Kilbourne, Barbara Stanck, George Farkas, Kurt Beron, Dorothea Weir, and Paula England. 1994. "Returns to Skill, Compensating Differentials, and Gender Bias: Effects of Occupational Characteristics on the Wages of White Women and Men." *American Journal of Sociology* 100(3). 689~710.

Kunda, Gideon. 1992. *Engineering Culture: Control and Commitment in a High-Tech Corporation*. Philadelphia: Temple University Press.

Leidner, Robin. 1991. "Selling Hamburgers and Selling Insurance: Gender, Work, and Identity in Interactive Service Jobs." *Gender & Society* 5(2). 154~177.

_____. 1993. *Fast Food, Fast Talk: Service Work and the Routinization of Everybody Life*. Berkeley: University of California Press.

_____. 1999. "Emotional Labor in Service Work." *Annals of the American Academy of Political and Social Science* 562. 81~95.

Lively, Kathryn J. 1993. Discussant comments for the panel on emotional labor, annual conference of the Eastern Sociological Society, 16 Mar.

_____. 2002. "Client Contact and Emotional Labor — Upsetting the Balance and Evening the Field." *Work and Occupations* 29(2). 198~225.

Maguire, J. S. 2001. "Fit and Flexible: The Fitness Industry, Personal Trainers and Emotional Service Labor." *Sociology of Sport Journal* 18(4). 379~402.

Martin, J., K. Knopoff, and C. Beckman. 1998. "An Alternative to Bureaucratic Impersonality and Emotion Labor: Bounded Emotionality at The Body Shop." *Administrative Science Quarterly* 43(2). 429~469.

Martin, S. E. 1999. "Police Force or Police Service? Gender and Emotional Labor." *Annals of the American Academy of Political and Social Science* 561. 111~126.

Morris, J. Andrew and Daniel C. Feldman. 1996. "The Dimensions, Antecedents, and Consequences of Emotional Labor." *Academy of Management Review* 21(4). 986~1010.

O'Brien, Martin. 1994. "The Managed Heart Revisited: Health and Social Control." *Sociological Review* 42(3). 393~413.

Ostell, A., S. Baverstock, and P. Wright. 1999. "Interpersonal Skills of Managing Emotion at Work." *Psychologist* 12(1). 30~34.

Parkinson, Brian. 1996. *Changing Moods: The Psychology of Mood and Mood Regulation*. New York: Addison Wesley Longman.

Paules, Greta Foff. 1996. "Resisting the Symbolism Among Waitresses" in Cameron Lynne Macdonald and Carmen Sirianni(eds.). *Working in the Service Society*. Philadelphia: Temple University Press.

Phillips, Anne and Barbara Taylor. 1986. "Sex and Skill" in Feminist Review(ed.), *Waged Work: A Reader*. London: Virago.

Pierce, Jennifer L. 1995. *Gender Trials: Emotional Lives in Contemporary Law Firms*. Berkeley: University of California Press.

_____. 1999. "Emotional Labor Among Paralegals." *Annals of the American Academy of Political and Social Science* 561. 127~142.

Pugliesi, K. 1999. "The Consequences of Emotional Labor: Effects on Work Stress, Job Satisfaction, and Well-Being." *Motivation and Emotion* 23(2). 125~154.

Rafaeli, Anat. 1989. "When Cashiers Meet Customers: An Analysis of the Role of Supermarket Cashiers." *Academy of Management Journal* 32(2). 245~273.

Rafaeli, Anat and Robert Sutton. 1987. "Expression of Emotion as Part of the Work Role." *Academy of Management Review* 12(1). 23~37.

_____. 1989. "The Expression of Emotion in Organizational Life" in Barry M. Staw and L. L. Cummings(eds.). *Research in Organizational Behavior* 11. Greenwich, CT: JAI Press.

_____. 1991. "Emotional Contrast Strategies as Means of Social Influence: Lessons from Criminal Interrogators and Bill Collectors." *Academy of Management Journal* 34(4). 749~775.

Rafaeli, Anat and M. Worline. 2001. "Individuals Emotion in Work Organizations." *Social Science Information Sur Les Sciences Sociales* 40(1). 95~123.

Sass, J. S. 2000. "Emotional Labor as Cultural Performance: The Communication of Caregiving in a Nonprofit Nursing Home." *Western Journal of Communication* 64(3). 330~358.

Schaubroeck, John M. and J. R. Jones. "Antecedents of Workplace Emotional Labor Dimensions and Moderators of Their Effects on Physical Symptoms." *Journal of Organizational Behavior* 21(SI). 163~183.

Serry, B. L. and M. S. Crowley. 2000. "Women's Emotion Work in the Family — Relationship Management and the Process of Building Father-Child Relationships." *Journal of Family Issues* 21(1). 100~127.

Smith, Pam. 1988. "The Emotional Labor of Nursing." *Nursing Times* 84. 50~51.

_____. 1992. *The Emotional Labour of Nursing: How Nurses Care*. Basingstoke, Macmillan.

Steinberg, Ronnie J. 1990. "Social Construction of Skill: Gender, Power, and Comparable Worth." *Work and Occupations* 17(4). 449~482.

_____. 1999. "Emotional Labor Since The Managed Heart." *Annals of the American Academy of Political and Social Science* 561. 8~26.

_____. 1999. "Emotional Labor in Job Evaluation: Redesigning Compensation Practices." *Annals of the American Academy of Political and Social Science* 561. 143~157.

Steinberg, Ronnie J., Lois Haignere, Carol Possin, Donald Treiman, and Cynthia H. Chertos. 1985. *New York State Comparable Worth Study*. Albany, NY: Center for Women in Government.

Steinberg, Ronnie J. and W. Lawrence Walter. 1992. "Making Women's Work Visible: The Case of Nursing — First Steps in the Design of a Gender-Neutral Job Comparison System." *Exploring the Quincentenniel: The Policy Challenges of Gender, Diversity, and International Exchange*. Washington, DC: Institute for Women's Policy Research.

Stenross, Barbara and Sherryl Kleinman. 1989. "The Highs and Lows of Emotional Labor: Detectives' Encounters with Criminals and Victims." *Journal of Contemporary Ethnography* 17(4). 435~452.

Sutton, Robert I. 1991. "Maintaining Norms About Expressed Emotions: The Case of Bill Collectors." *Administrative Science Quarterly* 36(June). 245~268.

Sutton, Robert I. and Anat Rafaeli. 1988. "Untangling the Relationship Between Displayed Emotions and Organizational Sales: The Case of Convenience Stores." *Academy of Management Journal* 31(3). 461~487.

Thoits, Pegga A. 1989. "The Sociology of Emotions." *Annual Review of Sociology* 15. 317~342.

Uttal, Lynet and Mary Tuominen. 1999. "Tenuous Relationship — Exploration, Emotion, and Racial Ethnic Significance in Paid Child Care Work." *Gender & Society* 13(6). 758~780.

Van Maanen, John and Gideon Kunda. 1989. "'Real Feelings': Emotional Expressions and Organizational Culture" in Barry M. Staw and L. L. Cummings(eds.). *Research in Organizational Behavior* 11. Greenwich, CT: JAI Press.

Wajcman, Judy. 1991. "Patriarchy, Technology, and Conceptions of Skill." *Work and Occupations* 18(1). 29~45.

Wharton, Amy S. 1993. "The Affective Consequences of Service Work: Managing Emotions on the Job." *Work and Occupations* 20(2). 205~232.

_____. 1999. "The Psychosocial Consequences of Emotional Labor." *Annals of the American Academy of Political and Social Science* 561. 158~176.

Wharton, Amy S. and Rebecca j. Erickson. 1993. "Managing Emotions on the Job and at Home: Understanding the Consequences of Multiple Emotional Roles." *Academy of Management Review* 18(3). 457~486.

_____. 1995. "The Consequences of Caring: Exploring the Link Between Women's Job and Family Emotion Work." *Sociological Quarterly* 36(2). 273~296.

Wolkomir, M. 2001. "Emotion Work, Committment, and the Authentication of the Self — The Case of Gay and Ex-Gay Christian Support Groups." *Journal of Contemporary Ethnography* 30(3). 305~334.

Yanny, N. and G. Shahar. 1998. "Professional Feelings as Emotional Labor." *Journal of Contemporary Ethnography* 30(3). 305~334.

Zapf, D. C. Seifert, B. Schmutte, H. Mertini, and M. Holz. 2001. "Emotion Work and Job Stressors and Their Effects on Burnout." *Psychology & Health* 16(5). 527~545.

초판 참고문헌

Abrahamsson, Bengt. 1970. "Homans on exchange: hedonism revisited." *American Journal of Sciology* 76. 273~285.

Alexander, James, and Kenneth Isaacs. 1963. "Seriousness and preconscious affective attitudes." *International Journal of Psychoanalysis* 44. 23~30.

_____. 1964. "The Function of Affect." *British Journal of Medical Psychology* 37. 231~237.

Allport, G., and H. S. Odbert. 1936. "Trait names: a psycholexical study." *Psychological Monographs* 47. 1~171.

Ambrose, J. A. 1960. "The smiling response in early human infancy." Ph. D. diss., University of London.

Andreason, N. J. C., Russell Noyes, J. R. Hartford, and C. E. Hartford. 1972. "Factors influencing adjustment of burn patients during hospitalization." *Psychosomatic Medicine* 34. 517~525.

Arlow, J. 1957. "On smugness." *International Journal of Psychoanalysis* 38. 1~8.

Armitage, Karen, Lawrence Schneiderman, and Robert Bass. 1979. "Response of physicians to medical complaints in men and women." *Journal of the American Medical Association* 241. 2186~2187.

Armstrong, Frieda. 1975. "Toward a sociology of jealously." Unpublished paper, Department of Socilogy, University of California, Berkeley.

Arnold, Magda B. 1968. *Nature of Emotion*. Baltimore: Penguin.

_____. 1970. *Feeling and Emotion*(ed.). New York: Academic Press.

Asch, Solomon. 1952. *Social Psychology*. New York: Prentice-Hall.

Attewell, Paul. 1974. "Ethnomethodology since Garfinkel." *Theory and Society* 1. 179~210.

Austin, J. L. 1946. "Other minds" in J. O. Urmson and G. J. Warnock(eds.), *Philosophical Papers*. 14th ed. Oxford: Clarendon Press.

Averill, James R. 1973. "Personal control over aversive stimuli and its relationship to stress." *Psychological Bulletin* 80. 286~303.

_____. 1975. "Emotion and anxiety: Sociocultural biology and psychological determinants" in M. Zuckerman and C. D. Spielberger(eds.). *Emotions and Anxiety, New Concepts, Methods, and Applications*. New York: Wiley.

Ayer, A. J.(ed.) 1960. *Logical Positivism*. Glencoe, Ill.: Free Press.

Barron, R. D., and G. M. Norris. 1976. "Sexual divisions and the dual labour market" in Diana Leonard Barker and Sheila Allen(eds.). *Dependence and Exploitation in Work and Marriage*. London and New York: Longmans. 47~69.

Beck, Aaron. 1971. "Cognition, affect, and psychopathology." *Archives of General Psychiatry* 24. 495~500.

Becker, Howard S. 1953. "Becoming a marihuana user." *American Journal of Sociology* 59. 235~242.

Bell, Daniel. 1973. *The Coming of Post-Industrial Society*. New York: Basic Books.

Bem, Daryl, and Andrea Allen. 1974. "On predicting some of the people some of the time: the search for cross-situational consistencies in behavior." *Psychological Reiew* 81. 506~520.

Bendix, Reinhard. 1952. "Complaint behavior and individual personality." *American Journal of Sociology* 58. 292~303.

_____. 1956. *Work and Authority in Industry*. New York: Wiley.

Benedict, Ruth. 1946a. *The Crysanthemum and the Sword*. Boston: Houghton Mifflin.

_____. 1946b. *Patterns of Culture*. New York: Penguin.

Berger, Peter. 1966. "Identity as a problem in the sociology of knowledge." *European Journal of Sociology* 7. 105~115.

Berger, Peter, and Thomas Luckman. 1966. *The Social Construction of Reality*. New York: Doubleday.

Berkowitz, Leonard. 1962. *Aggression: A Social Psychological Analysis*. New York: McGraw-Hill.

Berman, Marshall. 1970. *The Politics of Authenticity*. New York: Atheneum.

Bernstein, Basil. 1958. "Some sociological determinants of perception." *British Journal of Sociology* 9. 159~174.

_____. 1964. "Social class, speech systems and psychotherapy." *British Journal of Sociology* 15. 54~64.

_____. 1972. "A sociolinguistic approach to socialization, with some reference to educability" in John Gumperz and Dell Hymes(eds.), *Directions in Sociolinguistics*. New York: Holt, Rinehart and Winston.

_____. 1974. *Class, Codes and Control*. London: Routledge & Kegan Paul.

Birdwhistell, R. 1970. *Kinesics and context*. Philadelphia: University of Pennsylvania Press.

Blanchard, E. B., and L. B. Young. 1973. "Self control of cardiac functioning: a promise as yet unfulfilled." *Psychological Bulletin* 79. 145~163.

Blau, Peter M. 1955. *The Dynamics of Bureaucracy*. Chicago: University of Chicago Press.

_____. 1964. *Exchange and Power in Social Life*. New York: Wiley.

Blauner, Robert. 1964. *Alienation and Freedom*. Chicago: University of Chicago Press.

Blondel, Charles. 1952. *Introduction à la Psychologie Collective*. 5th ed. Paris: A. Colin.

Blumer, Herbert. 1969. *Symbolic Interactionism: Perspective and Method*. Englewood Cliffs, N. J.: Prentice-Hall.

Bourne, Patricia Gerald, and Norma Juliet Winkler. 1976. "Dual roles and double binds: women in medical school." Unpublished paper. University of California, Santa Cruz.

Brannigan, Gray G., and Alexander Toler. 1971. "Sex differences in adaptive styles." *Journal of Genetic Psychology* 119. 143~149.

Braverman, Harry. 1974. *Labor and Monopoly Capital*. New York and London: Monthly Review Press.

Brenner, Charles. 1953. "An addendum to Freud's theory of anxiety." *International Journal of Psychoanalysis* 34. 18~24.

_____. 1974. "On the nature and development of affects: a unified theory." *The Psychoanalytic Quarterly* 43. 532~556.

Brien, Lois, and Cynthia Shelden. 1976. "Women and gestalt awareness" in Jack Downing(ed.), *Gestalt Awareness*. New York: Harper & Row.

Broverman, Inge K., Donald M. Broverman, and Frank E. Clarkson. 1970. "Sex role stereotypes and clinical judgments of mental health." *Journal of Consulting and Clinical Psychology* 34. 1~7.

Brown, Barbara. 1974. *New Mind, New Body*. New York: Haper & Row.

Brown, Judson, and I. B. Farber. 1951. "Emotion conceptualized as intervening variables, with suggestions toward a theory of frustration." *Psychological Bulletin* 48. 465~495.

Bundy. Cheryl. 1982. "Gourmet sex comes to a living room near you." *East Bay Express* 4(12). 465~495.

Burke, Kenneth. 1954. *Permanence and Change: An Anatomy of Purpose*. 2nd rev. ed. Los Altos, Ca.: Hermes.

_____. 1955. *A Grammar of Motives*. New York: Braziller.

Campbell, Sarah F.(ed.). 1976. *Piaget Sampler*. New York: Wiley.

Cannon, W. B. 1927. "The James-Lange theory of emotions: a critical examination and an alternative theory." *American Journal of Psychology*(Washburn commemorative volume) 39. 106~124.

Capage, James Edward. 1972. "Internal-external control and sex as factors in the use of promise and threats in interpersonal conflict." Ph. D. diss. Sociology department, Ohio University.

Chodorow, Nancy. 1980. *The Reproduction of Mothering*. Berkeley and Los Angeles: University of California Press.

Cicourel, Aaron. 1973. *Cognitive Sociology*. Harmondsworth: Penguin.

_____. 1982. "Language and belief in a medical setting." Paper presented at 33rd Round Table on language and Linguistics, Georgetown University, Washington, D. C., March 11~13.

Clanton, Gordon, and Lynn G. Smith. 1977. *Jealousy*. Englewood Cliffs, N. J.: Prentice-Hall.

Clausen, John. 1978. "American research on the family and socialization." *Children Today* 7. 7~10.

Cohen, Albert. 1966. *Deviance and Control*. Englewood Cliffs, N. J.: Prentice-Hall.

Cole, Toby(ed.). 1977. *Acting: A Handbook of the Stanislavski Method*. New York: Lear.

Collins, Randall. 1971. "A conflict model of sexual stratification." *Social Problems* 19. 1~20.

_____. 1975. *Conflict Sociology*. New York: Academic Press.

Communication Style Workshop. n. d. Prepared by Brehm and Company for Sales Development Associates, Inc. One Crossroads of Commerce, Rolling Meadows, Ill. 60008.

Cooley, Charles Horton. 1964. *Human Nature and Social Order*. New York: Schocken. First published 1902.

Corporate Data Exchange, Inc. 1977. *Stock Ownership Dictionary. No. 1. The Transportation Industry*. New York: Corporate Data Exchange.

Dahlstrom, Edmund(ed.). 1971. *The Changing Roles of Man and Woman*. Boston: Beacon Press.

Daniels, Arlene. 1979. "Self-deception and self-discovery in field work." Unpublished paper, prepared for a conference on Ethical Problems of Fieldwork, Coolfont Conference Center. Berkeley Springs, West Virginia, October 18~21.

Daniels, Morris J. "Affect and its control in the medical intern." *American Journal of Sociology* 66. 259~267.

Darwin, Charles. 1955. *The Expression of Emotions in Man and Animals*. New York: Philosopical Library.

Davies, Margery. 1975. "Woman's place is at the typewriter: the feminization of the clerical labor force" in Richard Edwards, David Gordon, and Michael Reich(eds.). *Labor Market Segmentation*. Lexington, Ky.: Lexington Books. 279~296.

Davis, Kingsley. 1936. "Jealously and sexual property." *Social Forces* 14. 395~410.

Davitz, Joel. 1969. *The Language of Emotion*. New York and London: Academic Press.

De Beauvoir, Simone. 1974. *The Second Sex*. New York: Random House.

Dedmon. Dwight. 1968. "Psyiological and psychological deficiencies of the airline flight attendant induced by the employment environment." Unpublished paper.

Dewey, John. 1922. *Human Nature and Conduct: An Introduction to Social Psychology*. New York: Holt.

Dollard, John, Neal E. Miller, Leonard W. Doob, O. H. Mowrer, and Robert Sears. 1964. *Frustration and Aggression*. New Haven: Yale University Press.

Dorsey, John. 1971. *The Psychology of Emotion: The Power of Positive Thinking*. Detroit: Center for Health Education.

Douglas, Mary. 1973. *Natural Symbols*. New York: Vintage.

Duffy, Elizabeth. 1941. "The conceptual categories of psychology: a suggestion for revision." *Psychological Review* 48. 177~203.

Durkheim, Émile. 1965. *The Elementary Forms of the Religious Life*. Tr. Joseph Ward Swain. New York: Free Press.

Edwards, Richard. 1979. *Contested Terrain: The Transformation of the Workplace in the Twentieth Century*. New York: Basic Books.

Ekman, Paul. 1971. "Universals and cultural differences in facial expressions of emotion" in J. K. Cole(ed.), *Nebraska Symposium on Motivation*. Lincoln, Neb.: University of Nebraska Press. 207~283.

_____. 1973. *Darwin and Facial Expression*. New York: Academic Press.

Ekman, Paul, and Wallace Friesen. 1969. "Nonverbal leakage and clues to deception." Psychiatry 31. 88~106.

Ekman, Paul, W. V. Friesen, nd P. Ellsworth. 1972. *Emotion in the Human Face: Guidelines for Research and an Integration of Findings*. New York: Pergamon Press.

Enarson, Elaine. 1976. "Assertiveness training: a first-hand view." Unpublished paper, Sociology department, University of Oregon.

Erikson, Eric. 1950. *Childhood and Society*. New York: Norton.

Etzioni, Amitai. 1968. "Basic human needs, alienation and inauthenticity." *American Sociological Review* 33. 870~885.

Feather, N. T. 1967. "Some personality correlates of external control." *Australian Journal of Psychology* 19. 253~260.

_____. 1968. "Change in confidence following success or failure as a predicator of subsequent performance." *Journal of Personality and Social Psychology* 9. 38~46.

Fell, Joseph Ⅲ. 1965. *Emotion in the Thought of Sartre*. New York: Columbia University Press.

Fenichel, Otto. 1954. "The ego and the affects" in *The Collected Papers*, Second Series. New York: Norton. 215~227.

Fiedler, Leslie A. 1960. "Good good girls and good bad boys: Clarissa as a juvenile" in *Love and Death in ter American Novel*. New York: Criterion. 254~272.

Foster, George. 1972. "The anatomy of envy: a study in symbolic behavior." *Current Anthropology* 13. 165~202.

Fowles, John. 1969. *The French Lieutenant's Woman*. Boston: Little Brown.

Freeman, Jo(ed.). 1975. *Women, a Feminist Perspective*. Palo Alto, Ca: Mayfield.

Freud, Sigmund. 1911. "Formulations on the two principles of mental functioning" in James Strachey (ed.), *Standard Edition* 12. London: Hogarth Press. 213~226.

_____. 1915a. "Repression" in James Strachey(ed.), *Standard Edition* 14. London: Hogarth Press. 146~158.

_____. 1915b. "The unconcious" in James Strachey(ed.), *Standard Edition* 14. London: Hogarth Press.

_____. 1916~17. "Introductory lectures on psychoanalysis" in James Strachey(ed.), *Standard Edition* 15 and 16. London: Hogarth Press.

_____. 1926. "Inhibitions, symptoms, and anxiety" in James Strachey(ed.), *Standard Edition* 20. London: Hogarth Press. 77~126.

_____. 1931. *Modern Sexual Morality and Modern Nervousness*. New York: Eugenics Publishing Co.

_____. 1963. *Civilization and Its Discontents*. New York: Norton.

Friedman, Stanford B., Paul Chodoff, John Mason and David Hamburg. 1963. "Behavioral observations on parents anticipating the death of a child." *Pediatrics* 32. 610~625.

Fromm, Erich. 1942. *Escape from Freedom*. New York: Farrar and Rinehard.

Geertz, Clifford. 1972. "Deep play: notes on the Balinese cockfight." *Daedalus* 101. 1~37.

_____. 1973. *The Interpretation of Cultures: Selected Essays*. New York: Basic Books.

Geertz, Hildred. 1959. "The vocabulary of emotion." *Psychiatry* 22. 225~237.

Gellhorn, E. 1964. "Motion and emotion: the role of proprioception in the physiology and pathology of the emotions." *Psychological Review* 71. 457~472.

Gendin, Sidney. 1973. "Insanity and criminal responsibility." *American Philosophical Quarterly* 10. 99~110.

Gerth, Hans, and C. Wright Mills. 1964. *Character and Social Structure: The Psychology of Social*

Institutions. New York: Harcourt, Brace and World.

Gill, Frederick W., and Gilbert Bates. 1949. *Airline Competition*. Boston: Division of Research, Graduate School of Business Administration, Harvard University Printing Office.

Gitlin, Todd. 1980. *The Whole World Is Watching*. Berkeley and Los Angeles: University of California Press.

Glick, Ira O., Roster Weiss, and C. Murray Parkes. 1974. *The First Year of Bereavement*. New York: Wiley-Interscience.

Glover, E. 1939. *Psychoanalysis*. London: Bale.

Goffman, Erving. 1956. "Embarrassment and social organization." *American Journal of Sociology* 62. 264~271.

_____. 1959. *The Presentation of Self in Everyday Life*. New York: Doubleday Anchor.

_____. 1961. *Encounters*. Indianapolis: Bobbs-Merrill.

_____. 1967. *Interaction Ritual*. New York: Doubleday Anchor.

_____. 1969. *Strategic Interaction*. Philadelphia: University of Pennsylvania Press.

_____. 1974. *Frame Analysis*. New York: Harper Colophon.

Gold, Herbert. 1979. "The smallest part" in William Abrahams(ed.), *Prize Stories*, 1979. The O'Henry Award. Garden City. New York: Doubleday. 203~212.

Goldberg, Philip. 1968. "Are women prejudiced against women?" *Transaction* 5. 28~30.

Goode, William. 1964. "The theoretical importance of love" in Rose Coster(ed.), *The Family, Its Structure and Functions*. New York: St. Martin's Press.

Gorer, Geoffrey. 1977. *Death, Grief, and Mourning*. New York: Arno Press.

Green, William. 1976. *EST: Four Days to Make Your Life Work*. New York: Pocket Books.

Greenson, R. 1953. "On boredom." *Journal of American Psychoanalysis Association* 1. 7~21.

Gross, F., and G. P. Stone. 1964. "Embarrassment and the analysis of role requirements." *American Journal of Sociology* 80. 1~15.

Gurwitsch, Aron. 1964. *The Field of Consciousness*. Pittsburgh: Duquesne University Press.

Haan, Norma. 1977. *Coping and Defending*. New York: Academic Press.

Haas, Jack. 1977. "Learning real feelings: a study of high steel iron workers' reactions to fear and danger." *Sociology of Work and Occupation* 4. 147~170.

Hall, E. T. 1973. *The Silent Language*. Garden City. New York: Doubleday.

Hartmann, Heidi. 1976. "Capitalism, patriarchy and job segregation by sex" in Martha Blaxall and Barbara Reagan(eds.), *Women and the Work place*. Chicago and London: University of Chicago Press. 137~170.

Henley, Nancy M. 1977. *Body Politics: Power, Sex and Non-Verbal Communication*. Englewood Cliffs, N. J.: Prentice-Hall.

Hillman, James. 1964. *Emotion: A Comprehensive Phenomenology of Theories and Their Meanings for Therapy*. Evanston, Ill.: Northwestern University Press.

Hochschild, Arlie. 1969. "The ambassador's wife: an exploratory study." *Journal of Marriage and Family* 31. 73~87.

_____. 1975. "The sociology of feeling and emotion: selected possibilities" in Marcia Millman and Rosabeth Kanter(eds.), *Another Voice*. Garden City. New York: Anchor.

_____. 1977. "Reply to Scheff." *Current Anthropology* 18. 494~495.

_____. 1979. "Emotion work, feeling rules and social structure." *American Journal of Sociology* 85. 551~575.

_____. 1981. "Attending to codifying and managing feelings: sex differences in love." in Laurel Walum Richardson and Verta Taylor(eds.), *Sex and Gender: A Reader*. New York: Health. 280~307.

Homans, George. 1961. *Social Behavior: Its Elementary Forms*. New York: Harcourt, Brace and World.

Horney, Karen. 1937. *The Neurotic Personality of Our Time*. New York: Norton.

Horowitz, Mardi J. 1970. *Image Formation and Cognition*. New York: Appleton-Century-Crofts Educational Division, Meredith Corporation.

Hovland, Carl, Irving Janis, and Harold Keiley. 1953. "Credibility of the communicator" in *Communication and Persuasion*. New Haven: Yale University Press. 19~55.

Hsu, Francis. 1949. "Suppression versus repression: a limited psychological interpretation of four cultures." *Psychiatry* 12. 223~242.

Izard, C. E. 1968. "The emotions and emotion constructs in personality and culture research" in R. B. Cattell(eds.), *Handbook of Modern Personalty Theory*. Chicago: Aldine.

Jackson, P. W., and J. W. Getzels. 1959. "Psychological health and classroom functioning: a study of dissatisfaction with school among adolescents." *Journal of Educational Psychology* 50.

295~300.

Jacobson, Edith. 1953. "The affects and their pleasure-unpleasure qualities in relation to the psychic discharge processes" in R. Loewenstein(eds.), *Drives, Affects. Behavior*, Vol. 1. New York: International Universities Press. 38~66.

James, Muriel, and Dorothy Jongeward. 1971. *Born to Win*. Center City. Minn.: Hazeldon.

James, William, and Carl G. Lange. 1922. *The Emotions*. Baltimore: Williams and Wilkins.

Joe, V. C. 1971. "A review of the internal-external control construct as a personality variable." *Psychological Reports* 28. 619~640.

Johnson, Paula B. and Jacqueline D. Goodchilds. 1976. "How women get their way." *Psychology Today* 10. 69~70.

Jones, Edward E., David Kanouse, Harold Kelley, Richard Nisbett, Stuart Valins, and Bernard Weiner. 1972. *Attribution: Perceiving the Causes of Behavior*. Morristown, N. J.: General Learning Press.

Jourard, S. M. 1968. *Disclosing Man to Himself*. Princeton: Van Nostrand.

Kantan, A. 1972. "The infant's first reaction to strangers: distress or anxiety?" *International Journal of Psychoanalysis* 53. 501~503.

Kanter, Rosabeth Moss. 1972a. *Commitment and Community*. Cambridge, Mass: Harvard University Press.

_____. 1972b. "The organization child: experience management in a nursery school." *Sociology of Education* 45. 186~212.

_____. 1977. *Men and Women of the Corporation*. New York: Basic Books.

Kaplan, Bert(ed.). 1964. *The Inner World of Mental Illness*. New York: Harper & Row.

Katz, Judith. 1980. "Discrepancy, arousal and labeling: toward a psycho-social theory of emotion." *Sociological Inquiry* 50. 147~156.

Keene, Carolyn. 1972. *The Message in the Hollow Oak*. New York: Grosset and Dunlap.

Kelly, George. 1955. *The Psychology of Personal Constructs*, 2 vols. New York: Norton.

Kemper, Theodore D. 1978. *A Social Interactional Theory of Emotions*. New York: Wiley.

Kephart, William. 1967. "Some correlates of romantic love." *Journal of Marriage and the Family* 29. 470~474.

Kjerbuhl-Petersen, Lorenz. 1935. *Psychology of Action*. Boston: Expression Company.

Klein, Jeffrey. 1976. "Searching for Bill Walton." *Mother Jones*, September-October, 48~61.

Klineberg, O. 1938. "Emotional expression in Chinese literature." *Journal of Abnormal and Social Psychology* 33. 517~520.

Knox, David H., Jr., and Michael J. Sporakowski. 1968. "Attitudes of college students toward love." *Journal of Marriage and the Family* 30. 638~642.

Kohn, Melvin. 1963. "Social class and the exercise of parental authority" in Meil Smelser and William Smelser(eds.), *Personality and Social Systems*. New York: Wiley. 297~313.

_____. 1976. "Occupational structure and alienation." *American Journal of Sociology* 82. 111~130.

_____. 1977. *Class and Conformity: a study in values*. Chicago: University of Chicago Press.

Komarovsky, Mirra. 1962. *Blue-Collar Marriage*. New York: Vintage.

Koriat, A., R. Melkman, J. R. Averill, and Richard Lazarus. 1972. "The self-control of emotional reactions to a stressful film." *Journal of Personality* 40. 601~619.

Krogfoss, Robert B.(ed.). 1974. *Manual for the Legal Secretarial Profession*. 2nd ed. St. Paul, Minn.: West Publishing Co.

Kundera, Milan. 1981. *The Book of Laughter and Forgetting*. New York: Knopf.

La Barre, Weston. 1962. "Paralinguistics, kinesics and cultural anthropology" in T. A. Sebeok, Alfred Hayes, and Mary Catherine Bateson(eds.), *Approaches to Semiotics*. The Hague: Mouton. 191~238.

Laing, R. D. 1961. *The Divided Self*. Harmondsworth: Penguin.

_____. 1971. *The Politics of the Family and Other Essays*. New York: Pantheon.

_____. 1970. *Sanity, Madness, and the Family*. 2nd ed. Harmondsworth: Penguin.

Lakoff, Robin. 1975. *Language and Woman's Place*. New York: Harper & Row.

Langer, Suzanne. 1951. *Philosophy in a New Key*. Cambridge, Mass: Harvard University Press.

_____. 1967. *Mind: An Essay on Human Feeling*, Vol. 1. Baltimore: Johns Hopkins University Press.

Lasch, Christopher. 1976a. "Planned obsolescence." *New York Review of Books* 23(October 28). 7.

_____. 1976b. "The narcissist society." *New York Review of Books* 23(September 30). 5~13.

_____. 1978. *The Culture of Narcissism*. New York: Norton.

Laslett, Peter. 1968. *The World We Have Lost*. London: Methuen.

Latane, Bibb, and John Darby. 1970. *The Unresponsive Bystander*. New York: Appleton Century-Crofts.

Lazarus, Richard. 1966. *Psychological Stress and the Coping Process*. New York: McGraw-Hill.

_____. 1975. "The self-regulation of emotion" in I. Levi(ed.), *Emotions, Their Parameters and Measurement*. New York: Raven Press. 47~67.

Lazarus, Richard, and James Averill. 1972. "Emotion and cognition: with special reference to anxiety" in C. D. Spielberger, *Anxiety: Current Trends in Theory and Research*, Vol. 2. New York: Academic Press. 242~283.

Lee, Dorothy. 1959. *Freedom and Culture*. New York: Prentice-Hall.

Lefcourt, H. M. 1966. "Repression-sensitization: a measure of the evaluation of emotional expression." *Journal of Consulting Psychology* 30. 444~449.

Levi, Lennart. 1975. *Emotions, Their Parameters and Measurement*. New York: Raven Press.

Levinson, H. 1964. *Emotional Health in the World of Work*. Cambridge, Mass: Levinson Institute.

Lévi-Strauss, Claude. 1967. *Structural Anthropology*. Tr. C. Jacobson and B. Schoepf. Garden City. New York: Anchor.

Levy, Robert I. 1973. *Tahitians, Mind and Experience in the Society Islands*. Chicago: University of Chicago Press.

Lewis, C. S. 1961. *Grief Observed*. New York: Seabury Press.

Lewis, Lionel, and Dennis Braissett. 1967. "Sex as work: a study of avocational counseling." *Social Problems* 15. 8~18.

Lewis, Robert. 1958. *Method or Madness?* New York: Samuel French.

Lief, H. I., and R. C. Fox. 1963. "Training for a 'detached concern' in medical studies" in H. I. Lief, V. F. Lief, and N. R. Lief(eds.), *The Psychological Basis of Medical Basis of Medical Practice*. New York: Harper & Row. 12~35.

Lifton, Robert. 1970. *Boundaries: Psychological Man in Revolution*. New York: Random House.

Lindemann, Erich. 1944. "Symptomatology and management of acute grief." *American Journal of Psychiatry* 101. 141~148.

Lofgren, L. Borge. 1968. "Psychoanalytic theory of affects." *Journal of the American Psychoanalytic*

Association 16. 638~650.

Lofland, Lyn H. 1982. "Loss and human connection: an exploration into the nature of the social bon." Ch. 8. in William Ickes and Eric Knowles(eds.), *Personality, Roles and Social Behavior*. New York: Springer-Verlag.

Lowen, Alexander. 1975. *Bioenergetics*. New York: Coward, McCann and Geoghegan.

Lowson, Judith. 1979. "Beyond flying: the 1st step." *Between the lines* 3(2). 3~4.

Lutz, Catherine. 1981. "The domain of emotion words on Iflauk." Unpublished paper, Laboratory of Human Development, Graduate School of Education, Harvard University.

Lyman, Stanford, and Marvin Scott. 1970. *A Sociology of the Absurd*. New York: Appleton-Century-Crofts.

MacArthur, R. 1967. "Sex differences in field dependence for the Eskimo: replication of Berry's findings." *International Journal of Psychology* 2. 139~140.

Maccoby, Eleanor. 1972. "Sex differences in intellectual functioning" in J. M. Bardwick(eds.), *Readings on the Psychology of Women*. New York: Harper & Row. 34~43.

Mace, David, and Vera Mace. 1960. *Marriage East and West*. Garden City, New York: Doubleday.

Mandelbaum, David G. 1959. "Social uses of funeral rites" in H. Feifel(ed.), *The Meaning of Death*. New York: McGraw Hill. 189~219.

Mann, Emily. 1969. "An empirical investigation of the experience of anger." Masters thesis, Psychology department, Duquesne University.

Marcuse, Herbert. 1956. *Eros and Civilization*. Boston: Beacon Press.

Marx, Karl. 1977. *Capital*, Vol. 1. Intro. by Ernest Mandel. Tr. Ben Fowkes. New York: Vintage.

Maslach, Christina. 1978a. "Job burnout: how people cope." *Public Welfare* Spring 36. 56~58.

_____. 1978b. "The client role in staff burn-out." *Journal of Social Issues* 34. 111~124.

Maslach, Christina and Susan E. Jackson. 1978. "Lawyer burnout." *Barrister* 5. 52~54.

_____. 1979. "Burned-out cops and their families." *Psychology Today* 12. 59~62.

Maslow, Abraham. 1939. "Dominance, personality and social behavior in women." *Journal of Social Psychology* 10. 3~39.

_____. 1971. *The Farther Reaches of Human Nature*. New York: Viking.

Mauss, Marcel. 1967. *The Gift: Forms and Functions of Exchange in Archaic Societies*. New York:

Norton.

McDougall, W. 1937. "Organization of the affective life: a critical survey." *Acta Psychologica* 2. 233~246.

_____. 1948. *An Introduction to Social Psychology.* 12th ed. London: Methuen.

Mead, George Herbert. 1934. *Mind, Self and Society.* Charles Morris(ed.), Chicago: University of Chicago Press.

Meyer, Leonard. 1970. *Emotion and Meaning in Music.* Chicago: University of Chicago Press.

Miller, Stephen. 1973. "The politics of the true self." *Dissent* 20. 93~98.

Millman, Marcia, and Rosabeth Moss Kanter(eds.). 1975. *Another Voice: Feminist Perspectives on Social Life and Social Science.* Garden City, New York: Anchor Press/Doubleday.

Mills, C. Wright. 1956. *White Collar.* New York: Oxford University Press.

_____. 1963. "The professional ideology of social pathologists" in Irving L. Horowitz (ed.), *Power, Politics and People: The Collected Essays of C. Wright Mills.* New York: Ballantine.

Moore, Sonia. 1960. *The Stanislavski Method: The Professional Training of an Actor.* New York: Viking.

Muensterberger, Warner, and Aaron Esman. 1974. *The Psychoanalytic Study of Society,* Vol. 5 New York: International Universities Press.

Neurath, Otto. 1959. "Sociology and physicalism" in A. J. Ayer(ed.), *Logical Positivism.* Glencoe, Ill.: Free Press. 262~320.

Newcomb, Theodore M. Ralph Turner, and Philip Converse. 1965. *Social Psychology, The Study of Human Interaction.* New York: Holt, Rinehart and Winston.

Nietzsche, F. W. 1876. *Menschliches alzumenschliches,* Vol. 1. Leipzig: Kroner.

Novaco, Raymond. 1975. *Anger Control.* Lexington, Mass.: Lexington Books.

Novey, S. 1959. "A clinical view of affect theory in psychoanalysis." *International Journal of Psychoanalysis* 40: 94~104.

O'Neil, William L.(ed.). 1972. *Women at Work.* Chicago: Quadrangle.

Opler, Marvin. 1956. *Culture, Psychiatry, and Human Values.* New York: Charles Thomas.

Parasons, Talcott. 1951. *The Social System.* Glencoe, Ill.: Free Press.

Parsons, Talcott, and Robertt Bales. 1960. *The Family, Socialization and Interaction Process.* Glencoe, Ill.: Free Press.

Parsons, Talcott, Robert Bales, and Edward Shils. 1953. *Working Papers in the Theory of Action*. Glencoe, Ill.: Free Press.

Pelletier, Kenneth. 1977. *Mind as Healer, Mind as Slayer? A Holistic Approach to Preventing Stress Disorders*. New York: Dell.

Perls, Frederick, Ralph Hefferline, and Paul Goodman. 1951. *Gestalt Therapy*. New York: Julian Press.

Peto, Andrew. 1968. "On affect control." *International Journal of Psychoanalysis* 49(parts 2~3). 471~473.

Platt, Jerome J., David Pomeranz, Russell Eisenman, and Oswald DeLisser. 1970. "Importance of considering sex differences in relationships between locus of control and other personality variables." *Proceedings*, 78th Annual Convention, American Psychological Association.

Plutchik, Robert. 1962. *The Emotions: Facts, Theories and a New Model*. New York: Random House.

Pulver, Sydney E. 1971. "Can affects be unconscious?" *Journal of the American Psychoanalytic Association* 19. 347~354.

Queens Bench Foundation. 1976. *Rape: Prevention and Resistance*. San francisco.

Rabkin, Richard. 1968. "Affect as a social process." *American Journal of Psychiatry* 125. 772~779.

Rainwater, Lee, Richard P. Coleman, and Gerald Handel. 1959. *Workingman's Wife*. New York: MacFadden Books.

Ransohoff, Paul. 1976. "Emotion work and the psychology of emotion." Unpublished parer, Sociology department, University of California, Berkeley.

Rapaport, David. 1942. *Emotions and Memory*. Baltimore: Williams and Wilkins. 1953. "On the psycho-analytic theory of affects." *International Journal of Psycho-analysis* 34. 177~198.

Rapaport, David, and M. Gill. 1959. "The points of view and assumptions of metapsychology." *International Journal of Psychoanalysis* 60. 153~162.

Reiss, Ira. 1960. "Toward a sociology of the heterosexual love relationship." *Journal of Marriage and Family* 22. 39~44.

Reymert, Martin(ed.). 1950. *Feelings and Emotions: The Mooseheart Symposium*. New York: McGraw-Hill.

Rieff, Phillip. 1966. *The Triumph of the Therapeutic*. New York: Harper & Row.

Riesman, David. 1952. *Faces in the Crowd: Individual Studies in Character and Politics*. New Haven: Yale University Press.

_____. 1953. *The Lonely Crowd: A Study of the Changing American Character*. New Haven: Yale University Press.

Ronay, Egon. 1979. *Lucas Guide 1980*. New York: Penguin.

Rorty, Amelie Oksenberg. 1971. "Some social uses of the forbidden." *Psychoanalytic Review* 58. 497~510.

Rosen, George. 1968. *Madness in Society*. Chicago: University of Chicago Press.

Rosenthal, R., Judith Hall, Robin DiMatteo, Peter Rogers, and Dane Archer. 1979. *Sensitivity to Non-Verbal Communication*. Baltimore: John Hopkins University Press.

Rossi, Alice, Jerome Kagan, and Tamara Hareven(eds.). 1978. *The Family*. New York: Norton.

Rotter, Julian B. 1966. "Generalized expectancies for internal versus external control of reinforcement." *Psychological Monographs* 80(1). 1~28.

Rubin, Zick. 1970. "Measurement of romantic love." *Journal of Personality and Social Psychology* 6. 265~273.

Russell, Paul. 1975. "Theory of the crunch." Unpublished papers. Boston Mass.

_____. 1976. "Beyond the wish." Unpublished paper, Boston, Mass.

_____. 1977. "Trauma and the cognitive function of affect." Unpublished papers. Boston Mass.

Sartre, Jean Paul. 1948. *The Emotions: Outline of a Theory*. Tr. Bernard Frechman. New York: Philosophical Library.

Schachtel, Ernest G. 1959. "On memory and childhood amnesia" in his *Metamorphosis: On the Development of Affect, Perception, Attention and Memory*. New York: Basic Books. First published 1947. 279~322.

Schachter, Stanley. 1964. "The interaction of cognitive and physiological determinants of emotional state" in P. H. *Approaches to Social Behavior*. Stanford: Stanford University Press. 138~173.

Schachter, Stanley, and J. Singer. 1962. "Cognitive, social and physiological determinants of emotional state." *Psychological Review* 69. 379~399.

Schafer, Roy. 1976. *A New Language for Psychoanalysis*. New Haven: Yale University Press.

Scheff, Thomas J. 1973. "Intersubjectivity and emotion." *American Behavioral Scientist* 16. 501~522.

_____. 1977. "The distancing of emotion in ritual." *Current Anthropology* 18. 483~491.

_____. 1979. *Catharsis in Healing, Ritual, and Drama*. Berkeley and Los Angeles: University of California Press.

Scheler, Max. 1954. *The Nature of Sympathy*. Tr. Peter Heath. New Haven: Yale University Press.

Schur, Max. 1969. "Affects and cognition." *International Journal of Psycho-Analysis* 50. 647~653.

Schutz, William. 1971. *Here Comes Everybody*. New York: Harper & Row.

Seeman, Melvin. 1959. "On the meaning of alienation." *American Sociological Review* 24. 783~791.

_____. 1967. "On the personal consequences of alienation in work." *American Sociological Review* 32. 273~285.

_____. 1972. "Alienation and engagement" in Angus Campbell and Phillip Converse(eds.), *The Human Meaning of Social Change*. New York: Russell Sage.

Sennett, Richard(ed.). 1977. *The Psychology of Society*. New York: Vintage.

Sennett, Richard, and Jonathan Cobb. 1973. *Hidden Injuries of Class*. New York: Vintage.

Shapiro, David. 1965. *Neurotic Styles*. New York: Basic Books.

Shaver, Kelly G. 1975. *An Introduction to Attribution Processes*. Cambridge, Mass.: Winthrop.

Sheehy, Gail. 1976. *Passages: Predictable Crises of Adult Life*. New York: Dutton.

Sherif, Muzafer. 1936 The Psychology of Social Norms. New York: Harper and Brothers.

Sherman, J. A. 1967. "Problems of sex differences in space perception and aspects of intellectual functioning." *Psychological Review* 74. 290~299.

Simpson, Richard. 1972. "Exchange as symbolic interaction: convergences between two theoretical perspectives." *American Sociological Review* 37. 414~424.

Slater, Philip E. 1963. "Social limitation on libidinal withdrawal." *American Sociological Review* 28. 339~364.

_____. 1968. *The Glory of Hera*. Boston: Beacon Press.

Smelser, Neil. 1970. "Classical theories of change and the family structure." Unpublished paper, delivered at Seventh World Congress of sociology. Varna, Bulgaria, September 14~19.

Smith, Joseph H. 1970. "On the structural view of affect." *Journal of the American Psychoanalytic Association* 18. 539~561.

Smith, Lynn Griffith. 1973. "Co-marital relations: an exploratory study of consensual adultery." Ph. D. diss., Psychology department, University of California, Berkeley.

Smith, Manuel. 1975. *When I Say No, I Feel Guilty*. New York: Bantam Books.

Solomon, Robert C. 1973. "Emotions and choice." *Review of Metaphysics: A Philosophical Quarterly* 27. 20~42.

Speier, Hans. 1935. "Honor and social structure." *Social Research* 2. 76~97.

Spitzer, Stephan, Carl Couch, and John Stratton. 1973. *The Assessment of the Self*. Iowa City. Iowa: Sernoll.

Sprout, W. J. H. 1952. *Social Psychology*. London: Methuen.

Stanislavski, Constatin. 1965. *An Actor Prepares*. Tr. Elizabeth Reynolds Hapgood. New York: Theatre Arts Books. First published 1948.

Stillman, Harry C. 1916. "The stenographer plus." *New Ladies Home Journal* 33(February). 33.

Stone, Lawrence(ed.). 1965. *Social Change and the Revolution in England, 1540~1640*. London: Longmans.

Swanson, Guy E. 1961. "Determinants of the individual's defenses against inner conflict: review and reformulation" in J. C. Glidewell(ed.), *Parental Attitudes and Child Behavior*. Springfield, Ill.: Charles C. Thomas. 5~41.

_____. 1965. "The routinization of love: structure and process in primary relations" in Samuel Klausner(ed.), *The Quest for Self-Control: Philosophies and Scientific Research*. New York: Free Press. 160~209.

Swanson, Guy E., and Daniel Miller. 1966. *Inner Conflict and Defense*. New York: Schocken.

Swidler, Ann. 1979. *Organization Without Authority*. Cambridge, Mass, and London: Harvard University Press.

Sypher, Wylie. 1962. *Loss of Self in Modern Literature and Art*. New York: Random House.

Terkel, Studs. 1972. *Working*. New York: Avon.

Thibaut, John, and Harold Kelley. 1959. *The Social Psychology of Groups*. New York: Wiley.

Thompson, Lanny. 1979. "The development of Marx's concept of alienation: An introduction." *Mid-American Review of Sociology* 4. 23~28.

Tolstoy, Leo. 1970. *Anna Karenina*. New York: Norton.

Tomkins, S. S. 1962. *Affect Imagery, Consciousness*. 2 vols. New York: Springer.

Trilling, Lionel. 1961. "On the modern element in modern literature." *Partisan Review* 28. 9~35.

_____. 1972. *Sincerity and Authenticity*. Cambridge, Mass.: Harvard University Press.

Tuchman, Gaye, Arlene Kaplan Daniels, and James Benet. 1978. *Herath and Home: Images of Women in the Mass Media*. New York: Oxford University Press.

Tucker, Robert(ed.). 1972. *The Marx-Engels Reader*. New York: Norton.

Turner, Ralph. 1969. "The theme of contemporary social movements." *British Journal of Sociology* 20. 390~405.

_____. 1976. "The real self: from institution to impulse." *American Journal of Sociology* 81. 989~1016.

Tyler, L. E. 1965. *The Psychology of Human Differences*. New York: Appleton-Century-Crofts.

United States Bureau of the Census. 1973. *Census of the Population: 1970*. Vol.1 718~724. Characteristics of the Population. Part 1. Section I. Table 221, Detailed Occupation of the Experienced Civilian Labor Force and Employed Persons by Sex. Washington, D. C.: U. S. Government Printing Office.

Updike, John. 1962. *Pigeon Feathers and Other Stories*. New York: Faucett.

Van den Berghe, Pierre. 1966. "Paternalistic versus competitive race relation: and ideal-type approach" Bernard E., Segal(ed.), *Race and Ethnic Relations: Selected Readings*. New York: Crowell.

Vaught, G. M. 1965. "The relationship of role identification and ego strength to sex differences in the Rod and Frame Test." *Journal of Personality* 33. 271~283.

Wallance, Anthony F. C. 1959. "The institutionalization of cathartic and control strategies in Iroquois religious psychotherapy" in Marvin K. Opler(ed.), *Culture and Mental Health*. New York: Macmillan. 63~96.

Wallens, Jacqueline, Howard Waitzkin, and John Stoeckle. 1979. "Physician stereotypes about female health and illness: a study of patient's sex and the informative process during medical interviews." *Women and Health* 4. 125~146.

Watson, O. M. 1972. "Conflicts and directions in proximic research." *Journal of Communication* 22. 443~459.

Watt, Ian. 1964. *The Rise of the Novel: Studies in Defoe, Richardson, and Fielding*. Berkeley and Los Angeles: University of California Press.

Weinstock, Allan R. 1967a. "Family environment and the development of defense and coping mechanisms." *Journal of Personality and Social psychology* 5. 67~75.

_____. 1967b. "Longitudinal study of social class and defense preferences." *Journal of Consulting Psychology* 31. 531~541.

Weiss, Robert. 1976. "Transition states and other stressful situations: their nature and programs for their management" in G. Caplan and M. Killilea(eds.), *Support Systems and Mutual Help: A Multidisciplinary Exploration*. New York: Grune and Stratton.

Wheelis, Allen. 1980. *The Scheme of Things*. New York and London: Harcourt Brace Jovanovich.

Wikler, Norma. 1976. "Sexism in the classroom." Paper presented at the annual meeting of the American Sociology Association. New York.

Winnicott, D. W. 1965. *The Maturational Processes and the Facilitating Environment*. New York: International Universities Press.

Witkins, H. A., D. R. Goodenough, and S. A. Karp. 1967. "Stability of cognitive style from childhood to young adulthood." *Journal of Abnormal Psychology* 72. 291~300.

Wolff, Kurt H. 1950. *The Sociology of Georg Simmel*. New York: Free Press.

Wood, Juanita. 1975. "The structure of concern: the ministry in death-related situations." *Urban Life* 4. 369~384.

Wrong, Dennis. 1970. "The oversocialized conception of man in modern sociology" in Neil Smelser and William Smelser(eds.), *Personality and Social Systems*. New York: Wiley. 113~124.

Zborowski, Mark. 1969. *People in Pain*. San Francisco: Jossey-Bass.

Zimbardo, Philip G. (ed.). 1969. *The Cognitive Control of Motivation*. Glenview, Ill.: Scott, Foresman.

Zurcher, Louis A., Jr. 1972. "The mutable self: an adaptation to accelerated socio-cultural change." *Et. al.* 3. 3~15.

_____. 1973. "Alternative institutions and the mutable self: an overview." *Journal of Applied Behavioral Science* 9. 369~380.

찾아보기

가면   55, 115, 166, 175, 239, 244
가발 검사   136
가장   53, 55, 113, 121, 313, 325
《가족의 정치학》   202, 315
가족 통제 체계   200
간호사   28, 65, 78, 156, 190, 218, 251~252, 254, 301, 303
감사   35, 106~107, 108, 112, 113, 134, 190, 214, 253, 255, 259, 284, 290
감정 관리   6, 21, 25, 30, 35~39, 41, 72, 73, 86~88, 121, 137, 146, 150, 151, 154, 155, 196, 202, 207, 210, 229, 234, 235, 254~255, 284, 306, 312, 316, 319, 320, 323
감정 관리자   196, 209, 239, 310
감정 교환   7, 81, 109, 111, 115, 116, 122, 155, 235
감정 기반   321
감정 기억   62~63, 64, 72, 76, 77, 122, 139, 314
감정 법칙   35~36, 37, 81~84, 86~88, 90, 95, 96, 98, 102, 103~106, 108, 109, 112, 122, 155, 158, 181, 196, 202, 203, 205, 234, 242, 248, 256, 259, 260, 283, 310, 311, 314~317, 319, 321
감정 부조화   121
감정 생산   53
감정 언어   264
감정 원칙   218, 219, 220, 229, 230
감정 조절   73, 204
감정 지위   194
감정 체계   24, 28, 29, 33, 36, 81, 105, 117, 122, 155, 204, 235
감정 표현   54, 55, 82, 112, 115, 166, 170, 247, 270, 324
감정 프롤레타리아트   252, 255
감정노동   6, 21~27, 29, 30, 32, 33, 37, 38, 57, 77, 78, 81, 82, 87, 95, 96, 103, 105, 107, 114,

357

123, 138, 144, 147, 150, 154~156, 158, 162~164, 166~169, 170, 172, 175~178, 189, 190~192, 196, 197~199, 200, 203~205, 207~211, 213~216, 217, 229, 235~238, 246, 248, 251, 252, 254, 255, 257, 260, 273, 284, 298~307, 309, 313, 319, 327
감정노동 시장   123
감정노동자   156, 200, 204, 306, 310
감정사회학   254
감정생활   88, 155, 199, 205, 222, 242, 265, 267
감정의 기술   212
감정적 마비   237
감정적 보상   115
감정적 불일치   82
개인화   172, 236
객관화   171, 236, 237
객체적 자아   276
거들 검사   136
거짓 자아   236, 244~246, 327
겉치레   38, 56, 112, 121, 129, 325
게르트, 한스   267, 274~277, 282, 283, 287
게슈탈트 치료법   242, 311
게이   223, 227, 254
《경제학-철학 수고》   309
《계급과 동조》   202
계급 상승   212, 240
《계급의 숨겨진 상처》   217
고결한 야만인   40, 242~244, 246
고통 회피   88
고프만, 어빙   6, 25, 55, 88, 267, 277~282, 283, 287, 312, 316, 319, 324, 325

골드, 허버트   60
공감   36, 42, 93, 97, 98, 121, 128, 131, 139, 140, 144~146, 177, 184, 187, 193, 197, 294
공격성   179, 188, 208
공과금 대납인   256
공적 자아   172
관계 노동   151
관료제   283
관리된 감정   210, 240, 325
〈관재인〉   248
관찰 자아   70
괴테, J. W.   325
교류 분석   242, 243
교환가치   21
권력   35, 199, 202, 207, 208, 215, 218, 283, 294, 321, 326
권위   27, 35, 103, 104, 133, 199, 200, 202, 203, 207, 221, 222, 224, 225, 227~229, 311, 321
그라운드 타임   162, 163
그린슨, R.   273
그림자 노동   213, 216
《극소 가족》   328
급여 수표   124, 154
기념일 반응   93
기대 정서   316
기만   97~99, 146, 240, 241, 325
기만의 기술   241
기본 감정   275
기술노동   191, 204
기쉬, 릴리언   282
기어츠, 클리포드   325

ㄴ

나바호족　275
낙관론적 규범　87
남녀 동일 임금　254
내면 예절　315
내면 행위　52, 53, 55, 56, 59, 62, 64~66, 70~72, 76, 79~82, 103, 110, 115, 116, 121, 122, 127, 145, 146, 156, 158, 167, 172~176, 195, 196, 200, 203, 212, 229, 237, 244, 245, 280, 312, 313, 315
내면화　54, 77, 277, 280, 315, 321
내부 지향형 인간　310
《노동과 독점자본》　156
노동과정　156, 320
노동 영웅　27
노동 조건　238
노동자계급　38, 199, 200, 202, 203, 222, 304, 309, 310, 322
노동조합　29, 30, 32, 127, 153, 161, 162, 164, 165, 168, 169, 171, 225, 238, 251
노동통계국　190, 298
노인복지사　255, 328
논리 정동 요법　242
능률 향상　158, 160, 161, 163, 166, 167, 172, 173, 189, 237, 248

ㄷ

다윈, 찰스　45, 46, 267, 269~273, 276, 284, 285, 287
단순화　25, 156, 157
대면　24, 109, 162, 190
대처 반응　314
더글러스, 메리　315
더피, 엘리자베스　263
데이비스, 킹슬리　101, 318
데일, H. E.　218
델타 항공　9, 20, 21, 29~32, 53, 75, 79, 121, 123~126, 130~134, 136, 137, 139, 140, 143, 144, 148, 152~154, 156, 158, 161, 170, 177, 178, 234, 247, 320
델타 항공 승무원 연수센터　9, 17, 30, 41, 132, 133, 135, 157, 232, 234
델타형 인간　131
도출-표현 모델　275
돌봄 노동　223, 224
동일시　133, 209, 236, 316
동정심　65, 260, 293, 294, 297
두려움의 위계　152, 153
뒤르케임, 에밀　271, 314, 315, 317
듀이, 존　267, 275, 276, 282, 287
드볼트, 마조리　254
디드로　325

ㄹ

라슬렛, 피터　39
라즈, 아비아드　253
래쉬, 크리스토퍼　81, 104, 246
랭, R. D.　202, 274, 315, 316, 326
랭저, 수전　214
레싱, 도리스　127
레이코프, R.　242
루빈, Z.　216
루소, J. J.　40, 234, 240, 242, 243, 244, 324, 325

《루카스 가이드》　20
루프트한자　124
리비도　267, 271, 273

ㅁ

마 앤 파 케틀　130
마르크스, K.　17, 19, 33, 276, 283, 309
마슬락, 크리스티나　325
매튜스, M.　231
맥도날드, 카메론　252
맥두걸, W.　264, 267
메소드 연기　57, 59, 61, 69, 79
면대면 상호작용　25
목사　27, 42, 67, 193, 325
무감정 상태　70
무대 장치　66, 75
무의식　49, 68, 70, 82, 210, 211, 268, 273, 278, 284, 309, 316, 317
《문명 속의 불만》　38
미드, 조지 허버트　276, 316
미스 매너　252
미용사　252, 303
민간항공위원회　123, 320
밀스, C. 라이트　5, 6, 17, 22, 41, 55, 267, 274~277, 282, 283, 287, 317, 320, 321

ㅂ

바이오 피드백　242
반의식　61
방법 분석가　156
배상　219
배역　35, 39, 51, 64, 70, 72, 87, 103, 110, 144, 166, 171, 214, 222, 230, 231, 237, 238, 245, 276, 304, 324, 326
배우　57, 58, 61, 62, 64, 66, 68~70, 72, 76, 78, 176, 238, 314
《배우 수업》　61, 203
버만, 마셜　240, 325
베버, M.　276, 283, 321
베어울프　240
베이비시터　256
베풂　105, 107, 115, 116, 155, 239, 244
벨, 다니엘　24, 25
변형　36~39, 122, 154, 155, 158, 163, 175, 176, 199, 200, 205, 209, 234, 310
변호사　28, 31, 75, 116, 186, 194, 195, 252, 301
보모　196, 255, 256
보상　27, 37, 53, 102, 115, 162, 163, 197, 199, 208, 215, 216, 234, 254, 304, 317, 322
보험 판매원　252
복종　185, 212~215, 224, 323, 325
부끄러움　52, 88, 90, 275, 280, 293, 294, 297, 316, 326
부적합한 정서　84
분노　34, 42, 44, 46, 47, 49, 51, 52, 60, 79, 92, 111, 116, 128, 145~151, 156, 164, 169, 194, 197, 203, 208, 209, 218, 219, 229, 235, 243, 247, 248, 264, 265, 267, 271, 274, 275, 277, 284, 288, 289, 291, 293, 294, 296, 315, 318
분석하는 스타일　195
불안　34, 48, 103, 177, 188, 219, 265, 271, 273, 280, 285, 296, 297
불평등　35, 36, 115, 116, 215, 247

브래버맨, 해리　25, 156, 311
블라우, 피터　106, 319
블론델, 찰스　315
블루머, 허버트　282
비서　26, 31, 104, 131, 190, 191, 218, 219, 224, 252, 256, 258~260, 270, 302, 328
비언어적 의사소통　212
《비즈니스위크》　257

ㅅ

사기　138, 151, 175, 323
사무직 노동자　190, 191, 298, 299
사용가치　21
사이코 배블　295
사적 자아　172
사피어, 에드워드　293
사회 계급　37, 204, 304, 321
사회공학　36, 53, 54
사회복지사　27, 193, 196, 214, 218, 252, 298, 301
사회심리학　25, 232, 264, 274
사회적 교환　155, 158, 196, 204, 319
사회적 배역　39, 103
사회적 부담　278
상업화된 감정　239
상징적 상호작용론　319
상층 계급　38, 199, 204, 207, 304
상품　20, 22, 23, 30, 54, 117, 138, 171, 177, 182, 189, 192, 198, 235, 244, 305, 306
상호 교환　35, 215
상호작용론　46, 263, 276, 284, 287
상호작용론자　46, 267, 268, 269, 275

상호작용론적 모형　267, 269, 275
생물에너지학　242, 327
생물학적 대응 증후군　45
샤프, 로셀　256
서비스 노동　121, 320
서비스 노동자　23, 122, 298, 300, 303
서비스 표준화 부서　156, 234
서비스업　23, 24
선물 교환　35
성별 분화　246
성적 매력　230, 232
성적 정체성　229
성적 지위　201
성적 환상　126
성차별주의　215
성찰성　269
성혁명　216, 295
세넷, R.　217, 315
셰퍼, 로이　265, 282, 316
소외　19, 22, 29, 34, 41, 57, 122, 163, 173, 175, 176, 199, 209, 229, 231, 233, 236, 238, 241, 284, 306, 309
소통　24
쇠라, G. P.　35
쇠진　236~238, 247, 254, 325
수치심　253, 275
순응성　216
스나젤, 그렉　53, 312
스멜서, 닐　8, 321
스타니슬라프스키, C.　55, 57, 59, 61~63, 66, 78, 80, 122, 139, 203, 244, 245, 289, 314
〈스타워즈〉　40, 142

스테인버그, 로니   252, 254
스트라토 크루저   158
스트레스   42, 48, 78, 148, 163, 170, 172, 196,
　　227, 229, 232, 236, 237, 238, 254, 271
스폭, 벤저민   203
시리아니, 카르멘   252
시장화된 사적 생활   256
신호 기능   6, 34, 39, 46, 48, 53, 285, 287, 288
심리 치료   27, 242
심리적 기여   281
심리적 비용   57, 236
심리적 인사   114
《심리학의 원리》   273
싱가포르 국제항공   127

ㅇ

아로파   35, 311
아메리칸 항공   31, 32, 153, 160, 164, 168, 176,
　　225, 320
아에로플로트   125
아킬레스   240
애쉬, 솔로몬   286
애착   260, 291, 310
앨리게니 항공   130
언어폭력   208, 226
엄마 산업   256
업무상 통제   135
업무용 언어   146, 147
에릭슨, 레베카   254
에어 캘리포니아   162
에크만, 폴   45
엘알   125

여성 권위 모델   228
여성 인권을 위한 승무원 연합   126
여자 직업   218
여행 가이드   26
연기   5, 53, 55, 56, 57, 58, 59, 63, 64, 69, 71,
　　78, 79, 80, 96, 105, 107, 110, 112, 113, 116,
　　122, 123, 128, 129~131, 167, 169, 170~172,
　　213, 222, 230~232, 236~238, 240, 241, 245,
　　280~282, 314, 326
연민   77, 184, 290, 297, 315
연출가   55, 76
《영국의 고위 공무원》   218
영업 사원   193, 195, 196
예의   20, 21, 28, 34, 35, 112, 184, 191, 192,
　　197, 213, 228, 293
오웰, 조지   40, 146
오키나와   275
오페어   255, 256
오플러, 마빈   275
오필리어   57, 69
오해 관계   95
외판원   28
요양원 돌보미   252, 255, 328
우위 추구   88
울먼, 콜렛   133
웃음 주름   165
월드 항공   18, 31, 155
월마트   253
웨이스, 로버트   94
웨이터   26, 40, 190, 303
웨이트리스   24, 26, 31, 47, 158, 163, 252
《웹스터 사전》   165

위장 68, 150, 212, 325

이중의 위장 68

위장의 기술 212

유기체론 46, 269, 275, 284, 287

유기체론자 45, 46, 267, 269

유기체적 모형 267, 268, 269

유나이티드 항공 127, 130, 136, 146, 152, 153, 161, 162, 168, 170, 176, 230, 234, 238, 320

유대 81, 96, 97, 100, 107, 109, 114, 115, 121, 151, 198, 205, 215, 221, 294, 315, 323, 327

유대교 90

유대인 111

《유아와 육아》 203

육체노동 21, 22, 33, 78, 156, 104, 248

윤리 언어 212

응용 조작 235, 236

의례 86, 87, 89, 95, 271, 295

의사소통 108, 254, 295

의지 행위 313

이동성 153, 241, 327

이디쉬어 293

이타주의자 246

《인간과 동물의 감정 표현》 269

인간적 비용 235, 236

인격형 통제 체계 201, 204, 304, 321

인사 105, 110, 114, 223, 255, 305

인성검사 129, 130

인센티브 190, 235, 244, 248

인종주의 215

인지 감정노동 313

인지 부조화 121

일리히, I. 213

일체감 113, 232

《잃어버린 세계》 39

ㅈ

자기감정 66, 99, 209, 229, 279

자기반성 68, 268, 280

자기 상실 324

자기소외 6

자기 억압 318

자기 인식 199

자기 촉구 79

자기 타당성 46, 49, 115, 247, 264, 286

자기희생 증후군 69

자동화 204, 255

《자본론》 17

자부심 25, 59, 122, 254, 275, 293, 294

자아도취형 나르시시스트 246

《자아와 이드》 271, 327

자연스러운 감정 40, 59

자유 연상법 316

자유 응답형 인터뷰 31

자조 운동 242

자존감 97, 174, 229, 254

잘못된 감정 92, 277

잠재의식 61

장례식 34, 56, 60, 89, 90, 95, 114, 317

장의사 27

적극성 훈련 32, 242

전문직 31, 137, 190, 199, 252, 298, 299, 300, 301

전의식 268

정서적 이상자 277, 278, 283

정신노동   21, 156, 320
제도적 자아   311
제스처   83, 84, 105, 107, 108, 110, 113, 141, 213, 239, 270, 273, 276, 277, 280
제이콥스, 제리   254
제임스, 윌리엄   45, 267, 273, 274, 281
제휴   115
젠더 체계   207
조산사   252, 303
조우 훈련   242
좌절   65, 115, 290, 291, 294, 296, 321
죄책감   52, 90, 91, 93, 100, 102, 108, 109, 112, 127, 168, 253, 265, 275, 280, 289, 291, ~294, 297, 315, 316, 317, 318, 326
주니족   275
주장하는 스타일   195
주체적 자아   276
중간 계급   37, 38, 198, 200, 202, 203, 209, 210, 216, 217, 304, 309, 322
즉흥적 교환   105, 108~110
지위 강화   231, 232
지위 보호막   208, 221, 222, 229
지위 효과   217, 218
지위형 가족   200, 201
지위형 통제 체계   200, 204, 304, 321
직선적 교환   105, 106, 108, 110
진정성   35, 49, 61, 77, 81, 83, 88, 101, 102, 145, 216, 265, 266, 284, 285, 292, 297, 318, 326
진지함   240, 241, 325, 326
《진지함과 진정성》   240
질투   35, 49, 61, 77, 81, 83, 88, 101, 102, 145, 216, 265, 266, 284, 285, 292, 297, 318
집단 면접   30, 31, 129
집단 명령   315

ㅊ

참된 자아   54
《천 명의 어릿광대》   193
초드로우, 낸시   209, 210, 323
초월 명상법   242, 327
추심원   7, 9, 27, 32, 33, 36, 96, 178~189, 197, 198, 302, 306
충동적 자아   311

ㅋ

카츠, 주디스   288, 290, 291
카타르시스   111, 271
컵스카우트   228
케파트, 윌리엄   211
코닝 글래스   195
코타족   317
콘, 멜빈   202, 322
콘린, 미셸   256
콘티넨탈 항공   125, 127, 130, 153
콜린스, 랜덜   271
콥, J.   217
쿤다, 기드온   253
쿤데라, 밀란   292; 293
클리퍼 클럽   32, 143
키신저, H.   219

ㅌ

타인 지향형 인간   310

탈개인화　　171, 172
《탈산업사회의 도래》　　24
태업　　23, 122, 164~167, 169, 248
테일러, F. W.　　320
텔레마케터　　252
토요타　　53
톰킨스, S. S.　　264, 267
통제 체계　　294, 311, 321
트로브리안드족　　275
트릴링, L.　　212, 240, 241, 325, 326
특성화　　156, 157, 208, 224

ㅍ

파버맨, 하비　　279
파티 플래너　　256
팬아메리칸 항공(팬암)　　31, 32, 129, 130, 136, 143, 147, 158, 160, 161, 163, 168, 169, 227, 310, 320
《팬암 퀴퍼》　　174
팬암 타입　　131
퍼시픽 익스프레스　　162
페니셀, O.　　273
페런솔드, F.　　219
《포춘》　　127
폴브르, 낸시　　255
표면 행위　　52, 55~58, 64, 71, 72, 79, 80, 113, 121, 122, 146, 167, 173~175, 195, 196, 200, 237, 241, 245, 280, 312, 313
표정　　21, 49, 56~58, 65, 80, 89, 106, 121, 122, 128, 129, 165, 166, 173, 176, 213, 270, 315
표준화　　29, 136, 137, 156, 157, 175, 196, 205, 217, 233, 235

표현 법칙　　86, 234
표현 작업　　26, 192
프렌드십 고속 비행　　162, 170, 171
프렌들리 스카이스　　131
프로이트, 아나　　316
프로이트, 지그문트　　6, 34, 45, 46, 48, 100, 209, 231, 267, 269, 271~273, 276, 278, 280, 281, 285, 287, 315, 318
프롬, 에리히　　278
피가트, 데보라　　252, 253
피들러, 레슬리　　210, 211

ㅎ

항공 승무원　　7, 9, 17~23, 24~27, 29~32, 33, 34, 36, 40, 43~45, 46, 47, 53, 75, 79, 96, 121~123, 124~126, 128, 130, 132~137, 139, 140~144, 146, 149, 150, 160, 169, 175, 178, 179, 181, 183~185, 187, 188, 189, 197, 198, 205, 208, 213, 217, 218, 221~228, 229~232, 234, 235, 237~239, 247, 248, 251, 298, 303, 305, 306, 310, 324
항의　　164, 233
햄릿　　57, 245
행동 언어　　265
행위 신호　　276
향수　　158, 290, 291, 296
허위　　86, 174
현실 검증　　64, 68
협동성　　216
형사　　252, 303, 324
호칭 체계　　228
홉스, T.　　246, 264

화 다스리기   148
《화이트칼라》   5, 283
환상   64, 68~72, 86, 125~127, 140, 149, 174,
　　229, 236, 245, 259, 260, 292, 326, 327

기타

PSA 항공   19, 121, 130, 136, 162
TWA   31, 153, 234~236, 320
《1984》   40